Jeremy Birn

Lighting & Rendering

2. Ausgabe

Aus dem Amerikanischen
übersetzt von
Arndt von Koenigsmarck
und Robert Seidel

▲ ADDISON-WESLEY

Bibliografische Information Der Deutschen Bibliothek
Die Deutsche Bibliothek verzeichnet diese Publikation in der Deutschen Nationalbibliografie;
detaillierte bibliografische Daten sind im Internet über <http://dnb.ddb.de> abrufbar.

Die Informationen in diesem Produkt werden ohne Rücksicht auf einen eventuellen Patentschutz veröffentlicht. Warennamen werden ohne Gewährleistung der freien Verwendbarkeit benutzt. Bei der Zusammenstellung von Texten und Abbildungen wurde mit größter Sorgfalt vorgegangen. Trotzdem können Fehler nicht ausgeschlossen werden. Verlag, Herausgeber und Autoren können für fehlerhafte Angaben und deren Folgen weder eine juristische Verantwortung noch irgendeine Haftung übernehmen. Für Verbesserungsvorschläge und Hinweise auf Fehler sind Verlag und Autor dankbar.

Alle Rechte vorbehalten, auch die der fotomechanischen Wiedergabe und der Speicherung in elektronischen Medien.
Die gewerbliche Nutzung der in diesem Produkt gezeigten Modelle und Arbeiten ist nicht zulässig.

Fast alle Produktbezeichnungen und weitere Stichworte und sonstige Angaben, die in diesem Buch verwendet werden, sind als eingetragene Marken geschützt. Da es nicht möglich ist, in allen Fällen zeitnah zu ermitteln, ob ein Markenschutz besteht, wird das ®-Symbol in diesem Buch nicht verwendet.

Umwelthinweis: Dieses Buch wurde auf chlorfrei gebleichtem Papier gedruckt.

Authorized translation from the English language edition, entitled Digital Lighting and Rendering, Second Edition, 0-321-31631-2
by Jeremy Birn; published by Pearson Education, Inc, publishing as New Riders, Copyright © 2006

All rights reserved. No part of this book may be reproduced or transmitted in any form or by any means, electronic or mechanical, including photocopying, recording or by any information storage retrieval system, without permission from Pearson Education, Inc.

Bildnachweis:
Abbildung 1.5, Seite 13, mit freundlicher Genehmigung von Ctrlstudio, Angel Camacho, Yohann da Geb, Donal Khosrowi, Lazhar Rekik, Holger Schömann, Andrzej Sykut, and Florian Wild. Alle Rechte vorbehalten.
Das Modell in den Abbildungen 2.16 und 2.19, Seiten 31 and 36, mit freundlicher Genehmigung von Rini Sugianto. Alle Rechte vorbehalten.
Kapitel 4 Aufmacherbild, Seite 88, mit freundlicher Genehmigung von Amilton Diesel. Alle Rechte vorbehalten.
Abbildung 4.27, Seite 115, mit freundlicher Genehmigung von Jason Lee. Alle Rechte vorbehalten.
Abbildung 4.28, Seite 116, mit freundlicher Genehmigung von Geoff Packer. Alle Rechte vorbehalten.
Kapitel 5 Aufmacherbild, Seite 128, mit freundlicher Genehmigung von Kim Hyung Jun. Alle Rechte vorbehalten.
Abbildung 6.5, „Circus Maximum Irritans", Seite 166, mit freundlicher Genehmigung von Péter Fendrik. Alle Rechte vorbehalten.
Abbildung 7.2, Seite 192 und Abbildung 8.8, Seite 225, mit freundlicher Genehmigung von Jorge R. Gutierrez. Alle Rechte vorbehalten.
Abbildung 7.7, Seite 199, von Andrew Hickinbottom, © 2006 Andrew Hickinbottom. Alle Rechte vorbehalten.
Abbildung 8.12, Seite 230, mit freundlicher von Vaclav Cizkovsky. Alle Rechte vorbehalten.
Abbildung 10.13, „Venetian Boat Song", Seite 297, von Gladys Leung © 2006 (http://runtoglad.com). Alle Rechte vorbehalten.
Abbildungen 10.19, 10.20, 10.21, and 10.22, Seiten 304, 305 und 306, mit freundlicher Genehmigung von Eni Oken. Alle Rechte vorbehalten.

GERMAN language edition by PEARSON EDUCATION DEUTSCHLAND GmbH, Copyright © 2007

Autorisierte Übersetzung der englischsprachigen Originalausgabe mit dem Titel »Digital Lighting and Rendering« von Jeremy Birn, 2. Ausgabe, ISBN 0-321-31631-2, erschienen bei New Riders, ein Imprint von Pearson Education Inc.; Copyright © 2006

Alle Rechte vorbehalten. Kein Teil des Buches darf ohne Erlaubnis der Pearson Education Inc. in fotomechanischer oder elektronischer Form reproduziert oder gespeichert werden.

© der deutschen Ausgabe 2007 Addison-Wesley Verlag,
ein Imprint der PEARSON EDUCATION DEUTSCHLAND GmbH,
Martin-Kollar-Str. 10–12, 81829 München/Germany
Alle Rechte vorbehalten

10 9 8 7 6 5 4 3 2 1

09 08 07

ISBN 978-3-8273-2449-8

Satz: text&form GbR, Fürstenfeldbruck
Lektorat: Cornelia Karl, ckarl@pearson.de
Korrektorat: Petra Kienle, Fürstenfeldbruck
Herstellung: Claudia Bäurle, cbaeurle@pearson.de
Einbandgestaltung: Marco Lindenbeck, webwo GmbH, mlindenbeck@webwo.de
Druck und Verarbeitung: Bosch Druck, Ergolding
Printed in Germany

Inhaltsverzeichnis

Vorwort — xii
Wer sollte dieses Buch lesen? — xii
Softwarevoraussetzungen — xiii
    3D-Software — xiii
    2D-Software — xiv
Über diese Ausgabe — xv

Kapitel Eins   Die Grundlagen des Licht-Designs — 1
Motivation — 2
    Der Raum außerhalb des Motivs — 2
    Die Eigenschaften des Lichts — 3
    Direktes und indirektes Licht — 5
Schummeln — 5
    Schummeln bei realen Filmaufnahmen — 7
Die visuellen Ziele des Licht-Designs — 8
    Formen begreifbar machen — 8
    Dinge glaubhaft machen — 8
    Unterstützende Shader und Effekte — 10
    Die Kontinuität wahren — 10
    Das Auge des Betrachters leiten — 11
    Die emotionale Wirkung — 11
Beleuchtungsaufgaben — 12
Ihr Arbeitsplatz — 14
Die volle Kontrolle übernehmen — 15

Kapitel Zwei   Beleuchtungsgrundlagen und Übungen — 17
So fängt es an — 18
Die Lichtquellenarten — 19
    Punktlichter — 19
    Spotlichter — 20
    Direktionales Licht — 23
    Flächenlichter — 24
    Objekte als Lichtquellen benutzen — 26
    Umgebungskugeln — 27
    Ambientes Licht — 27

Einstellmöglichkeiten und Optionen	29
Abnahmefunktion	29
Diffusion und Spiegelung	33
Das Licht beschränken	35
Strukturiertes Licht	37
Beleuchten in einer Produktion	38
Wann wird beleuchtet?	38
Der Überprüfungszyklus	39
Lichtquellen benennen	41
Zwischenschritte verwalten	42
Übungen	43

Kapitel Drei   Schatten und Occlusion   45

Die visuelle Funktion der Schatten	46
Räumliche Beziehungen verdeutlichen	46
Zusätzliche Ansichten sichtbar machen	47
Die Komposition verbessern	48
Den Kontrast verstärken	48
Den Off-Screen-Bereich einbringen	49
Elemente integrieren	50
Welche Lichter brauchen Schatten?	51
Mehrfachschatten	51
Unterstützende Schatten	52
Die Färbung des Schattens	53
Schatten überprüfen	55
Die Perspektive und Größe der Schatten	55
Die Schattenberechnung	57
Schattenmaps	57
Raytracing-Schatten	64
Harte und weiche Schatten	67
Hartes und weiches Licht	69
Weiche Schatten mit Tiefenmaps	70
Weiche Raytracing-Schatten	72
Occlusion	75
Ambient Occlusion	75
Occlusion und globale Illumination	76
Andere Arten von Occlusion	78

Schatten vortäuschen	79
Negative Lichtquellen	79
Lichtquellen, die nur Schatten werfen	81
Schattenobjekte	82
Die Beleuchtung backen	83
Zusammenfassung	86
Übungen	87

Kapitel Vier   Umgebungen und Architektur beleuchten   89

Tageslicht	90
Das Sonnenlicht	90
Das Himmelslicht	93
Indirektes Licht	96
Nachtszenen	98
Reale Lichter	100
Die Lichtquelle beleuchten	100
Die Beleuchtung von realen Lichtern darstellen	101
Die Beleuchtung durch Fenster	103
Indirektes Licht simulieren	105
Die Raumecken	109
Ortbare Lichtquellen	111
Globale Illumination	112
Konventionelle Radiosity	116
Photonen-Mapping	118
Final Gathering	119
Caustics	121
Ambient Occlusion	125
Übungen	127

Kapitel Fünf   Kreaturen, Figuren und Animationen beleuchten   129

Mit Licht modellieren	130
Die Lichtrichtung	131
Definition	132
Drei-Punkt-Beleuchtung	135
Variationen	137
Keine Regel ohne Ausnahme	138

Die Funktionen des Lichts	138
Hauptlichter	139
Fülllichter	140
Gestreutes Licht	143
Streiflichter	144
Aufheller	148
Glanzlichter	149
Probleme bei der Beleuchtung von animierten Figuren	150
Testbilder	151
Lichter mit Figuren verbinden	151
Neue Technologien	152
IBL und GI auf einer Figur	154
Subsurface Scattering	154
Haare beleuchten	157
Augen beleuchten	158
Übungen	161

Kapitel Sechs   Kameras und Belichtung   163

Blenden und Schärfentiefe verstehen	164
Echte Linsen nachahmen	166
Die Zwei-Drittel-Regel	167
Hyperfokale Distanz	167
Der Bokeh-Effekt	168
Bildraten	169
Realistische Bewegungsunschärfe	169
Belichtungszeit und Verschlusswinkel	169
Der Mythos des Kometenschweifs	172
Unscharfe Rotationen	173
Video-Halbbilder	174
Filmgeschwindigkeit	176
Die Belichtung von Fotos	177
Das Zonen-System	178
Histogramme	179
Linsenfehler simulieren	181
Linsenverzerrung	181
Chromatische Abberation	184
Vignettierung	184
Blendenflecke und Halos	185
Übungen	187

Kapitel Sieben Komposition und Arrangement 189

Die Art der Einstellung 190
    Die Größe der Einstellung 190
    Blockieren der Z-Achse 192
    Die Ich-Perspektive 192
Die Zweiereinstellung 193
    Die Über-die-Schulter-Einstellung 194
Kamerawinkel 195
    Die Aktionslinie 195
    Die Perspektive 196
    Hoher und niedriger Betrachtungswinkel 199
    Kamerabewegungen 200
Die Komposition verbessern 203
    Die Regel vom Dritten Teil 203
    Positiver und negativer Raum 204
    Das grafische Gewicht 205
    Linien 207
    Berührungen und Parallelen 208
Die Bildformate für Film- und Videoproduktionen 209
    Formate und Seitenverhältnisse 209
    Filmformate 210
    Anpassungen für das Fernsehen 212
    Bildbeschnitt und Overscan 214
Übungen 215

Kapitel Acht Die Kunst und Wissenschaft der Farben 217

Farben mischen 218
    Additive Farben 218
    Subtraktive Farben 219
    Farbton, Sättigung und Wert anpassen 220
    Wenn die Lichtfarbe auf die Oberflächenfarbe trifft 221
Farbschemata 224
    Farbkontrast 225
    Bedeutung von Farben 228
    Farbe und Tiefe 231
    Farbabgleich 233
RGB-Farben verstehen lernen 240

Digitale Farbe	243
8-Bit-Farbe	244
16-Bit-Farbe	244
HDRI	244
Kompakte Datenformate	246
Übungen	249

Kapitel Neun   Shader und Rendering-Algorithmen   251

Shading von Oberflächen	252
Diffuse, glänzende und spiegelnde Reflexion	252
Spiegelnde Glanzpunkte	255
Spiegelnde Glanzfarbe (Specular Color)	257
Der Fresnel-Effekt	258
Anisotropische Glanzpunkte	261
BRDF und BSSRDF	262
Anti-Aliasing	263
Over-Sampling	263
Under-Sampling	266
Filtering	267
Höhere Auflösungen rendern	267
Raytracing	268
Beschleunigungsstrukturen im Raytracing	269
Raytracing-Reflexionen	270
Schatten	273
Transparenz und Refraktion	274
Reyes-Algorithmen	278
RenderMan Interface Standard	279
Reyes und Raytracing	280
Z-Buffer-Rendering	281
Scanline-Rendering	281
GPU- und hardwarebeschleunigtes Rendering	282
Hardware-Rendering	282
GPU-Beschleunigung	283
Interaktive Vorschau	284
Übungen	285

Kapitel Zehn Texturen entwerfen und zuweisen 287

Arten des Texture Mapping	288
Farb-Mapping	288
Glanz-Mapping	290
Selbstleuchten-Mapping	291
Transparenz-Mapping	292
Displacement-Mapping	293
Bump-Mapping	295
Normalen-Mapping	297
Polynomial Texture Mapping	299
Andere Mapping-Techniken	299
Fotografische Texturen	300
Tipps zum Fotografieren	300
Gescannte Texturen	303
Handgemalte Texturen	303
Texturauflösung	306
Ausrichtungsstrategien	308
Gekachelte Texturen	308
Dekore	314
Projektionen	317
UV-Koordinaten	321
Texturieren von Polen	325
3D-Zeichenprogramme	327
Prozedurale Texturen	328
Auflösungsunabhängigkeit	328
3D-Texturen	328
Animation	329
Aussehen	329
Baking – prozedurale Texturen in Bilder umwandeln	331
Look-Entwicklung	332
Ebenen malen	332
Mit Farbe anfangen	333
Mit Displacement anfangen	334
Übungen	337

Kapitel Elf   Passes rendern und Compositing   339

- Ebenen rendern   340
  - Hintergrundebenen   341
  - Matte-Objekte   342
  - Effektebenen   343
  - Warum überhaupt Ebenen?   344
  - Optische Effekte   345
  - Partikeleffekte   345
- Anmerkungen zum Alpha-Kanal   346
  - Compositing mit nicht vormultipliziertem Alpha-Kanal   348
  - Compositing mit vormultipliziertem Alpha-Kanal   349
- Rendering in Passes   351
  - Diffus-Pass   352
  - Glanz-Pass   353
  - Reflexions-Pass   354
  - Schatten-Pass   357
  - Umgebungs-Pass   362
  - Occlusion-Pass   363
  - Beauty-Pass   364
  - Global Illumination-Pass   365
  - Maske-Pass   366
  - Tiefen-Pass   367
  - Pass-Management   369
  - Mehrere Passes auf einmal rendern   370
- Beleuchtung im Compositing   370
  - Separate Licht-Passes   370
  - Werkzeuge zum Ausleuchten   372
- Reale Filmvorlagen einpassen   373
  - Referenzkugeln und Light Probes   374
  - Andere Ansätze zur Lichtanpassung   377
- Übungen   379

Kapitel Zwölf Die Production Pipeline und
professionelles Arbeiten **381**

Production Pipeline 382
    Planung eines Animationsfilms 382
    Vorbereitung von Visual Effects Shots 384
    Kernabteilungen (Core Departments) 388
    Darstellung der Production Pipeline 398
Abnahme der Arbeit 400
    Arbeit mit Kunden 400
    Lighters anweisen 402
    Befehlskette (Chain of Command) 403
Jobsuche als Lighting Artist 403
    Lighting Showreel 403
    Muss ich mich spezialisieren? 406
    Interner Aufstieg 407
    Internationale Jobsicherheit 408
    Vorantreiben der Karriere 409

Stichwortverzeichnis 410

Vorwort

Um Ihnen bei der Erstellung besserer 3D-Renderings zu helfen, vereint dieses Buch Informationen aus mehreren Bereichen.

So werden Sie auf den folgenden Seiten Konzepte aus der Cinematographie, Designgrundsätze der visuellen Kunst, praktische Tipps direkt aus der professionellen Filmproduktion und allgemeinverständliche Erklärungen zu technischen Abläufen finden.

Wer sollte dieses Buch lesen?

Sie sollten dieses Buch lesen, wenn Sie zumindest Grundlagenwissen in der Bedienung von 3D-Software haben und an einer Verbesserung Ihrer 3D-Arbeiten interessiert sind.

- Wenn Sie bereits professionell im 3D-Bereich tätig sind, wird Ihnen dieses Buch bei der Bewältigung der tagtäglichen Produktionsabläufe helfen und zur Verbesserung Ihrer Arbeitsergebnisse beitragen.

- Studenten von Computergrafiklehrgängen wird dieses Buch bei der Professionalisierung ihrer Render-Fähigkeiten helfen.

- Engagierten Hobby-Usern hilft dieses Buch bei der Verbesserung der künstlerischen Fähigkeiten und es verschafft Ihnen einen Einblick in die Arbeitsweise der Profis.

Es wurde jede Anstrengung unternommen, die komplexen Zusammenhänge in einer möglichst einfachen Sprache zu erklären, Spezialbegriffe zu erläutern, wenn sie das erste Mal benutzt werden, und die wichtigsten Konzepte und Techniken mit Illustrationen, Tabellen und Grafiken anschaulich zu gestalten. Dieses Buch wurde als Ergänzung und nicht als Ersatz für die Handbücher oder Hilfe-Funktionen Ihrer Software konzipiert.

Der Großteil der Informationen in diesem Buch ist in keinem Handbuch zu finden, wenngleich das eigentlich der Fall sein sollte.

Softwarevoraussetzungen

Dieses Buch behandelt Techniken und Konzepte, die in nahezu jeder 3D-Rendering-Software angewendet werden können. 2D-Mal- und Kompositionssoftware wird zusätzlich empfohlen.

3D-Software

Es gibt nicht ein einzelnes 3D-Programm, das alle Befehle, Funktionen und Render-Algorithmen anbietet, die in diesem Buch besprochen werden. Sicherlich werden Sie aber nicht abgeneigt sein, über Funktionen zu erfahren, die vielleicht in Ihrer eigenen Software noch nicht verfügbar sind.

Sie finden in fast jedem Abschnitt zusätzlich alternative Verfahren oder Workarounds, damit Sie nahezu jeden Effekt nachvollziehen können, egal mit welcher 3D-Software Sie arbeiten.

Die weitestgehende Unabhängigkeit dieses Buchs von einer bestimmten Software heißt jedoch nicht, dass nicht auch auf einzelne Programme im Detail eingegangen wird. Wenn es also erwähnenswerte Fähigkeiten in RenderMan, Mental Ray, 3D Studio Max, May, Softimage, Lightwave oder irgendeiner anderen Software gibt, so werden diese ebenfalls erwähnt, sofern es zum Thema passt.

Dieses Buch fühlt sich auch der Idee verpflichtet, dass mit einem entsprechenden Hintergrund in Bezug auf Kunst und Grundsätze der Computergrafik sowie etwas Kreativität bei der Lösung von Problemen in jeder Render-Software hervorragende Arbeiten entstehen können.

2D-Software

Jeder gute 3D-Arbeitsplatz sollte auch mit 2D-Software ausgerüstet sein, um Texturen zu erzeugen und zu manipulieren, Ebenen in Kompositionen zu arrangieren oder zu berechnen.

Im Idealfall benutzen Sie daher ein Grafikprogramm, wie z.B. Adobe Photoshop (das auch in vielen Beispielen zur Texturerzeugung in diesem Buch benutzt wird), PaintShop Pro oder Fractal Painter. Frei erhältliche Alternativen hierzu wie Gimp oder Paint.NET sind ebenfalls ausreichend.

Ein eigenes Kompositionsprogramm, wie z.B. Shake, Digital Fusion oder After Effects, ist hilfreich, wenn es um das Kombinieren von Render-Ebenen geht, obwohl dies für Standbilder ebenfalls in Ihrem Malprogramm erledigt werden kann.

Über diese Ausgabe

Dies ist die zweite Auflage des populären Titels [Digital] Lighting&Rendering. Die Erstauflage wurde zum Standardwerk der Kunst der 3D-Beleuchtung und 3D-Bildberechnung und führte viele Künstler an dieses Feld heran. Seit seinem Erscheinen im Jahr 2000 stieß dieses Buch auf breite Akzeptanz bei Kritikern und Dozenten und wird häufig an Akademien und Hochschulen eingesetzt.

Diese Neuauflage wurde dem technischen Fortschritt der 3D-Software und der Branche angepasst. Um die Veränderungen zu berücksichtigen, wurde jedes Kapitel durch die Besprechung aktueller Techniken und Konzepte ergänzt.

Themen wie Occlusion oder globale Beleuchtung, die in der ersten Edition in einzelnen Abschnitten abgehandelt wurden, finden nun im Zusammenhang mit der Berechnung von Architekturszenen oder Render-Passes ausführliche Erwähnung an verschiedenen Stellen des Buchs.

Ebenso wurde ein neues Kapitel zum besseren Verständnis der Arbeitsabläufe einer Studioproduktion ergänzt. In diesem geht es um das Zusammenarbeiten verschiedener Künstler an verschiedenen Stationen bei der Herstellung von Kinofilmeffekten oder 3D-Animationsfilmen.

Im Rahmen der Computergrafik heißt es oft, eine Arbeit sei nie fertig, sondern nur beendet. Einstellungen könnten von professionellen Künstlern immer noch besser und durch weitere Bearbeitung noch perfekter gestaltet werden. Das Näherrücken einer Deadline zwingt uns schließlich, geliebte Projekte zu beenden. Das Gleiche trifft auf ein Buchprojekt zu.

Ich bin froh, dass das Buch, das ich im Jahr 2000 beendet hatte, bei so vielen Lesern positiv aufgenommen wurde.

Diese Ausgabe war das beste, was ich zu jenem Zeitpunkt zu sagen hatte.

Seitdem habe ich weitergearbeitet und gelernt, habe weitere Erfahrungen im Bereich der visuellen Effekte und der Filmproduktion sammeln können, Kurse über Beleuchtung und Bildberechnung gehalten, habe mit verschiedenen Programmen gearbeitet und schließlich jedes Wort bereut, das ich geschrieben hatte.

Die Chance, alles noch einmal überarbeiten zu können, war eine große Freude für mich und mit der gleichen Freude übergebe ich Ihnen nun diese neue Ausgabe.

[KAPITEL EINS]

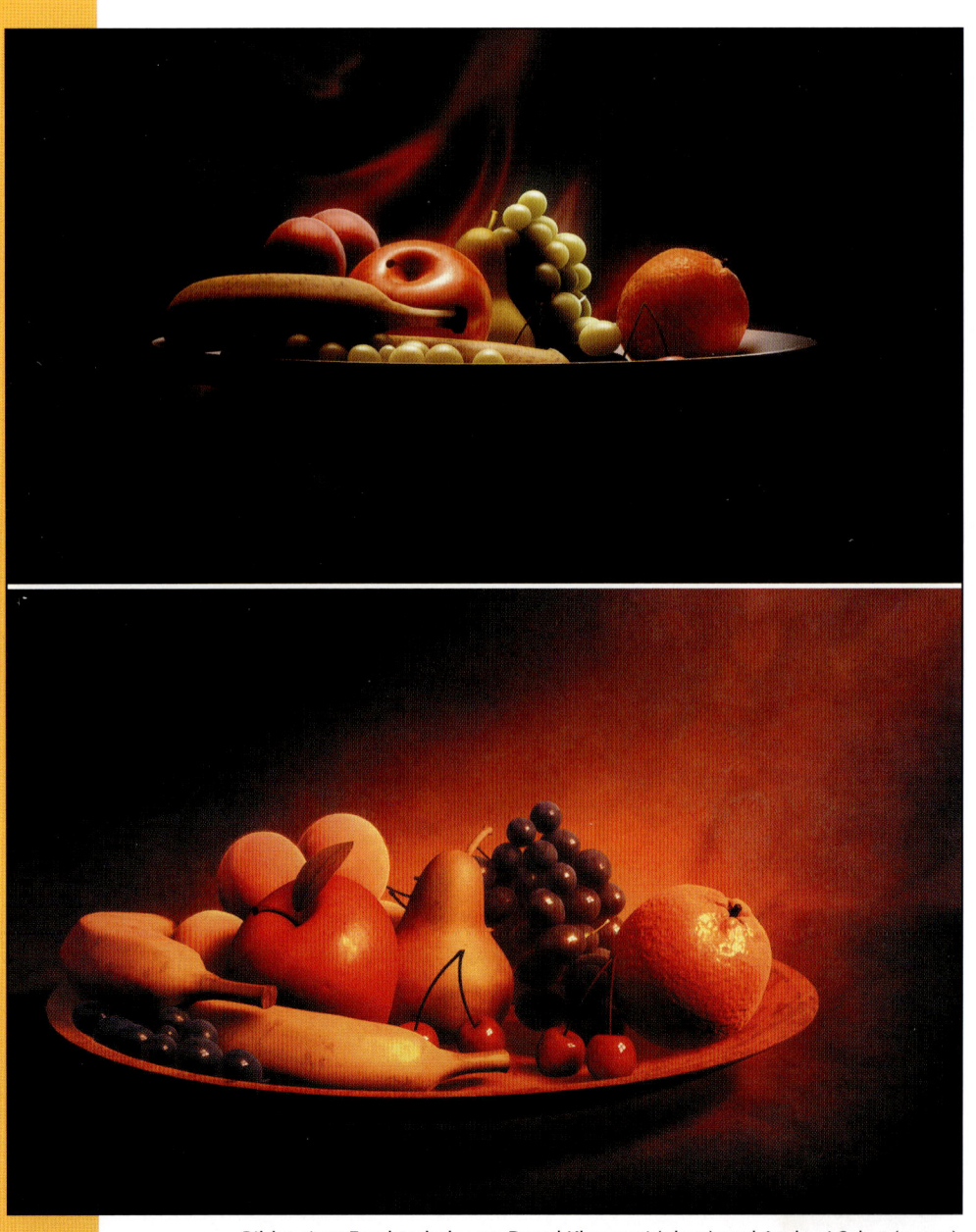

Bilder einer Fruchtschale von Donal Khosrowi (oben) und Andrzej Sykut (unten).

Die Grundlagen des Licht-Designs

Das Handwerk des Licht-Designs existierte z.B. beim Theater, in der Fotografie und beim Kino bereits Jahrzehnte vor dem Auftauchen der ersten Computer.

3D-Künstler können eine Menge von diesen Beleuchtern lernen.

Dieses Kapitel enthält eine Einführung in die Grundlagen und Kernsätze des Licht-Designs und gibt Ihnen einen Ausblick auf die Themen und Problemstellungen, die noch in diesem Buch behandelt werden.

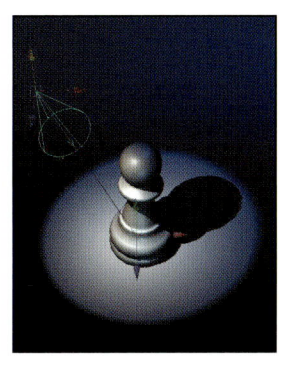

Motivation

Bevor Sie eine Lichtquelle zu Ihrer Szene hinzufügen, sollten Sie sich über deren Motivation im Klaren sein. Mit Motivation ist dabei die Ursache oder die Quelle jeder Lichtwirkung in Ihrer Szene gemeint.

Sie würden wahrscheinlich niemals mit der Animation einer Figur beginnen, ohne sich zu überlegen, was diese Figur tun soll oder tun wird. Ebenso würden Sie keine Textur malen, ohne die Charakteristiken der Oberfläche zu kennen, die erstellt werden soll. Dennoch erstellen viele wahllos Lichtquellen und platzieren diese praktisch zufällig in ihrer Szene, ohne sich über deren Zweck im Klaren zu sein.

Die Motivation des Lichts sollte jede Ihrer Entscheidung beeinflussen, die mit Lichtquellen zu tun hat. Sobald Sie die Motivation eines Lichteffekts kennen, kennen Sie auch die reale Ursache dieses Lichts und wissen genau, welche Art 3D-Lichtquelle mit welchen Eigenschaften für diesen Effekt in Frage kommt.

Der Raum außerhalb des Motivs

Der so genannte off-screen space ist der Bereich, der in Ihrem Bild nicht unmittelbar zu sehen ist, also z.B. der Bereich direkt über der Kamera. Die Beleuchtung, die Schatten und Reflektionen eines Motivs sind häufiger von diesen Off-Screen-Bereichen beeinflusst als von Lichtquellen, die im Bild sichtbar sind. Es ist daher ein wichtiger Bestandteil Ihrer Arbeit beim Licht-Design, sich Gedanken über die Bestandteile des Off-Screen-Bereichs zu machen, damit Sie Ihre Szene so beleuchten können, als wären natürliche Lichtquellen beteiligt.

Um ein Beispiel für die Beleuchtung aus dem Off-Screen-Bereich zu bekommen, betrachten Sie die vier Fotos in Abbildung 1.1. Die Objekte bleiben über die Bildserie hinweg unverändert und dennoch können Sie allein durch die Beleuchtung viel über den Off-Screen-Bereich erfahren und darüber, wo das Bild aufgenommen wurde.

Wenn das Licht eines Off-Screen-Bereichs in einem Foto so viele Informationen vermitteln kann, wie können wir dies in einem Rendering simulieren, um ähnliche Effekte zu erzielen?

Die Antwort liegt in der Betrachtung der sichtbaren Eigenschaften unterschiedlicher Lichtquellen.

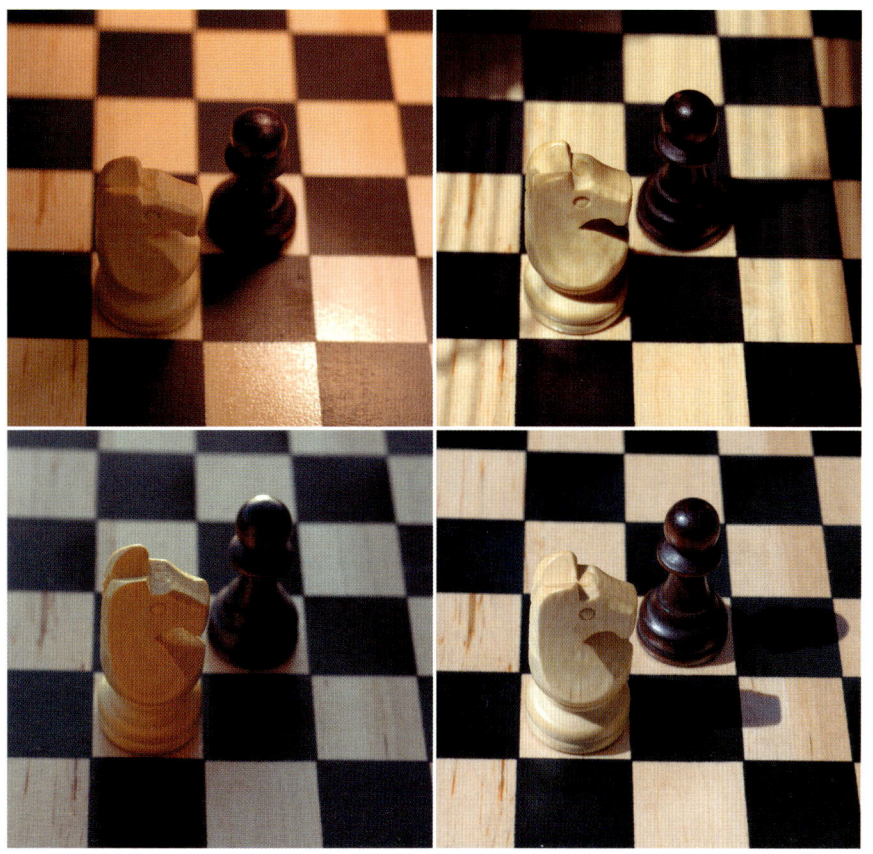

Abbildung 1.1:
Sie erkennen hier die Szene, wie sie von einer Lichtquelle beleuchtet wird (oben links), bei Beleuchtung durch ein Fenster (oben rechts), bei einem bewölkten Himmel (unten links) und bei direkter Sonneneinstrahlung (unten rechts).

Die Eigenschaften des Lichts

Wir unterscheiden die verschiedenen Lichtquellen anhand der unterschiedlichen Wirkungen, die sie auf Objekte haben. Die Haupteigenschaften des Lichts, die wir in einem Bild wahrnehmen, sind die Farbe, die Weichheit, die Struktur und der Winkel.

- Jede Lichtquelle hat eine charakteristische Farbtemperatur, die – in Verbindung mit dem Weißabgleich der Kamera – die Färbung des Lichts bestimmt. In Kapitel 8, „Die Kunst und Wissenschaft der Farben", finden Sie einige Tabellen mit realen Lichtquellen und deren Farbtemperaturen.

- Die Helligkeit ist wie die Farbe relativ, da sie von den Belichtungseinstellungen Ihrer Kamera abhängt. In Kapitel 6, „Kameras und Belichtung", wird der Belichtungsprozess einer Kamera beschrieben und wie Sie selbst zu richtig belichteten Renderings kommen.

- Die Weichheit setzt sich aus mehreren Eigenschaften des Lichts zusammen. Die Streuung des Lichts am Rand eines Lichtkegels bestimmt die Weichheit dieses Lichtkegels. Die Abnahmefunktion einer Lichtquelle bestimmt deren Intensität mit zunehmender Entfernung. Am offensichtlichsten schaffen jedoch weiche Schatten die Illusion von weichem, gestreutem Licht, wogegen hart abgegrenzte Schatten für hartes Licht stehen. Abbildung 1.1 zeigte bereits die harten Schatten an den Schachfiguren, die bei direkter Sonneneinstrahlung entstanden und die weichen Schatten bei Beleuchtung durch den bewölkten Himmel. In Kapitel 3, „Schatten und Occlusion", werden verschiedene Methoden besprochen, harte und weiche Schatten zu erzeugen.

- Die Struktur oder Form des Lichts ist ein weiteres wichtiges Charakteristikum der Beleuchtung. Abbildung 1.1 zeigte die Struktur des Lichts, wie sie durch die Filterung durch eine Jalousie hinter dem Fenster entsteht. In Kapitel 2, „Beleuchtungsgrundlagen und Übungen", wird die Verwendung so genannter Cookies besprochen, die verschiedene Strukturen im Licht erzeugen können.

- Der Winkel des einfallenden Lichts gibt uns Informationen über die Position der Lichtquelle. So wird beispielsweise das Licht der späten Nachmittagssonne einen flacheren Einfallswinkel haben als das Sonnenlicht am Mittag. Einem Licht-Designer hilft der Einfallswinkel zudem bei der Bestimmung der Funktion des Lichts, also ob es sich um so genanntes Key-, Kicker- oder Rim-Licht handelt. Das richtige Ausrichten von Lichtquellen, um bestimmte Effekte zu erzielen, ist das Thema in Kapitel 5, „Kreaturen, Figuren und Animationen beleuchten".

- Nahezu jedes Adjektiv, das Sie für die Beschreibung von Licht benutzen, könnte auch als Eigenschaft des Lichts betrachtet werden. Manchmal betrachte ich sogar die Animation, also z.B. ob ein Licht flackert oder konstant ist, als Lichteigenschaft. Ich habe von Leuten gehört, die den Kontrast als eine Eigenschaft des Lichts sehen, obwohl ich den Kontrast eines Bilds eher für ein Resultat der Helligkeit und Weichheit des Lichts in der Szene halte.

Was alle Eigenschaften von Licht verbindet, ist die Tatsache, dass Sie diese in der Realität beobachten und auf die Lichtquellen in Ihrer 3D-Szene übertragen können.

Um zu wissen, welche Lichter Sie in Ihrer Umgebung studieren sollten, müssen Sie sich über die Motivation, also die Ursache des Lichts in Ihrer Szene, klar werden.

Direktes und indirektes Licht

Direktes Licht kommt unmittelbar von einer Lichtquelle, wie z.B. einer Glühbirne oder der Sonne, und trifft auf direktem Weg auf eine Oberfläche. Unter indirektem Licht versteht man das Licht, das zuerst mehrfach an anderen Oberflächen reflektiert oder abgeprallt ist, bevor es eine Fläche indirekt beleuchtet. Wenn z.B. eine Lampe auf dem Fußboden einen Lichtfleck an der Decke erzeugt, so ist dies direktes Licht. Das Licht, das von dort in alle anderen Teile des Raums gestreut wird und diesen aufhellt, ist indirektes Licht.

Direkte Lichtquellen sind in der Regel der Grund für die Platzierung heller Lichter in der Szene, aber auch indirektes Licht, das z.B. von einer Wand oder dem Boden reflektiert wurde, kann Teile der Szene aufhellen und zur Ausleuchtung der Objekte beitragen. Im vierten Kapitel, „Umgebungen und Architektur beleuchten", wird sowohl die Platzierung zusätzlicher Lichter erklärt, die indirekte Umgebungsbeleuchtung simulieren können, als auch die Verwendung von globaler Illumination erläutert, mit deren Hilfe die Simulation indirekten Lichts automatisiert werden kann.

Schummeln

Unter Cheating bzw. Schummeln versteht man in diesem Zusammenhang das absichtliche Abweichen von der tatsächlichen Lichtsimulation, ohne dass dies dem Betrachter negativ auffällt.

Ein einfaches Beispiel für Schummeln ist in Abbildung 1.2 zu sehen, wo ich eine simulierte Umgebung für den off-screen space der Stillebenszene des Buchcovers erstellt habe. Diese Umgebung enthält u.a. das Fenster, das sich als Reflexion auf den Früchten zeigt. Dieses Fenster stellt zudem die Motivation oder Quelle des Key-Lichts dar, also der Lichtquelle mit dem intensivsten Licht der Szene, und beleuchtet so die linke Seite der Früchte.

Ohne zu schummeln und wenn wir uns an die motivierte Lichtrichtung halten würden, müsste das Licht exakt im Bereich des Fensters liegen und die Früchte aus der gleichen Richtung beleuchten, aus der auch die Reflexion des Fensters berechnet wird. Dies würde die Früchte jedoch zu frontal ausleuchten und somit die gekrümmten Oberflächen zu flach erscheinen lassen. Die Form der Früchte könnte besser bei einem seitlich auftreffenden Licht herausgearbeitet werden. Wir schummeln daher etwas und verschieben die Lichtquelle vom Fenster fort, das ja eigentlich für die Beleuchtung zuständig ist (siehe Abbildung 1.3).

6 Lighting & Rendering

Abbildung 1.2:
Eine texturierte Umgebung umgibt die unten rechts platzierte Schale mit den Früchten.

Abbildung 1.3:
Die von der Umgebung motivierte Lichtposition würde der Reflexion entsprechen (rot), aber durch Schummeln wählen wir eine abweichende Position (grün).

Abbildung 1.4: Die Beleuchtung von der Originalposition aus (links) kann die Form der Früchte nicht so gut herausarbeiten, wie dies bei der geschummelten Lichtposition der Fall ist (rechts).

Abbildung 1.4 zeigt die aus Richtung des Fensters beleuchtete Fruchtschale im direkten Vergleich zu der Beleuchtung mit der geschummelten Lichtposition.

Schummeln kommt bis zu einem gewissen Grad bei jedem 3D-Projekt vor. Schatten, die von einer Figur auf eine andere geworfen werden, werden entfernt, wenn sie störend wirken. Das Licht einer Lampe, das eine Figur beleuchten soll, kommt eventuell von einer ganz anderen Position, wenn dadurch die Ausleuchtung der Figur verbessert werden kann. Ein Lichtkranz um eine Form (auch Rim genannt) arbeitet die Konturen des Objekts heraus, auch wenn gar kein Licht aus dieser Richtung kommen kann.

Schummeln bei realen Filmaufnahmen

Das Wissen, wie ein bestimmter Effekt durch Schummeln simuliert werden kann, ist ein entscheidender Teil der Arbeit an 3D-Grafiken, obwohl es auch regelmäßig beim Drehen von Filmszenen zum Einsatz kommt.

Ein gleißender Lichtfleck auf dem Boden, der scheinbar durch ein Fenster fällt, kann tatsächlich von einem Scheinwerfer über dem Boden erzeugt werden. Ein in einen dunklen Wald laufender Schauspieler kann ein hell ausgeleuchtetes Gesicht haben, obwohl es in der Realität nur schemenhaft zu sehen wäre. Sogar massive Wände sind am Drehort oft auf Rollen montiert (der Fachausdruck dafür lautet *Wild Wall*), damit sie gegebenenfalls aus dem

Weg verschoben oder unabhängig von anderen Wänden rotiert werden können.

Warum also schummeln Licht-Designer? Warum nicht einfach eine möglichst exakte Kopie von realistischen Lichtverhältnissen erzeugen? Die einfache Antwort auf diese Frage lautet, dass Beleuchtung und die Aufnahme von Filmen Kunst sind und eben nicht nur Wissenschaft.

Eine mehr in die Tiefe gehende Antwort hierzu setzt ein Verständnis von den visuellen Zielen des Licht-Designers voraus, die er auf eine Szene anwendet.

Die visuellen Ziele des Licht-Designs

Beim Beleuchten einer Szene geht es um mehr als das Berechnen einer Lichtsimulation. Die Beleuchtung ist auch dazu da, um dem Betrachter eine möglichst ansprechende Szene zu präsentieren. Je nachdem, wie gut ein Beleuchtungskünstler dies umzusetzen vermag, wird die Beleuchtung ein Bild aufwerten oder als störend empfunden.

Formen begreifbar machen

Wie in der Fotografie, der Filmproduktion oder der Malerei, so geht es bei der 3D-Bildberechnung um die Erzeugung zweidimensionaler Bilder basierend auf dreidimensionalen Szenen. Um Ihren Renderings Qualität und Ausdrucksstärke zu geben und dem Betrachter die Dreidimensionalität der dargestellten Objekte optimal zu vermitteln, müssen alle Oberflächen sorgfältig beleuchtet werden. Einige nennen dies die *Modellierung mit Licht*, da erst durch das Licht die Form der Objekte zur Geltung kommt. Das Herausarbeiten der Form einer Figur mittels Beleuchtung ist eines der Hauptthemen in Kapitel 5.

Dinge glaubhaft machen

Computergrafiken können in diversen Stilrichtungen berechnet werden. Einige Projekte sind auf *Fotorealismus* angewiesen (dies sind gerenderte Bilder, die mit Fotos verwechselt werden könnten), wohingegen vielleicht andere Projekte unterschiedlich stark stilisierte Motive einsetzen, die eher einen illustrativen oder Comiclook einsetzen. Unabhängig davon, ob es nun um fotorealistische oder illustrative Stilrichtungen geht, muss die Beleuchtung jedoch immer *glaubhaft* auf den Betrachter wirken.

Ein glaubhaftes Bild ist zumindest in sich konsistent und benutzt das Licht in einem ausgewogenen Verhältnis, so wie es auch in der Realität vorkommen könnte. Wenn z.B. ein Sonnenstrahl in einen Raum fällt, so erwartet der Betrachter, dass dieses Licht intensiver als das einer Tischlampe ist. Sogar im Zeichentrick existieren grundlegende Regeln über die Balance und Wichtung von Licht. So können manchmal bereits kleine Veränderungen der Beleuchtung ein Bildmotiv glaubhafter machen, das ansonsten unrealistisch gewirkt hätte.

Oftmals liegt der Schlüssel zur Erstellung einer glaubhaften Beleuchtung in der Beobachtung unserer realen Umgebung. Bevor Sie mit einem Projekt beginnen, sollten Sie Licht beobachten, das sich in ähnlichen Umgebungen befindet wie diejenige, die Sie rendern wollen.

Bei der Arbeit an visuellen Effekten kann Ihnen die Analyse des Live-Action-Materials (mit einer realen Kamera aufgenommene Bilder) viel darüber sagen, wie die Umgebung die Szene beeinflusst. Bei komplett als 3D produzierten Projekten sollten Sie Referenzbilder sammeln, die Ihnen das Aussehen von Farben und das Verhalten von Licht in realen Umgebungen verdeutlichen.

Egal, ob Sie Referenzbilder selbst fotografieren, im Internet laden oder von einer geliehenen DVD extrahieren, Ihre Sammlung an Referenzen wird eine wertvolle Hilfe während des gesamten Projekts sein, wenn es um das Licht-Design und das Abstimmen der Lichtquellen untereinander geht.

Nur ein schlechter Künstler macht seine Werkzeuge für die Ergebnisse seiner Arbeit verantwortlich. Ein Teil der Arbeit bei der glaubhaften Gestaltung einer Szene besteht im Kompensieren von Fehlern, Defiziten und Limitierungen der verwendeten Rendering-Software.

Nahezu jeder in diesem Buch besprochene physikalische Effekt, angefangen beim indirekten, von einer Wand reflektierten Licht bis hin zur Transluzenz der menschlichen Haut, kann durch sorgfältiges Texturieren, Beleuchten und nachträgliches Compositing simuliert werden, selbst wenn Ihre Software dies nicht automatisch für Sie übernimmt.

Wenn jemand ein von Ihnen beleuchtetes Bild oder eine Animation betrachtet, so will dieser ein geschlossenes und glaubhaftes Bild sehen und keine Ausreden über die Unzulänglichkeiten der verwendeten Software hören.

Unterstützende Shader und Effekte

Sie werden bei 3D-Grafiken regelmäßig zusätzliche Lichter verwenden, um die Eigenschaften unterschiedlicher Oberflächen besser herausarbeiten zu können.

So ergänzen Sie z.B. ein zusätzliches Glanzlicht, um das Auge einer Figur feuchter erscheinen zu lassen, oder Sie setzen einen Lichtreflex auf ein Aluminiummaterial, um es metallischer wirken zu lassen. Viele Effekte, die in der Theorie alleine durch sorgfältig angelegte Oberflächenattribute und Texturen auf 3D-Objekten dargestellt werden könnten, werden in der Produktion zusätzlich durch angepasste Beleuchtung herausgearbeitet und so optimal präsentiert.

Egal, wie sorgsam ein Shader im Vorfeld entwickelt und getestet wurde, letztlich liegt es in der Verantwortung des Beleuchters, dafür zu sorgen, dass tatsächlich alles Gold ist, was glänzt.

Optische Effekte, wie Explosionen, Feuer, Wasser, Rauch und Wolken benötigen ebenfalls viel Beachtung, was oftmals auf die Ergänzung unterstützender Lichtquellen hinausläuft.

Soll z.B. ein Feuer durch seinen Schein die Objekte in seiner Umgebung beleuchten oder müssen Regentropfen durch ihr Glanzverhalten besser gegenüber einem dunklen Himmel abgegrenzt werden, so müssen zusätzliche Lichtquellen in enger Abstimmung mit diesen Effekten ergänzt werden.

Die Kontinuität wahren

Wird an umfangreichen Projekten gearbeitet, bei denen viele Menschen bei der Beleuchtung unterschiedlicher Szenen beteiligt sind, liegt das Hauptaugenmerk auf der Kontinuität. Letztlich werden alle Einstellungen zusammengeführt und müssen beim Publikum einen einheitlichen Eindruck hinterlassen.

Es werden daher verschiedene Taktiken zur Wahrung der Kontinuität angewendet, die z.B. den Vergleich der Bilder aus verschiedenen Einstellungen mit den eigenen Arbeiten oder das Abstimmen von Licht-Designs zwischen den Beleuchtern verschiedener Szenen beinhaltet. Ebenso können Testvorführungen einzelner Sequenzen genutzt werden, um Fehler in der optischen Kontinuität oder Abweichungen zu finden.

Bei visuellen Effekten kann die Kontinuität zu einem noch größeren Problem werden, da dabei 3D-Grafiken mit realen Aufnahmen gemischt werden. Während des Filmens verschiedener Einstellungen kann die Sonne vorübergehend von einer vorbeiziehenden Wolke verdeckt werden, sich im Laufe der Zeit an eine andere Stelle bewegen oder generell unterschiedlich hell sein.

Während die Integration einer Kreatur oder eines Raumschiffs in die Lichtsituation des Realbilds zum ausschlaggebenden Punkt für die Glaubwürdigkeit der gesamten Aufnahme wird, so ist die Kontinuität der Gesamtsequenz ebenso wichtig. Manchmal muss dazu auch die Beleuchtung Ihrer Filmeinstellung verändert werden, um sie nachfolgenden Sequenzen anzupassen.

Das Auge des Betrachters leiten

In einer gut beleuchteten Szene sollte das Licht das Auge des Betrachters zu den für die Geschichte oder die Animation wichtigen Teilen des Bilds leiten bzw. in der speziellen Szene wichtige Bildbestandteile hervorheben.

Kapitel 7, „Komposition und Arrangement", wird sich eingehender damit beschäftigen, was einen Bildausschnitt für den Betrachter interessant macht und wie die Aufmerksamkeit des Betrachters gezielt gesteuert werden kann.

Neben der gezielten Hervorhebung bestimmter Bereiche vermeidet gute Beleuchtung zudem die Ablenkung des Betrachters durch unwichtigere Bildbestandteile. Wenn das Publikum bei der Betrachtung einer Animation abgelenkt wird – sei es durch ein merkwürdiges Flackern oder ein Artefakt, durch einen an ungewöhnlicher Stelle auftauchenden Glanzpunkt oder durch einen plötzlich erscheinenden oder sich verändernden Schatten –, wird gleichzeitig auch die Aufmerksamkeit von der eigentlichen Geschichte abgelenkt.

Gutes Licht kann die Qualität eines Films stark verbessern, sollte aber zuallererst nicht bei der Betrachtung der Animation stören.

Die emotionale Wirkung

Ist das Publikum von der Geschichte und den Aktionen der Figuren gefesselt, wird es die Beleuchtung weniger *sehen* als vielmehr *fühlen*. Dabei zu helfen, eine bestimmte Stimmung zu erzeugen oder die emotionale Komponente der Handlung zu unterstützen, gehört zu den wichtigsten visuellen Zielen des Licht-Designs beim Film.

Einer der Schwerpunkte in Kapitel 8 widmet sich daher den unterschiedlichen Stimmungen und Assoziationen, die bereits durch einfache Dinge wie die Färbung einer Einstellung erzeugt werden können. Bleibt man den Grundsätzen von der Glaubhaftigkeit der Beleuchtung und deren Ursachen treu, kann man innerhalb dieser Vorgaben über den Stil oder die Stimmung einer Szene nachdenken. Wird sehr intensiv, mit starkem Kontrast und scharfen Schatten beleuchtet? Ist die Beleuchtung eher weich mit subtilen Schattierungen und weichen Schatten? Ist die Szene sehr bunt, mit vielen stark gesättigten Tönungen, oder eher schummerig und entsättigt? Gibt es Bereiche der Szene, in denen sich z.B. die Färbung ändern sollte?

Die zu erzählende Geschichte zu kennen und selbstverständlich die wichtigsten Punkte einer Szene mit dem Regisseur zu klären, bilden das Fundament der Umsetzung einer Ihnen vorschwebenden Bildstimmung.

Die visuellen Ziele guter Beleuchtung umzusetzen, ist ein künstlerischer Prozess, der auf den Traditionen des Filmhandwerks aufbaut, das sich wiederum viel bei Gemälden abschaut. Der technische Fortschritt mag einiges am Prozess der 3D-Beleuchtung verändern. Dieses Buch behandelt einige der Schlüsseltechnologien, die die Erstellung einer Beleuchtung vereinfachen oder verändern – angefangen bei der direkten Beschleunigung durch Hardware bis hin zur bildbasierten Beleuchtung und globaler Illumination. Dennoch bleibt das notwendige Handwerk zur Beleuchtung einer 3D-Szene im Kern zeitlos und es wird auch durch einen neuen Knopf oder eine brandneue Option zukünftiger Programme nicht überflüssig werden.

Beleuchtungsaufgaben

Ein Großteil der Zeit, die für die Beleuchtung aufgewendet wird, beschäftigt sich nicht mit dem Setzen der Lichtquellen. Tatsächlich wird sehr viel mehr Zeit mit der Einstellung der Lichter, dem Überarbeiten von Eigenschaften und dem Einholen von Meinungen zur eigenen Arbeit verbracht. Szenen immer wieder mit laufend verbesserten Beleuchtungseinstellungen zu berechnen und dazu Rückmeldungen und Kritik zu erhalten, ist unverzichtbar, um die eigenen Fähigkeiten bei der Beleuchtung zu perfektionieren.

Um Ihnen beim Entwickeln dieser Routine zu helfen und um Feedback zu Ihrer Beleuchtung zu erhalten, können Sie auf der Seite *www.3dRender.com* aus einer ständig wachsenden Anzahl von Beleuchtungsaufgaben in diversen Dateiformaten wählen. Diese Seite wurde ergänzend zu diesem Buch ins Leben gerufen.

Im dortigen Diskussionsforum können Sie nachlesen, wie andere Künstler ihre Szenen beleuchtet haben. Sie finden dort zudem weitere Informationen zu den jeweiligen Lichtsetups, die Render-Passes und andere Bestandteile der jeweiligen Arbeiten. Am wichtigsten ist jedoch, dass Sie selbst dort Ihre Arbeiten vorstellen und Meinungen dazu einholen können. Auch ich selbst bin dort anzutreffen, um Kritik und Anregungen zu Ihren Bildern abzugeben.

Es gibt keine andere Informationsquelle, die während des Lernprozesses über 3D-Renderings hilfreicher wäre als das Internet, angefangen bei Recherchen zu außergewöhnlichen Plug-in-Shadern bis hin zum Einholen von Meinungen und Tipps zu eigenen Arbeiten. Ich selbst bin nahezu täglich im Netz, zumeist während ich auf die Fertigstellung einer Bildberechnung warte. Tatsächlich ist die Zwangspause während der Bildberechnung eigener Szenen oder einer der angesprochenen Beleuchtungsaufgaben auch hervorragend zum Lesen dieses Buchs geeignet.

Der Plan sieht vor, dass neue Beleuchtungsaufgaben monatlich erscheinen. Dabei kann es ebenso um die Beleuchtung einer Innen- oder Außenszene, die Beleuchtung einer Figur oder von Produkten gehen, wie um spezielle Aufgaben, wie z.B. die Beleuchtung von Haaren oder einer Unterwasserszene.

Die Szenen und das Forum gewähren freien Zutritt und ergänzen dieses Buch in hervorragender Weise. Sogar das Titelbild dieses Buchs ist aus einer dieser Beleuchtungsaufgaben hervorgegangen. Abbildung 1.5 stellt weitere Variationen des Fruchtschalenmotivs dar, wie sie von anderen Künstlern im Rahmen dieser Aufgabe erstellt wurden. Warum laden Sie nicht auch diese Szene herunter und versuchen sich selbst daran.

Abbildung 1.5:
Die Fruchtschalenaufgabe, wie Sie von Angel Camacho (links oben), Lazhar Rekik (rechts oben), Florian Wild (Mitte links), Yohann de Geb (Mitte rechts), Holger Schömann (links unten) und Ctrlstudio (rechts unten) gelöst wurde.

Ihr Arbeitsplatz

Noch bevor Sie mit der Arbeit an der Beleuchtung Ihrer 3D-Szene beginnen, sollten Sie sich mit dem Licht an Ihrem Arbeitsplatz bzw. in der Umgebung Ihres Computers auseinander setzen.

Wenn Sie in einem Zimmer mit direktem Sonnenlicht oder sehr hellen Lichtquellen z.B. an der Decke arbeiten, kann dadurch die Wahrnehmung der Szene, an der Sie arbeiten, negativ beeinflusst werden. Reduzieren Sie daher die Helligkeit vorhandener Lichtquellen oder schalten Sie diese in Ihrem Büro gänzlich aus, bevor Sie beginnen, an der 3D-Beleuchtung Ihrer Szene zu arbeiten. Stellen Sie zudem sicher, dass sich nichts auf Ihrem Monitor spiegelt oder dort zu einer Blendung führt.

Allgemein gilt, dass Röhrenmonitore einen besseren Kontrastumfang und eine exaktere Farbwiedergabe ermöglichen als LCD-Flachbildschirme. Dennoch, auch Monitore halten nicht ewig und wenn Sie täglich an einem fünf Jahre alten Monitor arbeiten, ist es unwahrscheinlich, dass dieser noch ebenso helle und präzise Bilder liefert wie am ersten Tag. Ein neuer Flachbildschirm ist einem alten, abgenutzten Röhrenmonitor klar überlegen.

Im Zusammenhang mit der Arbeit an diesem Buch müssen Sie sich zwar nicht gleich neue Hardware zulegen, Sie sollten sich aber dennoch einen Moment Zeit nehmen für die Überprüfung Ihrer Monitoreinstellungen. Recht unkompliziert funktioniert dies, indem Sie die Bildvorlage aus Abbildung 1.6 von der Internetseite *www.3dRender.com* laden und auf Ihrem Monitor betrachten. Stellen Sie Ihren Monitor so ein, dass Sie alle Ziffern der Abbildung erkennen können. Sollten Sie einige der Zahlen in der oberen oder unteren Zeile nicht sehen, so fehlt der Darstellung ein Teil des gesamten dynamischen Umfangs. Überprüfen Sie dann sowohl die Monitoreinstellungen als auch die Einstellungen im entsprechenden Kontrollfeld Ihres Betriebssystems, damit die Helligkeits- und Kontrasteinstellungen dort nicht dazu führen, dass einige helle oder dunkle Farbtöne für Sie unsichtbar bleiben.

Abbildung 1.6:
Stellen Sie sicher, dass Sie bei der Betrachtung dieses Bilds am Monitor alle Ziffern der beiden Reihen lesen können.

Wenn Sie ein Bild für den Druck benötigen, erzielen Sie die exakteste Einstellung des Monitors durch Ausdruck eines Testbilds und die nachfolgende Kalibrierung des Monitors durch Vergleich mit dem Ausdruck. Die Kalibrierung wird niemals für jeden Farbwert gleichermaßen perfekt sein, aber die vorangehende Kalibrierung mit einem vergleichenden Bildausdruck wird Ihnen zukünftig am Monitor eine gute Idee von dem später gedruckten Ergebnis liefern.

Sogar ein gut kalibrierter Monitor kann seine Darstellung während der ersten Stunden des Betriebs nach dem Einschalten noch verändern. In vielen Studios bleiben die Monitore daher auch über Nacht angeschaltet, um die Kalibrierung nicht am nächsten Morgen erneut vornehmen zu müssen.

Die volle Kontrolle übernehmen

Sie haben diese Lektion vielleicht bereits in einem Fischlokal gelernt: Wenn es nach Fisch riecht, ist der Fisch bereits hinüber. Ähnliches gilt für Computergrafiken: Wenn es nach Computergrafik aussieht, ist es eine schlechte Computergrafik. Gut beleuchtete und gut berechnete Bilder lassen die technische Seite ihrer Herstellung in den Hintergrund treten. Der Betrachter nimmt nur ein ansprechendes Bild, eine realistische Szene oder einen neuen, innovativen visuellen Stil wahr. Ein herausragendes Rendering wird niemals vorrangig beim Betrachter den Eindruck vermitteln, am Computer entstanden zu sein.

Wenn Sie als Künstler die volle Kontrolle über Ihr 3D-Rendering haben, dann wird der Betrachter Ihre Handschrift im Darstellungsstil wahrnehmen und nicht den Eindruck haben, dass ein Computer das Bild berechnet hat.

Ziel dieses Buchs ist es, Ihnen bei der Übernahme der Kontrolle über die Beleuchtung und das Rendering zu helfen, damit jeder Aspekt Ihres Renderings einzig ein Ergebnis Ihrer eigenen wohlüberlegten Entscheidung ist.

Jedes Kapitel setzt sich dabei mit einer Eigenschaft oder einem Thema der Beleuchtung und des Renderings von 3D-Szenen auseinander, erläutert, wie es funktioniert und wie Sie es selbst anwenden können.

[KAPITEL ZWEI]

Beleuchtungsgrundlagen und Übungen

Es gibt nicht viele „glückliche Zufälle" im Bereich der 3D-Grafik. Professionelle Ergebnisse erfordern, dass Sie jeden Schritt des Beleuchtungsprozesses kontrollieren, angefangen bei der Wahl des richtigen Lichtquellentyps für jeden Zweck, über die Erstellung von Testberechnungen, um einzelne Lichter und deren Parameter fein abzustimmen, bis hin zum Anlegen alternativer Beleuchtungsmodelle in einer einzigen Szene, um diese dem Regisseur oder Ihrem Kunden zur Abnahme vorzulegen.

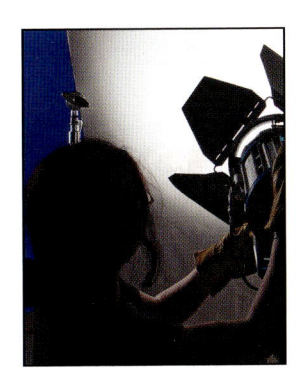

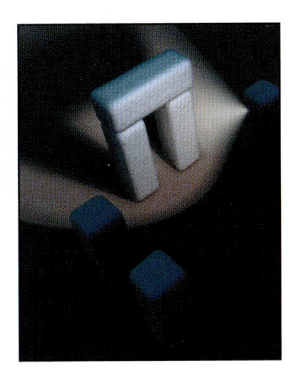

So fängt es an

Wo beginnt der Beleuchtungsprozess? Die Antwort variiert stark in der Praxis der unterschiedlichen Firmen und auch zwischen verschiedenen Projekten. Besonders bei kleineren Firmen oder bei einfachen Projekten kann es sich dabei auch nur um ein Gespräch mit dem Regisseur oder dem Auftraggeber handeln. Dieser gibt dann z.B. die Information, dass die Szene Nachts, außerhalb eines Kinos bei einer Filmpremiere spielt und er einen blauen oder violetten Farbverlauf für den Himmel sehen möchte. Zudem sollen die Blitzlichter von Kameras die Figuren von allen Seiten beleuchten und im Hintergrund die Lichtkegel großer Scheinwerfer den Himmel erhellen. Ausgehend von dieser Beschreibung können Sie sich hinsetzen und einige Testbilder entwerfen, die dann am folgenden Tag dem Regisseur vorgelegt werden.

Beginnt die Beleuchtung mit einer derartigen Besprechung, sollten Sie so früh wie möglich mit dem Sammeln von Referenzbildern anfangen und frühzeitig Meinungen dazu einholen. Besorgen Sie sich passende Bilder aus dem Internet und extrahieren Sie ähnliche Szenen aus geliehenen Filmen, aus Büchern, Magazinen und Bilddatenbanken. Je eher Sie dem Regisseur Bilder zur Abstimmung vorlegen können, desto schneller können Sie sicher sein, dass Ihre Konzepte in die richtige Richtung gehen.

Wenn Sie an visuellen Effekten, an der Beleuchtung von Kreaturen oder Fahrzeugen arbeiten, die später in einen Film integriert werden sollen, werden Sie so genannte *Background Plates* erhalten. Dies sind digitalisierte Standbilder, die während der Filmaufnahmen entstanden sind. In der Regel erhalten Sie auch Referenzbilder einer Kugel oder anderer einfacher Objekte, die vor die Kamera gehalten wurden. Aufgrund dieser Aufnahmen haben Sie einen Anhaltspunkt, wie die Beleuchtungssituation der Szene zum Zeitpunkt der Filmaufnahme war. Ihre Background Plate wird für Sie zu einer Art Beleuchtungsbibel während der Arbeit an den visuellen Effekten und Sie werden alle nur denkbaren Details darin auswerten. Dazu gehören z.B. die Richtungen und Schärfen der Schatten sowie die Farben, Tönungen und der Kontrast in der Szene. Dies alles fließt dann in Ihre Beleuchtung mit ein. Wie die Beleuchtung an eine reale Szene angepasst wird, ist Gegenstand von Kapitel 11, „Passes rendern und Compositing".

Wenn Sie an einem Animationsprojekt beteiligt sind, hat die künstlerische Abteilung der Produktion bereits lange vor Beginn Ihrer Arbeit an der Beleuchtung mit der Ausarbeitung eines Stils für die Szene begonnen. Wahrscheinlich wird man Ihnen dann Zeichnungen oder Illustrationen vorlegen, die das Aussehen aller Szenen festlegen. Der Beleuchtungskünstler wird dann diese Vorlagen als Basis für seine Farb- und Tönungsvorschläge für die jeweilige Szene heranziehen. Dennoch wird er auch eigene Entscheidungen treffen, wie das Licht-Design im Detail aussieht. Dabei fließen die diversen zur Verfügung stehenden Lichttypen und Optionen der 3D-Grafik mit ein.

Die Lichtquellenarten

Sie beginnen bei der Beleuchtung einer 3D-Szene mit der Wahl des Lichtquellentyps der verwendet werden soll. Im Großen und Ganzen basieren die Lichtquellen in 3D-Programmen auf den verschiedenen Lichtquellen in unserer Umwelt. Jeder Typ hat dabei seine eigenen Vor- und Nachteile. Es lohnt sich daher, diese zu kennen und die jeweils zu einem Projekt passenden Lichter einzusetzen.

Punktlichter

Punktlichter, auch Omni oder omnidirektionale Lichter genannt, sind die einfachste Lichtquelle die man in 3D-Programmen nutzen kann. Wie in Abbildung 2.1 zu sehen, geben diese Punktlichter Licht gleichmäßig in alle Richtungen ab.

Abbildung 2.1: Ein Punktlicht gibt Licht gleichmäßig in alle Richtungen ab. Dabei weisen alle Schatten von der Lichtquelle weg.

Abbildung 2.2:
Die Icons eines Punktlichts in Lightwave 3d, eines Radial light in Electric Image, eines Punktlichts in Maya und eines Punktlichts in Softimage. In allen Programmen ist die Funktionsweise dieser Lichtquellenart gleich.

In 3D-Programmen lässt sich ein Punktlicht wohl am ehesten mit einer Glühbirne vergleichen, die in der Mitte des Raums an der Decke hängt. Wie Abbildung 2.2 zeigt, verwenden sogar einige Programme eine stilisierte Glühbirne als Icon für diesen Lichtquellentyp. Dennoch unterscheidet sich diese Lichtquelle von einer Glühbirne, da ein Punktlicht unendlich klein ist und daher alle Lichtstrahlen in der exakt gleichen Position im Raum beginnen.

Wenn für Punktlichter der Schattenwurf aktiviert wird und Sie begrenzende Flächen um die Lichtquelle herum modellieren, so können Sie dadurch den beleuchteten Bereich begrenzen und formen, wie es in Abbildung 2.3 zu sehen ist. Die meisten Beleuchtungskünstler verwenden jedoch lieber Spotlichter für die Simulation dieses Effekts, da diese mehr Kontrolle darüber bieten, worauf das Licht gerichtet wird.

Abbildung 2.3:
Ein Punktlicht mit aktiviertem Schattenwurf kann innerhalb begrenzender Flächen ähnlich wie ein Spot wirken.

Spotlichter

Spotlichter (oder einfach nur Spots) sind die populärste Lichtquellenart beim Licht-Design der Computergrafik, da sie sehr umfangreich beeinflusst und gesteuert werden können. Wie das Punktlicht wird auch beim Spot das Licht von einem unendlich kleinen Punkt im Raum emittiert. Diesmal wird das Licht jedoch nicht in alle Richtungen, sondern als Strahl oder Kegel gebündelt nur in einer Richtung abgegeben, wie es die Abbildung 2.4 zeigt. Entweder kann durch direkte Rotation des Spotlichts die Richtung dieses Lichtstrahls gesteuert werden oder Sie knüpfen ein Zielobjekt an diese Lichtquelle, damit der Lichtkegel sich automatisch auf dieses Objekt ausrichtet.

Sie können fast die gesamte Beleuchtung ausschließlich mit Spots realisieren, auch wenn Licht gleichzeitig in mehrere Richtungen abgegeben werden muss. In diesem Fall lassen sich mehrere Spots zusammen verwenden, wie es die Abbildung 2.5 exemplarisch zeigt.

Abbildung 2.4:
Die Beleuchtung durch einen Spot ist auf einen Lichtkegel beschränkt, der in eine bestimmte Richtung weist.

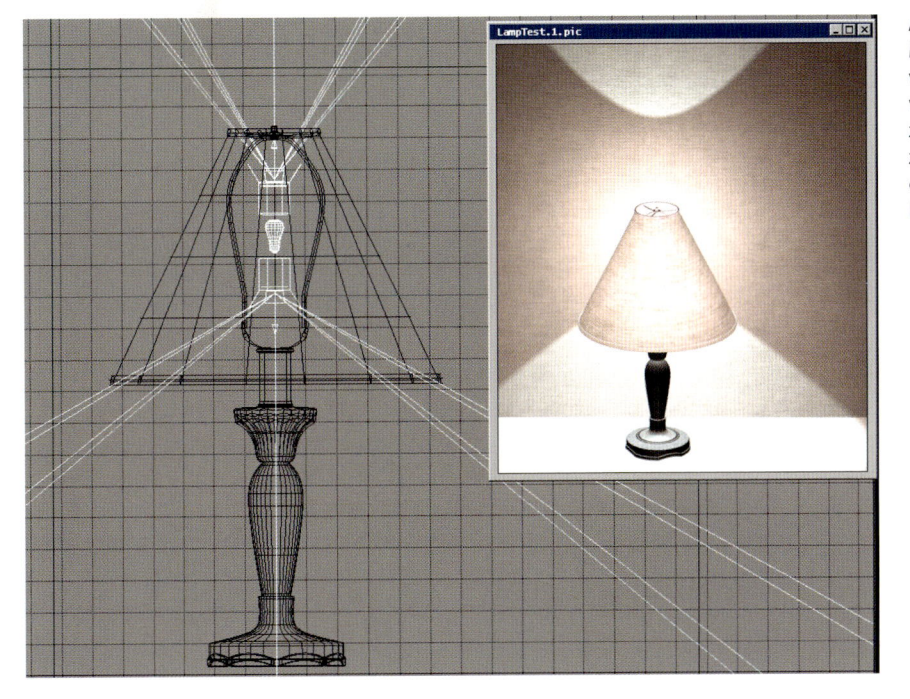

Abbildung 2.5:
Mehrere Spotlichter können verschieden ausgerichtet werden, um ein Punktlicht zu simulieren und gleichzeitig mehr Kontrolle über die Abstrahlrichtung des Lichts zu erhalten.

Spotlichter haben praktische Steuerungsmöglichkeiten, mit denen exakt bestimmt werden kann, wohin das Licht fallen soll. Der Öffnungswinkel bestimmt die Breite des Spotlichtstrahls, wogegen der so genannte Penumbra-Winkel (auch Abnahme oder Spreizungswinkel genannt) die Weichheit an den Rändern des Lichtkegels definiert. Bei einem Penumbra von 0 zeigt der Lichtkegel am Rand eine scharfe Abgrenzung, so wie es ganz links in Abbildung 2.6 zu sehen ist. Wird der Penumbra erhöht, erhält der Lichtkegel eine weiche Kante, wie in der Mitte der Abbildung zu sehen. Erhöht man den Wert noch weiter, so kann man den Lichtkegel selbst gar nicht mehr ausmachen. Wie ganz rechts in der Abbildung 2.6 zu sehen, können Spots sehr subtil zur Beleuchtung beitragen, wenn ihre Beleuchtung an den Rändern ineinander übergeht und eher weich gestaltet wird. In Kapitel 4, „Umgebungen und Architektur beleuchten", wird erläutert, wie Lichtquellen wie in dieser Abbildung gesetzt werden können.

Abbildung 2.6: Bei scharf abgegrenzten Spots (links) lässt sich jeder einzelne Lichtkegel ausmachen. Mit Ansteigen des Penumbra-Winkels (Mitte) verwischen die Kanten der Kegel langsam. Sind die Lichtkegel weich genug (rechts), verschmelzen diese und es lassen sich keine individuellen Lichtkegel mehr ausmachen.

Spotlichter haben zudem eine Klappen-Option (Barn Doors). Bei echten Spots sind damit die Metallklappen vorne am Spot gemeint, wie sie in Abbildung 2.7 zu sehen sind. Diese können geschwenkt werden, um das Licht horizontal oder vertikal zu begrenzen. In 3D-Programmen funktioniert diese Spotlicht-Option nach dem gleichen Prinzip und es lassen sich so quadratische oder rechteckige Lichtkegelquerschnitte realisieren.

Spots werden auch gerne in 3D-Programmen eingesetzt, da sie sich sehr effizient mit einigen Schattenarten verwenden lassen. In Kapitel 3, „Schatten und Occlusion", erfahren Sie, warum Spotlichter zumeist die effizienteste Lichtquelle darstellen, wenn es um die Berechnung von Tiefenmap- oder Schattenmap-Schatten geht.

Abbildung 2.7:
Neben der Kontrolle über die Richtung des abgestrahlten Lichts erlauben die Barn Doors dem Beleuchter die Begrenzung des Lichtkegels auf einen Bruchteil des natürlichen Öffnungswinkels.

Direktionales Licht

Direktionale Lichtquellen, die sich besonders für die Simulation von direktem Sonnenlicht eignen, werden in 3D-Programmen auch Distanz-, Direkt-, Unendliches- oder Sonnenlicht genannt. Eine Auswahl verschiedener Icons ist in Abbildung 2.8 zu sehen.

Ein direktionales Licht beleuchtet alle Objekte mit dem gleichen Winkel, unabhängig von der Position der Objekte. Abbildung 2.9 zeigt ein nach unten links gerichtetes direktionales Licht. Alle Objekte werden daher berechnet, als würden sie von oben links beleuchtet.

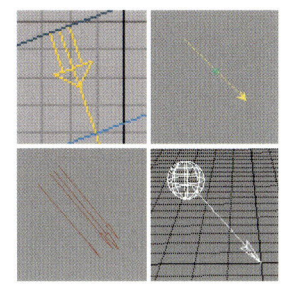

Abbildung 2.8:
Ein target direct light in 3D Studio Max, ein direktionales Licht in Alias Power Animator und Maya und ein unendliches Licht in Softimage mit jeweils der gleichen Wirkung

Abbildung 2.9:
Ein direktionales Licht erzeugt parallele Schatten und beleuchtet alle Objekte mit dem gleichen Einfallswinkel.

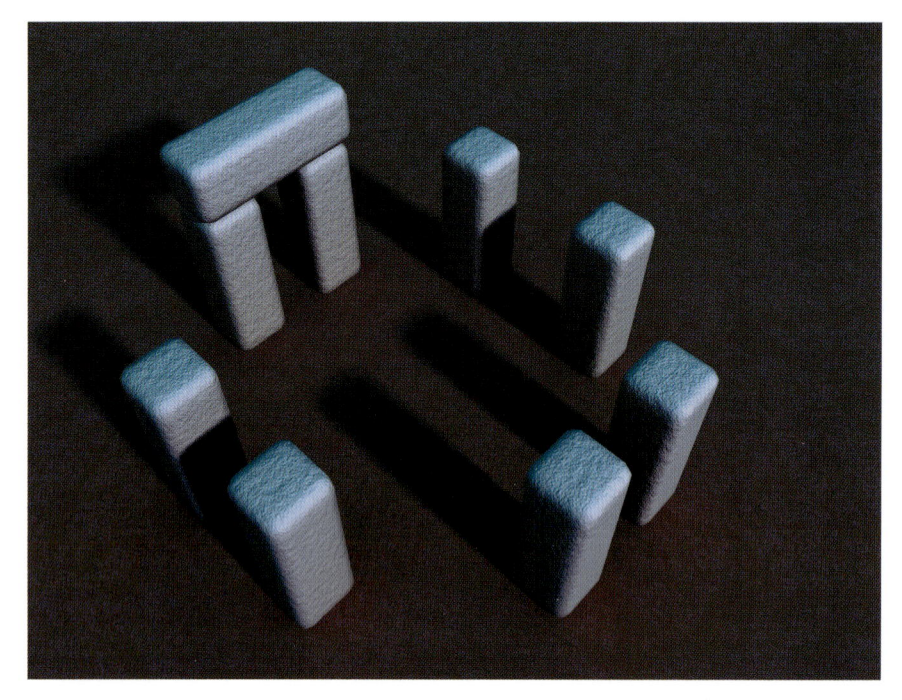

Obwohl das direktionale Licht in Abbildung 2.9 exakt in der Mitte der Szene platziert wurde, simuliert diese Lichtquelle eine Beleuchtung, die sehr weit entfernt zu sein scheint. Alle von dem direktionalen Licht berechneten Schatten verlaufen parallel zueinander. Dies können wir normalerweise nur bei sehr weit entfernten Lichtquellen wie z.B. der Sonne beobachten. Vergleichen Sie diesen Schattenwurf mit dem einer Punkt- oder Spotlichtquelle, bei denen die Schatten immer von der Position der Lichtquelle abhängen.

Flächenlichter

Flächenlichter – auch *Area Lights* genannt – simulieren die physikalisch vorhandene Größe einer Lichtquelle, so wie es auch in der Realität vorkommt. Wird eine Punkt-, Spot- oder direktionale Lichtquelle in der Szene vergrößert, so verändert dies nur die Größe des dargestellten Icons in der Software und nicht die Wirkung der Beleuchtung. Die Vergrößerung eines Flächenlichts hat jedoch zur Folge, dass auch deren lichtabstrahlende Fläche vergrößert wird. Verkleinert man ein Flächenlicht hingegen sehr stark, so wirkt es wie ein Punktlicht. Wie auf der rechten Seite in Abbildung 2.10 zu sehen, erscheint das Licht einer großen Flächenlichtquelle weicher, es erzeugt weichere Schatten und die Beleuchtung scheint um die Kanten in der Nähe platzierter Objekte herumzuwandern.

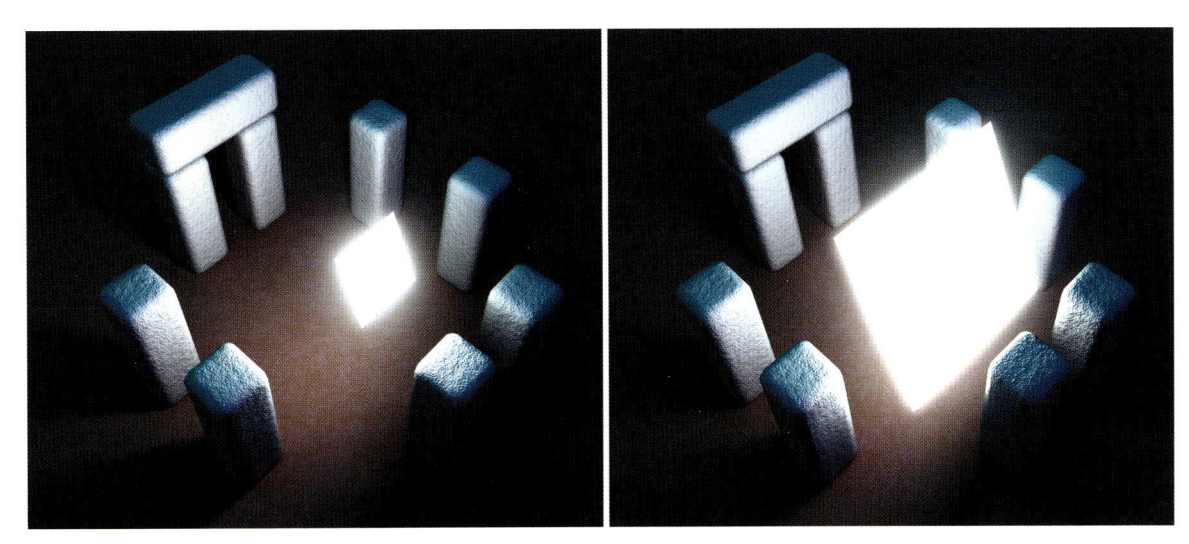

Abbildung 2.10: Ein Flächenlicht erzeugt ein weicheres Licht und weichere Schatten, wenn es vergrößert wird.

Für Flächenlichter lassen sich oft verschiedene Formen aufrufen, wie z.B. eine Kugel, eine Rechteckfläche, eine Scheibe oder eine Röhre. Wenn Sie die Wahl haben, entscheiden Sie sich für die Form, die der zu simulierenden Lichtquelle am nächsten kommt. So kann beispielsweise ein röhrenförmiges Flächenlicht hervorragend zur Simulation einer Neonröhre benutzt werden.

Die Qualität der mit einem Flächenlicht generierten Beleuchtung und der Schatten machen es zu einer guten Wahl, wenn es um realistische Bildberechnungen geht. Beachten Sie jedoch, dass die weichen Schatten eines Flächenlichts sehr viel länger für die Berechnung benötigen als z.B. die Schatten eines Punkt- oder Spotlichts. Dies liegt daran, dass der Renderer mehrere Berechnungsstrahlen von der Oberfläche des Flächenlichts aussenden muss, um den Schattenwurf zu berechnen. Bei den anderen Lichtquellen dagegen genügt nur jeweils ein Berechnungsstrahl ausgehend von der Position der Lichtquelle für die Schattenberechnung. Viele Künstler vermeiden deshalb Flächenlichter eben wegen der dadurch ansteigenden Berechnungszeit vor allem bei Animationen. Lesen Sie in Kapitel 3 nach, welche Optionen es sonst noch für weiche Schattenwürfe gibt.

Objekte als Lichtquellen benutzen

In einigen Programmen können beliebige Modelle als Lichtquelle fungieren. In diesen Fällen lassen sich dann auch ungewöhnlichere Formen als Lichtquelle verwenden, wie z.B. eine Neonreklame (siehe Abbildung 2.11).

Abbildung 2.11: Werden Objekte als Lichtquellen verwendet, lassen sich auch außergewöhnliche Formen, wie z.B. ein Ring oder eine Neonschrift, zur Beleuchtung nutzen.

Jeder Renderer, der globale Illumination unterstützt (die Simulation indirekten Lichts, das zwischen Objekten reflektiert wird; siehe Kapitel 3 und 4), kann auch Objekte für die Beleuchtung einsetzen. Wird globale Illumination für die Bildberechnung eingesetzt, können Objekte mit einer leuchtenden oder sehr hellen Oberflächenfarbe als Lichtquellen fungieren.

Obwohl dadurch der Einsatz beliebig geformter Lichtquellen in vielen Programmen möglich wird, ist deren Einsatz eher selten und auch wenig effizient bei der professionellen Bildberechnung. Oftmals wird es von Profis wegen der stark anwachsenden Berechnungszeit gemieden. In einigen Fällen lässt sich zudem ein ähnlicher Effekt durch die Platzierung eines Punktlichts im Modell und die Verwendung eines hellen oder glühend erscheinenden Shaders für das Objekt vortäuschen.

Umgebungskugeln

Umgebungskugeln (auch *Environment Sphere* oder *Sky Dome* genannt) sind eine spezielle Art von Lichtquelle, die die gesamte Szene umschließen und von allen Seiten beleuchten. Diese Art Lichtquelle ist daher eine gute Wahl zur Simulation des vom Himmel abgestrahlten Lichts. Das macht diese Lichtquellen auch zu guten Fülllichtern bzw. Fill Lights, um die Bereiche zu beleuchten, die nicht von Ihrer Hauptlichtquelle erreicht werden. Abbildung 2.12 zeigt eine Szene, die ausschließlich von so einer Umgebungskugel beleuchtet wird.

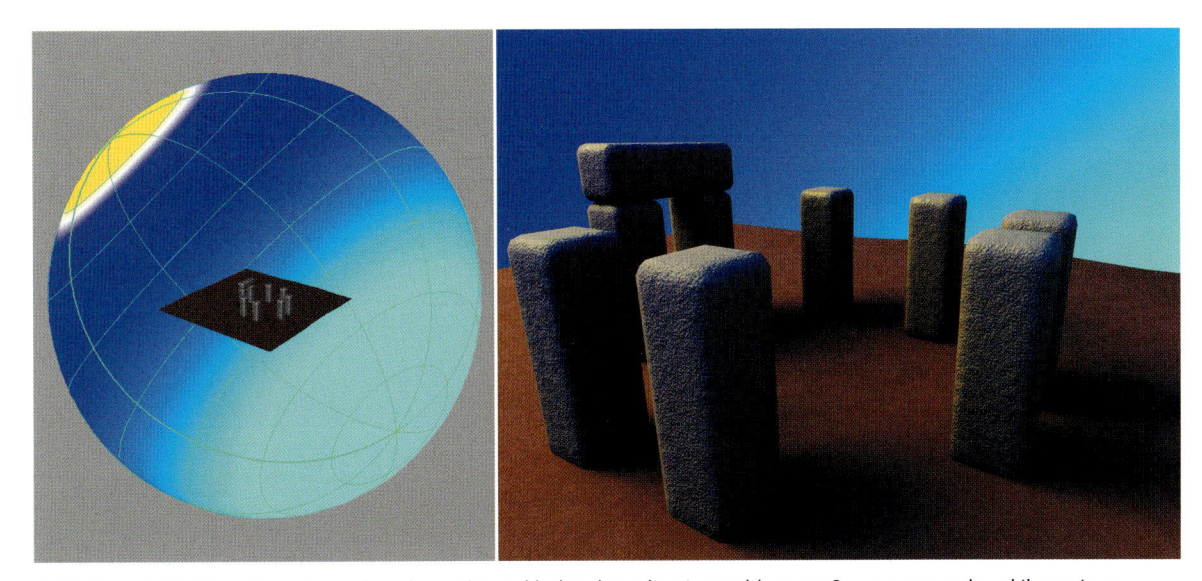

Abbildung 2.12: Eine Umgebungskugel umgibt und beleuchtet die eingeschlossene Szene entsprechend ihrer eigenen farbigen Gestaltung.

Wenn Sie eine Umgebungskugel mit einem Bild belegen, werden die Farben dieses Bilds herangezogen, um die Helligkeit und Färbung des abgestrahlten Lichts in derer Richtung zu bestimmen. Diese Technik nennt sich *bildbasierte Beleuchtung* oder auch *Image Based Lighting* (kurz: *IBL*) und wird in Kapitel 4 behandelt.

Ambientes Licht

In unserer realen Umgebung bezeichnet der Begriff „ambientes Licht" das Licht, das uns umgibt. Es setzt sich zusammen aus dem Licht des Himmels, dem Licht, das vom Boden auf uns reflektiert wird, und Licht von beliebigen anderen Lichtquellen. Wenn Sie den Arm vor sich ausstrecken und die Hand zur Faust ballen, können Sie sehen, dass alle Stellen der Faust beleuchtet werden, sich die Helligkeit und Färbung des Lichts jedoch in Abhängigkeit von der Krümmung der Oberfläche verändert. Echtes ambientes Licht sieht in jeder Umgebung anders aus, ist aber niemals flach und einförmig.

Bezogen auf die Computergrafik bieten viele Programme ein ambientes Licht an (manchmal auch *global ambience* genannt), das einfach alle Objekte gleichmäßig und unnatürlich aufhellt. Diese Lichter färben alle Seiten eines Objekts gleich ein und berauben die Szene dadurch ihrer Helligkeitsvariation und Schattierung. Es gibt daher eine eiserne Regel: Benutzen Sie diese Lichtquellen nicht. Abbildung 2.13 demonstriert die flache und unrealistische Beleuchtung, die durch den Einsatz eines ambienten Lichts als Fülllicht entsteht.

Abbildung 2.13:
Ambientes Licht lässt die Szene flach erscheinen und beraubt sie der Schattierungsvariationen.

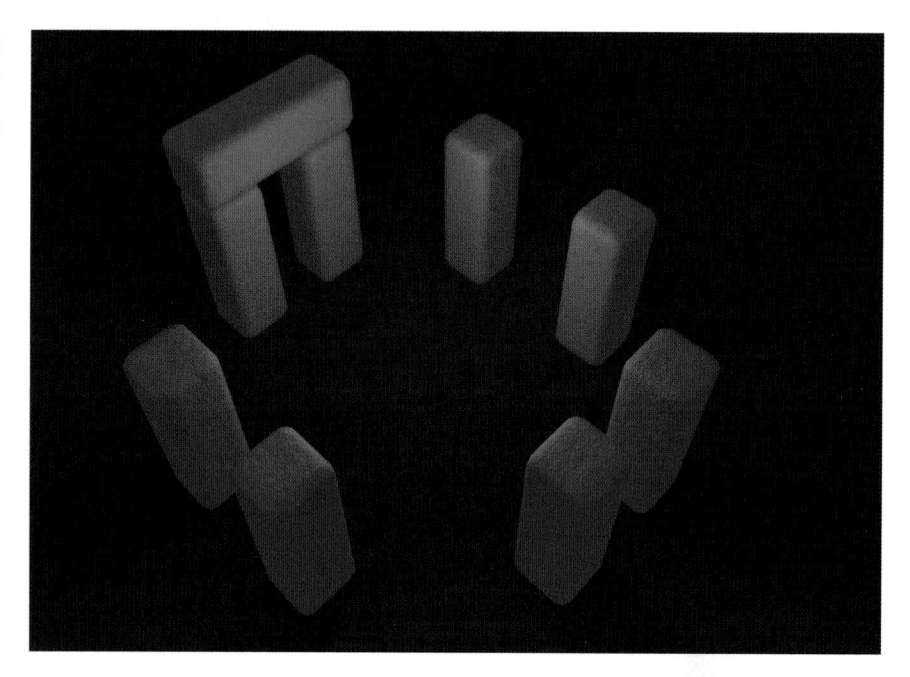

Wenn Sie Ihre Szene aufhellen müssen, verwenden Sie eine der beschriebenen Lichtquellen, um die zu dunklen Bereiche stärker zu beleuchten. Jede Art Lichtquelle wird Ihnen dabei bessere Dienste als Fülllicht leisten als das flache und gleichförmige ambiente Licht. Eine Variation des ambienten Lichts, die weniger gleichförmig aussieht, verwendet ambiente Schattierung (oder *ambient shade*). Dies lässt das ambiente Licht eher wie ein Punktlicht arbeiten, nur dass das Licht hierbei mit Reduzierung des ambienten Schattierungwerts weiter um die Kanten eines Objekts herumgeführt werden kann.

Sie sollten die Beleuchtung immer mit einer komplett dunklen Szene beginnen, damit Sie nach dem Erzeugen Ihres ersten Spotlichts und der Testberechnung des Bilds ausschließlich die Beleuchtung dieser Lichtquelle sehen. Es ist unbedingt notwendig, alle anderen Lichtquellen, einschließlich eventuell vorhandener Standardlichter oder globaler ambience zu deaktivieren, damit Sie Ihre Beleuchtung akkurat einstellen und kontrollieren können.

Einstellmöglichkeiten und Optionen

Nachdem Sie eine neue Lichtquelle erstellt haben, muss im nächsten Schritt diese Lichtquelle in den Solo-Modus geschaltet werden. Dies bedeutet, dass alle übrigen Lichtquellen vorübergehend deaktiviert oder ausgeblendet werden, damit Sie das neue Licht exakt einstellen und separat berechnen lassen können. Durch die Isolation jeder Lichtquelle wissen Sie anschließend genau, welchen Anteil dieses Licht an der Beleuchtung und den Schatten der Szene hat, und Sie können daran präzisere Einstellungen vornehmen.

Abnahmefunktion

Die Abnahmefunktion (auch *Distance Falloff*, *Attenuation* oder *Decay*) legt fest, wie sich die Intensität des abgestrahlten Lichts bei zunehmender Entfernung zur Lichtquelle verändert. Das linke Bild in Abbildung 2.14 zeigt eine Lichtquelle ohne Abnahme der Lichtintensität. Der weit entfernte Stein wird ebenso hell beleuchtet wie der in unmittelbarer Nähe der Lichtquelle platzierte Stein. Die rechte Seite in Abbildung 2.14 zeigt eine invers quadratische Abnahmefunktion (auch *inverse square* oder *inverse quadratic*). Der näher gelegene Stein ist nun viel heller beleuchtet als der weit entfernte.

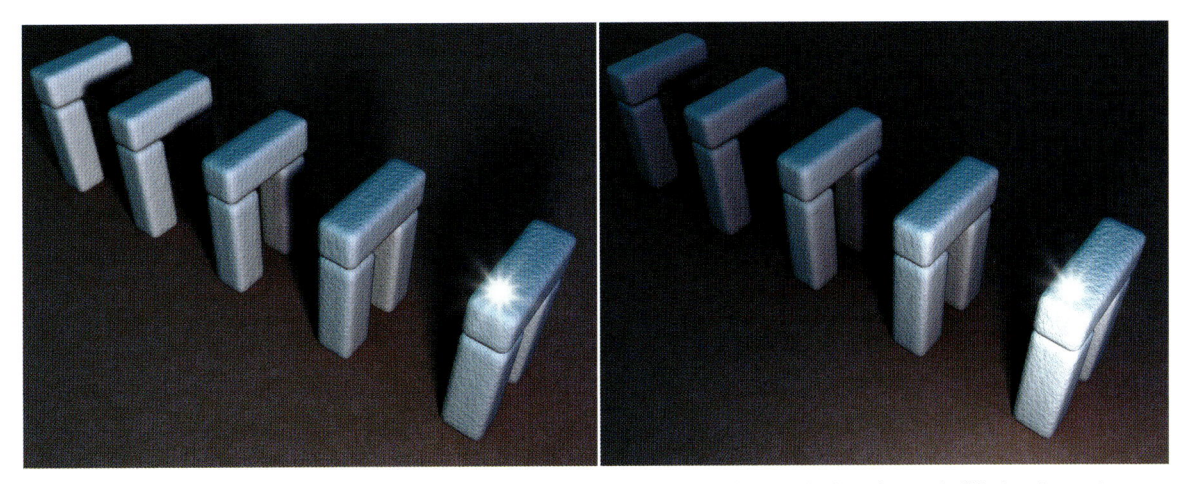

Abbildung 2.14: Ohne eine Abnahmefunktion (linke Seite) werden weit entfernte Objekte ebenso hell beleuchtet wie näher gelegene Modelle, wogegen eine invers quadratische Abnahme (rechte Bildseite) nahe an der Lichtquelle positionierte Objekte heller erscheinen lässt als weiter entfernte Objekte.

Einige Programme bieten drei oder vier verschiedene Abnahmefunktionen zur Wahl an. Ansonsten lässt sich die Abnahme der Intensität auch manchmal über einen Zahlenwert namens *Decay* oder *Exponent* steuern. Letzteres bietet einen flexibleren Ansatz, da wir hierbei nicht auf ganzzahlige Eingaben limitiert werden. Wenn Sie beispielsweise eine Abnahmefunktion unter 2 (invers quadratisch), aber über 1 (lineare Abnahme) benötigen, könnten Sie z.B. den Wert 1,8 verwenden. Die gängigsten Einstellungen sind in Tabelle 2.1 aufgelistet.

Tabelle 2.1: Abnahmefunktionen

ZAHLENWERT	ABNAHMEFUNKTION
0	Keine
1	Linear (invers)
2	Quadratisch (invers quadratisch)
3	Kubisch

Invers quadratische Abnahme

Eine invers quadratische Abnahme (auch als *quadratic*, *inverse square* oder mit dem Decay-Wert bezeichnet) entspricht dem physikalisch korrekten Verhalten von Licht, das auch an echten Lichtquellen beobachtet werden kann.

In der Realität resultiert die Abnahme der Lichtintensität aus der Streuung des Lichts im Raum und nicht aus einem Energieverlust der Lichtstrahlen. Echte Lichtstrahlen können unglaubliche Entfernungen überbrücken – im wahrsten Sinne des Worts also Lichtjahre unterwegs sein – ohne an Intensität zu verlieren oder sich abzuschwächen. Dennoch fächern sich die Lichtstrahlen mit zunehmender Distanz zur Lichtquelle immer weiter auf. Die Dichte der Lichtstrahlen nimmt dadurch ab.

Abbildung 2.15 veranschaulicht, wie eine Ebene in doppelt so großer Entfernung zur Lichtquelle dadurch nur noch die Hälfte der Lichtstrahlen auffängt. Dies passiert nicht nur in der Höhe, sondern auch entlang der Breite der Ebene und resultiert daher in einer Viertelung der Helligkeit bei jeder Verdopplung des Abstands. Die invers quadratische Abnahmefunktion simuliert also die Auffächerung der Lichtteilchen im Raum.

Wenn die Lichtquelle selbst in Ihrem Bild sichtbar ist und dort z.B. wie in Abbildung 2.16 in Form einer Streichholzflamme eine Figur beleuchtet oder als Tischlampe in Erscheinung tritt, ist die Verwendung einer invers quadratischen Abnahmefunktion eine gute Idee. Auch wenn Sie globale Illumination einsetzen, wird die invers quadratische Abnahme der Lichtintensität bei der Reflexion zwischen den Oberflächen verwendet. In solchen Szenen sollten Ihre Hauptlichter dann ebenfalls darauf zurückgreifen, um ein einheitliches Lichtverhalten zu erzeugen und den Realismus Ihres Bilds zu verstärken.

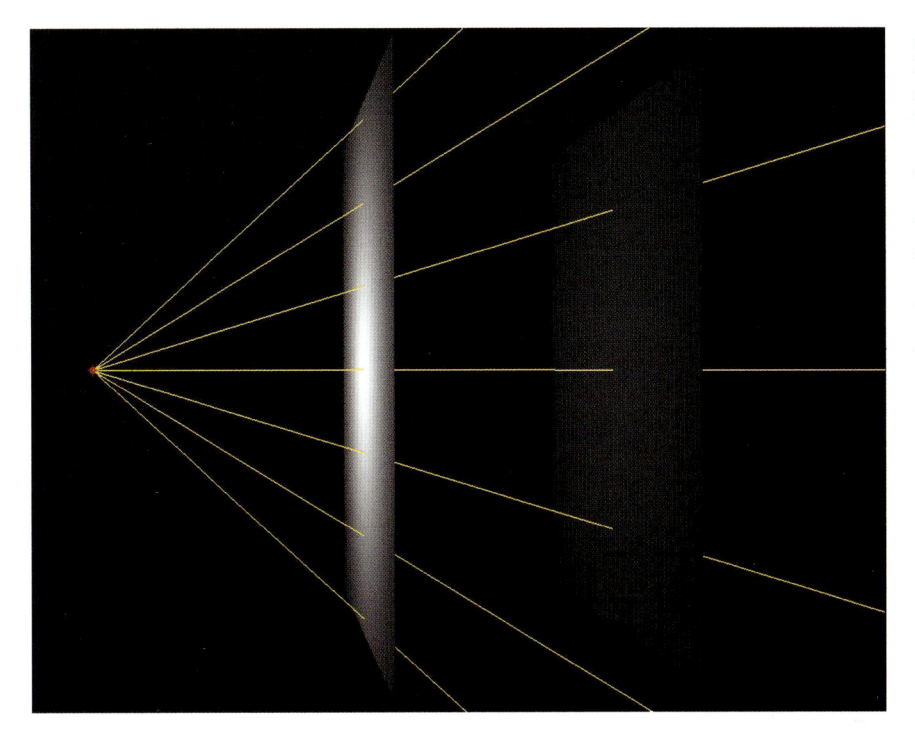

Abbildung 2.15:
Sechs Lichtstrahlen treffen auf eine nahe gelegene Oberfläche, wogegen nur noch halb so viele Strahlen eine Oberfläche in doppelt so großer Entfernung treffen. Dieses Verhältnis auf die Breite und Höhe bezogen führt dazu, dass ein Objekt bei Verdopplung des Abstands nur noch ein Viertel des Lichts auffängt.

Abbildung 2.16:
Die invers quadratische Lichtabnahmefunktion ist hilfreich, wenn eine Lichtquelle (hier das Streichholz) direkt im Bild zu sehen ist. Die Figur wurde von Rini Sugianto erstellt.

Lichter ohne Abnahmefunktion

Es wird Situationen geben, in denen Sie keine invers quadratische Abnahme bzw. gar keine Abnahmefunktion verwenden wollen. Lichtquellen mit invers quadratischer Abnahme müssen häufig sehr hell eingestellt werden, damit auch weiter entfernte Objekte noch beleuchtet werden. Möglicherweise erscheinen dann näher gelegene Objekte überstrahlt bzw. überbelichtet. Dagegen kann ein Licht ohne Abnahmefunktion bequem gehandhabt werden, da dessen Helligkeit im Raum konstant bleibt.

Wenn Sie eine weit entfernte Lichtquelle wie z.B. die Sonne simulieren wollen, kann die Deaktivierung der Abnahmefunktion manchmal realistischer erscheinen. So wird z.B. das Sonnenlicht in Abbildung 2.17 zwischen dem Tisch und dem Boden nicht schwächer. Echtes Sonnenlicht, das bereits Millionen Kilometer bis zur Erde zurückgelegt hat, wird sicher ebenfalls nicht auf den letzten paar Metern sichtbar an Intensität verlieren.

Abbildung 2.17:
In einen Raum fallendes Sonnenlicht ist ein typisches Beispiel für eine Lichtquelle, die ohne Abnahme auskommt.

Weitere Abnahmeeinstellungen

Mit einem Abnahmewert von 3, was einer kubischen Abnahmefunktion entspricht, kann das Licht noch schneller gedämpft werden, als dies bei echtem Licht in einer Vakuumumgebung der Fall wäre. Dies kann hilfreich sein, wenn ein Licht in dichtem Nebel oder unter Wasser dargestellt werden soll. Hohe Abnahmefunktionen können auch hilfreich sein, wenn zusätzliches Licht nur in unmittelbarer Nähe eines Objekts benötigt wird und z.B. ein zusätzliches Glanzlicht an einer bestimmten Stelle eines Autokotflügels ergänzt werden soll.

Die lineare Abnahme (ein Decay-Wert von 1) stellt oft einen guten Kompromiss zwischen gar keiner und der normalen invers quadratischen Abnahme dar. Wenn Sie das vom Boden zurückgeworfene Licht simulieren müssen, sollte dabei auch eine Abnahme verwendet werden. Ist dann die invers quadratische Abnahme zu stark, könnte die lineare Abnahme genau das Richtige sein.

Zusätzlich zu den beschriebenen Abnahmefunktionen erlauben einige Programme auch die Verwendung von Radien, die festlegen, ab welcher Distanz eine Lichtabnahme beginnen soll. So könnten Sie z.B. einstellen, dass die Beleuchtung erst ab einer Entfernung von 50 Einheiten anfängt, an Helligkeit zu verlieren, und dann ab einer Entfernung von 100 Einheiten zur Position der Lichtquelle komplett verlischt. Das ist vielleicht physikalisch nicht korrekt, aber sicherlich sehr praktisch. Wenn Sie das Licht ein bestimmtes Objekt nicht mehr erreichen soll, ist die Limitierung der Lichtdistanz mit solchen Radien sicher exakter, als sich ausschließlich auf die invers quadratische Abnahmefunktion zu verlassen.

Diffusion und Spiegelung

In der Realität stellen die diffuse Streuung und die Spiegelung bzw. der Glanz die beiden Möglichkeiten dar, mit denen Licht von einer Oberfläche reflektiert werden kann. Bei der diffusen Reflexion werden die Strahlen in alle Richtungen gestreut. Denken Sie z.B. an Licht, das auf eine Mauer oder ein Stück Stoff trifft oder irgendetwas, das nicht schimmernd oder glänzend ist. Dies ist die diffuse Lichtreflexion. Die Glanzreflexion oder *Specular Reflection* tritt dann auf, wenn das Licht bei der Reflexion nicht gestreut, sondern in parallelen Strahlen reflektiert wird. Es entsteht ein perfekt scharfes Abbild auf der Oberfläche. Ein Spiegel oder eine ähnlich stark reflektierende Oberfläche zeigt Ihnen diese Art der Lichtreflexion.

Bei der Berechnung von 3D-Oberflächen können die eintreffenden Lichtstrahlen sowohl diffus als auch als gebündelte Reflexion berechnet werden, wie es Abbildung 2.18 zeigt. Die diffuse Beleuchtung ist hierbei verantwortlich für die hauptsächliche Schattierung, die sich über die gesamte, der Lichtquelle zugewandte Seite des Objekts zieht. Das Glanzlicht stellt hingegen eine Simulation der Spiegelung der Lichtquelle auf der Oberfläche dar. Im Fall der unendlich kleinen Punkt- oder Spotlichter wäre die exakte Berechnung der Glanzpunkte wohl kleiner als ein Bildpixel. Um dies zu vermeiden, wenden Renderer einen Trick an, der die manuelle Einstellung der Glanzlichtgröße für jede Oberfläche ermöglicht und dadurch die Reflexion eines Flächenlichts mit tatsächlich vorhandener räumlicher Ausdehnung simuliert.

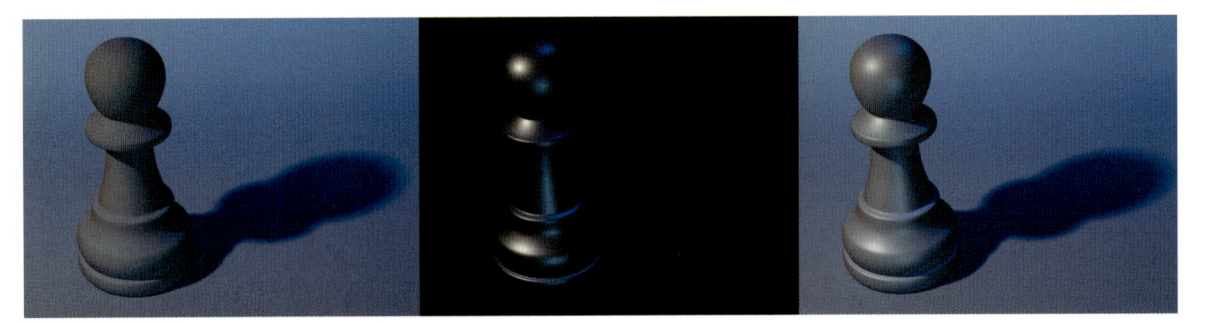

Abbildung 2.18: Eine Lichtquelle kann diffuse (links) oder glänzende bzw. perfekt reflektierende (Mitte) Beleuchtung erzeugen sowie beides gleichzeitig (rechts).

Sie können für jede Lichtquelle einstellen, ob diese diffuse und glänzende Beleuchtung erzeugen soll und oftmals werden Sie nur eine dieser Eigenarten aktivieren und nicht beide gleichzeitig. Wenn Sie einen zusätzlichen Glanzpunkt im Auge Ihrer Figur benötigen, das gesamte Auge dadurch aber nicht zusätzlich aufhellen möchten, stellen Sie das Licht eben so ein, dass nur Glanz berechnet wird. Wenn Sie zusätzliche Lichter zur Simulation des vom Fußboden zurückgeworfenen Lichts einsetzen (es würde sich dabei um sehr weiche Lichter handeln, ohne erkennbare Quelle), so würden Sie für diese nur die diffuse Beleuchtung aktivieren, damit keine störenden Glanzpunkte an glatten Oberflächen entstehen.

Einige Renderer, wie z.B. Pixar's RenderMan, bieten zusätzliche Abstufungen bei der Intensität der diffusen und glänzenden Eigenschaften des Lichts an. In solchen Programmen könnte einer Sonnenlichtquelle eine glänzende Eigenschaft zwischen 1,0 und 1,2 gegeben werden, wogegen Fülllichter, die z.B. die Himmelsbeleuchtung darstellen, Werte zwischen 0,3 und 0,5 erhielten und Lichtquellen, die das vom Boden zurückgeworfene Licht simulieren, Werte zwischen 0 und 0,25 bekämen. Verstehen Sie diese Werte nur als Startpunkte für eigene Einstellungen, die dann darauf hinauslaufen, dass Sie die diffusen und glänzend reflektierten Eigenschaften jedes Lichts separat durch Testberechnungen überprüfen. Erlaubt Ihnen Ihre Software nur das An- bzw. Ausschalten der Glanzberechnung des Lichts, wobei Sie jedoch mehr Kontrolle über diesen Effekt benötigen, dann erstellen Sie zwei separate Lichtquellen – eine nur mit diffusen und eine nur mit glänzend reflektierenden Eigenschaften – und regeln Sie deren Färbungen und Helligkeiten separat.

Das Licht beschränken

Wenn eine Lichtquelle nur einen begrenzten Zweck haben soll, wie z.B. das Hinzufügen eines Glanzpunkts im Auge Ihrer Figur, dann können Sie auch Beschränkungen benutzen (auch *Light Linking* oder *Selective Lighting* genannt). Dies erlaubt Ihnen die Verknüpfung von bestimmten Lichtquellen mit einzelnen Objekten. Sie könnten dann eine Lichtquelle mit glänzend reflektierenden Eigenschaften erzeugen und deren Beleuchtung ausschließlich an das Auge der Figur knüpfen. Indem Sie dafür sorgen, dass dieses Licht immer in der Nähe der Kamera positioniert bleibt, gehen Sie sicher, dass die Figur beim Blick in die Kamera einen Glanz im Auge haben wird. Zudem können Sie durch die vorhandene Beschränkung des Lichts auf das Auge sicher sein, dass sich nirgendwo anders dadurch zusätzliche Glanzlichter ergeben.

Diese Art der Beschränkung gibt Ihnen zudem zusätzliche Kontrolle darüber, wie unterschiedliche Objekte beleuchtet werden. Beleuchtet eine Lichtquelle mehrere Objekte gleichzeitig, sieht dies wahrscheinlich für den Großteil der Objekte gut aus. Einige wenige Objekte werden aber zu hell, zu dunkel, mit der falschen Farbe oder in einem ungünstigen Winkel beleuchtet. Anstatt mit einem schlechten Kompromiss zu arbeiten, schließen Sie einfach die Problemobjekte von der Einflussnahme durch die Lichtquelle aus und erstellen ein neues Licht, das Sie auf diese Objekte beschränken. Sie können nun getrennt von der übrigen Beleuchtung die neue Lichtquelle so einstellen, dass die zuvor unzureichend beleuchteten Objekte nach Ihren Vorstellungen beleuchtet werden.

In Softimage | XSI gibt es dafür zwei Modi, einen einschließenden und einen ausschließenden Beleuchtungsmodus. Im einschließenden Modus beleuchtet eine Lichtquelle nur die zugewiesenen Objekte. Im ausschließenden Modus hingegen werden alle Objekte beleuchtet, außer denen, die an die Lichtquelle geknüpft wurden.

Abbildung 2.19 zeigt ein Beispiel, wie durch die Beschränkung von Licht mehr Einfluss auf die Art der Beleuchtung der einzelnen Objekte gewonnen werden kann. Es wurden dort zwei separate Lichter für die Simulation des Streichholzes verwendet. Eine Lichtquelle wurde auf die Hand und die Kleidung der Figur beschränkt. Dieses Licht befindet sich exakt in der Flamme, damit der Arm und die Hand aus der korrekten Richtung beleuchtet werden. Die Position des zweiten, nur auf das Gesicht beschränkten Lichts wurde etwas vorgezogen, um das Gesicht besser herauszuarbeiten.

Die Beschränkung von Lichtern ist eine geniale Möglichkeit, um zu schummeln, lässt ein Bild jedoch schnell unrealistisch wirken, wenn man nicht sorgfältig damit umgeht. Immer wenn Sie auf diese Funktion zurückgreifen, müssen Sie durch Testberechnungen die Plausibilität der Beleuchtung überprüfen, damit Sie sich nicht zu weit von einer realistischen Beleuchtung entfernen.

Abbildung 2.19:
Die Beschränkung von Licht vereinfacht das Schummeln beim Beleuchten und erlaubt es Ihnen, gezielt eine Lichtquelle mit abweichender Helligkeit, Färbung oder einer anderen Beleuchtungsrichtung zu verwenden.

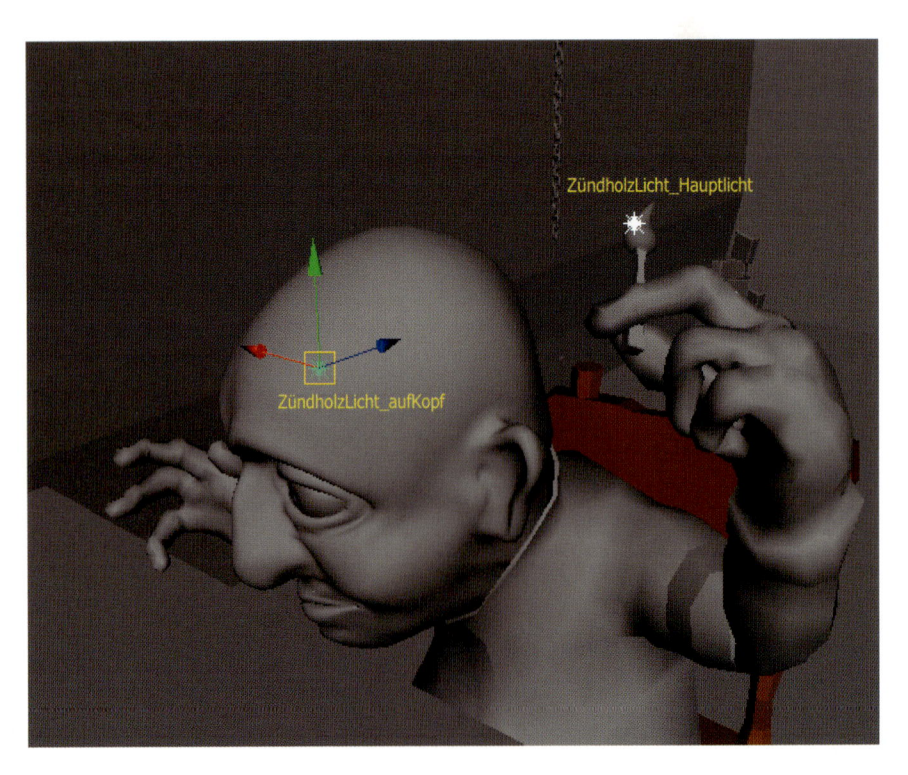

Strukturiertes Licht

Bei der Beleuchtung für Filme, Fernsehproduktionen und das Theater werden so genannte *Cookies* (auch *Cucoloris* oder *Gobo* genannt) eingesetzt. Dabei handelt es sich um Metallbleche, Holz oder Pappe mit ausgeschnittenen Löchern oder anderen Formen. Diese Cookies sollen das Licht strukturieren und bestimmte Muster erzeugen. Der exakte Ursprung der Bezeichnungen ist etwas unklar. In den frühen Tagen des Films waren die Lichter jedoch sehr heiß und es wurden Lochbleche (englisch: *metal cookie sheet*) als Cookies verwendet. *Cucoloris* könnte aus einer Verbindung von *Cookie* und *Iris* entstanden sein und *Gobo* ist vielleicht als eine Verkürzung von *go-between* entstanden. Abbildung 2.20 zeigt ein solches Cookie in Aktion.

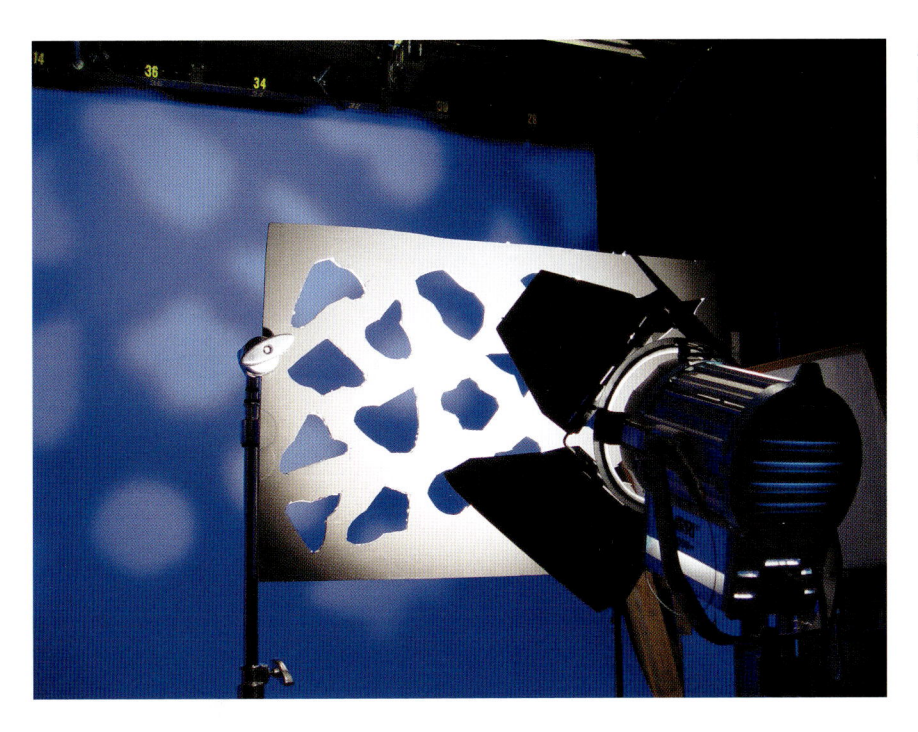

Abbildung 2.20:
Ein echtes Cookie mit ausgeschnittenen Löchern, die die Beleuchtung eines Spots strukturieren und formen

Sie können ein Cookie aus 3D-Objekten erstellen, die vor einem Schatten werfenden Licht platziert sind. Praktischer ist es jedoch, ein Bild auf die Lichtquelle zu legen. In den meisten 3D-Programmen lässt sich das Licht einer Lichtquelle entsprechend eines zugewiesenen Bilds einfärben. So könnten Sie z.B. ein Bild, wie es auf der linken Seite der Abbildung 2.21 zu sehen ist, als Cookie für ein Spotlicht verwenden und damit direkt die Farbe des Lichts steuern. Auf der rechten Seite der Abbildung sehen Sie, wie diese Lichtprojektion in der Szene wirkt.

Abbildung 2.21: Das als Cookie verwendete Bild (links) bricht das Licht auf und strukturiert es, als würde das Licht durch ein Blätterdach fallen (rechts).

Beleuchten in einer Produktion

Nachdem Sie nun Lichter erstellt und deren Optionen und Werte eingestellt haben, starten Sie eine Testberechnung. Diese erste Bildberechnung ist im besten Fall eine grobe Annäherung an das professionelle Ergebnis, das Sie erzielen möchten. Ein Großteil der Zeit während der Beleuchtung widmet sich dem Überprüfen und Justieren der Lichter. Dies macht den Löwenanteil der Arbeit aus. Die Kunst der Beleuchtung ist also eher die Kunst der Überarbeitung der Beleuchtung, damit alles so gut wie möglich aussieht, wenn die *Deadline* (das Ende des zur Verfügung stehenden Zeitrahmens) erreicht wird.

Wann wird beleuchtet?

Wenn Sie sich noch in einem frühen Stadium der Produktion befinden, also z.B. noch modellieren, Figuren für die Animation vorbereiten und die Platzierung der Objekte überarbeiten, werden Sie wahrscheinlich nicht allzu viel Zeit für die Beleuchtung aufwenden wollen. Sie werden höchstens ein einfaches Licht-Setup verwenden, um z.B. die Qualität der Modelle besser beurteilen zu können.

Ist der Zeitpunkt der Testberechnungen für die Animation gekommen, ist es eine gute Idee, zumindest ein Schatten werfendes Licht zu verwenden. Es kann ansonsten schwierig werden, physikalische Fehler wie z.B. einen über dem Boden schwebenden Fuß auszumachen. Solche Fehler werden offensichtlich, wenn später mit der vollständig beleuchteten Szene gearbeitet wird. Es ist also sinnvoll, derartige Fehlerquellen bereits bei den Testberechnungen zu entdecken.

Der eigentliche Prozess der Beleuchtung beginnt, wenn die Kameraposition feststeht und alle Objekte an ihrem Platz sind. Alle Animationen sind dann vorhanden und Sie können so z.B. erkennen, wo sich alle Figuren während der Einstellung befinden oder wie sich diese bewegen. Ebenso sind dann alle Oberflächen und Shader definiert und Sie sehen, wie das Licht mit den Objekten interagiert.

Bei Produktionen mit engem Zeitrahmen kommt es vor, dass Sie bereits mit dem Beleuchten beginnen müssen, während noch an einer Überarbeitung der Animationen oder gar an der Position der Kamera gearbeitet wird. Das ist dann zwar nicht optimal, aber auch nicht zu ändern. Eine Szene zu beleuchten, die sich noch verändern kann, bedeutet eine große Zeitverschwendung für Sie, da Sie oft mehrfach alles überarbeiten müssen, um auf die Veränderungen der Animationen, der Oberflächen und der Shader zu reagieren.

Der Überprüfungszyklus

Ein entscheidender Faktor bei der Feinarbeit an Ihrer Szene ist der folgende Überprüfungszyklus: Veränderungen vornehmen, auf die Berechnung der Ergebnisse für alle Veränderungen warten, die Ergebnisse auswerten und schließlich weitere Veränderungen vornehmen. Wichtig ist dabei ein optimierter Zyklus, was darauf hinausläuft, dass Sie die Ergebnisse so schnell wie möglich sehen, nachdem Änderungen vorgenommen wurden. Dies führt zu einer schnelleren Abarbeitungsgeschwindigkeit und gewährleistet ausgereiftere Ergebnisse bei engen Zeitrahmen.

Wie kann dies also beschleunigt werden? Einige Veränderungen, wie z.B. eine andere Position einer Lichtquelle oder das Anpassen eines Spot-Lichtkegels, werden in vielen modernen 3D-Programmen direkt ohne Berechnung angezeigt. Dazu gehören auch die Beleuchtungswirkung einer Lichtquelle, die Glanzpunkte und die Schattenwürfe, während eine Lichtquelle verschoben wird. Natürlich sind diese Fähigkeiten begrenzt und in der Regel qualitativ nicht so hochwertig, wie es bei der Bildberechnung der Fall ist.

Bei der Durchführung von Testberechnungen sollten Sie immer darüber nachdenken, wie sich Rechenzeit einsparen lässt.

- Nur die Objekte einer Szene sind sichtbar, die Sie wirklich im Bild sehen müssen. Blenden Sie alles andere aus. Wenn Sie komplexe Modelle in der Szene verwenden, können manchmal alternativ auch einfache Platzhalterobjekte verwendet werden, um die Beleuchtung im Umfeld abzustimmen.

- Geht es um die Bearbeitung einer bestimmten Lichtquelle oder eines einzigen Schattenwurfs, blenden Sie alle übrigen Lichter der Szene aus und berechnen Sie nur das eine Licht. Wie bereits erwähnt, bietet die isolierte Darstellung eines Lichts einen besseren Überblick darüber, was diese Lichtquelle zur Beleuchtung der Szene beiträgt. Zudem vermeidet sie die zusätzliche Berechnungszeit für die übrigen Lichter und Schatten.

- Viele Veränderungen erfordern nur die Betrachtung eines bestimmten Teils der Szene. Beschränken Sie dann die Bildberechnung nur auf diesen Ausschnitt und lassen Sie nicht jedes Mal das gesamte Bild neu berechnen.

- Auch wenn es um die Beleuchtung einer Einstellung für eine Kinoproduktion geht, können Testberechnungen in Videoauflösung bereits ausreichend sein. Sie brauchen dann nur einige Einzelbilder in der Originalauflösung zu berechnen, um Ihre Beleuchtung abnehmen zu lassen.

- Schalten Sie alle Funktionen oder Effekte aus, die unmittelbar nichts mit den gerade zu bearbeitenden Eigenschaften zu tun haben. So können Sie z.B. die Haare einer Figur während der meisten Testberechnungen deaktiviert lassen und erst wieder aktivieren, wenn es um die Beleuchtung der Haare geht. Sie benötigen nicht für alle Testberechnungen extrem zeitfressende Funktionen, wie z.B. Raytracing, globale Illumination oder hochwertige Kantenglättung (*Anti-Aliasing*).

In Zeiten, wo Computer kontinuierlich schneller werden, mögen Sie sich fragen, ob diese Ratschläge noch aktuell sind und ob Sie alle Kniffe der Renderzeit-Optimierung beherrschen müssen. Im selben Maße wie Computer immer leistungsfähiger werden, wachsen aber auch die Anforderungen an eine Computergrafikproduktion und so stoßen Sie auch bei aktueller Hardware schnell an die Grenzen.

Die Arbeitsabläufe zu optimieren und strategisch zu planen, bevor Berechnungen gestartet werden, gehört zu den Fähigkeiten, die Sie später in Ihrer Karriere brauchen werden.

Kapitel 11 beleuchtet einen anderen wichtigen Faktor in Ihrem Überarbeitungszyklus. Wenn Elemente in eigenen Ebenen (*Passes*) berechnet werden, können Sie in einer Compositing-Software teilweise sogar interaktiv noch viele Veränderungen an Ihrer Szene durchführen, ohne Neuberechnungen erstellen zu müssen.

Lichtquellen benennen

Die Benennung gewinnt dann an Bedeutung, wenn Sie Lichter setzen, die außer Ihnen noch andere Personen bearbeiten oder benutzen werden. Wenn auch eine zweite Person Ihr Licht-Setup durchschauen soll und Sie selbst Fehler vermeiden wollen, die durch Verwechslung von Lichtquellen entstehen könnten, sollten Sie Ihre Lichtquellen eindeutig und prägnant benennen.

Die sinnvollsten Namen beinhalten Informationen zum Typ des Lichts, zur Ursache oder Motivation des Lichts und zum zu beleuchtenden Objekt. Der Name „Glanz_vomStreichholz_aufAugen" teilt uns auf einen Blick mit, dass dieses Licht Glanz erzeugt, dessen Ursache mit dem Streichholz zu tun hat und mit dem die Augen der Figur beleuchtet werden. „Reflexion_vomRotenTeppich_aufSzene" beschreibt die vom Teppich auf die übrige Szene zurückgeworfene Beleuchtung. Einige Studios haben noch präzisere Namenskonventionen. Welches Benennungsschema Sie selbst verwenden, ist egal, solange Sie sich mit allen Mitarbeitern auf ein Schema verständigt haben und die Namen sorgfältig und aussagekräftig gewählt werden.

Das Zusammenführen der Lichter in aussagekräftig benannte Gruppen ist ebenso wichtig. Wenn verschiedene Lichter also einem ähnlichen Zweck dienen, wie z.B. mehrere Lichter außerhalb eines Raums, die die Beleuchtung von außen durch ein Fenster darstellen sollen, oder alle Lichter in einem Raum oder alle Lichter, die einer bestimmten Figur zugewiesen wurden, oder alle Lichter die einen bestimmten optischen Effekt erzeugen sollen, dann vereinfacht das Gruppieren dieser Lichter das Auffinden der Lichtquellen und erleichtert so die Feineinstellung. Sogar das getrennte Sichern solcher Lichtergruppen und deren Wiederverwendung in anderen Szenen werden dadurch vereinfacht.

Zwischenschritte verwalten

Sie werden an vielen verschiedenen Versionen einer Szene arbeiten, bis das fertige und abgenommene Licht-Setup vorliegt. Mit dem Speichern der Zwischenschritte sichern Sie ebenfalls die Testberechnungen und alle verwendeten Lichtquellen. Wenn Sie dem Auftraggeber nur eine Version der Szene gezeigt haben, stellen Sie sicher, dass exakt diese Konstellation der Szene mit dem berechneten Testbild als Backup gesichert wird. So können Sie jederzeit zu exakt dieser Version zurückkehren. Oft ist es nämlich so, dass ein Kunde Veränderungen vorschlägt und dann später doch wieder eine ältere Variante vorzieht. Wenn Sie zwei Varianten von etwas vorlegen, wird auch oft nach einer Mischung zwischen der aktuellen und einer älteren Version gefragt. Auch für diesen Fall ist die Zuordnung von Testberechnungen zu gespeicherten Szenen unverzichtbar.

Wenn zwei Versionen eines Bilds begutachtet werden sollen, ist es sinnvoll, diese in einem Fenster abwechselnd anzeigen zu lassen. Die gleichzeitige Präsentation nebeneinander macht es oft schwierig, die Unterschiede auszumachen. Beim schnellen Hin- und Herschalten zwischen den Bildern fallen kleinste Veränderungen durch die Bewegung sofort ins Auge. Dies eignet sich auch für Sie selbst hervorragend zur Überprüfung von Veränderungen und ist ein sinnvolles Hilfsmittel, um dem Regisseur oder Kunden die durchgeführten Veränderungen an einer Szene zu verdeutlichen.

Übungen

Diese Zusammenstellung der Grundlagen der Beleuchtung mag für einige von Ihnen ein alter Hut gewesen sein, für Anfänger hingegen waren es wohl wertvolle Neuigkeiten. Nachfolgend finden Sie Vorschläge, wie Sie Ihr Wissen über die in diesem Kapitel behandelten Themen vertiefen können:

1. Der wichtige Prozess der alleinigen Berechnung eines Lichts, wobei alle übrigen Lichter ausgeblendet werden und das Bild nur mit der Beleuchtung dieser einen Lichtquelle berechnet wird, ist der beste Weg, um die Wirkung jeder Lichtquelle in der Szene zu begutachten. Wenn Sie noch ältere Szenen haben, die Sie vor dem Lesen dieses Buchs beleuchtet haben, sollten Sie diese laden und die alleinige Wirkung jeder Lichtquelle überprüfen. Vielleicht entdecken Sie ja einige Überraschungen, wie z.B. Lichtquellen, die gar nichts zur Beleuchtung beitragen, oder solche, die das falsche Objekt beleuchten.

2. Führen Sie in Ihrer Software einige Tests durch, bei denen Sie alle verfügbaren Lichtquellentypen ausprobieren. Zwar können die meisten Szenen ausschließlich mit Spots beleuchtet werden, die Möglichkeiten der eigenen Software und deren Alternativen zu kennen, ist jedoch sinnvoll.

3. Probieren Sie die verschiedenen Abnahmefunktionen für Lichtquellen in Ihrer Software aus. In einigen Fällen müssen die Helligkeiten der Lichter zwar sehr hoch angesetzt werden, damit stärkere Abnahmefunktionen kompensiert werden. Es ist jedoch hilfreich, mit der Lichtabnahme zu experimentieren und alle diesbezüglichen Optionen für die Lichtquellen zu kennen.

[KAPITEL DREI]

Schatten und Occlusion

Das Einrichten von Schatten nimmt ebenso viel Zeit und Aufmerksamkeit in Anspruch wie das Einrichten der Lichter. Sie können sich die Beleuchtung als eine Hälfte des Licht-Designs vorstellen. Die Schatten bilden dann die andere, nicht minder wichtige Hälfte. Schatten können zur Vielfalt von Tönungen und Schattierungen im Bild beitragen, Elemente zusammenführen und Ihre Bildkomposition verbessern. Neben ihrer künstlerischen Bedeutung gehört die Berechnung von Schatten zu den technisch anspruchsvollsten Aufgaben, die es zu meistern gilt. Die richtige Wahl der den Schatten zugrunde liegenden Berechnungsalgorithmen, kombiniert mit einer Fülle von Kniffen, um Schatten vorzutäuschen und zu manipulieren, und schließlich das Wissen um die möglichen Optimierungen, um die Schattenberechnungszeiten gering zu halten, machen einen guten 3D-Künstler aus. Dieses Kapitel wird sowohl die visuelle als auch die technische Seite der Schatten und der Occlusion in der 3D-Grafik erforschen.

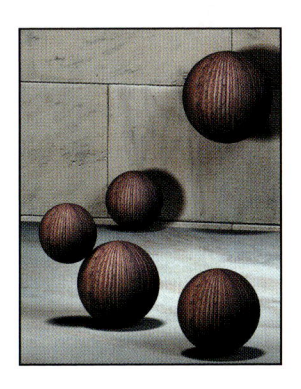

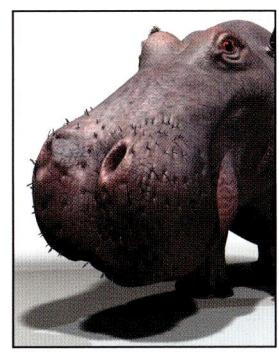

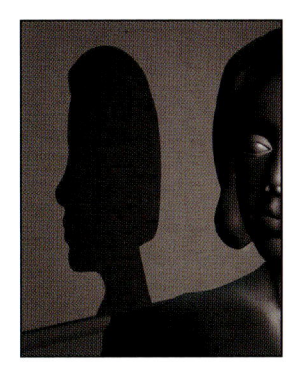

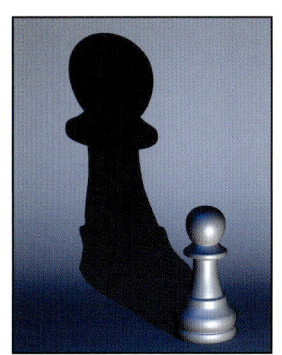

Die visuelle Funktion der Schatten

Die Meinung, dass Schatten Dinge verbergen und die Sichtbarkeit einschränken, ist weit verbreitet. Schatten offenbaren jedoch oft, was ohne sie im Verborgenen geblieben wäre. Im Folgenden sind einige visuelle Funktionen aufgelistet, die Schatten in der Filmproduktion und Computergrafik übernehmen.

Räumliche Beziehungen verdeutlichen

Wenn Objekte Schatten aufeinander werfen, macht das ihre räumliche Beziehung zueinander offensichtlich. Vergleichen Sie z.B. Abbildung 3.1 vor und nach dem Hinzufügen eines Schattenwurfs. Ohne Schatten fällt es schwer, zu erkennen, wo genau sich die einzelnen Bälle im Raum befinden. Auf der rechten Seite der Abbildung machen die Schatten unmissverständlich klar, welche Bälle nahe an der Wand, welche nahe am Boden und welche Kugeln nahe beieinander liegen.

Abbildung 3.1:
Auf der linken Seite lässt sich nicht sagen, wie nahe der oberste Ball an der Wand im Hintergrund ist. Eine wichtige Funktion der Schatten ist daher die Herstellung von räumlichen Beziehungen zwischen den Objekten, so wie es die rechte Seite der Abbildung zeigt.

Die Art und Weise, wie Schatten die räumliche Beziehung von Objekten zueinander darstellen, ist gleichermaßen ein Segen wie ein Fluch. Wird eine Szene mit Schatten berechnet, können diese auch Fehler und Ungenauigkeiten in Ihrer Animation offenbaren, wie z.B. die leicht oberhalb des Fußbodens platzierten Füße einer Figur. Animationen, die ohne Schattenwürfe berechnet und auch so abgenommen wurden, müssen gegebenenfalls nachbearbeitet werden, wenn Testberechnungen mit Schatten derartige Fehler offenbaren.

Wenn Sie dieses Buch in einem Raum lesen, betrachten Sie die Möbel in Ihrer Umgebung und dort besonders die Bereiche des Fußbodens nahe bei oder unter den Möbeln. Es sollte Ihnen leicht fallen, allein durch Betrachtung der Schattenwürfe dort zu erkennen, ob ein Möbelstück direkt auf dem Boden steht oder ob darunter z.B. durch Standfüße oder Rollen ein Abstand zum Boden vorhanden ist. Wenn Sie Ihren Raum betrachten, werden Sie nahezu augenblicklich die feinen Nuancen der Schatten wahrnehmen und dadurch Informationen über die Abstände der Möbel z.B. zum Fußboden gewinnen.

Zusätzliche Ansichten sichtbar machen

Neben den Abständen zwischen den Objekten können sorgsam platzierte Schatten auch zusätzliche Ansichten eines Objekts sichtbar machen, die ansonsten verborgen geblieben wären. Abbildung 3.2 zeigt das Profil der Frau als Schattenwurf, ohne den wir nur die Vorderseite des Gesichts erkennen könnten.

Abbildung 3.2:
Der Schattenwurf zeigt uns das Profil der Figur, das ansonsten im berechneten Bild nicht sichtbar sein würde.

Sie können sich die Schatten werfende Lichtquelle als zusätzliche Kamera vorstellen, die ihre eigene Perspektive und Blickrichtung in Bezug auf die Figur hat. Die meisten 3D-Programme erlauben es Ihnen, die Szene auch aus Sicht einer Lichtquelle zu betrachten, um die Platzierung und die Ausrichtung der Lichter zu vereinfachen. Der Umriss dessen, was Sie dort sehen – das Profil des von der Lichtquelle beleuchteten Objekts – zeigt Ihnen die Form an, die als Schattenwurf berechnet werden wird.

Stellen Sie sicher, dass kein Teil der Figur sehr viel näher an der Lichtquelle liegt als der Rest, damit dessen Schatten nicht unverhältnismäßig groß ausfällt. Vergewissern Sie sich zudem, dass keine der Schummeleien des Animators den Schatten merkwürdig aussehen lassen. Wenn der Animator z.B. einen Arm der Figur extrem verlängert hat, um die Hand in den Vordergrund zu bringen, so mag dies in der frontalen Ansicht glaubhaft aussehen. Es wirkt aber sehr seltsam, wenn gleichzeitig ein Schattenwurf dieses Arms auf eine seitliche Mauer fällt. Um dies zu kompensieren, kann es notwendig werden, den Winkel des Schattenwurfs zu verändern oder gar eine zweite Version der Figur mit natürlichen Proportionen als Schattenobjekt zu benutzen (Schattenobjekte werden weiter unten besprochen).

Die Komposition verbessern

Schatten können einen großen Anteil an der Komposition Ihres Bilds haben. Ein Schatten kann das Auge des Betrachters auf einen bestimmten Teil des Bilds lenken oder selbst zu einem wichtigen Element werden, um die Komposition auszubalancieren. Abbildung 3.3 zeigt einen sorgsam platzierten Schattenstreifen, der den Raum teilt und dadurch mehr Variationen zu der ansonsten eintönigen Wand hinzufügt.

Den Kontrast verstärken

Abbildung 3.3 zeigt zudem, wie der Kontrast zwischen Elementen verstärkt werden kann, die ansonsten recht ähnliche Tönungen aufweisen. Auf der rechten Seite der Abbildung fügt der Schatten hinter der Vase durch Verstärkung des Kontrasts dem Bild Tiefe und Definition hinzu. Die Vase hebt sich nun eindeutig von der ansonsten farblich ähnlichen Wand ab und kann auch in einer kurzen Einstellung sofort als eigenständige Form wahrgenommen werden.

Abbildung 3.3:
Ein Schattenstreifen teilt den Raum und wird zum Bestandteil der Komposition. Dies macht das rechte Bild zum attraktiveren Rendering.

Den Off-Screen-Bereich einbringen

Schatten können auch Rückschlüsse auf Objekte im Off-Screen-Bereich zulassen. Die Nutzung des Off-Screen-Bereichs, also des nicht unmittelbar in der Kameraansicht sichtbaren Bereichs der Szene, ist besonders dann wichtig, wenn Ihr Bild eine Geschichte erzählen soll oder in einer einfachen Szene eine bestimmte Stimmung erzeugt werden soll. Ein scheinbar von Objekten außerhalb des Kamerablickwinkels ausgelöster Schattenwurf täuscht dem Betrachter vor, dass dort noch mehr ist als das, was die Kamera ihm zeigt. Die Schatten in Abbildung 3.4 beflügeln die Fantasie im Hinblick auf die nicht direkt sichtbare Umgebung der Szene. Manchmal können Sie auch einfach ein Bild mit einer Lichtquelle in die Szene projizieren und damit die Schatten von nicht sichtbaren Objekten simulieren.

Abbildung 3.4:
Die Schatten deuten an, was sich im nicht sichtbaren Bereich der Szene befinden könnte.

Elemente integrieren

Wenn es um die Bestimmung der Beziehungen zwischen Objekten geht, können Schatten die Integration von Objekten in einer Szene verbessern. In den häufig außergewöhnlichen oder unrealistischen Szenen, die mithilfe der Computergrafik entstehen, sind Schatten oftmals das einzige realistisch wirkende Bindeglied, das alle Elemente verbindet und das Bild schließlich gelungen erscheinen lässt. Sogar das U-Bahn fahrende Nilpferd in Abbildung 3.5 wirkt natürlicher und trotz der Umgebung glaubhafter durch die Schatten unter ihm. Die Herstellung eines soliden Kontakts zwischen 3D-Szenen und -Figuren, zwischen realen und virtuellen Kreaturen oder sogar zwischen 3D-Figuren und echten Umgebungen gehört zu den wichtigsten Funktionen der Schatten. Ohne diese Verbindung würden viele Szenen zu einer zusammenhanglosen Kollage von einzelnen Bildern.

Abbildung 3.5: Schatten helfen bei der Integration ansonsten unvereinbarer Elemente.

Welche Lichter brauchen Schatten?

In der Realität werfen alle Lichter auch Schatten. Es gibt daher dort nichts Vergleichbares zu einer 3D-Lichtquelle mit deaktiviertem Schattenwurf. Bei der Arbeit mit Computergrafiken könnten Sie dies simulieren, indem Sie für alle Lichter einen Schattenwurf aktivieren. Es ist jedoch die Regel, dass sich 3D-Künstler genau überlegen, welche Lichtquellen Schatten werfen sollen und welche nicht.

Mehrfachschatten

Wenn Sie das nächste Mal eine Fernsehsendung anschauen, bei der z.B. ein Moderator vor einem Publikum agiert, achten Sie besonders auf den Boden. Um die Füße des Moderators herum werden Sie eine Reihe von sich überlappenden Schatten erkennen, die alle in eine ewas andere Richtung verlaufen. Diese Mehrfachschatten entstehen durch die zahlreichen Spotlichtern an der Decke, die den Moderator und das Studio ausleuchten. Derartige Schatten könnten bei den Lichtverhältnissen in den meisten normalen Räumlichkeiten nicht entstehen.

Vielleicht fällt Ihnen sogar noch auf, dass die gesamte Studiokulisse so gebaut und arrangiert wurde, dass möglichst viele dieser zusätzlichen Schatten versteckt werden. Das obligatorische Sofa einer Talkshow oder Sitcom-Serie wird wahrscheinlich in der Mitte der Bühne mit viel Platz dahinter positioniert werden. Oftmals befindet sich sogar eine Treppe an der rückwärtigen Wand der Bühne, damit die Schauspieler beim Stehen oder Sitzen in der Szene keine unschönen Mehrfachschatten an die Wand werfen.

Angesichts dieser umfangreichen notwendigen Umbauten zur Vermeidung von Schatten können Sie sich glücklich schätzen, dass sich unnötige Schatten in 3D-Szenen einfach deaktivieren lassen. Wir können in Animationen problemlos Sofas bündig an Wände schieben, ohne dadurch unerwünschte Schatten hinter unseren Figuren in Kauf nehmen zu müssen.

Bewusst eingesetzt, stellt die Möglichkeit zum Ausschalten eines Schattens an einigen Lichtquellen eine wundervolle Option dar. Abbildung 3.6 zeigt, wie viel sauberer und übersichtlicher eine Szene mit nur einem einzigen zusammenhängenden Schatten aussehen kann im Vergleich zu einer Szene mit sich überlappenden Mehrfachschatten.

Abbildung 3.6:
Welches Bild gefällt Ihnen besser? In den meisten Fällen sehen einfache und zusammenhängende Schatten besser aus als sich mehrfach überlagernde Schattenwürfe.

Unterstützende Schatten

In komplexen Szenen benötigen Sie in der Regel mehr als eine einzige Schatten werfende Lichtquelle. Nur mit einer Lichtquelle auskommen zu wollen, wird sich besonders dort rächen, wo Objekte bereits in einem Schatten liegen. Betrachten Sie z.B. den Ball auf der linken Seite in Abbildung 3.7, der durch das Fehlen eines eigenen Schattenwurfs keinen rechten Kontakt zum Boden zu haben scheint. Da der Ball exakt in einem geworfenen Schatten liegt, bekommt er nur die Beleuchtung einer unterstützenden Lichtquelle zu sehen, die selbst keinen Schatten wirft. Die rechte Seite der Abbildung zeigt, was bei Aktivierung des Schattens für die zweite Lichtquelle passiert. Der zusätzliche Schatten verbessert die räumliche Einordnung der Kugel, obwohl diese bereits im Bereich eines Schattens liegt.

Abbildung 3.7:
Ohne unterstützende Schatten (links) wirft die Kugel selbst keine Schatten. Szenen ohne diese Hilfsschatten können in den Schattenbereichen flach wirken. Mit einem unterstützenden zweiten Schatten (rechts) erhält der Ball eine bessere Bindung zum Boden.

Jedes Licht, das keinen Schatten wirft, kann zu einem Risiko werden. Dieses Licht könnte z.B. direkt durch eine Wand dringen und die Innenseite eines Raums ebenso hell beleuchten wie die äußere Hauswand. Eine hinter einer Figur platzierte Lichtquelle, die eigentlich nur deren Haare und Schultern beleuchten soll, könnte letztlich auch die Innenseite des Munds beleuchten. Es kann auch dazu führen, dass Ihre Szene teilweise flach wirkt, wo Sie eigentlich erwarten, dass die Objekte gegenseitig Schatten auf sich werfen.

Die Färbung des Schattens

In der Realität haben Schatten oft eine von ihrer Umgebung abweichende Farbe. So wirken die Schatten an einem sonnigen Tag in der Natur möglicherweise leicht bläulich. Dies rührt daher, dass das gelbliche und sehr intensive Sonnenlicht von den im Schatten liegenden Bereichen abgeblockt wird. Im Schatten sind dadurch nur noch das indirekte Licht und das häufig bläuliche Licht des übrigen Himmels zu sehen.

Die meisten Lichtquellen bieten einen zusätzlichen Parameter namens *Schattenfarbe* (oder *shadow color*) an, der dem Schatten der Lichtquelle die gewünschte Färbung gibt. Die Standardfarbe der Schatten ist reines Schwarz, was darauf hinausläuft, dass der Schatten dadurch zusätzlich weder eingefärbt noch aufgehellt wird. Wenn mit Schattenfarben gearbeitet wird, die heller als Schwarz sind, wird dadurch der Schatten abgeschwächt und mehr von dem eigentlich abgeschirmten Licht der Lichtquelle sickert in den Schatten hinein. Pures Weiß als Schattenfarbe sieht dann also genauso aus als hätte die Lichtquelle gar keinen Schattenwurf.

Wenn Sie in Ihrer Szene wie links in Abbildung 3.8 zu dunkle oder farblich nicht passende Schatten beobachten, könnten Sie die Schattenfarbe der Lichtquelle wunschgemäß anpassen. In der Mitte der Abbildung 3.8 ist der Effekt zu sehen, wobei hier der Schatten blau eingefärbt wurde.

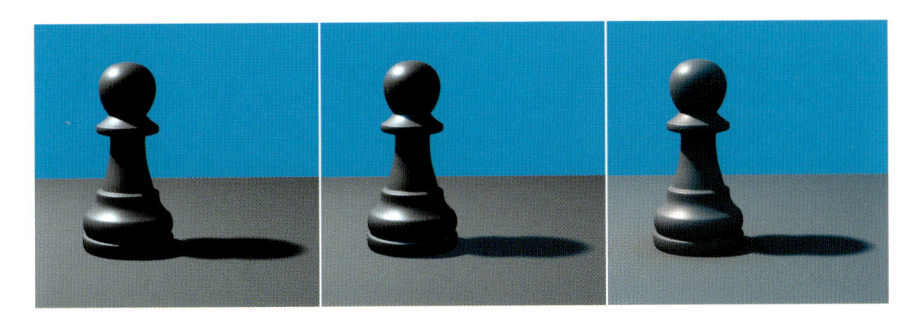

Abbildung 3.8: Ein schwarzer Schatten wirkt unnatürlich (links), aber ein eingefärbter Schatten zeigt sich nur im direkt geworfenen Schatten und nicht an den unbeleuchteten Bereichen eines Objekts (Mitte). Eingefärbte Hilfslichter verändern sowohl die Schattenfarbe als auch die unbeleuchteten Bereiche und erzielen dadurch realistischere Ergebnisse (rechts).

Dies geht zwar schnell und einfach und benötigt keine zusätzlichen Lichtquellen, sieht jedoch unrealistisch aus. Achten Sie darauf, wie nur der Schatten am Boden bläulich eingefärbt wird, die im Dunklen liegende Seite der Schachfigur jedoch unnatürlich schwarz bleibt.

Sie sollten daher zur Erzeugung der bläulichen Schatten in Außenszenen auf die Einfärbung der Schatten über die Schattenfarbe verzichten. Besser eignen sich hier bläulich gefärbte Hilfslichter, die auf natürliche Art und Weise dort stärker zu sehen sind, wo das Sonnenlicht Schatten erzeugt. Das rechte Bild in Abbildung 3.8 zeigt ein natürlicheres Ergebnis. Dort wurde die Schattenfarbe wieder auf schwarz gestellt und bläuliche Hilfslichter wurden um die Szene herum positioniert. Es ist egal, ob dieses Hilfslicht von mehreren Spots oder einem kuppelförmigen Himmelslicht stammt. In jedem Fall wird das aus mehreren Richtungen eintreffende Licht die Szene natürlicher einfärben, als dies über die ausschließliche Einfärbung der Schatten möglich wäre. Eventuell müssen Sie dann noch die Färbung des Hauptlichts korrigieren – in diesem Fall also den Blauanteil dieses Lichts reduzieren –, damit die Gesamtfärbung der Szene sich nicht zu stark verändert.

Geht es um realistische Beleuchtung, sollte die Einfärbung der Schatten durch Hilfslichter immer die erste Wahl sein. Das direkte Einfärben der Schatten über die Parameter der Lichtquelle sollte wenn überhaupt nur sparsam zum Einsatz kommen. Die einzige physikalisch korrekte Einstellung für den Schattenfarbewert ist ein reines Schwarz, weil ein massives Objekt das gesamte Licht der Lichtquelle abschirmt. Jede andere Einstellung dieses Werts fällt in die Schummelnkategorie. Bewusst und mit sehr dunklen Farbtönen eingesetzt, kann die Schattenfarbe gegebenenfalls etwas aufgehellt oder dezent getönt werden. Bei zu massiven Helligkeits- und Farbabweichungen entstehen störende Unstimmigkeiten zwischen der erzeugten Schattenfarbe und den unbeleuchteten Bereichen eines Objekts. Zu helle Schattenfarben führen zudem zu der unrealistischen Situation, dass scheinbar Licht durch das massive Objekt dringt.

Einige Künstler folgen dem Grundsatz, dass die Schattenfarbe immer komplementär zur Farbe des Schatten werfenden Objekts oder zur Färbung der Lichtquelle gewählt werden sollte. Aus künstlerischer Sicht können Sie dadurch farbige Objekte stärker hervorheben. Dies entspricht jedoch eher einer künstlerischen Stilisierung und lässt sich bei Betrachtung der Realität so nicht pauschalisieren. Wenn Sie beispielsweise die bereits beschriebene Außenszene mit dem gelblichen Sonnenlicht und den bläulichen Schatten auf die Beleuchtung eines Innenraums übertragen, wird dies unrealistisch aussehen. Dort fehlt die Ursache bzw. die Motivation für das bläuliche Licht.

Schatten überprüfen

Selbst wenn Sie den Schattenfarbe-Parameter in Ihrem normalen Arbeitsablauf nicht verwenden, so kann er jedoch zur Markierung eines bestimmten Schattens während der Testberechnung hilfreich sein. Eine auffällige Schattenfarbe, wie z.B. das in Abbildung 3.9 verwendete Rot, kann nützlich sein, um den Verlauf eines bestimmten Schattens besser verfolgen zu können. Benutzen sie diese Technik immer dann, wenn es Verwirrung durch mehrere sich überlappende Schatten gibt oder Sie sich nicht sicher sind, welcher Schatten von welcher Lichtquelle motiviert ist. Selbst wenn Sie an den Einstellungen der Lichtquelle und deren Schatten nur Nuancen ändern, werden diese durch die farbige Hervorhebung der Schatten für Sie deutlicher sichtbar. Wenn Sie mit den Einstellungen fertig sind, setzen Sie die Schattenfarbe einfach wieder auf schwarz.

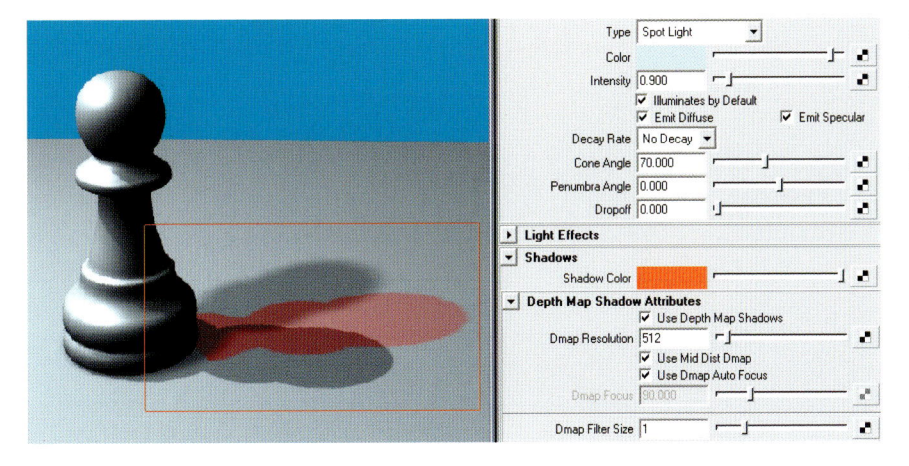

Abbildung 3.9:
Das kurzzeitige Benutzen auffälliger Schattenfarben macht es Ihnen einfacher, einzelne Schatten hervorzuheben und an deren Einstellungen zu arbeiten.

Die Perspektive und Größe der Schatten

Die relative Position einer Lichtquelle zu einem Schatten werfenden Objekt bestimmt die Größe des geworfenen Schattens. Wie auf der linken Seite der Abbildung 3.10 zu sehen ist, wird beispielsweise eine sehr weit vom Objekt entfernte Lichtquelle einen Schatten werfen, der nur ähnlich groß ist wie das Objekt selbst. Umgekehrt führt das Heranrücken der Lichtquelle zu einer Vergrößerung des Schattenwurfs, wie es rechts in der Abbildung zu sehen ist.

Diese Art der Steuerung der Schattengröße funktioniert nur bei punktförmigen Lichtquellen, wie z.B. einem Spotlicht. Wenn direktionale bzw. unendliche Lichtquellen benutzt werden, ist der Schatten immer so groß wie das beleuchtete Objekt, unabhängig von der Position der Lichtquelle.

Abbildung 3.10:
Wie groß hätten Sie Ihren Schatten denn gern? Entfernen Sie die Lichtquelle von dem Objekt, so wird der Schatten kleiner (links). Verschieben Sie dagegen das Licht näher an das Objekt heran und der Schatten wird größer (rechts).

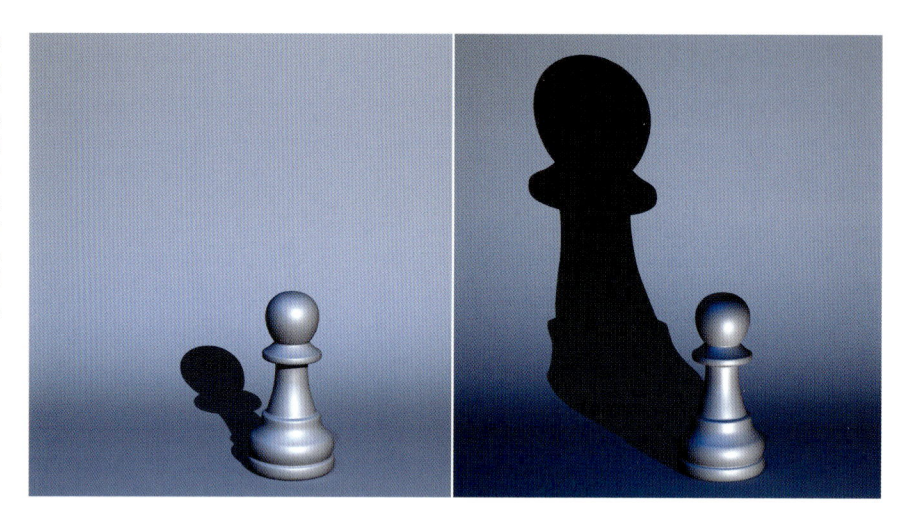

Schatten sehen unterschiedlich aus und verändern manchmal sogar ihre Form, wenn das Licht aus einer anderen Richtung kommt. So ist offenkundig etwas mit den Sonnenstrahlen auf der linken Seite der Abbildung 3.11 nicht in Ordnung. Diese werden von zwei separaten Spotlichtern erzeugt, die draußen, direkt vor den Fenstern platziert wurden. Sie erkennen dort, wie die Schatten ausgehend von den Positionen der Lichter trapezförmig verzerrt werden. Werden die Lichtquellen weiter entfernt (siehe rechte Seite der Abbildung), erscheinen die Schatten parallel zueinander. Die Parallelität der äußeren Schattenkanten entspricht der Realität, da auch das Sonnenlicht parallel bei uns auf der Erde eintrifft.

Abbildung 3.11: Sonnenstrahlen, die von einer unnatürlich nahen Position ausgehen (links), führen zu unnatürlichen Schattenwürfen. Zieht man die Lichtquellen weiter weg (rechts), so entspricht das Ergebnis eher dem von parallel einfallendem Sonnenlicht.

Die Schattenberechnung

Viele Programme erlauben die Wahl zwischen zwei gängigen Techniken zur Berechnung von Schatten:

- Schattenmaps (auch *Shadow Maps* oder *Depth Maps* genannt) sind meistens die am schnellsten und Ressourcen schonensten zu berechnenden Schatten, haben jedoch eine begrenzte Auflösung und müssen manchmal justiert werden, um Fehler zu vermeiden (siehe Beschreibung weiter unten).

- Raytracing-Schatten (*Raytraced Shadows*) sind einfach zu bedienen und bei jeder Auflösung akkurat. In der Regel benötigen diese jedoch mehr Zeit für die Berechnung.

Die folgenden Abschnitte erläutern den Umgang mit Schattenmaps und mit Raytracing-Schatten und geben dabei Informationen zu deren Vor- und Nachteilen sowie zu den Optionen, um das Erscheinungsbild dieser Schatten zu beeinflussen.

Schattenmaps

Schattenmaps sind derzeit in der professionellen Beleuchtung für Filmproduktionen die populärste Schattenart. Diese Art Schatten wird mithilfe einer vorweg berechneten Tiefenmap erzeugt, die festlegt, wo der Schatten zu sehen sein wird.

Diese Tiefenmap (auch *Depth Map*, *dmap* oder ebenfalls *Schattenmap* genannt) besteht aus einer Tabelle mit Zahlenwerten, die Entfernungen wiedergeben. Noch bevor der Renderer die eigentliche Bildberechnung aus Sicht der gewählten Kamera startet, berechnet er für jede Lichtquelle, die eine Schattenmap benutzt, eine eigene Tiefenmap relativ zu deren Sicht auf die Objekte. Diese Tiefenmap speichert dann also für jeden ausgesandten Lichtstrahl die Entfernung bis zum ersten Schatten werfenden Objekt auf seinem Weg (siehe Abbildung 3.12).

Während der Berechnung des Bilds werden dann die Lichtstrahlen an der jeweils zum Lichtstrahl passenden Entfernung aus der Tiefenmap gestoppt. Wenn also z.B. die Tischfläche unter einem Apfel berechnet wird, muss der Renderer nur die Tiefenmap überprüfen, um sofort die Information zu erhalten, welcher Teil der Tischfläche einen Schatten erhält und welcher beleuchtet wird. Dies spart sehr viel Renderzeit, da der Renderer nicht immer wieder überprüfen muss, ob irgendwo in der Szene ein Objekt zischen die Lichtquelle und z.B. den Boden kommt.

Abbildung 3.12:
Eine Tiefenmap besteht aus einer Liste mit Entfernungswerten, jeweils gemessen zwischen der Lichtquelle und dem ersten Schatten werfenden Objekt in Richtung der ausgehenden Lichtstrahlen. Diese Entfernungen sind hier durch weiße Linien angedeutet.

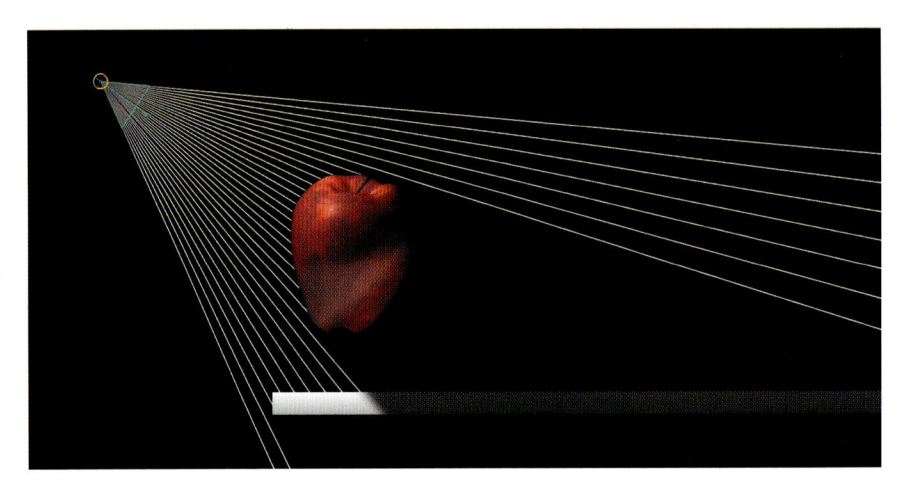

Abbildung 3.12 zeigt nur eine Reihe von Distanzmessungen an, die mit einem schmalen Streifen der Tiefenmap gleichzusetzen wären. Die Tiefenmap selbst würde natürlich sowohl horizontal als auch vertikal den gesamten vom Licht erfassten Raum abtasten. So besteht beispielsweise eine Tiefenmap der Auflösung 512 aus einem Raster von 512 Abtastungen in der Höhe und 512 Abtastungen in der Breite.

Auflösung und Speicherbedarf

Eine einzelne Distanzmessung wird in der Tiefenmap als Fließkommazahl gesichert. Fließkommazahlen können nahezu jeden Wert, sehr kleine bis hin zu riesengroßen, speichern, benötigen dafür jedoch 4 Bytes an Speicher. Da die Auflösung einer Schattenmap sowohl in horizontaler als auch in vertikaler Richtung benutzt wird, bedeutet dies, dass die zur Speicherung benötigte Menge an Bytes dem Wert von 4*(Auflösung^2) entspricht. Tabelle 3.1 stellt den Speicherbedarf für einige gängige Schattenmap-Größen dar, angegeben in Megabyte.

Tabelle 3.1:
Speicherbedarf von Schattenmaps

AUFLÖSUNG DER SCHATTENMAP	SPEICHERBEDARF
128	0.06 Mbyte
256	0.25 Mbyte
512	1 Mbyte
1024	4 Mbyte
2048	16 Mbyte
4096	64 Mbyte

Wie Tabelle 3.1 zeigt, führt die Vergrößerung einer Schattenmap schnell zur Belegung von viel Arbeitsspeicher. Ein guter Richtwert für die Schattenmap eines sorgsam ausgerichteten Spotlichts wäre 512, wenn es um eine Szene für eine Fernsehproduktion geht. Eine 1024er Auflösung könnte in der Regel bei einer Kinoproduktion eingesetzt werden.

Ausrichten und Begrenzen der Tiefenmap

Um die Effizienz der Schattenmaps zu erhöhen, sollten Sie diese so ausrichten, dass die Schatten werfende Geometrie in der Mitte liegt und nicht allzu viel zusätzlicher Raum an den Rändern gelassen wird. Spotlichter sind daher bei den meisten Projekten die Lichtquelle der Wahl, wenn Schattenmaps benutzt werden sollen. Sie können diese exakt ausrichten und so den Schatten genau dort erzeugen, wo er benötigt wird. Verwenden Sie Punkt- bzw. Omni-Lichter, so muss die Software mehrere Schattenmaps berechnen, um alle Richtungen abzudecken. Bei direktionalen bzw. unendlichen Lichtquellen kommt es eventuell zu Verzerrungen der Schattenmap, was zusätzlich zur Reduzierung der Detailtreue der Schattenmap führt.

Wenn Sie mit Spots beleuchten, achten Sie darauf, dass deren Öffnungswinkel möglichst exakt an die Größe der Schatten werfenden Objekte angepasst wird. So verschwenden Sie weniger Tiefenmap-Berechnungsstrahlen, die ansonsten an dem Objekt vorbei in den leeren Raum gingen. Abbildung 3.13 zeigt eine effiziente Schattenmap bei Verwendung eines engen Öffnungswinkels am Spot. Bei dem weiten Öffnungswinkel gehen zu viele Berechnungsstrahlen ins Leere und reduzieren so die effektive Auflösung des Schattenwurfs. Wenn das Licht sehr weit vom Objekt entfernt ist, können Sie einen sehr kleinen Öffnungswinkel verwenden. Die Einstellung des Spot-Öffnungswinkels können Sie gut durch Betrachtung der Szene aus Sicht der Lichtquelle überprüfen. Achten Sie dann dort darauf, dass nicht zu viel leerer Raum um das beleuchtete Objekt herum zu sehen ist.

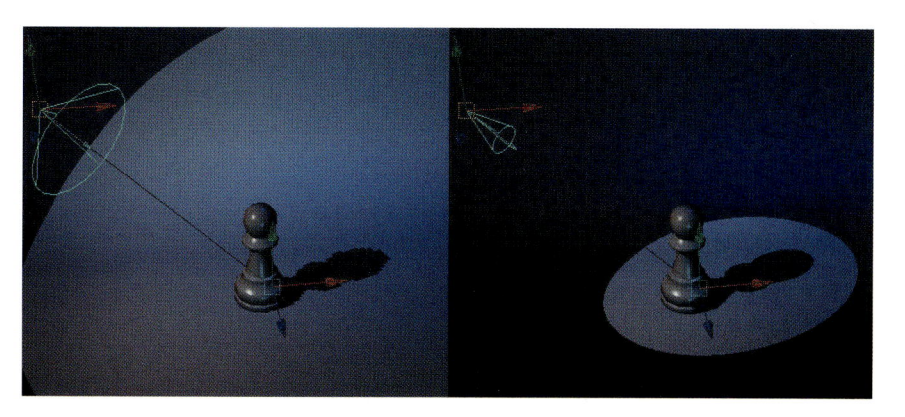

Abbildung 3.13:
Ein schlecht ausgerichtetes und mit einem zu großen Öffnungswinkel versehenes Spotlicht verschwendet zu viele Berechnungsstrahlen und liefert ungenaue Ergebnisse (links). Wird der Lichtkegel an das Objekt angepasst, kann die Auflösung der Tiefenmap effizient ausgenutzt und ein optimaler Schattenwurf berechnet werden (rechts).

Es mag Situationen geben, wo es unmöglich erscheint, eine optimal angepasste Tiefenmap für alle Schatten werfenden Objekte zu erstellen. Wenn z.B. die Sonne eine sehr große Szene mit einem Baum, einem Haus und einer animierten Figur beleuchten soll, ist ein möglichst exakter Schattenwurf für alle diese Objekte gleichermaßen wichtig. In selbst programmierbaren Renderern, wie z.B. Mental Ray oder RenderMan, können Produktionsstudios eigene Lösungen dafür erstellen, welche Objekte in welcher Schattenmap erscheinen sollen und welche Schattenmaps von welcher Lichtquelle benutzt werden. In den meisten Softwarepaketen gibt es diese Möglichkeit zur Zuweisung von Schattenmaps zu Lichtquellen oder zur individuellen Ausrichtung von Schattenmaps nur auf bestimmte Objekte jedoch nicht. Wenn Sie in die Situation kommen, einen großen Bereich mit einem Schatten belegen zu müssen, und Sie keine Möglichkeit haben, die Größe der Schattenmap zu optimieren, da zu viele Objekte darin eingeschlossen werden müssen, gibt es mehrere Möglichkeiten:

- Ersetzen Sie Ihr Licht durch mehrere Spotlicher, von denen jedes einen kleinen Bereich abdeckt. Dies wird zudem etwas natürlich wirkende Variation in die Beleuchtung bringen, was generell eine gute Sache ist.

- Deaktivieren Sie den Schattenwurf Ihrer Hauptlichtquelle und benutzen Sie stattdessen reine Schattenwerfer-Lichtquellen (diese werden etwas später in diesem Kapitel behandelt), um die Schatten zu erzeugen.

- Benutzen Sie verschiedene sorgsam ausgerichtete Spots für jeden Schatten in einem separaten Pass. Benutzen Sie dann dieses Passes in einem Compositing-Programm zur Abdunklung der Szene (Kapitel 11, „Passes rendern und Compositing" geht dazu ins Detail).

- Vergrößern Sie die Auflösung der Schattenmap so weit wie möglich. Achten Sie hierbei jedoch auf den ansteigenden Speicherbedarf und die Verlängerung der Berechnungszeit. Wenn Testberechnungen zeigen, dass Sie Schattenmaps mit einer Auflösung von 2048 oder gar 4096 verwenden müssen, könnten Raytracing-Schatten eine effizientere Lösung sein (dies wird weiter unten besprochen).

Der Bias-Wert der Schattenmap und Fehler durch Selbstabschattung

Fehlerhafte Darstellungen in den Schatten, wie z.B. Streifen oder andere Strukturen (siehe Abbildung 3.14), sind oftmals auf einen zu niedrig eingestellten Tiefenmap-Bias-Wert zurückzuführen. Wurde in einem großen Maßstab modelliert, muss dieser Wert dagegen gegebenenfalls erhöht werden, um derartige Fehler in den Schatten zu vermeiden.

Abbildung 3.14: Ist der Bias-Wert der Tiefenmap zu niedrig eingestellt, können Streifen, Raster oder Moiré-Muster entstehen. Zum Vergleich ist links ein Bias-Wert von 0.005, in der Mitte ein Wert von 0.02 und rechts die Bias-Einstellung 0.25 zu sehen.

Der Bias-Wert ist eine Zahl, die jeder ausgemessenen Entfernung der Tiefenmap hinzuaddiert wird, um den Anfang der Schatten etwas von der Lichtquelle zu entfernen. Die Erhöhung des Bias-Werts schiebt damit den Schatten etwas von der Schatten werfenden Oberfläche weg, damit der Schatten nicht zu früh sichtbar wird und dadurch unter Umständen die beschriebenen Artefakte zeigt. Fehlerhafte Darstellungen wie Streifen oder andere Strukturen treten auf, wenn die Punkte einer 3D-Oberfläche einen Schattenwurf auf sich selbst erzeugen. Dies kann immer dort passieren, wo es durch eine zu geringe Anzahl an Messstrahlen zu einer zu gering berechneten Entfernung zwischen der Lichtquelle und der Oberfläche kommt.

Der Bias-Wert richtet sich nach den Einheiten, die Ihre Software für die Entfernungsmessung benutzt. Eine im großen Maßstab konstruierte Szene benötigt daher einen größeren Bias-Wert und bei einer Szene mit sehr kleinen Objekten muss gegebenenfalls der Bias-Wert stark abgesenkt werden.

Durchsickerndes Licht korrigieren

Ein zu hoher Bias-Wert erzeugt sichtbare Lücken zwischen dem Objekt und seinem Schatten. Dies kann so weit gehen, dass wie in Abbildung 3.15 Licht sogar durch Wände oder Raumecken dringt, obwohl diese das Licht natürlich abblocken sollten. Wenn Sie eine derartige Durchdringung von Objekten und Licht beobachten, gibt es einige Punkte, die Sie zur Isolation und Behebung des Problems beachten sollten:

- Deaktivieren Sie kurzzeitig alle anderen Lichtquellen in der Szene, damit Sie das problematische Licht separat testrendern können.
- Wenn es um ein Spotlicht geht, verkleinern Sie dessen Lichtkegel so weit wie möglich, damit nur noch der Bereich beleuchtet wird, wo das Licht benötigt wird.
- Reduzieren Sie den Bias-Wert der Tiefenmap

- Reduzieren Sie die Glättung oder die Weichheit des Schattens an seinen Rändern, denn dadurch gelangt mehr Licht in den Bereich des Schattens, so wie es auch bei einer Erhöhung des Bias-Werts der Fall ist.

Durchsickerndes Licht muss nicht immer durch einen Fehler bei der Beleuchtung entstehen. Oftmals liegt es auch an der Modellierung der Objekte. Hier finden Sie einige Tipps, wie Sie die Objekte modifizieren können, um durchsickerndes Licht zu vermeiden:

- Benutzen Sie dickere und doppelwandige Geometrien anstatt einfacher, unendlicher dünner Flächen in Ihren Architekturszenen. Echte Hauswände haben eine Dicke und dies sollte bei Ihren 3D-Wänden ebenso sein.
- Ergänzen Sie ein Polygon außerhalb des Gebäudes, das das Licht abblockt, wo es nicht benötigt wird.
- Runden Sie alle Ecken ab und vermeiden Sie perfekte 90°-Winkel an den Ecken.
- Wirft ein Teil Ihres Objekts keinen Schatten, versuchen Sie, eine einfache Grundform zusätzlich in das Objekt einzusetzen.

Für einige Anfänger scheint die Erhöhung der Schattenmap-Größe die naheliegenste Lösung bei derartigen Problemen zu sein, auch wenn dadurch der Speicherbedarf und die Berechnungszeit ansteigen. Wenn ein Problem jedoch bereits durch Anpassung des Bias-Werts in den Griff zu bekommen ist und dieser zudem keinen Einfluss auf die Berechnungszeit hat, sollten Sie diese Möglichkeit wählen. Wenn die Schatten nur an einem bestimmten Objekt nicht gut funktionieren, sollten Sie dieses Modell gegebenenfalls verändern.

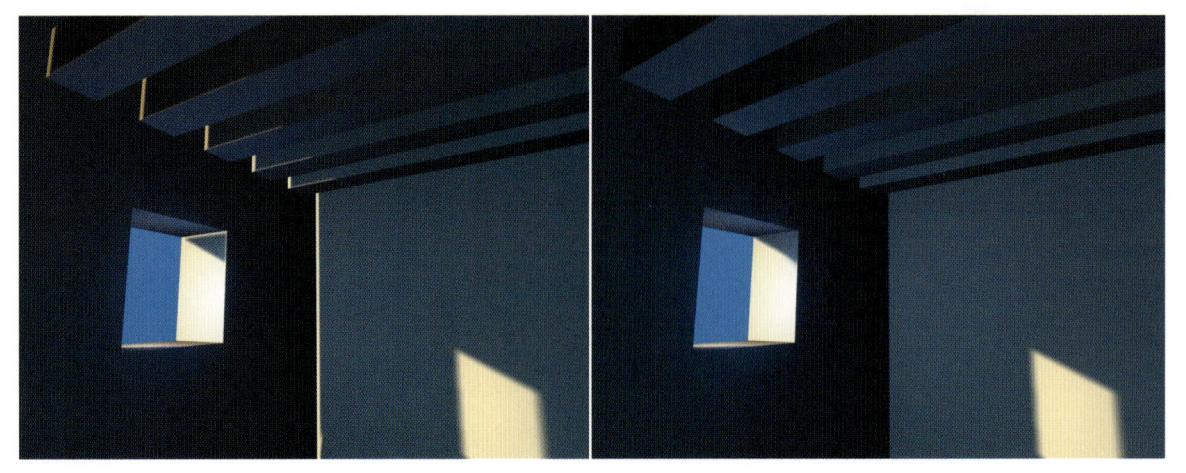

Abbildung 3.15: Ein zu hoch eingestellter Bias-Wert der Tiefenmap in Kombination mit dünnwandigen Objekten kann zum Durchsickern von Licht führen (links). Die Absenkung des Bias-Werts ist eine Möglichkeit, das Problem zu beheben (rechts).

Unterstützung für Transparenzen

Es wird von einem transparenten Objekt ein weniger deckender Schattenwurf erwartet als von einem massiven Objekt. Konventionelle Schattenmaps reagieren jedoch nicht derart realistisch auf Transparenzen und werden in der Regel nicht heller, wenn Licht durch ein transparentes Objekt abgeblockt wird. Wie in Abbildung 3.16 zu sehen, ist der Schatten sowohl unter dem Objekt mit dem transparenten Material als auch unter dem Objekt mit dem undurchsichtigen Material gleich stark. Erinnern Sie sich daran, dass die Tiefenmap ausschließlich die Distanzen bis zum Abbrechen der Lichtstrahlen speichert, egal ob eine Oberfläche aus Glas oder Stein ist. Zwischenwerte sind dabei nicht möglich.

[Hinweis]
Die hier beschriebenen konventionellen Schatten sind so im Großteil der Programme implementiert, es existieren jedoch Alternativen. Dazu gehören z.B. einige Renderer, die verschiedene Stufen von Transparenzen für Schattenmaps berechnen können.

Abbildung 3.16:
Eine Limitierung konventioneller Schattenmaps liegt darin, dass unterschiedlich stark transparente Objekte keinen Einfluss auf die Helligkeit des Schattenwurfs haben.

Sie können bei Szenen mit einem geringen Glasanteil gegebenenfalls diese Limitierung beim Schattenwurf transparenter Objekte umgehen, indem Sie für die Glasobjekte den Schattenwurf ganz deaktivieren. In Szenen mit viel Glas, wo Sie sowieso Raytracing zur Simulation der Lichtbrechung benutzen, müssen Sie dann gegebenenfalls in den sauren Apfel beißen und Raytracing-Schatten benutzen.

Raytracing-Schatten

Raytracing-Schatten werden durch Strahlverfolgung des Lichts zwischen Lichtquellen und Objekten errechnet. Diese Schatten werden Pixel für Pixel berechnet, während die Bildberechnung läuft. Es kommt also nicht zu einer vorgelagerten Berechnung einer Tiefenmap. Raytracing-Schatten haben eine Reihe von Vorteilen gegenüber Schattenmaps:

- Raytracing-Schatten passen ihre Helligkeit an die Stärke der Transparenz eines Schatten werfenden Objekts an und können sogar Farbwerte transparenter Objekte mit aufnehmen (siehe Abbildung 3.17).

- Mit Raytracing-Schatten spielen viele Probleme der Schattenmaps, wie z.B. die Anpassung des Bias-Werts zur Vermeidung von durchsickerndem Licht, keine Rolle mehr.

- Raytracing-Schatten funktionieren unabhängig von einer fest eingestellten Auflösung und können daher in optimaler Qualität bei jeder Bildauflösung berechnet werden.

- Raytracing-Schatten zeigen eine noch höhere Qualität und noch realistischere weiche Schatten, wenn sie in Verbindung mit Flächenlichtern verwendet werden (siehe nachfolgende Beschreibung).

- Raytracing-Schatten arbeiten mit allen Lichtquellenarten gleichermaßen gut zusammen und zwingen Sie daher nicht unbedingt zur Benutzung von Spotlichtern.

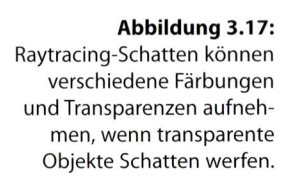

Abbildung 3.17:
Raytracing-Schatten können verschiedene Färbungen und Transparenzen aufnehmen, wenn transparente Objekte Schatten werfen.

Wenn die Raytracing-Schatten also so hervorragende Eigenschaften haben, warum sich noch mit den anderen Schattenarten herumärgern? Und warum verwenden dennoch die meisten Filmproduktionen hauptsächlich Schattenmaps? Hier zwei einfache Antworten darauf:

- Raytracing-Schatten benötigen in der Regel eine im Vergleich zu Schattenmaps längere Berechnungszeit. In komplexen Szenen kann der Zeitunterschied immens sein.

- Die Verwendung von Raytracing in einer Szene erhöht den Speicherbedarf und kann daher indirekt die mögliche Komplexität von zu berechnenden Szenen auf Ihrem Computer einschränken.

Daher sind Raytracing-Schatten eher für Anfänger oder jemanden, der mit einfachen Szenen hantiert, interessant. Für Profis, die an komplexen Szenen z.B. für eine Filmproduktion oder an Animationen mit einem engen Zeitrahmen arbeiten, überwiegen die Nachteile der Raytracing-Schatten.

Wie Raytracing-Schatten funktionieren

Das konventionelle Raytracing arbeitet in entgegengesetzter Richtung, also in dem Sinne, dass jeder Berechnungsstrahl an der Kameraposition beginnt, im Gegensatz zum realen Verhalten von Licht, das an der Lichtquelle startet. Für jeden Bildpunkt Ihres Bilds wird dadurch ein passend ausgerichteter Berechnungsstrahl von der Kamera aus in die Szene geschickt, bis dieser auf eine Oberfläche trifft, die berechnet werden muss. Abbildung 3.18 zeigt diese Berechnungsstrahlen als weiße Linien.

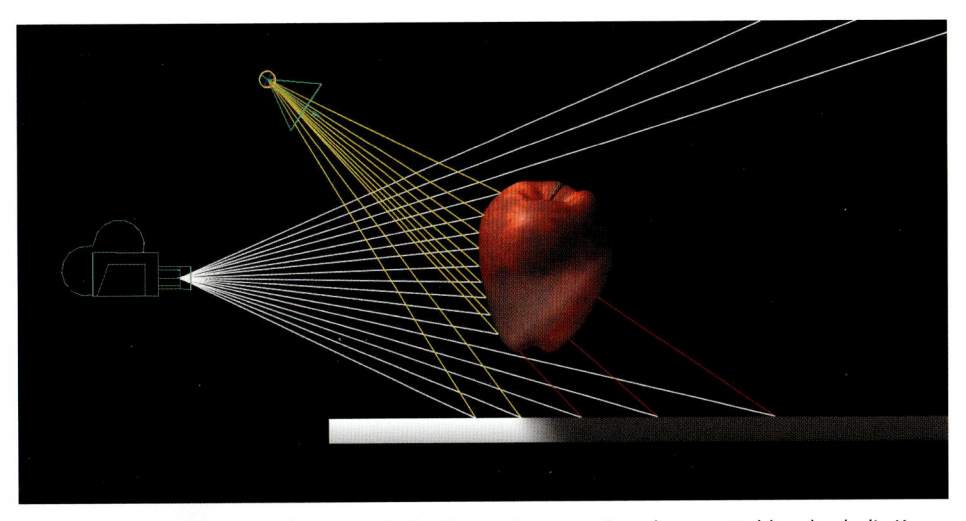

Abbildung 3.18: Raytracing beginnt mit der Aussendung von Berechnungsstrahlen durch die Kamera (weiße Linien). Für die Berechnung von Raytracing-Schatten werden dann zusätzliche Strahlen von den gefundenen Oberflächenpunkten zu den Positionen der Lichtquellen geschickt, um zu überprüfen, ob die Sicht darauf frei (gelbe Linien) oder von anderen Objekten blockiert ist (rote Linien).

Der Renderer muss so für jeden sichtbaren Punkt einer Oberfläche überprüfen, welche Lichtquelle diesen beleuchtet. Wenn eine Lichtquelle Raytracing-Schatten benutzt, muss der Renderer die Sichtverbindung zwischen dem Oberflächenpunkt und der Lichtquelle überprüfen. Werden irgendwelche Flächen auf diesem Berechnungspfad gefunden, wird für den entsprechenden Oberflächenpunkt das Licht abgeblockt. Der derart vom Licht ausgeschlossene Bereich auf der Oberfläche bildet dann den Raytracing-Schatten. Die gelben Linien in Abbildung 3.18 zeigen die Berechnungsstrahlen zur Lichtquelle an. Die roten Linien stehen für von Flächen unterbrochene Strahlen und deuten an, dass diese Punkte bei der Berechnung im Schatten liegen werden.

Gibt es mehrere Lichtquellen mit aktivierten Raytracing-Schatten, so wird der Prozess der Strahlverfolgung und der Suche nach blockierenden Flächen auf dem Weg zur Lichtquelle entsprechend oft wiederholt. All dies muss mindestens einmal für jeden Bildpunkt ablaufen, in der Regel jedoch mehrfach, wenn das Bild mit Antialiasing berechnet wird (Antialiasing bzw. die Kantenglättung des berechneten Bilds wird in Kapitel 9, „Shader und Rendering-Algorithmen" besprochen).

Das Ergebnis ist, dass Raytracing-Schatten selbst den schnellsten Computer ausbremsen können. Zudem ist die Zeit, die zur Aussendung der Berechnungsstrahlen benötigt wird, nur ein Grund für die lange Berechnungsdauer. Alle Flächen bzw. Polygone Ihrer Szene, die eventuell einen Schatten werfen könnten, müssen gleichzeitig so im Speicher gehalten werden, dass sie leichter abgearbeitet werden können. Anstatt dem Renderer zu erlauben, sich jeweils nur auf einen gerade zu berechnenden Ausschnitt der Szene zu konzentrieren, muss beim Raytracing zu jeder Zeit die Information über die gesamte Szene im Speicher vorhanden sein. Teilweise werden dazu sogar Informationen mehrfach in unterschiedlicher Sortierung im Speicher gehalten. Das Ergebnis davon ist, dass komplexe Szenen bei der Verwendung von Raytracing weit mehr Speicher verbrauchen als dies bei gleicher Szene ohne Raytracing der Fall wäre.

Die Berechnungstiefe

Eine Schwierigkeit beim Umgang mit Raytracing-Schatten besteht in deren Berechnungstiefe (*Trace Depth*), also der Überlegung, dass Raytracing-Berechnungen grundsätzlich nur eine maximal zulässige Anzahl von Berechnungen durchführen dürfen. Würde es diese Begrenzung nicht geben, könnten Endlosschleifen entstehen, z.B. wenn ein Berechnungsstrahl immer zwischen zwei spiegelnden Flächen hin- und herspringt. Diese Limitierung kann aber auch zu fehlenden Raytracing-Schatten führen. Wenn Ihr Raytracing-Schatten also in einer Spiegelung unsichtbar bleibt oder hinter mehreren transparenten Flächen nicht mehr zu sehen ist, stehen die Chancen gut, dass Sie an die Grenze der zulässigen Berechnungstiefe gestoßen sind. Die linke Einblendung in Abbildung 3.19 zeigt diesen Effekt an einem Schatten, der sich nicht auf einer spiegelnden Kugel zeigt.

Abbildung 3.19:
Mit einer auf einen Schritt beschränkten Berechnungstiefe (*Trace Depth*) wird zwar der Raytracing-Schatten selbst berechnet, aber nicht zusätzlich in der Spiegelung der Kugel sichtbar (linkes Bild). Die Erhöhung der Berechnungstiefe auf 2 macht den Schatten dann auch in der Spiegelung sichtbar (rechts).

Neben einer lokalen Einstellmöglichkeit für die Höhe der Berechnungstiefe direkt bei den Parametern der Lichtquelle ist auch eine globale Einstellung dieses Werts in den Berechnungseinstellungen Ihres Programms möglich. In jedem Fall führt eine zu niedrig eingestellte Berechnungstiefe dazu, dass Ihre Raytracing-Schatten in Spiegelungen oder hinter Transparenzen unsichtbar bleiben.

Schattenmaps haben eine solche Einstellung für die Berechnungstiefe nicht. Eine Schattenmap auf einem Objekt wird sich daher in jeder mit Raytracing berechneten Oberfläche zeigen, egal wie die Berechnungstiefe eingestellt wurde.

Harte und weiche Schatten

Standardmäßig sind alle Schatten hart, sie haben also scharf abgegrenzte Konturen, wie es Abbildung 3.20 zeigt. Einige mögen solche harte Schatten nicht, besonders die extrem scharfen durch Raytracing erzeugten Schatten, da diese Schatten traditionell ein Merkmal der meisten 3D-Grafiken sind.

In vielen Fällen kann daher die Benutzung von weichen Schatten bei einigen Ihrer Lichtquellen natürlicher wirken als wenn Sie ausschließlich auf harte Schatten setzen. Die Abbildung 3.21 zeigt solche weichen Schatten und wie diese durch den weichen Übergang an den äußeren Rändern weniger aufdringlich wirken als harte Schatten.

Abbildung 3.20:
Harte Schatten deuten auf eine Beleuchtung durch eine sehr kleine Lichtquelle hin.

Abbildung 3.21:
Weiche Schatten sind typisch für größere Lichtquellen.

Hartes und weiches Licht

Für realistische Ergebnisse sollten weiche Schatten mit anderen typischen Eigenschaften weicher oder weniger direkt wirkender Lichtquellen kombiniert werden. Achten Sie z. B. in den Abbildung 3.20 und Abbildung 3.21 darauf, wie dem Lichtkegel des Spots zusätzlich weiche Übergänge an den Rändern gegeben wurden, um dessen Helligkeitsverlauf grob an den weichen Schatten anzupassen.

Wenn Sie glänzende oder spiegelnde Objekte beleuchten, beobachten Sie deren Glanzpunkte und Reflexionen und stellen Sie sicher, dass deren Größen zu der größeren Lichtquelle passen, die für die weichen Schatten verantwortlich ist. In einigen Fällen wird es dann notwendig sein, den Glanz auf der Oberfläche durch die Spiegelung einer großen Lichtquelle zu ersetzen, um die weichen Schatten glaubhaft zu machen.

Bevor wir uns mit den Optionen der weichen Schatten beschäftigen, liste ich hier einige Situationen auf, bei denen Sie hartes Licht als kreative Alternative in Betracht ziehen können:

- Die Simulation einer Beleuchtung, die von einer kompakten und intensiven Lichtquelle motiviert wird, wie z.B. einer nackten Glühbirne

- Die Darstellung von direktem Sonnenlicht an einem wolkenfreien Tag ist typisch für hartes Licht.

- Bei Weltraumszenen, wo das Licht nicht durch die Einwirkung einer Atmosphäre gestreut werden kann

- Um mithilfe einer künstlichen Lichtquelle gezielt die Aufmerksamkeit zu erregen, wie z.B. bei einem Spotlight, das auf einen Zirkusartisten fokussiert ist

- Um klar definierte Schatten zu erzeugen, damit der Betrachter z.B. bereits anhand der Form eines Schattens auf der Wand einen auflauernden Schurken erkennt

- Um eine abweisende oder lebensfeindliche Atmosphäre zu erzeugen

Im Gegensatz dazu würde eine weichere Beleuchtung bei diesen Situationen sinnvoll sein:

- Um die natürliche Beleuchtung an einem bedeckten Tag zu simulieren, an dem keine ausgeprägten Schatten zu erwarten sind

- Um indirektes Licht zu erzeugen, das z.B. von den Wänden oder dem Boden zurückgeworfen wird, oder um die Beleuchtung durch den Himmel zu simulieren, die generell sehr weich ausfällt

- Um Licht zu simulieren, das durch lichtdurchlässige Materialien, wie z.B. einen Lampenschirm oder einen Vorhang dringt

- Um eine Umgebung komfortabler oder gemütlicher erscheinen zu lassen und die Objekte darin natürlicher und organischer wirken zu lassen. Die meisten Lampenschirme für Innenräume sind so ausgelegt, dass dadurch das Licht der Glühbirne gestreut oder durch Reflexion weicher gestaltet wird.

- Um eine vorteilhafte Darstellung einer Figur zu berechnen oder diese besonders schön wirken zu lassen. Die Nahaufnahmen vieler – vorwiegend weiblicher – Hollywood-Schauspieler entstehen regelmäßig mit weicher Beleuchtung.

Wenn Sie sich Ihre Umgebung betrachten und dabei etwas genauer hinsehen, werden Sie viele Stellen mit kombinierten weichen und harten Schatten entdecken, wo auf den ersten flüchtigen Blick nur harte Schatten zu erkennen waren. So werden Sie an einem sonnigen Tag auf den ersten Blick nur die harten Schatten der Sonne erkennen. Ein zweiter Blick offenbart dann aber auch die weichen Schatten z.B. unter Objekten, die vom Himmelslicht motiviert werden.

Weiche Schatten funktionieren unterschiedlich, je nachdem, ob Ihre Lichtquellen mit einer Tiefenmap oder mit Raytracing-Schatten arbeiten (beide Optionen wurden bereits in diesem Kapitel besprochen). Die nächsten beiden Abschnitte gehen daher gezielter auf die spezifischen Optionen ein.

Weiche Schatten mit Tiefenmaps

Sie können eine Schattenmap über Erhöhung des Filterwerts (auch *Dmap-Filter* oder *Shadow Softness*) weicher machen. Durch einfaches Weichzeichnen der Tiefenmap entsteht eine gleichmäßige Weichheit, so wie links in der Abbildung 3.22 zu sehen. Der Unterschied zu dem mit zunehmender Distanz zum Objekt weicher werdenden Raytracing-Schatten ist offensichtlich (rechter Teil der Abbildung 3.22). Wenn Sie nur eine geringe Weichzeichnung der Tiefenmap vornehmen, ist dies in der Regel kein Problem. Wenn das Schatten werfende Objekt keinen direkten Kontakt zum Boden hat, wie z.B. bei einem Fisch, der einen Schatten auf den Meeresgrund wirft, so ist auch die Verwendung intensiverer Weichzeichnung möglich. Besteht dagegen ein physikalischer Kontakt zwischen den Objekten, dann wirken größere Filtereinstellungen schnell unglaubwürdig.

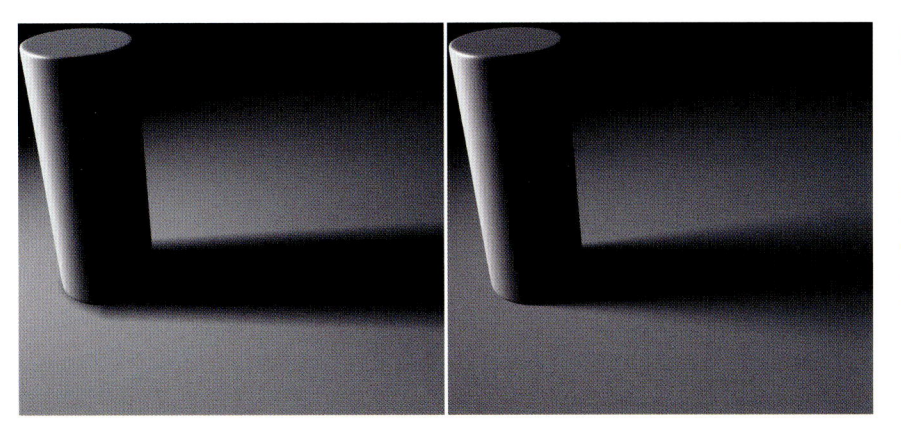

Abbildung 3.22:
Ein Tiefenmap-Schatten wird gleichmäßig weicher, sowohl an der Basis des Objekts als auch an den weiter entfernten Stellen (links), wogegen ein weicher Raytracing-Schatten mit zunehmender Distanz zum Objekt an Weichheit zunimmt (rechts).

Abbildung 3.23 zeigt eine Möglichkeit, nur unter Verwendung von Schattenmaps ebenfalls weicher auslaufende Schatten bei zunehmender Entfernung zum Objekt zu produzieren. Dabei werden mehrere Lichtquellen mit eigenen Schattenmaps in einer Reihe oder einer anderen regelmäßigen Anordnung platziert.

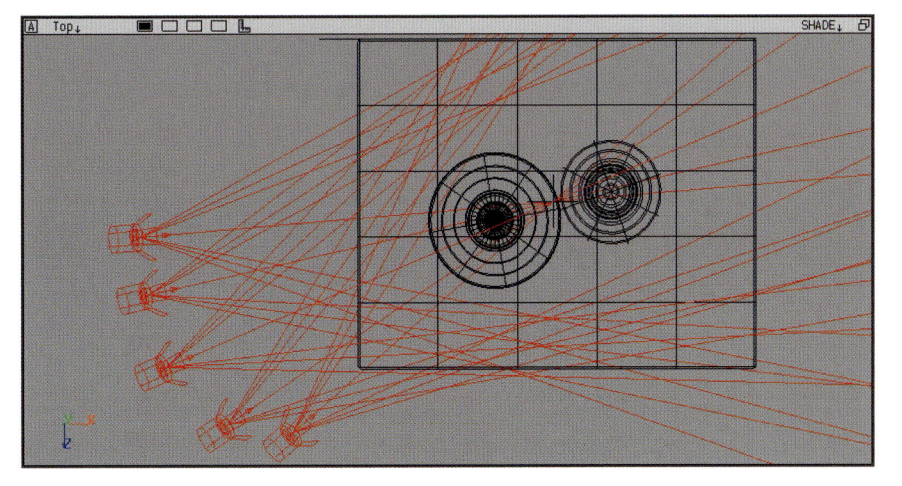

Abbildung 3.23:
Von oben betrachtet erzeugen mehrere Lichtquellen sich überlappende weiche Schatten.

Dies vermittelt den Eindruck eines einzelnen, weich auslaufenden Schattens, so wie es Abbildung 3.24 zeigt. In dieser Abbildung lassen sich noch immer die individuellen Schatten auf der rechten Seite ausmachen, da hier nur fünf Lichter in einer Reihe verwendet wurden. Bei Verwendung von noch mehr Lichtquellen würden zwar die Schatten immer stärker ineinander fließen, aber bei einer Produktion mit komplexeren Oberflächen und Texturen würden die sichtbaren Einzelschatten sowieso weit weniger auffallen als in Abbildung 3.24.

Abbildung 3.24:
Mehrere Schatten verschmelzen und vermitteln den Eindruck einer einzelnen größeren Lichtquelle.

Der Weichzeichnungsfilter arbeitet proportional zur Auflösung Ihrer Schattenmap. Anders ausgedrückt müssen Sie nach einer Verdopplung der Schattenmap-Größe auch die Stärke der Weichzeichnung verdoppeln, um wieder einen vergleichbar weichen Schatten zu erhalten.

Große Filtereinstellungen können lange für die Berechnung brauchen, besonders wenn mit hoch aufgelösten Schattenmaps gearbeitet wird. Oftmals lassen sich zudem ähnliche Ergebnisse durch Reduzierung der Auflösung der Schattenmap erzielen, ohne den Filterwert anheben zu müssen. Wenn Sie beispielsweise mit einer Schattenmap-Größe von 1024 arbeiten und diese trotz der Filtereinstellung 16 nicht weich genug erscheint, versuchen Sie es einmal mit einer Halbierung der Schattenmap-Größe auf 512, anstatt den Filterwert zu verdoppeln. Das Ergebnis dürfte ähnlich ausfallen, aber sehr viel schneller zu berechnen sein.

Weiche Raytracing-Schatten

Weiche Raytracing-Schatten können besonders lang für die Berechnung benötigen, sehen aber auch besonders schön aus, wenn Sie die zusätzliche Renderzeit erübrigen können. Standardmäßig sind die Raytracing-Schatten einer punktförmigen Lichtquelle extrem scharf abgegrenzt. Um genau zu sein, sehen diese Schatten sogar unnatürlich scharf aus, ganz anders als jeder natürlich vorkommende Schatten.

Glücklicherweise gibt es in den Programmen, die verschiedene Formen für Flächenlichter oder einen Größenwert für Punktlichtquellen anbieten, zusätzliche Optionen, um auch weiche, natürlich wirkende Raytracing-Schatten mit punktförmigen Lichtern zu erzeugen.

Flächenlichter

Ein Flächenlicht (*Area light*) ist die von der Konzeption her eleganteste Möglichkeit, weiche Schatten berechnen zu lassen, denn Flächenlichter sind bereits so angelegt, dass alle Eigenschaften einer realen, größeren Lichtquelle nachgebildet werden können. In einer realen Umgebung, erzeugen größere Lichtquellen, wie z.B. eine Neonröhre, weichere Schatten als eine kleine Lichtquelle, wie z.B. eine einfache Glühbirne. Bei Flächenlichtern können Sie also einfach deren Abmessungen vergrößern, um einen weicheren Schattenwurf zu erhalten (siehe Abbildung 3.25).

Abbildung 3.25:
Eine kleine Lichtquelle (links) erzeugt härtere Schatten als eine große Lichtquelle (rechts).

Einige Programme bieten verschiedene Formen für Flächenlichter an. Gängige Formen sind Röhren oder Linien, Rechtecke, Scheiben und Kugeln. Jede Form steht dabei für eine anders geformte Lichtquelle. So könnte eine Linie oder ein Zylinder z.B. das Licht einer Neonröhre simulieren. Stehen nicht so viele Formen zur Wahl, können manchmal Skalierungen einer Form zur Simulierung einer anderen Form genutzt werden. So kann ein sehr schmales Flächenlichtrechteck auch wie das Flächenlicht einer Linie oder eines schlanken Zylinders wirken.

In einigen Programmen orientieren sich sogar Form und Größe der berechneten Glanzpunkte am Aussehen der Flächenlichter. Wenn dies in Ihrem Programm nicht der Fall ist, kann es sinnvoller sein, die Glanzlichter für die Flächenlichter ganz zu deaktivieren und z.B. durch eine Raytracing-Spiegelung eines hellen, ähnlich geformten Objekts zu ersetzen.

Der Lichtradius

Eine andere Möglichkeit, in einigen Programmen weiche Raytracing-Schatten zu erzeugen, ist der Lichtradius-Parameter (*Light Radius*) einer Lichtquelle. In Zusammenhang mit der Berechnung von Raytracing-Schatten täuscht der Lichtradius eine größere Lichtquelle vor, vom Prinzip her ähnlich einem kugelförmigen Flächenlicht. Wird beispielsweise ein Lichtradius von 3 verwendet, so hat dies den gleichen Effekt wie die Verwendung eines Flächenlichts in Kugelform mit einem Radius von 3 Einheiten.

Ob Sie nun einen Lichtradiuswert oder ein entsprechend großes Kugelflächenlicht benutzen, macht für die Berechnung und das Aussehen der Szene keinen Unterschied. Es beeinflusst nur, wie Sie die Weichheit des Schattenwurfs steuern – die Veränderung eines Parameters im Vergleich zur Skalierung eines Flächenlichts –, und gibt Ihnen zusätzlich die Freiheit, verschiedene Typen von Lichtquellen, wie z.B. einen Spot, auch mit weichen Raytracing-Schatten zu verwenden.

Sampling

Weiche Raytracing-Schatten tendieren dazu, leicht verrauscht und grob gesprenkelt auszusehen, ganz so wie links in Abbildung 3.26 zu sehen. Die Erhöhung der Zahl der Schatten-Samples, also der Anzahl der Berechnungsstrahlen für den Schatten, wird zu einem qualitativ besseren Schatten führen, der dann aber auch sehr viel länger für die Berechnung benötigen wird. Die Verbesserung des Antialiasings (der Kantenglättung) wird ebenfalls zu einer verbesserten Darstellung der Raytracing-Schatten führen, gleichzeitig aber auch die Berechnungszeit verlängern.

Abbildung 3.26:
Weiche Raytracing-Schatten können verrauscht aussehen (links). Eine Erhöhung der Berechnungsschritte (Samples) hilft dann bei der Glättung der Schattendarstellung (rechts).

Occlusion

Occlusion ist, kurz gefasst, mit Abblocken zu übersetzen, also wie wenn ein Objekt das Licht abblockt. Rein technisch betrachtet könnten wir bei allen normalen Schatten ebenfalls von Occlusion, also von Abblockung, sprechen. Tatsächlich wird dieser Begriff jedoch häufiger in Zusammenhang mit der Abblockung einer anderen Lichtart benutzt, wobei keine normalen Schatten entstehen. Die nachfolgenden Beispiele sollen Ihnen die unterschiedlichen Arten der Occlusion verdeutlichen.

Ambient Occlusion

Ambient Occlusion ist eine Funktion, bei der Teile Ihrer Szene abgedunkelt werden, wenn sich andere Objekte in der Nähe befinden, und dadurch der „freie Blick" auf die Umgebung oder den Himmel eingeschränkt wird. Sie können Ambient Occlusion als Ersatz oder als Ergänzung für den Schattenwurf Ihrer Fülllichter benutzen.

Die zugrunde liegende Idee von Ambient Occlusion ist die kugelförmige Abtastung der Szene, ausgehend vom gerade zu berechnenden Punkt auf einer Oberfläche. Abbildung 3.27 zeigt, wie von einem gerade gerenderten Punkt aus in alle Richtungen Berechnungsstrahlen losgeschickt werden. Je mehr dieser Strahlen auf andere Flächen treffen und nicht ins Leere gehen, desto dunkler fällt die Helligkeit der Ambient Occlusion aus. In der Regel kann zusätzlich die maximal zulässige Distanz für die Berechnungsstrahlen vorgegeben werden, damit nur noch Oberflächen in unmittelbarer Nähe erkannt werden und zu einer Abdunklung führen.

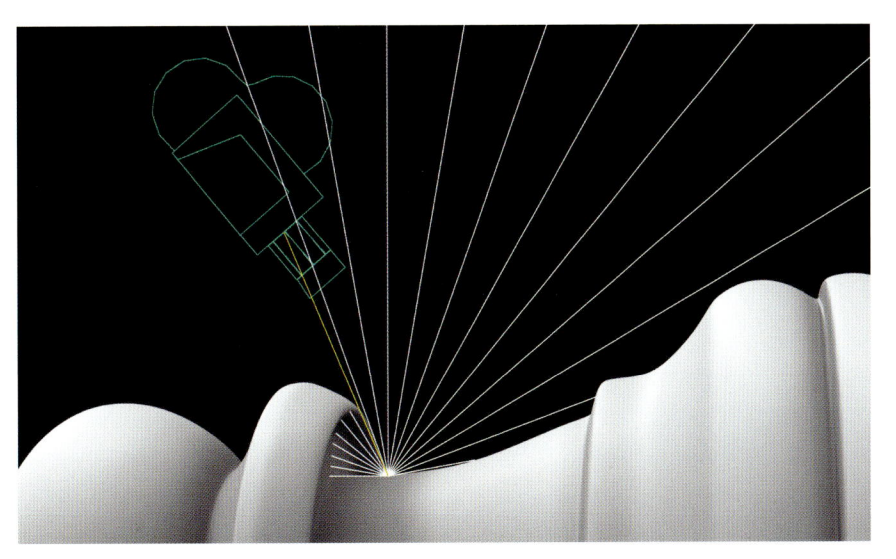

Abbildung 3.27: Diese schematische Darstellung zeigt die Berechnungsstrahlen, die für die Ambient Occlusion-Berechnung eines einzigen Oberflächenpunkts ausgesendet werden. Ambient Occlusion setzt sich praktisch in den berechneten Punkt hinein und schaut sich von dort aus die umliegende Szene an. Je nachdem, wie viele Flächen dabei entdeckt werden, desto dunkler wird der Punkt berechnet.

Ambient Occlusion kann einen hervorragenden Ersatz für die weichen Schatten Ihrer Fülllichter darstellen. Sie werden trotzdem noch einen Schattenwurf Ihrer Hauptlichtquelle, wie z.B. der Sonne, benötigen, können jedoch alle Schatten der übrigen, unterstützenden Lichtquellen deaktivieren, die z.B. das Licht des Himmels darstellen sollen. In Abbildung 3.28 wirft das intensivste Licht einen Raytracing-Schatten. Die Fülllichter berechnen zwar keinen Schatten, aber Ambient Occlusion sorgt dafür, dass alle Flächen unter und zwischen Objekten abgedunkelt werden. Dies betrifft sogar die Stellen, die bereits im Raytracing-Schatten liegen.

Abbildung 3.28:
Eine Szene ohne Schatten werfende Fülllichter kann flach wirken (links), aber das Aktivieren von Ambient Occlusion (rechts) fügt zusätzliche Schatten dort hinzu, von wo aus weniger Anteile des Himmels sichtbar wären.

Es wäre zwar möglich, Ambient Occlusion nur für sich alleine ohne echte Schatten in der Szene einzusetzen, dies könnte jedoch zu einer zu gleichmäßigen Abdunklung unter und zwischen Objekten führen. Dem Betrachter würde das Fehlen eines ausgerichteten Schattens, weg von einer Lichtquelle, auffallen.

Verglichen mit den weichen Raytracing-Schatten eines Flächenlichts kann Ambient Occlusion sehr ähnlich aussehen, es benötigt dabei jedoch in der Regel weniger Berechnungszeit.

Occlusion und globale Illumination

Globale Illumination, oder auch oft nur kurz GI genannt, ist eine Rendering-Methode, um indirektes Licht zu berechnen, das zwischen den Oberflächen der Objekte reflektiert wird.

GI funktioniert anders als Ambient Occlusion, da Letzteres nur zur Abdunklung von Teilen der Szene geeignet ist. GI fügt der Szene also Licht hinzu, um das abprallende und das indirekte Licht zu simulieren. Dies führt praktisch zu einer automatischen Berechnung des Fülllichts und deren Schatten.

Wird GI verwendet, blockieren Objekte nicht nur das Licht, sondern sie reflektieren es – ganz so, wie reale Objekte dies ebenfalls tun. Abbildung 3.29 zeigt Occlusion unter der Kugel auf dem Boden. Dies ähnelt dem weichen Schatten einer Lichtquelle, ist aber tatsächlich ein Effekt der globalen Illumination, wodurch die Stellen dunkler erscheinen, von denen das Licht wegreflektiert wurde.

Abbildung 3.29:
Die Occlusion gehört zum Wesen der globalen Illumination und dunkelt so die Bereiche unter der Kugel ab, von denen das Licht fortreflektiert wird.

Es ist möglich, mit GI eine Szene zu beleuchten, die gar keine Lichtquellen enthält. Damit die Szene dann nicht schwarz bleibt, müssen Sie ein Objekt mit heller Oberfläche integrieren, wie z.B. den mit einem leuchtend weißen Material belegten Würfel in Abbildung 3.30. Mithilfe der globalen Illumination leuchtet der Würfel dann die gesamte Szene aus, ganz so, als würde es sich dabei um ein Flächenlicht handeln. Dort, wo das Licht von der Kugel abprallt, erreicht es nicht mehr den Boden. Die Abdunklung des Bodens ist also ein ganz natürlicher Teil der GI-Berechnung.

Abbildung 3.30:
Mit globaler Illumination kann jedes helle Objekt zu einer Lichtquelle werden und eigene Schatten werfen. Selbst dann, wenn gar keine echten Lichtquellen vorhanden sind.

In der Theorie könnten so ganze Produktionen ausschließlich mit leuchtenden Objekten beleuchtet werden. Dies würde zudem zu interessanten Optionen führen, wie z.B. die Möglichkeit, beliebige Formen als Lichtquellen zu nutzen. Leider würde dies die Berechnung der Beleuchtung und der Bilder jedoch unakzeptabel langsam machen. Wenn Produktionen überhaupt GI einsetzen, dann höchstens zur Ergänzung der direkten Beleuchtung durch konventionelle Lichtquellen.

Andere Arten von Occlusion

Final gathering und die bildbasierte Beleuchtung (bzw. *image-based lighting* oder auch nur IBL) gehören zu zwei weiteren Berechnungsmethoden, die zusätzliches Licht in die Szene bringen, in der Regel mit automatisch integrierter Occlusion.

Final gathering (oft auch mit FG abgekürzt) arbeitet wie eine vereinfachte globale Illumination. Für sich allein betrachtet bietet es eine relativ schnelle Möglichkeit, sowohl indirektes Licht mit einer Reflexion als auch weiche Occlusion zur Szene hinzuzufügen. Es ist daher für diesen Zweck recht populär geworden. FG kann auch zusammen mit einer vollständigen GI-Berechnung genutzt werden und dabei helfen, die GI-Berechnung qualitativ besser aussehen zu lassen.

Bei der bildbasierten Beleuchtung legt der Renderer eine Himmelskuppel um die Szene herum, belegt diese mit dem Bild einer beliebigen Umgebung und benutzt dann die Farbwerte und Helligkeiten im Bild, um damit die Szene zu beleuchten. Die intern ablaufenden Prozesse beim IBL bzw. bei der bildbasierten Beleuchtung ähneln denen der GI-Berechnung und greifen oft auch auf eine ähnliche Occlusion zurück. Wenn ein Programm die Occlusion nicht direkt in Verbindung mit der IBL-Berechnung anbietet, kann diese durch Ambient Occlusion separat ergänzt werden.

In Kapitel 4, „Umgebungen und Architektur beleuchten", erfahren Sie noch mehr über GI, FG und IBL.

Schatten vortäuschen

Es gibt Situationen, in denen man mehr kreative Freiheit beim Beleuchten benötigt, als dies durch normale Schattenwürfe und Occlusion gegeben wäre. Dieser Abschnitt widmet sich daher einigen nützlichen Kniffen und Tricks, um „falsche Schatten" vorzutäuschen, also etwas, das nur so aussieht wie ein echter Schatten oder eine Occlusion-Abschattung. Diese Techniken geben Ihnen mehr Kontrolle über Form und Lage der Schatten und sparen sogar noch Berechnungszeit.

Negative Lichtquellen

Negative Lichter, und damit sind einfache Lichtquellen mit einer negativ eingestellten Helligkeit, Intensität oder einem negativen Multiplier gemeint, können recht nützlich sein, um Teile einer Szene abzudunkeln. Wenn Sie beispielsweise eine weiche Abdunklung in einer Raumecke oder unter einem Tisch benötigen und dafür nicht extra weiche Schatten oder eine Occlusion-Technik verwenden möchten, platzieren Sie einfach ein negatives Licht im abzudunkelnden Bereich. Wie Abbildung 3.31 verdeutlicht, zieht so eine Lichtquelle quasi das Licht aus seiner Umgebung ab.

Abbildung 3.31:
Eine unter dem Tisch platzierte negative Lichtquelle (links) macht den entscheidenden Unterschied zwischen einer zu hellen Fläche (Mitte) und einer zusätzlichen Abdunklung aus (rechts).

In der Regel sollten negative Lichtquellen weder Schatten werfen noch Glanzlichter erzeugen. Negative Glanzlichter würden dann nämlich zu unnatürlich schwarzen Stellen werden. Wenn zusätzlich eine Färbung mit eingebracht werden soll, denken Sie daran, dass die Farbe eines negativen Lichts ebenfalls abgezogen und nicht wie sonst addiert wird. Der Farbwert müsste dann also komplementär zur eigentlich gewünschten Farbe eingestellt werden. Um also z.B. einen Bereich abzudunkeln und dabei bläulich einzufärben, müsste das negative Licht einen gelblichen Farbton bekommen.

Es kann nahezu jeder Lichtquellentyp als negatives Licht eingesetzt werden. Ein einfaches Punkt- oder omnidirektionales Licht liefert gute Ergebnisse. Denken Sie daran, dass auch negatives Licht von der Position der Lichtquelle ausgeht und so wie positives Licht auch in seiner Wirkung vom Auftreffwinkel auf Flächen abhängt. So würde z.B. ein zur Abdunklung der Mundhöhle an Ihrer Figur eingesetztes negatives Licht nur die Rückseite der Zähne abdunkeln, nicht aber die für den Betrachter wichtigere Vorderseite der Zähne.

Negative Spotlichter bieten sich an, um gezielt einen Bereich auf dem Boden abzudunkeln und dort weiche Schatten zu simulieren. Man könnte diese Lichter sogar fest mit Fahrzeugen oder Figuren verknüpfen und so einen sich mitbewegenden Schatten erstellen. Für diesen Zweck würde man dann auf eine zusätzliche Beschränkung der negativen Lichtwirkung nur auf den Boden zurückgreifen, damit nicht auch das Fahrzeug oder die Figur selbst zusätzlich abgedunkelt wird.

In der Software Maya gibt es ein Volume Light genanntes Licht, das ideal für negative Beleuchtung zu sein scheint. Ein Volume Light beeinflusst nur den Bereich innerhalb seines eigenen Radius bzw. nur das, was innerhalb eines angegebenen Volumens liegt. Dies kann dann z.B. ein Würfel oder ein Zylinder sein und erlaubt es Ihnen so, den jeweiligen Volumenkörper exakt an die zu beleuchtenden Bereiche anzupassen. Bei einem solchen Volume Light können dann auch die emittierenden Eigenschafen für Glanz und Diffusion deaktiviert werden und nur ambiente Beleuchtung aktiviert bleiben. Es werden dann alle Flächen innerhalb des angegebenen Volumens abgedunkelt, egal wie die Flächen dort relativ zur Position der Lichtquelle ausgerichtet sind.

Lichtquellen, die nur Schatten werfen

Manchmal benötigen Sie einen zusätzlichen Schatten, aber keine zusätzliche Beleuchtung. Viele 3D-Programme bieten daher eine „Nur Schatten"-Option für Lichtquellen an, wobei die Lichtquelle dann keine Beleuchtung mehr abgibt, sondern ausschließlich den Schattenwurf berechnet. Manchmal ist diese Funktionalität auch nur über einen Umweg zu erreichen und nicht als klar ausgewiesene Option verfügbar. In solchen Fällen müssen Sie dann z.B die Farbe der Lichtquelle auf Schwarz setzen und einen negativen Wert für die Farbe des Schattens verwenden (siehe Abbildung 3.32).

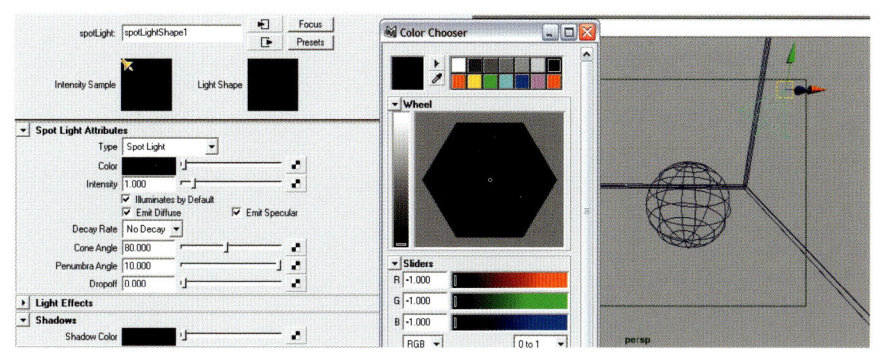

Abbildung 3.32: In Maya kann eine negative Lichtquelle durch Verwendung einer negativen Schattenfarbe und von schwarzem Licht simuliert werden.

In 3D Studio Max ist die Verwendung negativer Farbwerte nicht möglich, aber der gleiche Effekt kann dort auf anderem Weg erzielt werden. Dazu wählen Sie wieder Schwarz als Lichtfarbe, färben diesmal jedoch den Schatten weiß ein und geben für diesen eine Dichte (*density*) von −1 an (siehe Abbildung 3.33).

Wenn Ihre Software keine dieser Möglichkeiten bietet, bleibt noch eine Alternative zur Erzeugung eines ähnlichen Effekts. Dies funktioniert in jedem Programm, das negatives Licht unterstützt. Sie starten dazu mit zwei identischen Spotlichtern, die gleich platziert wurden. Dem ersten Spot weisen Sie eine positive Helligkeit von 1 und einen Schattenwurf zu. Den zweiten Spot stellen Sie dann auf den entsprechenden negativen Helligkeitsbetrag, also auf −1 ein. Deaktivieren Sie für dieses Licht die Berechnung von Schatten. In dieser Kombination sorgt das erste Licht für die Beleuchtung, außer in den im Schatten liegenden Bereichen. Das zweite Licht zieht dann alles Licht der ersten Lichtquelle wieder ab. Dies betrifft zusätzlich den im Schatten liegenden Bereich der Szene.

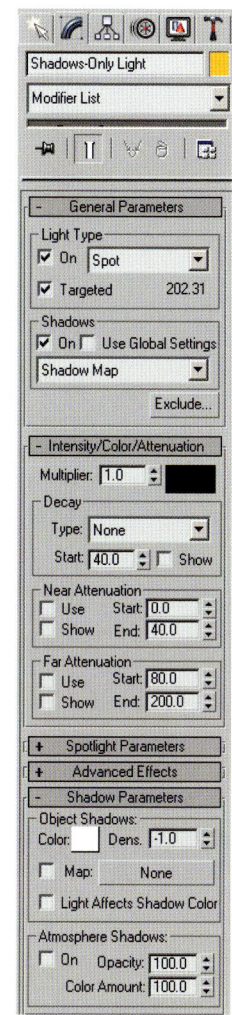

Abbildung 3.33: Ein nur Schatten erzeugendes Licht in 3D Studio Max benutzt schwarzes Licht, weiße Schatten und eine Schattendichte von −1.

Lichter, die nur Schatten erzeugen, können extrem hilfreich sein, um die Lage, Ausrichtung und Größe der Schatten unabhängig von der Beleuchtung steuern zu können. Sie können sogar die Szene komplett mit Lichtern beleuchten, die gar keinen Schatten werfen – so wie die roten, grünen und blauen Lichter in Abbildung 3.34 – und dann ein nur Schatten erzeugendes Licht für den Schattenwurf hinzufügen. Dies vermeidet die ansonsten auftretenden und sich überlagernden Mehrfachschatten.

Abbildung 3.34:
Mehrfachschatten (links) können durch den Schatten einer nur Schatten werfenden Lichtquelle ersetzt werden (rechts).

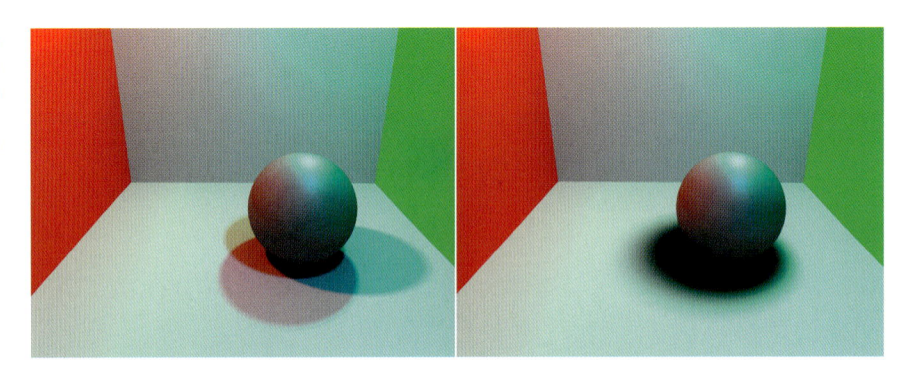

Schattenobjekte

In den meisten Programmen lässt sich festlegen, ob ein Objekt einen Schatten erzeugen soll oder nicht, und ebenso, ob ein Objekt im berechneten Bild sichtbar sein soll oder nicht. Dies bedeutet, dass Sie jederzeit ein Objekt zu der Szene ergänzen können, das zwar Schatten wirft, ansonsten aber selbst unsichtbar bleibt. Solche Objekte nennt man Schattenobjekte.

Wollen Sie einen zusätzlichen Schatten erzeugen, eine Lücke in einem existierenden Schatten füllen, der durchsickerndes Licht abblockt, kann ein Schattenobjekt die Lösung sein. Dabei kann es sich um recht einfache Geometrien wie z.B. einen Würfel handeln. Schattenobjekte sind auch nützlich wenn Sie Compositing-Aufgaben lösen wollen. Soll z.B. das Bild eines echten Autos in eine 3D-Umgebung integriert werden, können Sie ein entsprechend geformtes Schattenobjekt benutzen, um den Schattenwurf des Autos zu erzeugen.

Schattenobjekte bieten dabei große kreative Freiheiten, die ein Fotograf oder Kameramann bei der Aufnahme einer realen Umgebung niemals hätte. Ein Kameramann kann zwar alle möglichen Stellwände, Folien oder andere Objekte verwenden, um Schatten zu erzeugen oder den beleuchteten

Bereich einzuschränken, diese Objekte dürfen jedoch nicht in der Szene sichtbar sein oder gar die Sicht der Kamera einschränken. Schattenobjekte dagegen können Schatten werfen oder Licht abblocken und an beliebiger Stelle platziert werden. Dabei besteht nie die Gefahr, dass diese Objekte selbst aus Versehen im berechneten Bild auftauchen.

Sie können auch zwei Objekte an der gleichen Stelle im Raum positionieren. Eines dieser Objekte deklarieren Sie als Schattenobjekt. Sie lassen dieses Objekt also Schatten werfen, wobei es aber für die Kamera selbst unsichtbar bleibt. Das zweite Objekt bleibt normal sichtbar, erhält jedoch keinen eigenen Schatten. Abbildung 3.35 zeigt ein Beispiel eines solchen Aufbaus. Da es sich hier bei dem abzubildenden Objekt um eine einfache Fläche mit einer Baumtextur handelt, würde deren Schattenwurf bei seitlicher Beleuchtung sehr dünn und weniger nach einem Baum aussehen. Wird der Schattenwurf dieses Objekts deaktiviert und dafür eine als Schattenobjekt deklarierte Kopie der Ebene auf die Lichtquelle ausgerichtet, so entsteht ein akzeptabler Schattenwurf.

Abbildung 3.35:
Ein Schattenobjekt (links grün umrandet dargestellt) ergänzt den Schattenwurf bei seitlicher Beleuchtung des ansonsten nur als Ebene vorhandenen Baumobjekts.

Die Beleuchtung backen

Das Backen der Beleuchtung beinhaltet die Berechnung der aktuellen Helligkeiten und der Schatten auf einer Oberfläche und das Sichern als Bildtextur. Die Programme benutzen teilweise unterschiedliche Namen für das Backen der Beleuchtung, wie z.B. „render to texture" oder „convert to file texture". Ist die gesamte Beleuchtung erst einmal in einer Textur gebacken, kann die entsprechende Oberfläche sehr schnell berechnet werden, da die Beleuchtung und die Schatten nun nicht extra berechnet werden müssen.

Abbildung 3.36:
Ein weicher Schatten muss nicht für jedes Bild einer Animation neu berechnet werden, wenn er in eine Textur gebacken wird.

Abbildung 3.37:
Eine gebackene Bildtextur für die Wand enthält den berechneten Schatten.

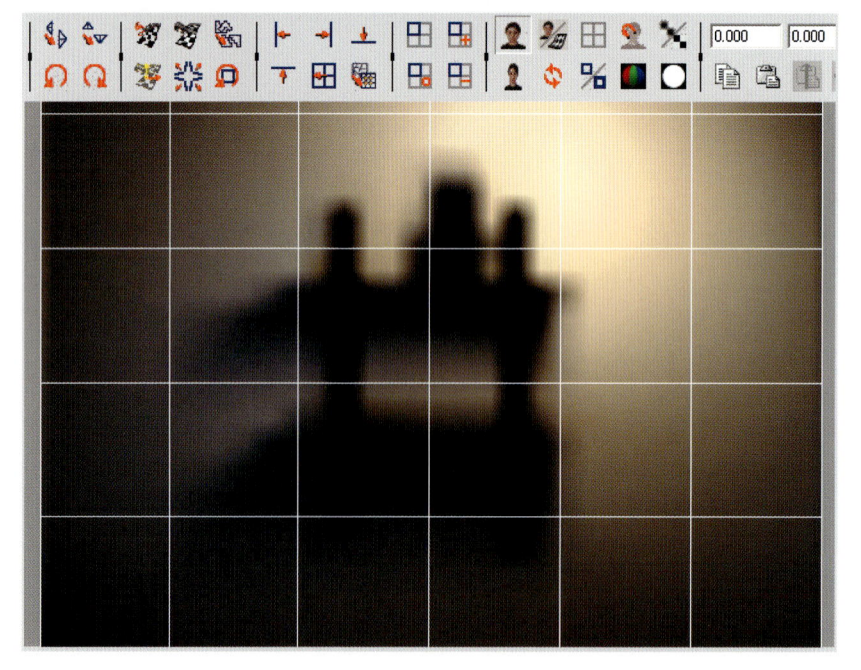

Als Beispiel für das Backen stellen Sie sich ein Wandregal vor, für das Sie einen weichen Schattenwurf an der Wand benötigen (siehe Abbildung 3.36). Die Berechnung des weichen Schattens, der von einem Flächenlicht erzeugt wird, kann in guter Qualität recht lange dauern. Diese Zeit würden wir uns bei der Berechnung einer Animation sicherlich gerne sparen. Alternativ können wir daher die Helligkeiten und Schatten der Wand backen lassen und dann als Textur benutzen.

Ist diese Berechnung abgeschlossen, wirken die Helligkeiten und Schatten der Wand so wie zuvor, selbst wenn wir nun das Flächenlicht wieder aus der Szene entfernen (siehe Abbildung 3.37). Der einzige Nachteil ist, dass sich der Schattenwurf nun nicht mehr automatisch verändert, wenn z.B. die Position der Lichtquellen verändert wird oder sich ein Objekt im Regal bewegt.

Seien Sie vorsichtig, wenn es um das Backen von Oberflächeneigenschaften bei einer sich bewegenden Figur geht. Letztendlich wirkt gebackenes Licht später wie aufgemalt. Bei animierten Figuren würde sich das aufgemalte Licht dann mit der Figur bewegen oder sich mit dieser mitdrehen und die Flächen würden nicht mehr auf die umliegenden Lichtquellen reagieren. Arbeiten Sie an einem Projekt, das ausschließlich aus gerenderten Anteilen besteht, sollte gebackene Occlusion nur gezielt dort eingesetzt werden, wo Sie sicher sind, dass diese Bereiche das gesamte Projekt über gleich hell aussehen werden, wie z.B. die Nasenlöcher oder der Rachen einer Figur.

In Echtzeitspielen wird ein sehr viel größerer Anteil an Beleuchtung, Schatten und Occlusion direkt in die Texturen der Figuren gebacken, da dies die einzige Möglichkeit darstellt, bestimmte Effekte zu erzielen. Auf diese Weise lassen sich sogar rechenintensive Techniken, wie globale Illumination in interaktiven Spielen verwenden, wenn z.B. die GI-Berechnung direkt in die Texturen für die Wände und Böden eingearbeitet wird.

Zusammenfassung

Entscheiden Sie selbst, ob Sie in Ihren Projekten teilweise Schatten nur vortäuschen oder auf andere Art und Weise manipulieren müssen. In Zeiten immer leistungsfähiger werdender Computer und immer knapper bemessener Produktionszeitrahmen ist es nicht immer sinnvoll, zusätzliche Zeit für die Einstellung vorgetäuschter Schatten vorzunehmen, die dann eventuell etwas schneller zu berechnen sind.

Andererseits ist das Wissen um mögliche Alternativen und alle Tricks und Kniffe, um jeden Aspekt eines Rendering zu beeinflussen, eine wertvolle Ressource. Es ist immer besser, aus zehn verschiedenen Lösungen für eine Aufgabe auswählen zu können, als sich immer auf einen Weg beschränken zu müssen.

Einige der demonstrierten Tipps und Tricks helfen nicht nur, Render-Zeit zu sparen, sondern sie ermöglichen oft auch eine praktischere und direktere Kontrolle über das erzielte Ergebnis. Dies erlaubt es Ihnen, für jede Szene die jeweils dazu passenden Schatten zu erstellen.

Übungen

Wenn Sie sich mehr mit Schatten beschäftigen, werden die erzielbaren Verbesserungen an Ihren Bildern schnell den erbrachten Zeitaufwand rechtfertigen. Stellen Sie sich selbst einige Fragen zur Benutzung von Schatten in Kinofilmen oder Fotos, die Sie begeistern, und über die Schatten in Ihren eigenen Bildern.

1. Leihen Sie sich einen Film aus und betrachten Sie dabei ein beliebiges Standbild mithilfe der Pause-Funktion. Wo sehen Sie dort Schatten? Werden alle Schatten vom gleichen Licht erzeugt? Sind die Schatten weich oder hart? Entspricht die Helligkeit der Schatten dem Kontrastlevel der übrigen Szene?

2. Untersuchen Sie die Fotografie einer Porträtnahaufnahme. Gibt es dort Schatten im Gesicht der Person? Lässt sich aus dem Schattenwurf auf den Winkel der Beleuchtung schließen?

3. Betrachten Sie einige Bilder, die Sie kürzlich berechnet haben. Dienen die Schatten dort einer der visuellen Funktionen, die in diesem Kapitel beschrieben wurden? Sind die Qualität, die Helligkeit sowie die Weichheit der Schatten für die Szene passend gewählt? Ist ausreichend sekundärer Schatten in bereits abgeschatteten Bereichen vorhanden?

[**KAPITEL VIER**]

Musikzimmer gerendert von Amilton Diesel.

Umgebungen und Architektur beleuchten

Umgebungen, Landschaften und Gebäude oder Räume mit natürlich wirkendem Licht zu beleuchten, erfordert ein gutes Auge in Bezug auf die Welt um uns herum. Das direkte Sonnenlicht, die weiche Beleuchtung durch den Himmel und das indirekte Licht vermischen ihre Färbungen und Helligkeiten auf subtile Weise. Durch natürliches Licht beleuchtete Szenen sehen unterschiedlich aus, je nach Tages- oder Nachtzeit, je nach Wetter und Stand der Sonne. Die Schatten und Kontraste, die so erzeugt werden, vermitteln unterschiedliche Stimmungen. Künstliches Licht, angefangen von dem einer Tisch- oder Straßenlampe bis hin zum Schimmer eines Monitors, bedarf einer ebensolchen Aufmerksamkeit durch uns, damit realistische Helligkeitsstrukturen und Beleuchtungen in der Szene entstehen. Letztlich sorgt die globale Illumination dafür, dass all diese Lichter mit ihrer Umgebung interagieren und zwischen den Oberflächen reflektiert werden. Die globale Illumination ist der Schlüssel zur realistischen Berechnung eines Raums. Dieses Kapitel beschränkt sich daher nicht nur auf das Beleuchten mit natürlichen und künstlichen Lichtquellen, sondern demonstriert auch die verschiedenen Arten globaler Beleuchtung und wie indirektes Licht auch ohne diese Berechnungsmethode simuliert werden kann.

Tageslicht

Ein einfaches Licht-Setup für eine Außenszene besteht aus drei Elementen: Erstens werden tagsüber Szenen oft vom Sonnenlicht dominiert, also durch Licht, das direkt von der Sonne kommt. Zweitens muss das vom Himmel eintreffende Licht simuliert werden. In der Realität ist das Himmelslicht natürlich auch das Licht der Sonne, das jedoch in der Atmosphäre gestreut und weiter verbreitet wird. In 3D-Programmen legen wir dieses Licht jedoch als separate Lichtquelle an. Letztlich muss dann der Szene als drittes Element noch das indirekte Licht hinzugefügt werden. Dies ist das Licht, das zwischen den Objekten reflektiert wird, also nicht unmittelbar vom Himmel oder der Sonne kommt. Der folgende Abschnitt beschäftigt sich mit diesen drei Bestandteilen der Außenbeleuchtung und mit den Optionen und Alternativen, die auf dem Wege dorthin zu beachten sind.

Das Sonnenlicht

Denken Sie an Ihre 3D-Szene. Welche Tageszeit wird dargestellt? Wenn es eine Außenszene ist, gibt es dann direkte Sonneneinstrahlung? Sie sollten sich zuerst mit der Sonne beschäftigen, da diese unser *Key Light*, also unsere Hauptlichtquelle, sein wird. Das Key Light ist immer das wichtigste, die Stimmung der Szene bestimmende Licht. Der Sonnenstand richtet sich zwar nach der Tageszeit, aber da der Betrachter des Bilds später nicht weiß, ob er nach Osten oder Westen blickt, gibt Ihnen dies ein enormes kreatives Potenzial bei der Wahl eines zur Szene passenden Einfallswinkels des Sonnenlichts.

Das Sonnenlicht kommt ohne distanzabhängige Abnahmefunktion für die Intensität aus. Das Licht hat bereits etliche Millionen Kilometer von der Sonne aus zurückgelegt, wenn es in Ihrer Szene ankommt. Es ist recht unwahrscheinlich, dass das Licht dann auf den letzten paar Metern anfängt zu schwächeln. Den Großteil der Tageszeit über sollten Sie die Sonne gelblich einfärben. Rötliche Färbungen kommen nur beim Sonnenauf- oder -untergang vor. Nachfolgend finden Sie eine Auflistung möglicher Färbungen jeweils für die Darstellung im 0 bis 255- und im 0 bis 1-System, je nachdem, welche Art Farbwähler Ihre Software anbietet. Es folgen noch ausführlichere Tabellen in Kapitel 8, aber diese Werte geben bereits einen guten Anhaltspunkt.

QUELLE	RGB (0–255)	RGB (0–1)
Die Sonne beim Auf- oder Untergang	182, 126, 91	.71, .49, .36
Direkte Sonne am Mittag	192, 191, 173	.75, .75, .68
Sonne hinter Wolken oder Nebel	189, 190, 192	.74, .75, .75

Tabelle 4.1: Beispiele von RGB-Farbwerten für Sonnenlicht

Wenn Sie eine Testberechnung Ihrer Szene ausschließlich unter Verwendung von Sonnenlicht durchführen, so wird dies wie in Abbildung 4.1 sehr extrem beleuchtet aussehen. Noch bevor Sie jedoch mit dem Hinzufügen anderer Lichter beginnen, sollten Sie mit der generellen Aufteilung von direkt beleuchteten und im Schatten liegenden Bereichen zufrieden sein.

Abbildung 4.1:
Das Sonnenlicht allein erzeugt starke Kontraste

Die Wahl eines unendlichen Lichts oder eines Spots

Welcher Typ Lichtquelle sollte für das Sonnenlicht benutzt werden? Einiges spricht für die Benutzung eines unendlichen Lichts (*infinite* oder *direktional*). Wenn Sie sich an Kapitel 2 erinnern, so war es ja so, dass unendliche Lichter immer perfekt paralleles Licht und parallele Schatten erzeugen. Wenn Sie vorhaben, Raytracing-Schatten zu verwenden und keine Cookie-Masken mit dem Sonnenlicht zu benutzen, dann ist das unendliche Licht wahrscheinlich die richtige Wahl zur Erzeugung des Sonnenlichts.

Wenn Sie sich stattdessen für ein Spotlicht entscheiden, besteht immer die Gefahr, dass die Schatten auseinander laufen und nicht parallel zueinander berechnet werden. Dennoch kann ein weit entferntes Spotlicht mit entsprechend angepasstem Öffnungswinkel wie ein unendliches Licht wirken, zusätzlich aber noch mehr Kontrollmöglichkeiten bieten.

So können Sie den Spot exakt auf den Bereich ausrichten, der später im Bild zu sehen sein soll. Dies führt auch dazu, dass die Schattenmaps exakter auf den für uns wichtigen Bereich eingerichtet werden können. Zudem gilt bei der Verwendung eines Cookie, z.B. wenn durch Blätter gefiltertes Sonnenlicht dargestellt werden soll, dass auch dessen Projektion auf die Szene mit einem Spotlicht einfacher gesteuert werden kann.

Die Darstellung des Schattens anpassen

Die vom Sonnenlicht ausgelösten Schatten sind die wichtigsten Schatten bei einer Außenszene. Stellen Sie daher durch Testberechnungen des Sonnenlichts sicher, dass sowohl die Form als auch die Richtung der Schatten wunschgemäß eingestellt sind, bevor Sie andere Lichtquellen hinzufügen.

Die Schatten der Sonne sind nicht vollständig scharf. Man kann sich die Sonne als Flächenlicht vorstellen, mit dem leicht weiche Schatten erzeugt werden, die mit zunehmender Distanz immer weicher werden. Die Sonne selbst nimmt ungefähr 1% der gesamten Himmelsfläche über uns ein und die Schatten der Sonne können besonders beim Sonnenuntergang oder an einem diesigen Tag recht weich erscheinen.

Zudem möchte ich vorschlagen, die Schattenfarbe Ihrer Sonnenlichtquelle schwarz zu belassen. Die bläuliche Tönung der Schatten ergibt sich später von alleine, wenn wir ein Himmelslicht ergänzen.

Raytracing- oder Tiefenmap-Schatten verwenden

Wenn Sie Raytracing-Schatten verwenden, werden Sie wahrscheinlich feststellen, dass Sie mit einem einzigen Schatten die gesamte Szene abdecken können. Bei der Verwendung von Schattenmaps ist eine einzelne Lichtquelle dagegen oft nicht in der Lage, Schatten für eine größere Szene zu erzeugen. Das Ausdehnen einer einzelnen Schattenmap, um alle Bereiche einer Szene zu erfassen, kann zu einem Verlust an Detailtreue und Qualität führen. Um daher effizient mit der Auflösung der Schattenmaps umgehen zu können, muss das Sonnenlicht oft mithilfe mehrerer Lichtquellen dargestellt werden, wobei jedes dieser Lichter nur einen Teil der Szene beleuchtet und mit Schatten belegt. Mehrere Schattenmaps mit moderaten Auflösungen von 512 oder 1024 sind in der Regel effizienter als die Benutzung einer einzelnen Schattenmap mit einer sehr hohen Auflösung von vielleicht über 2048 oder gar 4096.

Raytracing-Schatten sind zwar sehr viel einfacher einzurichten als Schattenmaps, oft stellt sich diese Wahlmöglichkeit jedoch gar nicht. Komplexe Elemente, wie z.B. Gras, Fell oder Vegetation, können in Verbindung mit Raytracing-Schatten Ihren Rechner komplett lahm legen. In derartigen Umgebungen bleibt Ihnen also keine andere Wahl, als Schattenmaps zu verwenden.

Eine Pferdekoppel oder ein Feld mit Gras gehören zu den Umgebungen, für die Sie auf jeden Fall Schattenmaps verwenden sollten. Wenn Ihr Renderer so genannte *Deep Shadow Maps* oder *Detailed Shadow Maps* anbietet – dabei handelt es sich um spezielle Berechnungsarten, um die Verarbeitung von Transparenzen und filigranen Objekten wie z.B. von Gras zu beschleunigen –, dann stellt dies die beste Option zur Berechnung von Vegetation dar. Sind sehr große Felder zu sehen, müssen eventuell mehrere Lichtquellen mit Schattenmaps platziert werden.

Das Himmelslicht

Das Hinzufügen einer Himmelsbeleuchtung führt zu einer Reduzierung des Bildkontrasts, füllt die bislang im Schatten liegenden Bereiche mit einem sanften, bläulichen Licht und neutralisiert die Farbbalance der Szene. Abbildung 4.2 zeigt Testberechnungen der Szene, einmal nur mit dem Himmelslicht (links) und dann mit der Kombination aus Sonnenlicht und Beleuchtung durch den Himmel (rechts).

Eine Möglichkeit, ein Himmelslicht zu erstellen, ist, das vorhandene Sonnenlicht zu duplizieren und diese Kopie dann ca. 90° verdreht zur Position der Sonne zu platzieren. Die Intensität des Himmelslichts sollte dann auf die Hälfte der Sonnenlichtquelle reduziert und die Farbe von gelb in blau verändert werden. Um den Schattenwurf des Himmelslichts weicher zu gestalten, verringern Sie entweder dessen Schattenmap-Größe oder erhöhen Sie den Wert für das Filtering bzw. die Weichzeichnung der Schattenmap.

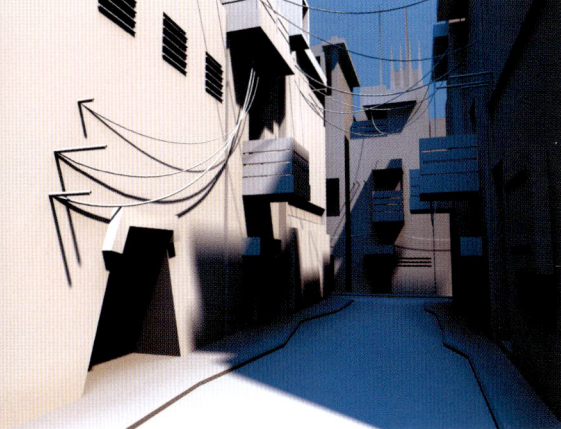

Abbildung 4.2: Führen Sie zuerst Tests nur mit den Himmelslichtern durch (links) und beurteilen Sie danach im zweiten Schritt das Zusammenspiel von Sonnenlicht und Himmelslicht bei weiteren Testberechnungen (rechts).

Berechnen Sie zuerst nur die Beleuchtung durch das Himmelslicht, um sicherzugehen, dass Ihnen deren weiche Schatten und die gedämpfte blaue Beleuchtung gefallen. Fällt das Ergebnis zu Ihrer Zufriedenheit aus, erstellen Sie mehrere Kopien des Himmelslichts und variieren Sie die Ausrichtung dieser Kopien auf die Szene (siehe Abbildung 4.3).

Abbildung 4.3:
Mehrere Spotlichter erzeugen das Himmelslicht und sind um die Szene herum platziert (orangefarben dargestellt). Das Sonnenlicht wird von einem einzelnen direktionalen Licht erzeugt (in Grün dargestellt).

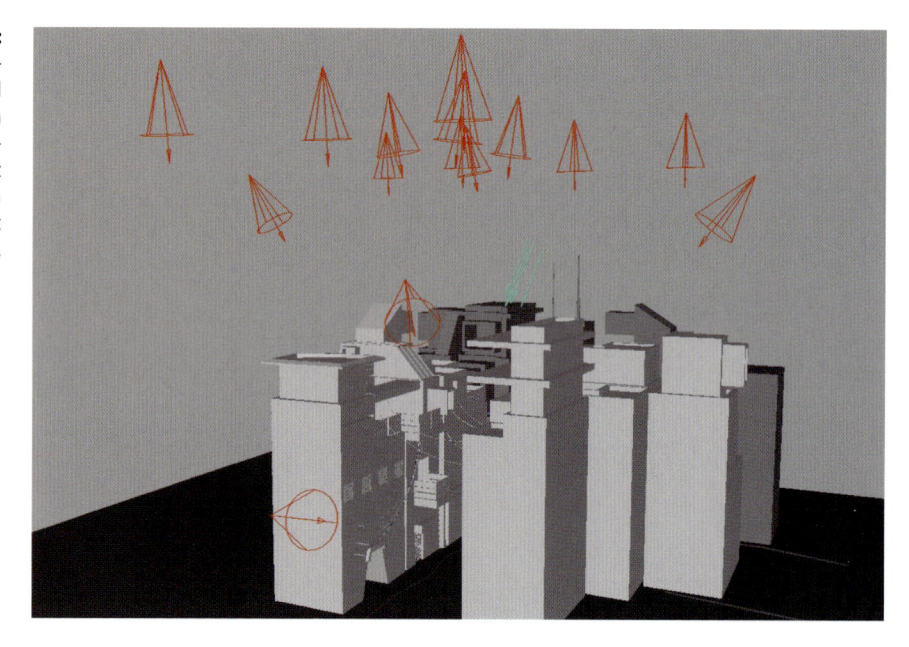

Es ist zudem sinnvoll, für die Himmelslichter nur diffuse Beleuchtung zu aktivieren und die Erzeugung von Glanzlichtern zu deaktivieren oder zumindest stark zu reduzieren. Würden auf einem glänzenden Objekt die Glanzpunkte der Himmelslichter auftauchen, so würde dies dem Betrachter sofort offenbaren, dass das Himmelslicht nur mithilfe einiger Spotlichter realisiert wurde. Die Reduzierung der Glanzerzeugung durch die Himmelslichter und das Hinzufügen einer Umgebungsmap zur Simulation einer durchgehenden Himmelsreflexion führen zu einem realistischen Ergebnis ohne eine Unmenge von Lichtquellen erstellen zu müssen.

Farbbalance

Wird eine Szene von der Sonne beleuchtet, sollten die warmen Farbtöne des Sonnenlichts und das farblich kühle Himmelslicht in einem ausgewogenen Verhältnis zueinander stehen, sodass im Idealfall das Überlappen der Farbwerte wieder weiß ergibt. In dieser Konstellation werden Bereiche ohne direktes Sonnenlicht dann durch das Himmelslicht bläulich eingefärbt. Sie können die Farbbalance letztlich nur beurteilen, wenn Sie bei einer Testberechnung alle Sonnen- und Himmelslichter aktiviert haben.

Soll die dargestellte Tageszeit eher den späteren Nachmittag oder gar den Sonnenuntergang darstellen, so muss die Farbbalance mehr in Richtung eines goldfarbigen Gelbtons gehen. Eine neblige Stimmung bzw. ein eher trüber und bedeckter Tag verschiebt das Farbspektrum mehr zu den bläulichen Tönungen. Ein ganz normaler Durchschnittstag wird jedoch irgendwo in der Mitte liegen, also weder zu gelb noch zu blau aussehen. Sie werden also wahrscheinlich öfter an den Helligkeiten und Farben der Sonne Feineinstellungen vornehmen müssen, um eine natürlich wirkende Farbbalance herzustellen und die bläuliche Färbung des Himmels zu neutralisieren.

Wir kommen auf dieses Thema noch einmal in Kapitel 8, „Die Kunst und Wissenschaft der Farben", zurück.

Bildbasierte Beleuchtung

Die bildbasierte Beleuchtung (kurz *IBL* für das englische *Image-Based Lighting*), stellt eine alternative Herangehensweise zur Simulation des Himmelslichts dar. Beim IBL werden keine Lichtquellen benötigt, sondern es wird einfach das Bildmotiv z.B. eines Himmelspanoramas auf eine die Szene umschließende Kuppel gelegt. Die Farben und Helligkeiten der Pixel dieses Bilds werden dann zur Beleuchtung der Szene unter der Kuppel benutzt. Abbildung 4.4 zeigt die Testberechnung der Straßenszene, die diesmal ausschließlich durch das Bild eines Himmels mit Wolken beleuchtet wird.

Abbildung 4.4:
Diese Testberechnung zeigt eine ausschließlich durch IBL beleuchtete Szene ohne konventionelle Lichtquellen.

Wenn Ihre Software keine bildbasierte Beleuchtung oder einen separaten Himmelsdom für die Beleuchtung anbietet, lassen sich ähnliche Ergebnisse auch mit globaler Illumination erzielen. Mehr dazu später in diesem Kapitel. Während einer globalen Illuminationsberechnung kann jede ausreichend helle Oberfläche, wie z.B. eine die Szene umgebende Kugel, zu einer Quelle für indirektes Licht werden.

IBL liefert auf komfortablem Weg realistische Ergebnisse, wenn Sie eine Textur verwenden, deren Darstellung der gewünschten Umgebung Ihrer Szene entspricht. IBL hat zudem den Vorteil, dass das, was auch immer Sie als Textur für die Beleuchtung verwenden, auch auf spiegelnden Objekten Ihrer Szene zu sehen sein wird. Trotzdem neigt IBL dazu, nicht ganz so einfach kontrollierbar zu sein, wie wenn Sie mehrere Lichtquellen zur Simulation des Himmelslichts einsetzen. Sieht z.B. ein Bereich Ihrer Szene zu schummerig oder dunkel aus, ist es bei der Verwendung von echten Lichtquellen sehr viel einfacher möglich, zusätzliches Licht in den zu dunklen Bereich zu schicken. Bei purer bildbasierter Beleuchtung müsste dazu die verwendete Textur verändert werden, wobei erst Testberechnungen zeigen können, ob diese Veränderungen überhaupt den gewünschten Effekt haben und tatsächlich nur auf den zu dunklen Bereich wirken.

Indirektes Licht

Das Sonnenlicht und die Beleuchtung durch den Himmel stellen zwar den Löwenanteil der Beleuchtung dar, aber erst das indirekte Licht bzw. *bounce light* macht eine realistische Tageslichtszene perfekt. Das indirekte Licht simuliert die Beleuchtung der Sonne und des Himmels, die vom Boden oder den Objekten abprallt und so wieder auf andere Oberflächen trifft.

Wie beim Himmelslicht so sollte auch das indirekte Licht wenn überhaupt nur einen sehr geringen Glanz erzeugen, denn wir wollen damit keine für den Betrachter unerklärlichen Glanzlichter z.B. an den Unterseiten von spiegelnden Objekten erzeugen.

Die Farbe des indirekten Lichts sollte sich an der Farbe des Bodens und der Farbe des dort auftreffenden Lichts orientieren. Wenn Sie z.B. mit der Pipettenfunktion eines Grafikprogramms Farbwerte aus einem gerenderten Bild Ihrer Szene entnehmen, so können Ihnen diese Werte für die Farbeinstellung als Grundlage dienen.

In der Regel werden Sie mehrere indirekte Lichter setzen müssen, um die gesamte Szene damit zu erfassen. Platzieren Sie diese Lichter dann unter dem eigentlichen Boden Ihrer Szene und richten Sie diese nach oben, in Richtung der Gebäude, der Figuren oder der Objekte aus, die von dem indirekten Licht des Bodens betroffen sein könnten. Dabei werden Sie oftmals etwas mit der Abnahmefunktion dieser Lichter experimentieren müssen, damit das indirekte Licht mit zunehmender Höhe über dem Boden an Intensität verliert.

Wenn Hauswände viel von dem direkten Licht auffangen, kann auch von diesen Objekten indirektes Licht in die Szene zurückgeworfen werden. Platzieren Sie dann hinter den Wänden zusätzliche Lichter und richten Sie diese auf den Boden oder umliegende Objekte aus, so wie es die Abbildung 4.5 zeigt.

Abbildung 4.5:
Das zurückgeworfene Licht (grüne Lichtquellen) scheint durch den Boden und durch die direkt von der Sonne beschienene Wand, um das indirekte Licht zu simulieren.

In manchen Fällen muss auch das abgeprallte Licht Schatten werfen, besonders wenn dadurch Figuren beleuchtet werden. Ansonsten könnten z.B. die Nasenlöcher oder der Mundinnenraum zu hell berechnet werden. Wenn Ihre Lichtquellen unter dem Boden platziert sind, muss der Boden aus der Beschränkung für diese Lichter herausgenommen werden, damit der Boden keinen Schatten wirft und somit das gesamte Licht abblockt.

Da die das abprallende Licht simulierenden Lichtquellen in der Regel recht schwach sind, sollten Sie zum Testrendern kurzzeitig alle anderen Lichter ausschalten oder unsichtbar machen. Nur so können Sie beurteilen, ob das indirekte Licht eine gleichmäßige Beleuchtung Ihrer Objekte erzeugt. Abbildung 4.6 zeigt links eine Testberechnung nur mit den aktivierten indirekten Lichtern für das abprallende Licht. Auf der rechten Seite ist dann dort die gesamte Szene mitsamt dem Sonnenlicht, dem Himmelslicht und dem indirekten Licht zu sehen.

Wir kommen zu dem wichtigen Thema der indirekten Beleuchtung nochmals in den Abschnitten „Indirektes Licht simulieren" und „Globale Illumination" später in diesem Kapitel zurück.

Abbildung 4.6: Eine Testberechnung nur mit dem abprallenden Licht (links) und rechts mit dem Licht der Sonne, dem Licht des Himmels und dem indirekten Licht.

Nachtszenen

Nachtszenen können Sie – abgesehen von einigen Modifikationen – wie eine Tagszene anlegen. Das Licht des Monds und des Himmels legen Sie wie das Sonnen- und Himmelslicht zur Tagzeit an, nur besonders beim Mond im Vergleich zur Sonne eben viel gedämpfter.

Das Himmelslicht sollte zur Nachtzeit in der Regel in einem sehr sanften Blauton gehalten werden. Das Mondlicht kann dann entweder gelblich oder auch bläulich sein. Wenn das Licht in der Szene ausschließlich vom Mond kommt, dann wird dafür meistens gelbliches Licht verwendet. Sind dagegen noch andere Lichtquellen, wie z.B. Glühbirnen vorhanden, erscheint das Mondlicht eher bläulich.

Besonders wichtig bei der Beleuchtung einer Nachtszene ist, diese insgesamt nicht zu dunkel, sondern mit starken Kontrasten zu berechnen. Die Szene mag zwar von Schatten dominiert werden, diese Dunkelheit sollte jedoch durch intensive Glanzlichter und durch schimmernde Lichtkränze um einige ausgesuchte Objekte herum durchbrochen werden (durch Rim Lights, also von hinten die Oberflächen streifendes Licht).

In Kinofilmen ist Ihnen vielleicht schon aufgefallen, dass bei Nachtszenen oft mit nassem Asphalt gearbeitet wird, als hätte es kurz zuvor noch geregnet. Das wird dann selbst in ansonsten trockenen Gegenden, wie bei Aufnahmen in Las Vegas angewendet. Kameraleute versuchen bei Nachtszenen immer, zusätzliche Glanzlichter oder Lichtschimmer in Reflexionen mit einzufangen. Da sich herausgestellt hat, dass feuchte Straßen die Lichter einer

Stadt ganz hervorragend reflektieren und so zum Gesamteindruck einer schönen Nachtszene beitragen, bedient man sich gerne dieses einfachen Tricks, auch wenn er für den Betrachter eine recht offensichtliche Schummelei darstellt.

Wenn Sie in Ihrer Szene ein Objekt haben, das durchaus eine leicht spiegelnde Oberfläche haben könnte, dann probieren Sie doch einfach einmal aus, ob Ihnen dies zu mehr Kontrast oder einem interessanteren Bild verhilft. In Abbildung 4.7 wurden die zusätzlichen Spiegelungen auf der Straße durch ein nur Glanzlichter erzeugendes Licht am Ende der Straße erzeugt, das zudem nur für das Bodenobjekt sichtbar ist.

Entgegen den anderen Lichtquellen in der Szene wurde die Abnahmefunktion dieser Glanzlichtquelle weniger stark eingesetzt, damit sich der Glanz auf die gesamte Straße ausbreiten kann. Eine weitere Lichtquelle wird mittels Objektbeschränkung ausschließlich für die Beleuchtung der hängenden Kabel verwendet. Dieser zusätzliche Schimmer auf den Kabeln erzeugt weitere interessante Details und verstärkt den Kontrast zur Hauswand, selbst wenn der Rest der Szene hauptsächlich aus dunklen Farben besteht.

Abbildung 4.7:
Schimmerndes Licht und Glanzlichter machen den Kontrast einer Nachtszene aus.

Reale Lichter

Reale Lichter sind Lichter, die als Modelle in Ihrer Szene direkt sichtbar sind. In Außenszenen gehören dazu z.B. Straßenlaternen, Autoscheinwerfer, beleuchtete Reklameschilder und Außenbeleuchtungen an Häusern. In Innenräumen zählen z.B. Steh- oder Tischlampen, Deckenlampen, Fernseher oder jedes andere Modell zu den realen Lichtern, das zum Aussenden von Licht modelliert wurde.

Bei der Simulation eines realen Lichts gibt es zwei Dinge zu beachten. Sie benötigen zum einen die Lichtquelle an sich (also z.B. die Tischlampe oder die Glühbirne) und zum anderen die Beleuchtung, die das Licht der realen Lichtquelle in der Szene darstellt.

Die Lichtquelle beleuchten

Soll das Modell einer Glühbirne beleuchtet werden, können Sie eine punkt- oder omnidirektionale Lichtquelle in der Mitte der Birne platzieren, dort, wo normalerweise der Glühdraht liegt. Die Außenseite der Glühbirne wird dann mit einem lichtdurchlässigen Shader belegt, der heller berechnet wird, wenn die Innenseite des Modells beleuchtet wird. Für eine realistischere Variation der Helligkeiten auf der Oberfläche der Glühbirne benutzen Sie zudem eine invers quadratische Abnahmefunktion für die Intensität der Lichtquelle in der Birne.

Alternativ zur Benutzung einer Lichtquelle in der Glühbirne können Sie auch die Oberfläche der Birne mit einem selbst leuchtenden oder ambienten Material belegen, damit das Objekt unabhängig von der Beleuchtung heller aussieht. Der einzige Nachteil an der optischen Aufhellung der Glühbirne mit einem leuchtenden Shader ist der, dass dieser Effekt unabhängig von den anderen Lichtquellen in der Szene ist und daher auch dann noch sichtbar ist, wenn Lichtquellen ausgeschaltet oder unsichtbar geschaltet werden. Die Oberfläche der Glühbirne muss zudem mit einem Verlauf belegt werden, sofern Nahaufnahmen geplant sind. Betrachten Sie echte Glühbirnen und Sie werden feststellen, dass diese oft am Übergang zum Gewinde und oben, am gegenüberliegenden Ende, etwas dunkler sind. Der Effekt ist in Abbildung 4.8 zu sehen.

Abbildung 4.8: Glühbirnen können mit Helligkeitsverläufen belegt werden, damit sie an den oberen und unteren Enden dunkler als in der Mitte aussehen.

Der unmittelbare Bereich um die reale Lichtquelle herum benötigt oftmals zusätzliche Lichtquellen. So wirft z.B. der Lampenschirm um eine Glühbirne einen Teil des Lichts wieder auf die Glühbirne zurück. Dieses abprallende Licht könnte durch zusätzliche, von außen auf die Glühbirne ausgerichtete Lichter simuliert werden.

Wenn Sie eine Lichtquelle mit Schattenwurf in dem 3D-Modell der Glühbirne verwenden, sollten Sie das Objekt der Glühbirne von der Beleuchtung durch diese Lichtquelle ausnehmen, damit tatsächlich Licht auf die umliegenden Objekte fallen kann. Andernfalls würde die Glühbirne einen Schatten werfen und so das Licht aus ihrem Inneren komplett abblocken.

Die Beleuchtung von realen Lichtern darstellen

Wenn es um eine einzige reale Lichtquelle geht, so bedeutet dies nicht, dass Sie zu deren Simulation in der 3D-Szene auch nur eine Lichtquelle verwenden müssen. Sie werden oft mehrere verschiedene Lichteffekte an einer einzigen realen Lichtquelle beobachten können und dann für jede Eigenschaft des realen Lichts eine eigene Lichtquelle setzen. Die Lampe in Abbildung 4.9 erzeugt z.B. ein sanftes Glühen durch den Lampenschirm, einen zur Decke gerichteten Lichtkegel am oberen Ende des Lampenschirms und einen zum Boden gerichteten Lichtkegel, der unten am Lampenschirm austritt. Dies kann durch eine Punktlichtquelle, die durch den Lampenschirm leuchtet, und zwei Spotlichter, die nach oben und unten ausgerichtet sind, simuliert werden.

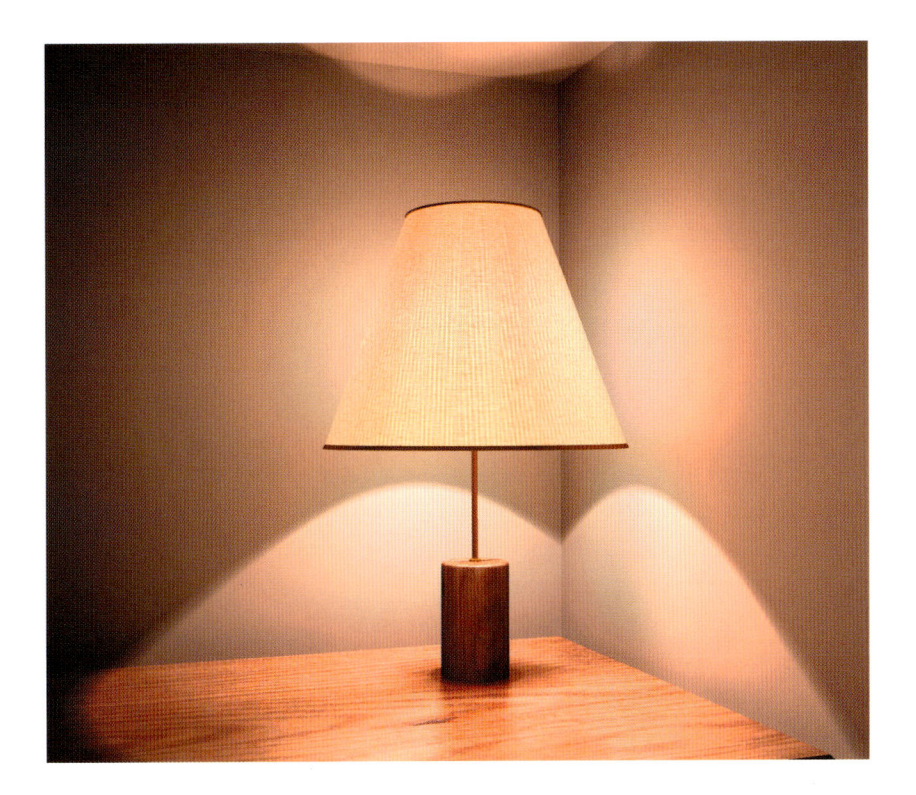

Abbildung 4.9:
Ein Lampenschirm teilt die Beleuchtung in einen nach oben und einen nach unten gerichteten Lichtkegel auf.

Das äußere Glühen

Oft ist die Verwendung eines ausgerichteten Spotlichts nicht genug. Manchmal beobachten wir einen breiteren, sanfteren Lichtkegel um die Hauptlichtquelle herum. Wenn Sie also beispielsweise ein Spotlicht nach oben ausgerichtet haben, so kann die Ergänzung eines gleich ausgerichteten zweiten Spots sinnvoll sein, der dann einen etwas größeren Öffnungswinkel und eine stark herabgesetzte Helligkeit benutzt, um einen zusätzlichen weichen Lichtschimmer zu erzeugen. Abbildung 4.10 zeigt, wie die Beleuchtung in der Abbildung 4.9 realisiert wurde. Zwei Spots sind nach oben und zwei nach unten ausgerichtet, um sowohl die scharf abgegrenzten Lichtkegel als auch den dazu passenden weichen Lichtschimmer zu erzeugen. Dieser weiche Lichtschimmer soll das von dem Lampenschirm nach oben und unten reflektierte Licht simulieren, das neben dem direkt von der Glühbirne stammenden Licht ebenfalls die Umgebung beleuchtet.

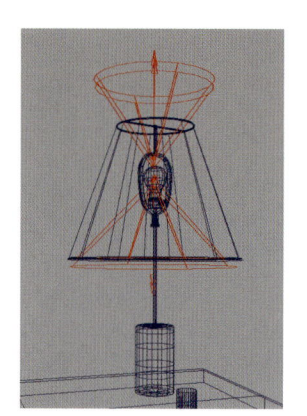

Abbildung 4.10: Mit je zwei nach oben und unten ausgerichteten Spots wird neben der Hauptbeleuchtung ein sanfter Lichtschimmer erzeugt.

Beleuchtungsmuster

Mit Beleuchtungsstrukturen ist die Form oder die Färbung des Lichts gemeint, das die Szene beleuchtet. Wir können die verschiedenen Strukturen z.B. gut an einem Autoscheinwerfer, einer Taschenlampe, einer brennenden Fackel oder an vielen anderen realen Lichtquellen beobachten. In der Realität entstehen die verschiedenen Muster oft durch Reflexion an Elementen innerhalb der Lichtquelle oder z.B. durch Abblockung von Licht im Gehäuse der Lampe. Abbildung 4.11 zeigt das Beleuchtungsmuster einer Taschenlampe. Wenn Sie sich eingehender damit beschäftigen, werden Sie bemerken, dass es nicht zwei Taschenlampen gibt, die exakt die gleichen Muster erzeugen.

Innerhalb der 3D-Grafik können solche Muster entweder durch die Platzierung einer echten Geometrie um die Lichtquelle herum erzeugt werden oder Sie verwenden ein Cookie bzw. eine Textur mit der Lichtquelle. Wenn Sie ein Bild wie das in der Abbildung 4.11 als Cookie auf dem Licht verwenden, können Sie sowohl die Lichtverteilung einer Taschenlampe als auch den äußeren Schimmer mit einem einzigen Spotlicht simulieren. Das Cookie könnte gleichzeitig zum Einfärben des Lichts am Rand des Spot-Lichtkegels benutzt werden. Bei vielen realen Spotlichtern ist eine Zunahme der Farbsättigung oder gar eine Zunahme rötlicher Farben zu beobachten, bevor das Licht am Rand des Lichtkegels rapide an Intensität verliert. Ein Cookie-Bild mit rötlichen Rändern kann bei der Simulation dieses Effekts helfen und zudem den weich auslaufenden Rand eines Spotlichts und seine Beleuchtungsmuster dort nachbilden. Wenn Ihr Cookie nur eine Farbverän-

Abbildung 4.11: Das Beleuchtungsmuster einer haushaltsüblichen Taschenlampe

derung an den Rändern des Lichtkegels erzielen soll, reicht dafür wahrscheinlich schon eine prozedural erzeugte Kurve oder ein radialer Farbverlauf aus. Sie müssen dann nicht extra eine eigene Textur malen.

Jedes Mal, wenn Sie in der Versuchung sind, ein Spotlicht in Ihrer Szene zu verwenden und damit nur einen kreisrunden Bereich zu beleuchten, fragen Sie sich selbst, ob hier nicht vielleicht ein individuelles Beleuchtungsmuster noch natürlicher wirken würde.

Die Beleuchtung durch Fenster

Die Simulation von Licht, das durch ein Fenster fällt, stellt eine besondere Herausforderung dar. Wenn draußen ein sonniger Tag ist, wird man sowohl den Lichteinfall des Sonnenlichts als auch den des Himmelslichts erwarten können. Das Sonnenlicht tritt niemals isoliert für sich allein auf. Wenn also ein Sonnenstrahl durch das Fenster in den Raum fällt, dann dringt von dort auch ein sehr viel weiter aufgefächertes Himmelslicht hinein. Abbildung 4.12 zeigt diesen Effekt.

Das direkte Sonnenlicht stellt in der Regel das hellste Licht im Raum dar und wird auch die intensivsten und schärfsten Schatten werfen. Dieses Licht sollte separat in Testberechnungen überprüft werden, bevor weitere Lichtquellen hinzugefügt werden. Normalerweise stellt das unendliche bzw. direktionale Licht die beste Wahl für die Simulation von Sonnenlicht dar, damit automatisch alle Schatten parallel zueinander verlaufen.

Abbildung 4.12: Sowohl Sonnenlicht als auch Himmelslicht treten durch die Fenster in den Raum ein.

Nach der Platzierung und Überprüfung des direkten Sonnenlichts fügen Sie die Beleuchtung für das Himmelslicht hinzu. Das Himmelslicht tritt durch das Fenster mit einer sehr großen Bandbreite an Einfallswinkeln ein und kann dadurch oft einen Bereich von unter dem Fenster bis hin zur Decke über dem Fenster beleuchten. Abbildung 4.13 zeigt Spotlichter, die durch die Fensteröffnungen auf Teile des Bodens und der Wände ausgerichtet sind. Diese Lichter werfen keine Schatten auf die Wände. Wie bei der Arbeit an einer Außenszene, so müssen Sie auch hier zuerst das Verhältnis von Sonnenlicht und Himmelslicht sorgfältig einstellen und überprüfen, bevor Sie indirekte Lichtquellen hinzufügen.

Wenn Sie eine Szene beleuchten, die bereits ein Hintergrundbild hat, geben Sie Acht, dass die Lichtrichtungen und Schattenwürfe des Hintergrundbilds mit denen in der von Ihnen beleuchteten Szene übereinstimmen. Wenn also beispielsweise das Hintergrundbild lange, von der späten Nachmittagssonne geworfene Schatten zeigt, dann muss Ihr Sonnenlicht aus einer tiefen Position kommen. Stellt das Bild einen wolkigen Tag ohne starke Kontraste dar, so müssen Sie sehr weiche Schatten verwenden. Ein scharf abgegrenzter Sonnenstrahl würde deplaziert wirken.

Verwenden Sie Glas in Ihren Fenstern, dann stellen Sie durch Testberechnungen sicher, dass dadurch keine zu intensiven Schatten geworfen werden. Hält das Glas im Fenster zu viel Licht ab, dann stellen Sie den Schattenwurf für das Glas-Objekt ab oder schließen Sie das Glas einfach ganz von der Beleuchtung durch die Außenlichter aus.

Abbildung 4.13: Das Himmelslicht (weiß) zielt durch die Fenster in den Raum und wird vom Sonnenlicht (orangefarben) ergänzt.

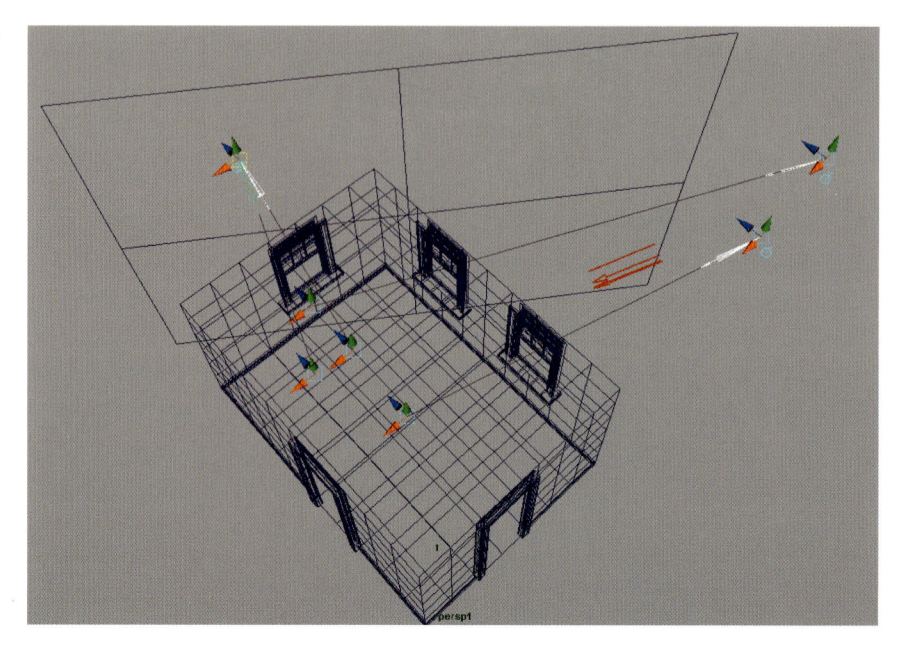

Indirektes Licht simulieren

Innenszenen bzw. begrenzte Räume sind in Bezug auf indirektes oder von Objekten abprallendes Licht sehr viel schwieriger zu handhaben als Außenszenen. Bei Szenen mit vielen Wänden muss für jede Wand das reflektierte und auf die Decke oder den Boden zurückgeworfene Licht simuliert werden. Einige haben für die Erstellung zusätzlicher Lichter zur Simulation des reflektierten Lichts in Architekturszenen den Begriff der *simulierten Radiosity* geprägt, obwohl dies den Sachverhalt nicht ganz trifft.

Sonnenlicht neigt dazu, alles in seiner Nähe aufzuhellen. Abbildung 4.14 zeigt das Foto eines echten Sonnenstrahls. Beachten Sie dort das von der Wand auf den Lampenschirm zurückgeworfene Licht. Für das Sonnenlicht auf dem Boden ergänzen Sie Spots unter dem Boden und richten Sie diese auf die Decke des Raums aus. Führen Sie Testberechnungen mit der so hinzugefügten Beleuchtung der Decke hinzu und achten Sie dabei darauf, dass die Spotlichter ein sehr weiches Licht werfen, das keine unrealistischen Lichtkreise auf der Decke erzeugt.

Nachdem die offensichtlichen Bereiche oberhalb der Sonnenstrahlen beleuchtet wurden, müssen wir uns den Fensterrahmen widmen. Auch diese erhalten abprallendes Licht. Es gibt kein physikalisches Gesetz, das das Licht zwingend wieder auf die Fenster zurückwirft, aber Beobachtungen in realen Räumen zeigen, dass die Bereiche um die Fenster eine gewisse Aufhellung erfahren. Richten Sie dazu ein neues Spotlicht auf den Bereich um das Fenster herum aus und platzieren Sie dieses Licht unter dem Boden oder hinter der gegenüberliegenden Wand. Abbildung 4.15 zeigt zwei Abprall-Lichtquellen, die unter dem Boden platziert und nach oben ausgerichtet wurden. Ein drittes Licht liegt ebenfalls unter dem Boden und wurde auf das mittlere Fenster ausgerichtet.

Abbildung 4.14: Ein echter Sonnenstrahl emittiert auch Licht auf umliegende Objekte.

Abbildung 4.15:
Lichtquellen zur Simulation des zurückgeworfenen Lichts wurden unter dem Boden und hinter der Wand platziert.

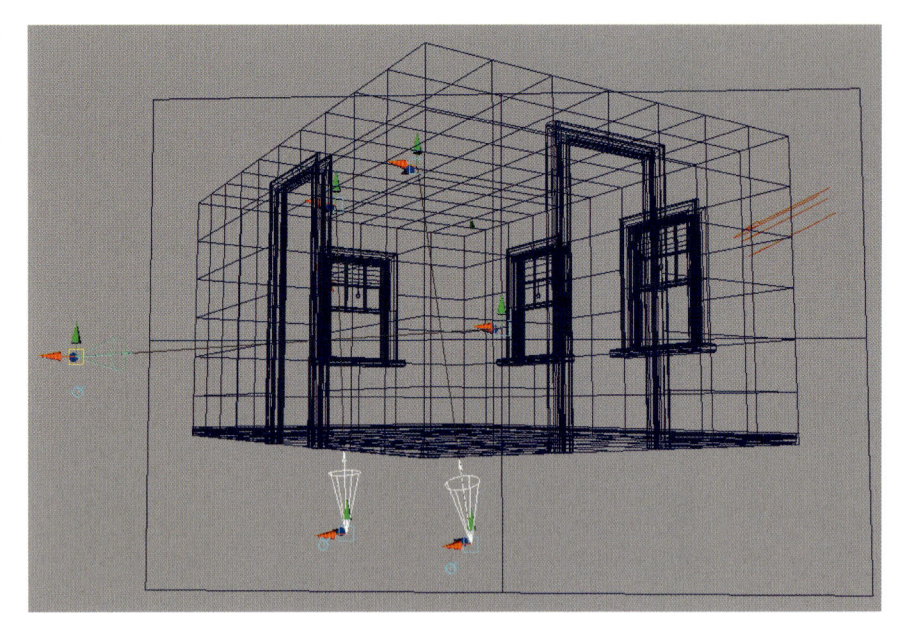

Überprüfen Sie in Testberechnungen dieses Fensterlicht und stellen Sie sicher, dass dafür ein sehr weiches Licht mit einer Abnahmefunktion oder mit einem an den Rändern aufgeweichten Lichtkegel benutzt wird, damit das Licht an seinen Rändern sanft ausläuft. Diese, die reflektierte Beleuchtung simulierenden Lichter sollen nur Teile der Wände, der Decke oder des Bodens beleuchten, ohne viel Licht in die Raumecken zu schicken. Die Raumecken sollen auf jeden Fall dunkler als der Rest bleiben. Abbildung 4.16 zeigt den Raum mit der zusätzlichen Beleuchtung des reflektierten Lichts. Zwei Lichter hellen die Decke über den direkt durch die Sonnen beleuchteten Bereichen auf und ein Licht beleuchtet zusätzlich das mittlere Fenster.

Kopien des auf das mittlere Fenster ausgerichteten Lichts können neu positioniert und auf die übrigen beiden Fenster ausgerichtet werden. Achten Sie bei jedem neuen Licht darauf, dass die Raumecken dadurch nicht zu stark beleuchtet werden.

Abbildung 4.17 zeigt die Szene nach dem Hinzufügen aller Reflexionslichter, die jeweils gegenüber den Fenstern hinter den Wänden platziert wurden. In Testberechnungen sollte das Licht zwischen den Fenstern einer Wand nahezu unsichtbar ineinander übergehen.

KAPITEL 4: Umgebungen und Architektur beleuchten **107**

Abbildung 4.16:
Die Szene nach dem Hinzufügen der ersten drei Reflexionslichter

Abbildung 4.17:
Die Szene nach dem Hinzufügen der Reflexionslichter für alle Wände

Die Decke und der Boden benötigen die gleiche Behandlung wie die Wände. Spotlichter können über der Decke platziert und nach unten auf den Boden ausgerichtet werden. Ebenso lassen sich unter dem Boden platzierte Lichter auf die Decke ausrichten. Auf diese Weise sollten die Decke und der Boden aufgehellt werden, ohne die Raumecken zu beeinflussen (siehe Abbildung 4.18).

Abbildung 4.18:
Die Szene nach dem Ergänzen von reflektiertem Licht für die Decke und den Boden

Letztlich braucht der Raum jetzt noch ein schwaches, aber dafür überall wirkendes Fülllicht, das das ambiente Licht darstellt bzw. jenes Licht simuliert, das mehr als ein Mal von einem Objekt abgeprallt ist. Dies wird dabei helfen, den Innenraum besser auf das Hintergrundbild anzupassen, und zudem die noch recht dunkle Szene einschließlich der Raumecken insgesamt aufhellen. Dafür wurden in Abbildung 4.19 zwei Fülllichter ergänzt, wovon eines auf den Boden und eines auf die Decke ausgerichtet wurde. Diesmal verwenden wir zwar auch wieder sehr weiche, aber zusätzlich sehr weit geöffnete Spotlichter, damit neben der Decke und dem Boden auch die Wände beleuchtet werden.

Abbildung 4.19:
Abschließend hellt ein Fülllicht alle Oberflächen gleichermaßen auf.

Die Raumecken

In den Raumecken wird die zurückzulegende Distanz des von einer auf eine andere Wand reflektierten Lichts auf ein Minimum beschränkt. Daraus ergibt sich eine gewisse Kontinuität der Schattierung und der Farben zwischen den benachbarten Wänden. Diese Kontinuität verhindert dann auch einen plötzlichen Sprung in der Helligkeit. Wenn also im Bereich der Raumecke eine hell beleuchtete und eine dunkle Wand aufeinander treffen, dann wirkt dies so, als ob kein Licht zwischen den Wänden durch Reflexion ausgetauscht würde.

Die offenen Bereiche in der Mitte einer Mauer fangen besonders viel ambientes Licht auf, das durch Mehrfachreflexion im Raum gestreut wird. Diese Bereiche erscheinen daher noch etwas heller als die Raumecken oder andere Vorsprünge an den Wänden. Die Abbildung 4.20 zeigt ein echtes Foto einer Raumecke. Sie können dort den weichen Übergang zwischen hellen Wänden und dunklen Ecken sowie die Kontinuität der Tönungen zwischen den Wänden und der Decke erkennen.

Eine weitere Möglichkeit, Raumecken abzudunkeln, ist die Verwendung von negativem Licht. Anstatt bei der Ausleuchtung die Raumecken vorsichtig auszusparen, können negative Lichter nachträglich das Licht aus den

Raumecken wieder absaugen. Dabei gehen Sie so vor, dass Sie zuerst den Raum hell mit Fülllichtern ausleuchten und dann zur Abdunklung Lichter mit negativer Helligkeit oder Intensität auf die Raumecken ausrichten. Die linke Seite der Abbildung 4.21 zeigt, wie solche negativen Lichter nahe den Raumecken platziert werden können. In diesem Fall wurden in Maya Volumenlichter benutzt, wobei diese ausschließlich ambientes Licht und keine diffuse oder glänzende Beleuchtung abgeben. Die Intensität wurde auf –0,5 eingestellt. Das berechnete Resultat mit den weich abgedunkelten Raumecken ist dann auf der rechten Seite der Abbildung zu sehen.

Abbildung 4.20: Eine echte Raumecke zeigt Abdunklungen, aber auch intensive Lichtreflexionen zwischen benachbarten Wänden.

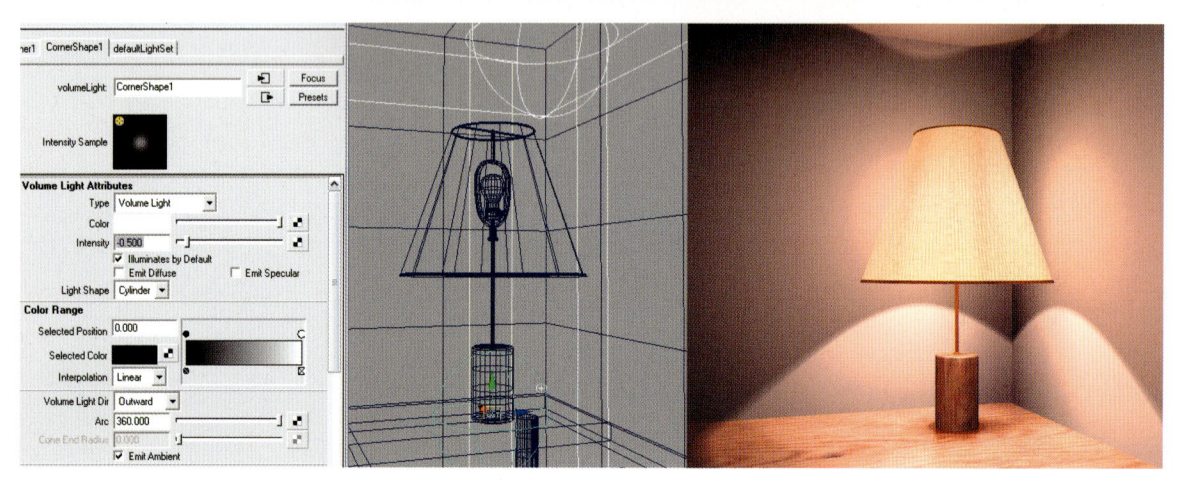

Abbildung 4.21: Lichtquellen mit negativer Intensität (links, in der Software Maya) werden entlang der abzudunkelnden Ecken positioniert (Mitte) und dunkeln so die Raumecken ab (rechts).

Ein negatives Licht wurde ebenso zur Abdunklung des Tischs unterhalb der Lampe eingesetzt. Negative Lichter sind eine praktische Alternative, wenn es um das schnelle Beheben von Unstimmigkeiten in der Beleuchtung bzw. das Abdunkeln unter Objekten oder Vorsprüngen und in Raumecken geht.

Ortbare Lichtquellen

Wenn Sie mit der kompletten Beleuchtung einer Szene fertig sein, sollten Sie die indirekte Beleuchtung durch das abprallende Licht nicht mehr getrennt von der übrigen Beleuchtung wahrnehmen können. Zusammengefasst sollte also gelten, dass sich jede Beleuchtung nahtlos überblendet und daher keine sichtbaren Lichtkreise mehr erkennbar sind. Sind dennoch einzelne Beleuchtungsanteile zu erkennen und lässt sich damit auf die Lage der einzelnen Lichtquelle schließen, so nennt man dies *Sourcy Lighting* bzw. eine ortbare Lichtquelle. Abbildung 4.22 zeigt auf der linken Seite so ein Bild mit ortbaren Lichtquellen. Der kreisrund beleuchtete Bereich um das mittlere Fenster herum weist auf den Lichtkegel eines Spots hin, der für diese Beleuchtung verantwortlich ist. Die rechte Seite der Abbildung zeigt die gleiche Szene aber mit einem sehr viel weicheren Lichtkegel. Es fällt nun sehr viel schwerer, die Quelle der Beleuchtung zu orten.

Als abschließenden Qualitätscheck Ihrer Szene betrachten Sie nochmals alle Bereiche und überprüfen Sie, ob nirgendwo ein Licht zu sehr hervortritt und so zu einer ortbaren Lichtquelle für den Betrachter wird. Die Ortbarkeit von einzelnen Lichtern kann durch die Verwendung von weicheren Lichtkegeln, durch die Herabsetzung der Helligkeit und durch Deaktivierung der Glanzlichtberechnung für die Lichtquelle reduziert werden.

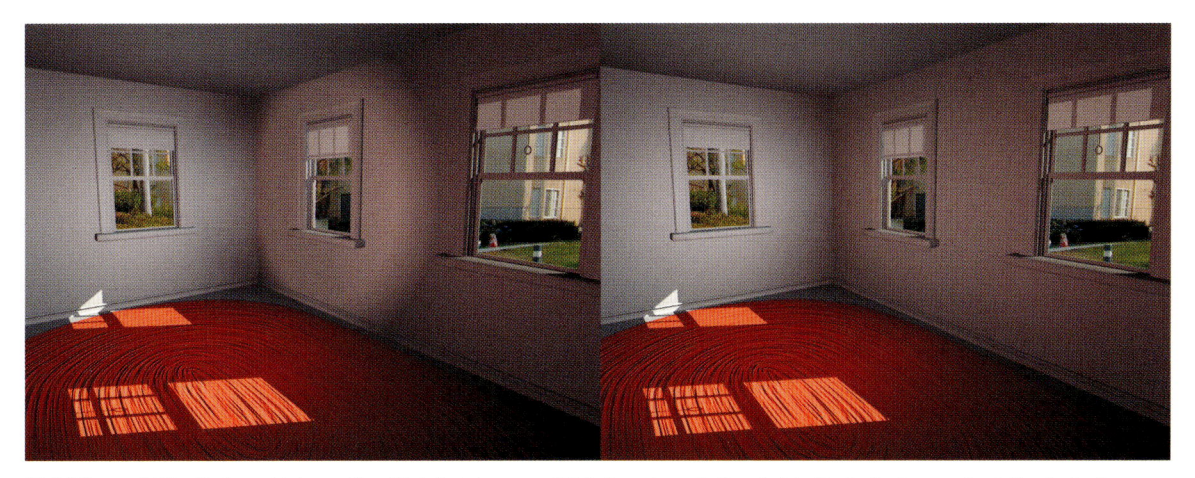

Abbildung 4.22: Ortbare Lichtquellen (links) ziehen zu viel Aufmerksamkeit auf sich. Reduziert man die Ortbarkeit einer Lichtquelle, integriert sich die Beleuchtung besser in die Szene und einzelne Spotlichter lassen sich nicht mehr erkennen (rechts).

Egal, wie Sie an den Prozess herangehen, die Simulation des indirekten Lichts durch das behutsame Setzen vieler Lichtquellen und das individuelle Ausrichten auf jede Fläche Ihrer Szene kann eine sehr komplexe und zeitaufwändige Arbeit sein. Glücklicherweise gibt es für 3D-Künstler durch die Benutzung von globaler Illumination eine alternative Möglichkeit zur Erzeugung indirekter Beleuchtung. Nahezu alle gängigen 3D-Programme bieten diese Berechnungsmethode mittlerweile an.

Globale Illumination

Unter globaler Illumination versteht man eine Berechnungsmethode, durch die eine Simulation des zwischen Objekten ausgetauschten Lichts erfolgt. Wenn Sie diese Berechnung aktivieren, müssen Sie keine Lichtquellen zur Simulation des indirekten Lichts mehr setzen, denn die Software berechnet das indirekte Licht für Sie automatisch, basierend auf dem direkten Licht, das die Objekte in Ihrer Szene beleuchtet.

Globale Illumination ist daher das exakte Gegenteil von lokaler Illumination. Die meisten Rendering-Programme benutzen nur die lokale Illumination als Standard, bis Sie eine globale Illumination manuell hinzuschalten. Mit der lokalen Illumination werden nur die Flächen beleuchtet, die direkt von einer Lichtquelle angestrahlt werden. Es findet keine Interaktion zwischen den Flächen statt.

Wird bei der Berechnung mit lokaler Illumination also z.B. ein Spotlicht auf den Boden ausgerichtet, dann sind die einzigen beleuchteten Stellen in der Szene die direkt vom Lichtkegel erfassten Bereiche. Die linke Seite in Abbildung 4.23 stellt diesen Effekt dar. In der Realität würde man beobachten können, wie das Licht von den Wänden und dem Boden zurückgeworfen wird und so den ganzen Raum sanft beleuchtet. Mit lokaler Beleuchtung bleiben die Decke und die im Schatten liegenden Bereiche jedoch tiefschwarz, da das direkte Licht von den beleuchteten Flächen nicht abprallen kann.

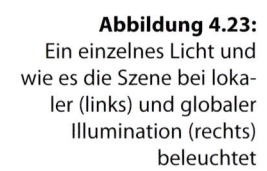

Abbildung 4.23: Ein einzelnes Licht und wie es die Szene bei lokaler (links) und globaler Illumination (rechts) beleuchtet

Die Verwendung von Raytracing, z.B. bei Raytracing-Schatten oder Spiegelungen, ist im Allgemeinen nicht mit globaler Illumination gleichzusetzen. Obwohl bei der Berechnung einer Oberfläche mit spiegelnden Eigenschaften im weitesten Sinne auch Licht von einer Oberfläche auf eine andere reflektiert wird, so versteht man unter globaler Illumination eher die diffuse Beleuchtung von Oberflächen durch indirektes Licht.

Auf der rechten Seite in Abbildung 4.23 sehen Sie, wie das Licht von den Wänden und dem grünen Würfel zusätzlich reflektiert wird und so zur indirekten Beleuchtung der Szene beiträgt. Es müssen dafür keine zusätzlichen Lichter gesetzt werden. Die gesamte Simulation des indirekten Lichts erfolgt automatisch durch die Software.

Die globale Illumination in 3D-Grafiken macht den gesamten Beleuchtungsprozess dem z.B. bei einer realen Filmproduktion sehr viel ähnlicher. In realen Szenen ist das indirekte, reflektierte Licht immer automatisch vorhanden. Von Wänden und Böden zurückgeworfenes Licht gehört zu den natürlichen Quellen für weiches Fülllicht und sorgt für eine harmonisch weiche Beleuchtung in jeder Szene. In der Filmproduktion werden auch oft Reflektoren wie in Abbildung 4.24 eingesetzt, um das direkte Sonnenlicht zusätzlich aus einem anderen Winkel auf die Schauspieler zu reflektieren. Dadurch müssen nicht extra künstliche Lichtquellen wie z.B. Scheinwerfer auf dem Set aufgebaut werden.

Das so genannte *Color Bleeding* ist eine visuelle Eigenschaft vieler mit globaler Illumination berechneter Szenen. Darunter versteht man die Übertragung von Farben mit dem zwischen Objekten reflektierten Licht. In der Realität ist dieses Color Bleeding allgegenwärtig um uns herum, wenn Licht von einer farbigen Oberfläche reflektiert wird. Dennoch ist der Effekt oft nur sehr subtil ausgeprägt und bleibt daher in vielen Fällen unbemerkt. Wo der Effekt am stärksten zutage tritt. ist bei der Beleuchtung einer sehr bunt eingefärbten Oberfläche, die von grauen oder weißen Flächen umgeben ist. Abbildung 4.25 zeigt das Foto einer solchen Szene, wo das Color Bleeding sichtbar wird. In diesem Bild wird ein roter Teppich direkt von der Sonne so beleuchtet, dass das reflektierte Licht rot eingefärbt auf dem an sich weißen Sofa eintrifft.

Abbildung 4.24: Reflektoren werfen das Licht zurück auf die Darsteller oder auf Teile der Szene.

Manchmal wird dieser Effekt in mit globaler Illumination berechneten Bildern übertrieben stark dargestellt. So ist z.B. das in Abbildung 4.26 von dem grünen Würfel zurückgeworfene Licht so intensiv eingefärbt, dass der Würfel wirkt, als würde er glühen und von sich aus die Szene beleuchten. Dies liegt dann oft an einer zu starken Sättigung der Oberflächenfarbe, an einem zu intensiven Leuchten des verwendeten Shader oder einer zu hoch eingestellten Intensität der Photonenberechnung bei der globalen Illumination.

Abbildung 4.25: Der Effekt des Color Bleeding kann in dieser realen Szene z.B. am unteren Rand der Kissen beobachtet werden.

Abbildung 4.26: Ein zu intensives Color Bleeding lässt mit globaler Illumination berechnete Bilder unrealistisch wirken.

Grundsätzlich sind die Arbeitsschritte bei der Verwendung von globaler Illumination ähnlich denen, die Sie bei der Beleuchtung mit Lichtquellen abarbeiten. Sie erzeugen also zuerst das Sonnenlicht, dann das Licht des Himmels und schließlich die Beleuchtung durch eventuell in Ihrer Szene vorhandene künstliche Lichtquellen. Nun aber, anstatt mit dem Hinzufügen von weiteren Lichtern zur Simulation des indirekten und des abgeprallten Lichts fortzufahren, aktivieren Sie die globale Illumination Ihrer Software und beschäftigen sich mit deren Einstellmöglichkeiten. Dies sorgt dann automatisch für das Hinzufügen der indirekten Beleuchtung. Abbildung 4.27 zeigt ein Beispiel für die Einzelschritte in diesem Beleuchtungsprozess. In dieser Szene wurden nur drei Lichtquellen gesetzt: eine einzelne Flächenlichtquelle für die Simulation der Sonne und zwei weitere Flächenlichter für das Himmelslicht, das durch die Fenster in den Raum fällt. Danach sorgt die globale Illumination für die realistische Ergänzung der kompletten indirekten Beleuchtung.

Abbildung 4.27: Die Beleuchtung einer GI-Szene beginnt mit dem Setzen des direkten Sonnenlichts (links) und des Himmelslichts (Mitte). Die restliche Beleuchtung wird automatisch von der globalen Illumination ergänzt (rechts). Die Bilder wurden in Lightwave von Jason Lee berechnet (otacon.kvaalen.com).

Der Unterschied zwischen einem nur mit Ihren direkten Lichtquellen gerenderten Testbild und dem fertigen, mit globaler Illumination berechneten Bild kann dramatisch sein. Wenn Sie mit globaler Illumination arbeiten wollen, werden Ihre direkten Lichter einen großen Teil der Szene in Schatten tauchen. Ihre ersten Testbilder werden daher sehr kontraststark und dunkel wirken, wobei außerhalb der direkt von der Sonne, dem Himmel oder den künstlichen Lichtquellen beleuchteten Oberflächen viele schwarze Bereiche verbleiben werden. Wie Abbildung 4.28 zeigt, ergänzt die globale Illumination das Fülllicht in den zu dunklen Bereichen, hellt die gesamte Szene auf und sorgt für eine sehr weiche Beleuchtung, die sich um die Form der Objekte herum krümmt.

Es stehen mehrere Typen globaler Illumination zur Verfügung, darunter *Radiosity*, *Photonen Mapping*, *Final Gathering* und *Caustics*.

Abbildung 4.28: Die Testberechnung links zeigt nur das direkte Licht und wirkt dadurch dunkler und stärker im Kontrast als die mit globaler Illumination berechnete Szene (rechts). Die Bilder stammen von Geoff Packer für Staircase Systems (spiralstairs.co.uk).

Konventionelle Radiosity

Radiosity ist eine Technik der Berechnung von globaler Illumination, bei der durch diffuse Reflexion an Oberflächen indirektes Licht zwischen den Objekten simuliert wird. Dabei werden die vom Licht transportierten Farb- und Helligkeitswerte in den Oberflächenpunkten der Objekte gespeichert. Radiosity kann progressiv berechnet werden. Das Licht kann somit beliebig oft von Oberflächen reflektiert werden, um eine detaillierte und möglichst genaue Simulation realen Lichts zu erhalten. Beim progressiven Verfahren ist die maximale Anzahl an möglichen Lichtreflexionen nur durch die für die Berechnung benötigte Zeit begrenzt. Es werden dann bis in alle Ewigkeit weitere Lichtreflexionen berechnet bzw. bis Sie diesen Vorgang manuell unterbrechen.

Radiosity gehört zu den ersten globalen Illumination-Techniken, die in kommerzieller Software zur Verfügung standen. Einige fassen fälschlich alle globale Illumination-Techniken unter dem Begriff Radiosity zusammen, nur weil sie diesen Begriff zuerst gehört haben. Die Beleuchtungsart, die dann zur Simulation der echten globalen Illumination entstand, wurde unter dem Namen *simulierte Radiosity* bekannt, da Radiosity zu diesem Zeitpunkt schon ein fester Begriff war.

Radiosity wird in der Regel unter Zuhilfenahme von in Oberflächenpunkten polygonaler Objekte gespeicherten Schattierungsinformationen berechnet. Abbildung 4.29 zeigt, wie eine Szene während einer Radiosity-Berechnung unterteilt wird. Die Unterteilung ist dort feiner, wo zusätzliche Details in der

Schattierung benötigt werden, wie z.B. an den Rändern der Schatten oder an den hell beleuchteten Stellen.

Ein Nachteil dieser Technik ist, dass die Auflösung Ihrer Objekte in Verbindung steht zur Auflösung der Radiosity-Berechnung. Es ist daher schwierig in einer mit vielen Polygonen aufgelösten Szene eine schnelle Annäherung an die Beleuchtung zu berechnen. Die jedes Mal neu auszuführende Berechnung einer Radiosity-Lösung und der Unterteilung der Geometrien während einer Animation ist zudem recht kompliziert, wenn sich die Positionen großer Objekte in der Szene verschieben.

Radiosity wurde deswegen als globale Illumination-Lösung nie richtig populär bei Filmproduktionen, erfreut sich jedoch bei Architekten großer Beliebtheit. Architekten müssen häufig so genannte fly-throughs oder walk-throughs berechnen, also Animationen, bei denen sich nur die Kamera bewegt. In diesem Spezialfall kann für das erste Bild der Animation die komplette Radiosity-Berechnung ausgeführt, gespeichert und dann in allen nachfolgenden Bildern der Animation unverändert wiederverwendet werden. In der Filmindustrie überwiegen Szenen mit sich bewegenden Objekten. Dort wurden daher andere globale Illumination-Methoden wie z.B. das Photonen-Mapping populärer.

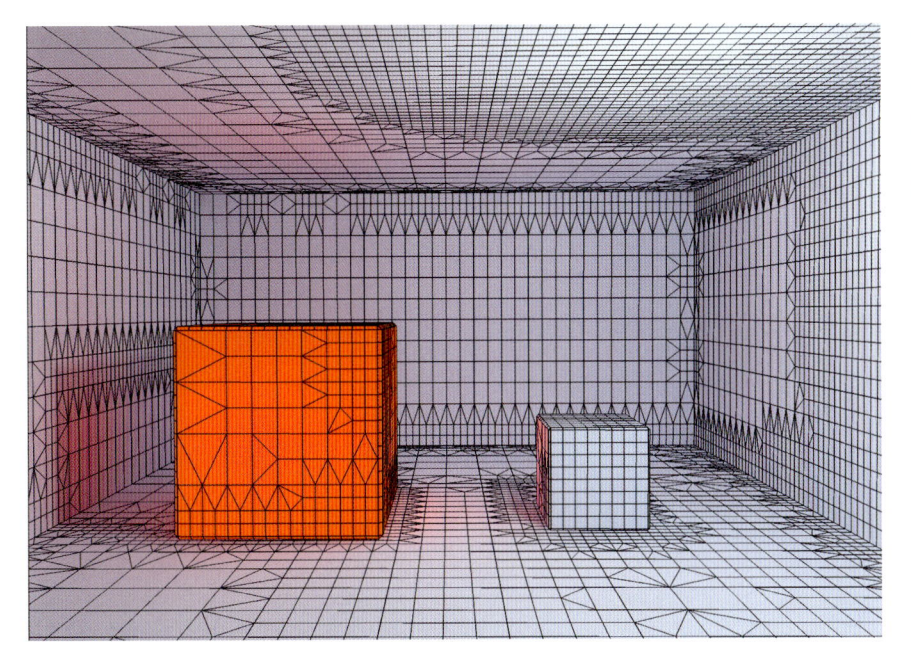

Abbildung 4.29:
Das konventionelle Radiosity speichert Informationen über die Färbung und die Intensität des reflektierten Lichts in den Punkten der Polygone.

Photonen-Mapping

Die gleichen, mit konventionellem Radiosity zu erzielenden Ergebnisse können auch mit Photonen-Mappping erzeugt werden. Mit dieser globalen Illumination-Berechnung wird die so genannte *Photonen-Map* als neuer Datentyp eingeführt, mit dem die globale Illumination-Lösung gespeichert werden kann. Die Photonen-Map ist dabei unabhängig von der tatsächlichen Unterteilung oder Auflösung der Geometrie.

Die Geschwindigkeit und die Genauigkeit einer mit Photonen-Mapping berechneten globalen Illumination hängen von der Anzahl der verwendeten Photonen ab. Zusätzliche Photonen bedeuten zusätzliche Rechenzeit. Sie sollten daher für Testberechnungen die Anzahl der Photonen kurzfristig absenken. Die Berechnung mit wenigen Photonen führt – wie links in Abbildung 4.30 zu sehen – zu einer fleckigen Darstellung, wobei jedes Photon als ein farbiger Klecks auf den Objekten in Erscheinung tritt. Mit zunehmender Anzahl an Photonen wird das Ergebnis immer weicher, realistischer und weniger fleckig, so wie es die rechte Seite der Abbildung zeigt. Das Rendern mit vielen Photonen benötigt dann aber auch sehr viel mehr Zeit.

Abbildung 4.30: Photonen-Mapping mit einer sehr geringen Anzahl an Photonen ist sehr fleckig (links), wird aber durch Erhöhung der Photonenzahl immer weicher und natürlicher (rechts).

Sie können sich die Photonen in der Photonen-Map als kleine Lichtpartikel vorstellen. Diese Photonen können dank der globalen Illumination in der Szene reflektiert werden. Innerhalb der Photonen-Map wird gespeichert, wo die Photonen abgeprallt sind und wie die Oberfläche durch das indirekt reflektierte Licht aufgehellt wird. Photonen sind dabei nicht unbedingt mit den gleichnamigen Elementen in der Physik identisch. So können die 3D-Photonen z.B. unterschiedlich groß sein. Je nach Maßstab der Szene so groß wie ein Pixel, so groß wie ein Golfball oder gar so groß wie ein Basketball. Sie können also eine kleine Anzahl an Photonen mit jeweils größeren Abmessungen benutzen, um eine schnelle Voransicht der Beleuchtung zu berechnen, und dann für die finale Berechnung die Anzahl der Photonen erhöhen und die Größe der Photonen reduzieren. Viele Programme bieten dafür eine frei wählbare Größeneinstellung für die Photonen an, wobei auch eine automatische Einstellung der Größe durch die Software erfolgen kann, wenn der Radius für die Photonen auf 0 gestellt wird. Die Größe variiert dann in Abhängigkeit von der Größe der zu berechnenden Oberfläche und der Anzahl an Photonen.

Sie können so viele Photonen emittierende Lichtquellen verwenden wie Sie mögen. Die für die direkte Beleuchtung verwendeten Lichtquellen sollten dabei ebenfalls Photonen aussenden. Es gibt keinen Unterschied zwischen der Berechnungszeit von zwei Lichtquellen mit je 50.000 Photonen und einer einzigen Lichtquelle, die 100.000 Photonen emittiert. Sie können die Gesamtzahl an Photonen also beliebig zwischen den Lichtquellen aufteilen. Dabei sollte gelten, dass die hellsten Lichter auch den Löwenanteil der Photonen verwenden und die schwächeren Lichtquellen entsprechend weniger Photonen aussenden.

Das Photonen-Mapping kann, entsprechend hohe Werte für die Anzahl der verwendeten Photonen vorausgesetzt, sehr gute Ergebnisse erzielen. Die Berechnung perfekt weicher Bilder ohne sichtbares Rauschen verschlingt jedoch sehr viele Photonen und dauert entsprechend lange. Eine Lösung dieses Problems stellt die Kombination von Photonen-Mapping mit Final Gathering dar.

Final Gathering

Final Gathering ist eine Berechnungsvariante, die zusammen mit Photonen-Mapping zur Simulation von globaler Illumination benutzt werden kann. Dabei entsteht eine weichere Schattierung und Beleuchtung, als dies mit dem oft eher fleckig wirkenden Photonen-Mappping allein zu erzielen wäre. Die linke Seite der Abbildung 4.31 zeigt eine mit Photonen-Mapping berechnete globale Illumination-Szene. Rechts daneben finden Sie die gleiche Szene mit der zusätzlich hinzugeschalteten Final Gathering-Option.

Final Gathering bewirkt dabei hauptsächlich Folgendes:

- Wenn Photonen-Mapping für die globale Illumination benutzt wird, so werden deren Ergebnisse gefiltert und weich gezeichnet, so dass die Fleckigkeit des Bilds gemildert wird.

- Final Gathering allein wirkt bereits wie eine einfache globale Illumination, die aber nur eine einzige Reflexion für das indirekte Licht berechnet.

Abbildung 4.31: Final Gathering glättet die mit Photonen-Mapping berechneten globalen Illumination-Ergebnisse.

Finale Gathering löst diese beiden Aufgaben, indem es von jedem berechneten Oberflächenpunkt aus alle Richtungen abtastet, um zu erkennen, was dieser Punkt von seiner Umgebung sehen kann. Die Anzahl dieser Berechnungsstrahlen oder Samples kann von Ihnen vorgegeben werden, um die Anzahl der unterschiedlichen Blickrichtungen von der Position des Punkts aus festzulegen. Final Gathering tastet dabei die Helligkeiten und Farben benachbarter Flächen ab und addiert diese Werte zur globalen Illumination hinzu. Dies funktioniert nach dem gleichen Prinzip auch mit den Photonen benachbarter Flächen, die dann zur Weichzeichnung der Photonen-Map herangezogen werden.

Soll Final Gathering zusammen mit Photonen-Mapping verwendet werden, so sollte dies immer der letzte Schritt bei der Erstellung des Beleuchtungs-Setup sein. Stellen Sie also immer zuerst die Photonen so ein, dass deren Anzahl und Intensität – also die Helligkeit der Photonen – zur gewünschten Beleuchtung der Szene und zur gewünschten Menge an indirektem Licht führen. Ist das Ergebnis dann noch etwas fleckig, aktivieren Sie abschließend Final Gathering zum Glätten und Weichzeichnen der berechneten Photonen-Mapping-Lösung.

Sie können Final Gathering auch allein, ohne das Photonen-Mapping der globalen Illumination verwenden. In diesem Fall arbeitet Final Gathering wie eine vereinfachte globale Illumination, die eine einzige Reflexion des indirekten Lichts an Oberflächen berechnet. Einige Programme erlauben Ihnen für Final Gathering auch die Vorgabe einer bestimmten Anzahl an Reflexionen, bis die Illumination durch das indirekte Licht berechnet wird. Dies ist in der Regel jedoch sehr rechen- und zeitaufwändig. Die meisten verwenden daher Final Gathering nur für die Berechnung einer einzelnen Lichtreflexion und kombinieren es zusätzlich mit Photonen-Mapping, wenn eine globale Illumination mit mehrfach reflektiertem Licht benötigt wird.

Caustics

Caustics gehören zu dem indirekten Licht einer Szene, werden jedoch nicht diffus in alle Richtungen gestreut, sondern bleiben als fokussierter Lichtstrahl erhalten. Während die vorangegangenen Abschnitte verschiedene globale Illumination-Techniken beschrieben haben, die letztlich alle ähnliche Ergebnisse liefern, gehören Caustics zu einer visuell ganz anders in Erscheinung tretenden indirekten Beleuchtung. Caustics fallen schon deshalb ins Auge, da sie oft Muster oder klar abgegrenzte Formen bilden und nicht als gestreute, weiche Beleuchtung sichtbar werden. Wenn Sie gezielt danach Ausschau halten, werden Sie Caustics überall um sich herum finden können:

- Durch eine Linse, ein Vergrößerungsglas oder ein Prisma gebrochenes Licht gehört zu den caustischen Effekten. Diese durch Lichtbrechung entstandenen Caustics finden Sie auch oft in der Nähe von Gläsern und Flaschen auf der Tischfläche.

- Auch von einem Spiegel oder einer Diskokugel reflektierte Lichtstrahlen zählen zu den Caustics.

- Jede glänzende oder spiegelnde Oberfläche erzeugt caustische Effekte wenn sie von hellem Licht getroffen wird. Die verchromte Stoßstange eines Autos oder das Fenster an einem Gebäude können an einem sonnigen Tag caustische Muster auf dem Boden erzeugen.

- Die Struktur des abgestrahlten Lichts z.B. von Taschenlampen oder Autoscheinwerfern entsteht durch die caustische Lichtbrechung an den

Reflektoren im Inneren der Lichtquelle. Bei einer 3D-Umsetzung dieses Effekts ist jedoch oft die Verwendung von Masken auf den Lichtquellen einfacher zu handhaben.

- Wohl am offensichtlichsten treten caustische Muster z.B. an Wänden neben Wasserflächen auf (siehe Abbildung 4.32) oder wenn Licht im Wasser gebrochen wird und dadurch caustische Muster auf den Boden des Schwimmbads entstehen.

Abbildung 4.32: Caustics werden häufig mit den schimmernden Reflexionen von Wasser assoziiert.

Die Abbildung 4.33 zeigt Fotos realer Caustics. Links sehen Sie dort die durch die Brechung des Lichts an der transparenten Flasche entstandenen Caustics. Rechts sind die durch Spiegelung an Fenstern und glänzenden Fensterrahmen entstandenen Caustics zu sehen. Die meisten Caustics können Sie zu Zeiten beobachten, zu denen die Sonne tiefer am Himmel steht. Der Kontrast zwischen den beleuchteten Flächen und den im Schattenbereich der Objekte erscheinenden Caustics ist dann am größten.

Die Caustics gehören damit zum hellsten und auffälligsten Teil des indirekten Lichts einer Szene. Zudem lassen sich Caustics einfacher und schneller berechnen, als wenn Sie eine vollständige globale Illumination berechnen lassen.

Abbildung 4.33:
Caustische Muster entstehen durch Brechung in transparenten Objekten (links) oder durch Reflexion an glänzenden Oberflächen (rechts).

Aufgrund der Auffälligkeit von Caustics im Bild und ihrer relativ kurzen Berechnungszeit werden sie oft auch allein eingesetzt, ohne eine zusätzliche globale Illumination-Berechnung für das diffuse indirekte Licht zu verwenden. Abbildung 4.34 ist auf diese Weise, also nur mit caustischer Berechnung und ohne globale Illumination, entstanden. Die caustischen Muster sind dort sowohl im gebrochenen als auch im gespiegelten Licht zu erkennen.

Abbildung 4.35 zeigt eine Szene mit und ohne Caustics im direkten Vergleich. Das vom Spiegel zurückgeworfene Licht und auch das Licht, das sich in der Vase bricht und dann auf die Kommode gespiegelt wird, wurden ausschließlich durch Caustics berechnet.

Eine Möglichkeit, Caustics zu berechnen, bietet die Benutzung von Photonen-Mapping. Wenn Ihr Renderer Photonen-Mapping zur Berechnung von Caustics verwendet, dann bestehen dafür die gleichen Regeln und Beschränkungen, wie sie auch bei der globalen Illumination mit Photonen-Mapping gelten. Die Erhöhung der Photonen-Anzahl der Lichtquellen führt zu einer genaueren und weniger fleckigen Darstellung der caustischen Muster. Die Kombination von Photonen-Mapping mit Final Gathering erzeugt weichere und akkuratere Ergebnisse, als diese nur mit Photonen-Mapping allein möglich sind.

Abbildung 4.34:
Die Caustics wurden in dieser Szene sowohl zur Berechnung des gebrochenen als auch des reflektierten Lichts verwendet.

Abbildung 4.35:
Vergleichen Sie die Szene ohne die Caustics (links) und mit Caustics (rechts) und wie das indirekte Licht vom Spiegel und der Vase berechnet werden.

Ambient Occlusion

Die Ambient Occlusion-Schattierung dunkelt automatisch alle Bereiche in Rissen und Ecken oder Bereiche unter oder zwischen Objekten ab. Alle Stellen, die viel vom leeren Raum der Szene oder vom die Szene umgebenden Himmel sehen, bleiben hell.

Ambient Occlusion ist keine globale Illumination. Es werden dadurch keine indirekten Lichtreflexionen simuliert. Es lässt auch nicht die Helligkeit, Farbe oder Beleuchtung benachbarter Flächen in das Ergebnis mit einfließen. Die Berechnung der Schattierung erfolgt ausschließlich aufgrund der Distanzvermessung zu umliegenden Flächen. Manchmal decken sich Objekte selbst ab, wie z.B. die Nasenlöcher oder die Achsel unter dem Arm, die von anderen Teilen der gleichen Figur abgeschirmt und dadurch ebenfalls dunkler berechnet werden.

Das Bild in Abbildung 4.36 wurde mit dem Ambient Occlusion-Effekt auf allen Objekten der Szene berechnet. Obwohl sich die Helligkeit der Ambient Occlusion-Schattierung ausschließlich an den Entfernungen der Flächen zueinander und nicht an der Beleuchtung der Szene orientiert, simuliert der Effekt eine ambiente, aus allen Richtungen auf das Objekt einwirkende Beleuchtung. Die Objekte erscheinen dort heller, wo ein uneingeschränkter Blick auf den Himmel der Szene existiert, und dunkler, wo andere Flächen im Weg sind.

Abbildung 4.36:
Eine mit Ambient Occlusion berechnete Szene wird an Vorsprüngen, Rissen und Ecken dunkler.

Abbildung 4.37 zeigt den eigentlichen Effekt der Ambient Occlusion. Es wird jede Fläche abgedunkelt, die einer anderen Fläche zugewandt oder dieser nahe ist und wo dadurch ein Schatten entstehen könnte. Egal, was Sie an der Beleuchtung der Szene verändern, dies wird nichts an dem Ambient Occlusion-Ergebnis ändern. Obwohl der Effekt einem weichen Schatten ähnlich sieht, haben Sie also nicht die gleiche Kontrolle über die Abdunklung wie bei einem Schatten. Die separate Berechnung der Ambient Occlusion gehört zu den hilfreichen Render-Passes, die wir später in Kapitel 11, „Passes rendern und Compositing", besprechen werden.

Abbildung 4.37:
Ein Ambient Occlusion-Pass wird in Abhängigkeit von den Abständen zwischen Oberflächen berechnet.

Da für die Berechnung von Ambient Occlusion die Oberflächenfarben und die Beleuchtung keine Bedeutung haben, lässt sich dieser Effekt schneller als eine vollständige globale Illumination berechnen. Es wird daher bei vielen Produktionen Ambient Occlusion ergänzend zu manuell gesetzten indirekten Lichtern eingesetzt, um die Ecken und Flächen unter den Objekten abzudunkeln, ohne dafür globale Illumination verwenden zu müssen.

Übungen

Nehmen Sie sich etwas Zeit, die in diesem Kapitel beschriebenen Phänomene in Ihrer Umgebung zu beobachten. Halten Sie Ihre Augen offen, um reale Beispiele von beleuchteten Räumen oder Umgebungen zu studieren und diese Erkenntnisse in Ihre Szenen einfließen zu lassen.

1. Stellen Sie für den Raum oder die Umgebung, in der Sie sich gerade befinden, eine Liste mit den dort vorhandenen direkten Lichtquellen auf. Schauen Sie sich um: Gibt es Bereiche, die ausschließlich von indirektem Licht beleuchtet werden?

2. Greifen Sie am späten Nachmittag, wenn die Sonne tief genug steht, um auf Wasser, Glas oder Metall zu glitzern, Ihre Kamera und gehen Sie damit auf die Jagd nach echten Beispielen für Caustics. Sie können sich einige zusätzliche Bonuspunkte verdienen, wenn Sie dabei auch noch auf einige Beispiele für das Color Bleeding stoßen.

[KAPITEL FÜNF]

Szene von Kim Hyong Jun (www.kjun.com).

Kreaturen, Figuren und Animationen beleuchten

Eine gute Beleuchtung kann eine Animation ebenso aufwerten wie z.B. das Hinzufügen von Musik oder Toneffekten. Wenn der Animator die Animation einer Figur mit Keyframes festlegt, fehlen in den ersten Testberechnungen noch alle Geräusche und die Beleuchtung. Sobald der Soundtrack fertig gestellt ist, werden die Geräusche jede Bewegung unterstützen und weiter definieren. Jedes Säuseln in der Luft, jeder gesetzte Schritt und jeder dumpfe Aufschlag werden synchron mit der Animation umgesetzt. Auf die gleiche Weise gibt eine gute Beleuchtung der Figur zusätzliche Definition, und Schatten oder Occlusion-Schattierungen erzeugen ein realistisches Gefühl für die Wechselwirkungen der Objekte untereinander, z.B. wenn ein Fuß den Boden berührt. Die Modellierung mit Licht verdeutlicht dem Betrachter die Form der Figur und integriert die Figur in die Umgebung, in der sie sich bewegen soll. So wie es auch die Musik vermag, kann durch Licht eine emotionale Stimmung erzeugt werden, die eine Szene befremdlich, feindlich, gruselig oder auch hell, freundlich und einladend gestaltet. Egal, ob das Auge einer Figur einen zusätzlichen Lichtschimmer bekommt, wenn diese eine Idee hat, oder die Schuppen einer auf die Kamera zukriechenden Schlange leicht schimmern oder eine gezielte Aufhellung des Profils einer hinter einem Fenster tanzenden Person erfolgt, Sie ergänzen dadurch wichtige Details, die in der Summe Ihren virtuellen Charakter für den Betrachter zu einem lebendigen Wesen machen können.

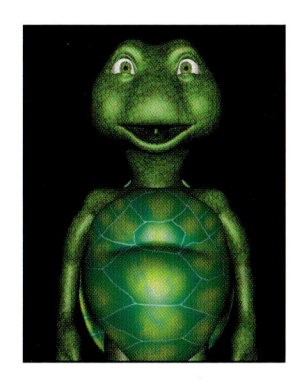

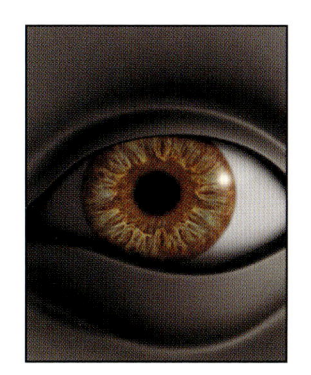

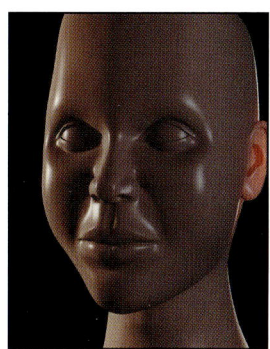

Mit Licht modellieren

Unter „Modellieren mit Licht" versteht man die Ausleuchtung eines Modells in der Art, dass dessen Dreidimensionalität optimal zur Geltung kommt. Obwohl Sie letztlich nur ein zweidimensionales Bild berechnen werden, können die durch die Beleuchtung erzeugten Schattierungen und Farbtönungen dem Betrachter helfen, die Objekte als dreidimensionale Modelle wahrzunehmen.

In der Realität erhalten gekrümmte Oberflächen unterschiedlich starkes Licht aus verschiedenen Richtungen. Dies erzeugt Helligkeitsverläufe auf den Oberflächen. Wenn ein Teil Ihrer 3D-Figur rund ist, dann sollte dort keine flache und einheitliche Schattierung zu sehen sein. Ein wichtiger Teil der Modellierung mit Licht ist daher die Erzeugung von Verläufen, die einen Eindruck von der Krümmung der Oberfläche vermitteln.

Betrachten Sie die gelben Rechtecke in Abbildung 5.1, mit denen die über den Kopf, das Bein und den Körper verteilten Helligkeitsverläufe hervorgehoben werden. Der Kopf ist oberhalb der Nase recht hell, geht dann jedoch in Richtung des Kiefers in dunklere Tönungen über. Der Fuß ist innen, am unter dem Körper liegenden Teil sehr dunkel, gewinnt dann jedoch über dem Fußspann an Helligkeit und wird schließlich an der Außenseite wieder etwas dunkler. Entlang des Körpers finden sich viele Ausbuchtungen und Falten, die alle einen charakteristischen Helligkeitsverlauf von hell zu dunkel und wieder zurück zu hell aufweisen. Die Variationen dieser Verläufe verraten dem Betrachter viel über die Kurven und Krümmungen der Formen.

Abbildung 5.1:
Charakteristische Verläufe, über die die Form definiert wird, sind in gelben Kästen hervorgehoben.

Die Lichtrichtung

Ein wichtiges Kriterium für die Beleuchtung einer Form ist die verwendete Lichtrichtung relativ zur Oberfläche. Aus der Lichtwirkung auf einer Oberfläche kann der Betrachter oft schließen, von wo das Licht kommt und wohin es dann reflektiert wird. Wenn das Licht mittig und symmetrisch auf der Figur ankommt, so wirkt die Beleuchtung optisch sehr monoton (siehe linke Seite der Abbildung 5.2). Wird kein symmetrisches Lichtsetup benutzt, kommt das Licht also vorrangig nur von einer Seite, erscheint die Figur viel plastischer, da sich das Licht so wie auf der rechten Seite der Abbildung 5.2 in weichen Verläufen auf den Krümmungen legen kann.

Abbildung 5.2:
Frontales Licht (links) lässt die Figur flach erscheinen, wogegen asymmetrisches Licht (rechts) die Form besser zur Geltung bringt.

Sie sollten die Figur nicht mittig in zwei Hälften teilen. Die linke Seite der Abbildung 5.3 zeigt eine Situation, wo der Terminator die Form exakt zerschneidet. Der Begriff *Terminator* beschreibt dabei den Bereich, wo sich Licht und Dunkelheit treffen, also den Rand der sichtbaren Beleuchtung. Ein mittiger Terminator erscheint als langweilige senkrechte Linie und trägt nicht zur Ausformung der Rundungen an der Figur bei. Wie die rechte Seite der Abbildung 5.3 demonstriert, führt die seitliche Verschiebung des Terminators zu einem kurvigeren Verlauf und somit zu einer vorteilhaften Schattierung der Form.

Abbildung 5.3:
Der vertikal, mittig über den Panzer verlaufende Terminator tritt nur als gerade Linie in Erscheinung (links). Eine leicht veränderte Lichtposition resultiert in einem kurvigen Verlauf des Terminators (rechts) und erzeugt dadurch eine besser definierte Schattierung an den Rundungen der Figur.

Das Kernstück der Beleuchtung einer Figur liegt in der Mitte des Helligkeitsverlaufs, der über den Körper läuft. Dieser Verlauf teilt uns mit, ob das Licht von vorne oder von hinten auf die Figur trifft. Ein dunkles Mittelstück mit hellen Seiten lässt die Figur von hinten beleuchtet erscheinen (linkes Bild in der Abbildung 5.4). Ein heller Kernbereich mit dunkel auslaufenden Seiten deutet auf eine frontale Beleuchtung hin, so wie es rechts in Abbildung 5.4 zu sehen ist.

Definition

Egal ob Ihre Figur in Bewegung ist oder nur ein Standbild berechnet werden soll, Sie mussen sich entscheiden, welche Teile daran die meiste Definition benötigen. Abhängig davon, was in der Szene passiert oder was gerade für den Fortgang der Geschichte wichtig ist, müssen einige Teile der Figur deutlicher als der Rest durch die Beleuchtung herausgearbeitet und definiert werden.

Geht es um die Definition des Gesichts, fällt dies oft leichter, wenn man sich dieses aus einfachen Ebenen zusammengesetzt vorstellt. Stellen Sie sich dazu einen Kopf vor, der wie in Abbildung 5.5 aus großen, flachen Oberflächen besteht, wobei diese Flächen die wichtigsten Strukturen der Kopfform wiedergeben. Um das Gesicht optimal herausarbeiten und definieren zu können, sollte das Ziel der Beleuchtung sein, dass jede der Hauptflächen des vereinfachten Gesichts eine individuelle Schattierung oder Einfärbung durch die Beleuchtung erhält. Es ist dann jedes Mal ein Sprung in der Helligkeit oder eine Veränderung der Farbe zu beobachten wenn sich zwei der Flächen treffen. So sollten z.B. die Vorderseite, die Unterseite und die Seitenfläche der Nase unterschiedliche Werte erhalten. Die rechte Seite der Abbildung 5.5 zeigt das Gesicht, wie es mit der auf die groben Gesichtsebenen abgestimmten Beleuchtung berechnet wird.

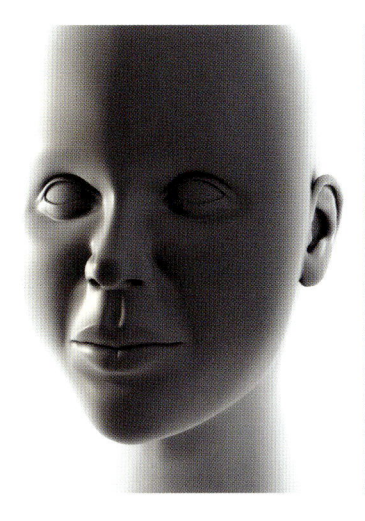

Abbildung 5.4:
Die Schattierung mit einem dunklen (links) und einem hellen Kernbereich (rechts)

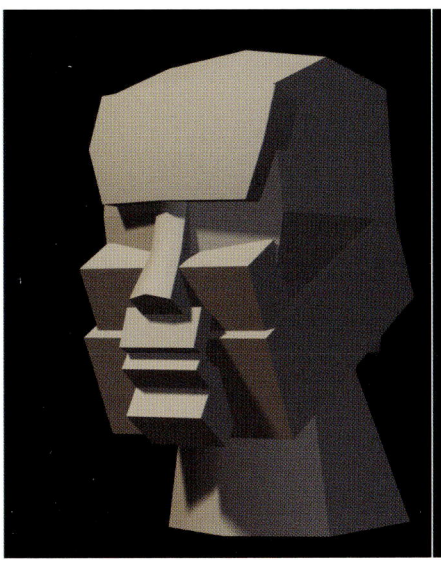

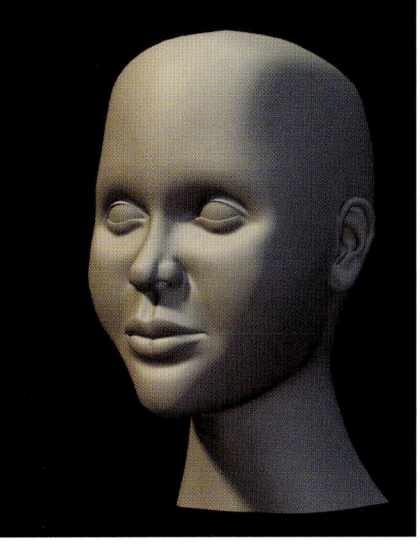

Abbildung 5.5:
Der Kontrast zwischen den verschiedenen Grundebenen eines Gesichts (links) hilft bei der Definition der Kopfform (rechts).

Beim Film wie auch im wirklichen Leben ist die Silhouette einer Figur nicht immer vollständig herausgearbeitet. Wenn also z.B. ein Schauspieler mit einer schwarzen Hose vor einem dunklen Möbelstück steht, dann wird die Beinform im schlechtesten Fall nicht mehr gut zu erkennen sein. Andererseits könnte dies durch ein klar herausgearbeitetes Gesicht und ein helleres Hemd kompensiert werden, so dass der Betrachter genügend andere Informationen über die ausgeführte Aktion des Schauspielers erhält.

Geht es um die Beleuchtung animierter Figuren, hat man oft nicht ganz so viele Freiheiten, denn dort wird in der Regel der gesamte Körper der Figur vom Regisseur als wichtig für die Bildwirkung erachtet. Dabei wird oft der gesamte Körper bewegt, um Bewegungen übertrieben stark oder mit einer Verzögerung darzustellen, und der Regisseur legt Wert darauf, dass die dabei durch den Körper der Figur laufenden Bewegungen durch die Beleuchtung zusätzlich herausgearbeitet werden. Sogar wenn Sie das Gefühl haben, dass einige Szenen besser wirken würden, wenn Teile der Figur komplett im Schatten liegen würden, hat die Erfahrung gezeigt, dass die Darstellung des gesamten Körpers zur Kommunikation der Bewegung oder Pose für den Betrachter sinnvoller ist als die isolierte Reproduktion eines subtilen Filmeffekts.

Die Kürze einer Einstellung ist ein weiterer Faktor, der Sie dazu zwingt, möglichst viel Definition zu erzeugen. Je kürzer die Einstellung ist, desto weniger Zeit hat der Betrachter, das Motiv zu erfassen und der Handlung zu folgen. Wenn Sie an einer Animationssequenz arbeiten, die später im Film in schnellen Schnitten zusammengefügt wird, müssen Sie besonders auf die klare Erkennbarkeit durch bewusst gesetzte Kontraste und Beleuchtung achten, damit der Zuschauer in der kurzen Zeit möglichst viele Details erkennen kann.

Auch in einer ansonsten dunklen Szene müssen Sie nach Wegen suchen, die Figur gegenüber dem Hintergrund abzuheben. Wird Ihre Figur nur teilweise beleuchtet, so wie ganz links in Abbildung 5.6 zu sehen, müssen Sie gegebenenfalls den Hintergrund hinter den dunkleren Teilen der Figur zusätzlich aufhellen. Dies verdeutlicht die mittlere Einblendung in der Abbildung 5.6.

Das Hinzufügen einer Lichtkante, auch *Rim Light* genannt, entlang der Silhouette der Figur ist eine weitere Möglichkeit, die Form besser zu definieren (siehe rechte Einblendung in Abbildung 5.6).

Abbildung 5.6: Wenn eine Figur zu wenig Kontrast zum Hintergrund aufweist (links), kann dies durch eine zusätzliche Beleuchtung des Hintergrunds (Mitte) oder das Hinzufügen einer Lichtkante behoben werden (rechts).

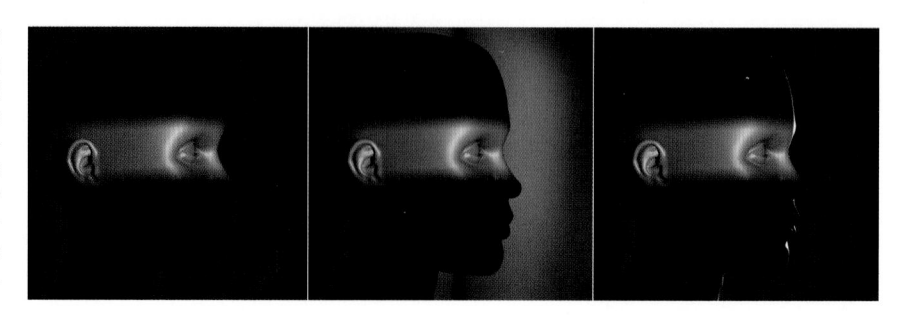

Drei-Punkt-Beleuchtung

Eine der einfachsten und wohl bekanntesten Beleuchtungsarten für Objekte wurde aus klassischen Hollywood-Produktionen entlehnt. Diese so genannte Drei-Punkt-Beleuchtung macht die Modellierung mit Licht sehr einfach. Durch kleinere Veränderungen an der Drei-Punkt-Beleuchtung kann so gut wie jedes Objekt vorteilhaft ausgeleuchtet werden, egal ob es sich dabei um ein kleines Requisit oder einen Filmstar handelt.

Der Begriff *Punkt* in der Drei-Punkt-Beleuchtung steht dabei für die drei Eigenschaften, die das Licht bei der Beleuchtung übernehmen kann und von denen jede einem bestimmten Zweck dient. Der folgende Abschnitt geht dabei mehr in die Details dieser Beleuchtungseigenschaften und wie wir diese in unseren Computergrafiken nutzen und reproduzieren können. Zuerst macht es jedoch Sinn, sich über den Einsatz der Lichteigenschaften bei der Filmproduktion und der Fotografie klar zu werden:

- Die Hauptlichtquelle bzw. das *Key Light* hat den Löwenanteil an der Beleuchtung eines Objekts und gibt dadurch die Beleuchtungsrichtung vor. Die Hauptlichtquelle ist in der Regel heller als alle anderen Lichtquellen, die noch einen Einfluss auf das Objekt haben, und ist zudem für den dunkelsten und sichtbarsten Schattenwurf in der Szene verantwortlich.

- Ein Fülllicht bzw *Fill Light* erweitert und glättet die Schattierung des Hauptlichts und macht dadurch noch mehr von dem beleuchteten Objekt sichtbar. Das Fülllicht simuliert dabei das reflektierte Licht oder eine Beleuchtung durch sekundäre Lichtquellen in der Szene.

- Ein *Rim Light* (auch Streiflicht oder *Back Light* genannt) erzeugt eine hervorgehobene Abgrenzung der äußeren Form, um ein Objekt optisch stärker vom Hintergrund zu trennen. Ein Rim Light kann einen Lichtschimmer in den Haaren der Figur erzeugen und wird daher auch manchmal Hair Light bzw. Haarlicht genannt. Das Ziel ist in jedem Fall die Hervorhebung der Silhouette, um zu definieren, wo das Objekt endet und der Hintergrund beginnt.

Abbildung 5.7 zeigt das schrittweise Hinzufügen dieser drei Beleuchtungselemente, um eine porträtartige Beleuchtung zu realisieren.

Auf der linken Seite der Figur wirkt ausschließlich das Hauptlicht. Diese Lichtquelle beleuchtet bereits einen Großteil des Gesichts und wir könnten daher bereits zu diesem Zeitpunkt mit dem Ergebnis zufrieden sein. Dennoch gibt es noch unbeleuchtete Stellen, die zu dunkel wirken.

In der Mitte wird daher ein Fülllicht hinzugefügt. Dieses ist nur halb so hell wie das Hauptlicht und bescheint das Gesicht von der gegenüberliegenden Seite. Es füllt dadurch die Bereiche mit Licht, die nicht von der Hauptlichtquelle erreicht werden konnten.

Abbildung 5.7:
Diese Fotos zeigen ausschließlich das Hauptlicht (links), das Hauptlicht und ein zusätzliches Fülllicht (Mitte) und schließlich die zusätzliche Ergänzung durch ein Streiflicht (rechts).

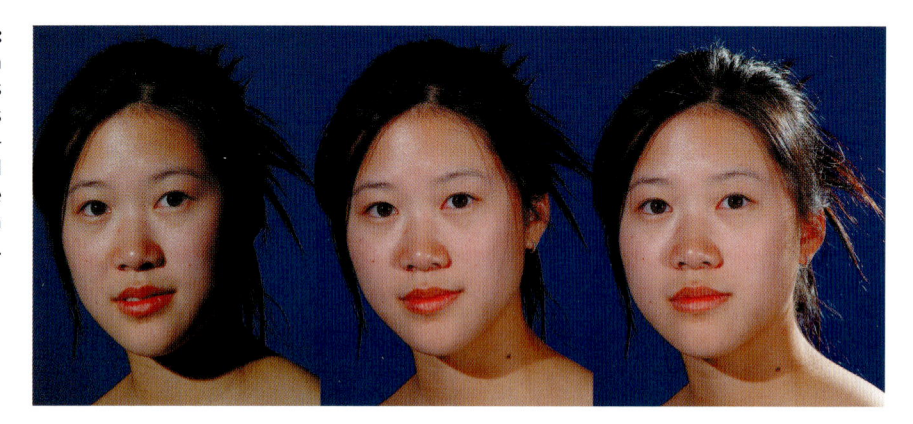

Ganz rechts in der Abbildung sehen Sie zusätzlich ein Rim- bzw. Streiflicht, das den Kopf und die Schulter von hinten beleuchtet und dadurch die Silhouette zusätzlich definiert. Dies hilft zudem dabei, den Kontrast zwischen der Frau und dem dunklen Hintergrund zu verstärken. Selbst wenn ihr schwarzes Haar vor einem schwarzen Hintergrund fotografiert worden wäre, würde das Rim Light die Form der Frisur, die subtile Tönung der Haare und dessen Glanz perfekt herausarbeiten können.

Abbildung 5.8 zeigt die Platzierung aller Lichter in der Szene. Große 2000 Watt-Strahler werden als Haupt- und Streiflichter eingesetzt. Ein 1000 Watt-Strahler liefert das Fülllicht. Die vor den Haupt- und Fülllicht-Strahlern montierten Scheiben sorgen für weicheres Licht und weichere Schatten.

Abbildung 5.8:
Die Anordnung einer Drei-Punkt-Beleuchtung um das Motiv

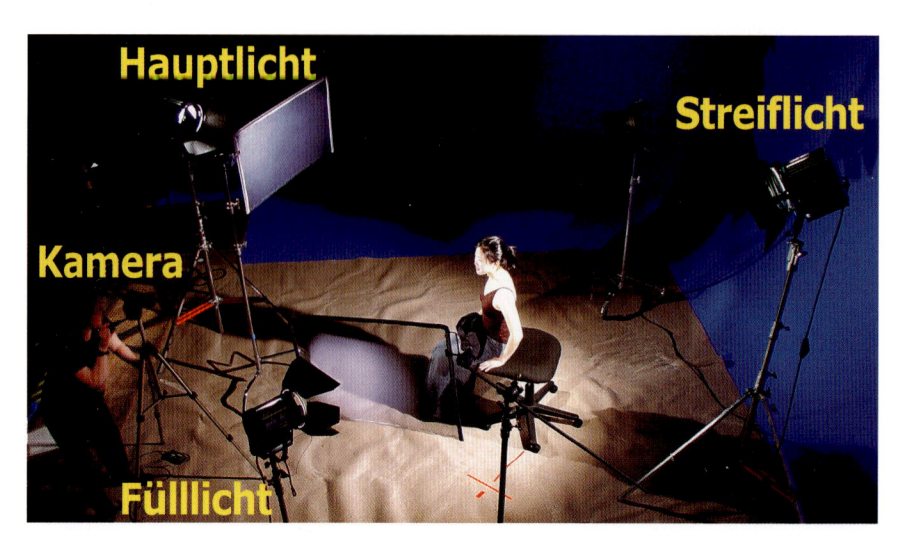

Variationen

Dieses grundlegende Drei-Punkt-Setup kann vielfach modifiziert und angepasst werden. Abbildung 5.9 zeigt z.B., wie es wirkt, wenn das Streiflicht mit dem Hauptlicht auf einer Seite steht. Einerseits wird der Kontrast verstärkt und gleichzeitig eine große Lichtquelle vorgetäuscht. Die Szene wirkt nun wie von der Sonne beleuchtet. Der Unterschied zwischen den Helligkeiten von Haupt- und Fülllicht wird *key-to-fill*-Verhältnis genannt. Wenn also das Hauptlicht im Vergleich zum Fülllicht doppelt so hell ist, entspricht dies einem key-to-fill-Verhältnis von 2:1. Dieses Verhältnis steht für ein helles und gleichmäßiges Licht ohne starke Kontraste.

Geht es um eine dramatische Filmsequenz, werden Sie kaum alle Darsteller mit dem gleichen Drei-Punkt-Setup beleuchten, so wie es ansonsten z.B. bei Nachrichtensprechern im Fernsehen der Fall ist. Ein größeres key-to-fill-Verhältnis, wie z.B 5:1 oder gar 10:1 produziert eine klar abgegrenzte Ausleuchtung mit starken Kontrasten. Einige Stellen werden dadurch vielleicht zu dunkel, um sie deutlich erkennen zu können, aber damit lässt sich im Einzelfall gut leben. Abbildung 5.10 zeigt eine Szene mit einem key-to-fill-Verhältnis von 10:1, wobei das Haupt- und das Streiflicht hinter dem Model platziert wurden. Die Platzierung des Hauptlichts hinter dem Objekt wird übrigens auch *Upstage Key* genannt.

Es wurde nur ein schwaches Fülllicht verwendet, wobei auch etwas Licht durch natürliche Reflexion zum Hals und Kinn gelangt ist. Dies entspricht zwar nicht der klassischen Drei-Punkt-Beleuchtung, aber die gleichen Ele-

Abbildung 5.9: Das Streiflicht und das Hauptlicht können beide aus der gleichen Richtung kommen.

Abbildung 5.10: Ein erhöht und hinter der Figur platziertes Hauptlicht in Verbindung mit einem Streiflicht führen zu einem dunklen Kernbereich.

mente, also das Hauptlicht, das Fülllicht und das Streiflicht, kommen hier zum Einsatz.

Keine Regel ohne Ausnahme

Es wäre ein Fehler, die Standardanordnung der Drei-Punkt-Beleuchtung verbindlich für jede Szene zu übernehmen. Jede Szene ist anders. Sich auf das Drei-Punkt-Setup zu berufen, entlässt Sie nicht aus der Verantwortung, sich über die Motivation bzw. die Ursachen der Lichter Gedanken zu machen. Zudem kann das routinemäßige Positionieren von Lichtquellen um Ihre Figur herum niemals dazu führen, dass sich die Figur natürlich in die Beleuchtung der Umgebung einfügt.

Haupt-, Füll- und Streiflichter sind nichts anderes als Werkzeuge, deren kreative Benutzung Ihnen helfen kann, Ihr eigenes Lichtdesign zu realisieren. Schauen Sie sich in Ihrer Umgebung um und achten Sie darauf, wie unterschiedlich Menschen beleuchtet werden. So könnten Sie z.B. eine Person entdecken, die von einer Tischlampe beleuchtet wird. Das Fülllicht entsteht dort durch das vom auf dem Tisch liegenden Papier reflektierte Licht und eine andere Lichtquelle ergänzt das Streiflicht.

Die Hauptidee der Drei-Punkt-Beleuchtung ist die, dass jede Lichtquelle in Ihrer Szene eine bestimmte Funktion hat. Die Verwendung als Haupt-, Fülloder Streiflicht gehört zu einer Gruppe an visuellen Funktionen, die das Licht in der Szene übernehmen kann. Es existieren noch andere Funktionen, die weiter unten beschrieben sind. Als Licht-Designer sollten Sie jederzeit die Kontrolle darüber haben, welcher Effekt durch welche Lichtquelle erzeugt wird. Dies wiederum sollte in die bereits beschriebene Benennung der Lichtquellen mit einfließen.

Die Funktionen des Lichts

Der vorangegangene Abschnitt stellte drei Eigenschaften vor, die das Licht in unseren Szenen übernehmen kann. Es gibt jedoch noch weitere Eigenschaften, mit denen wir uns in diesem Abschnitt beschäftigen werden. Es geht dabei um die Beleuchtung von Figuren und wie wir dies praktisch in der Computergrafik umsetzen können:

- Key (Hauptlicht)
- Fill (Fülllicht)
- Bounce (abgeprelltes, gestreutes Licht)
- Rim (Streiflicht)
- Kicker (Aufheller)
- Specular (Glanzlicht)

Um diese unterschiedlichen Aufgaben erfüllen zu können, muss das Licht relativ zur Kamera positioniert werden. Im Normalfall werden diese Lichtquellen also erst nach der Wahl des zu berechnenden Bildausschnitts gesetzt. Wenn Sie es sich dann später doch noch anders überlegen und die Szene aus einer anderen Richtung berechnen lassen möchten, muss die Beleuchtung ebenfalls angepasst werden.

Die verschiedenen Produktionsstudios haben verschiedene Standards erarbeitet, wie Lichtquellen sinnvoll zu benennen sind. Die meisten Namen beginnen mit der Funktion oder einer stichwortartigen Verkürzung der Funktion der Lichtquelle. Wenn dabei z.B. Namen wie „Key_Sonne_auf Drachen" oder „Fill_Himmel_aufDrachen" herauskommen, wird sofort jeder, der einen Blick auf die Szene wirft oder eine Kopie Ihres Lichtsetups erzeugen muss, verstehen, welche Funktion jede Lichtquelle hat.

Hauptlichter

Wie bereits erwähnt, ist das Key- bzw. Hauptlicht die bestimmende und hellste Lichtquelle Ihrer Szene und definiert dadurch auch die Hauptrichtung für die Beleuchtung der Szene und deren Schatten. Die Wahl der richtigen Richtung für das Hauptlicht ist daher eine der wichtigsten Entscheidungen, die Sie bei der Beleuchtung eines Objekts zu treffen haben.

Ein zu nahe bei der Kamera platziertes Licht lässt die Formen zu flach wirken (siehe linke Seite der Abbildung 5.11). Rotiert man das Licht mindestens um 30° von der Kamera weg, gibt dies dem beleuchteten Gesicht mehr Definition, so wie rechts in Abbildung 5.11 zu sehen.

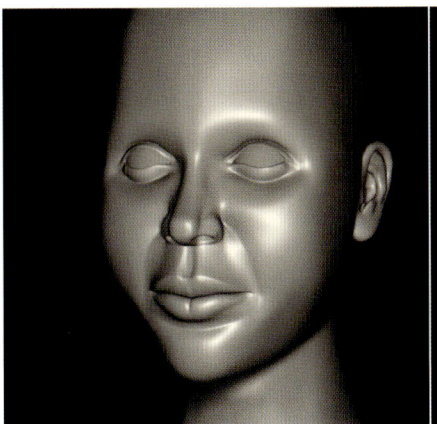

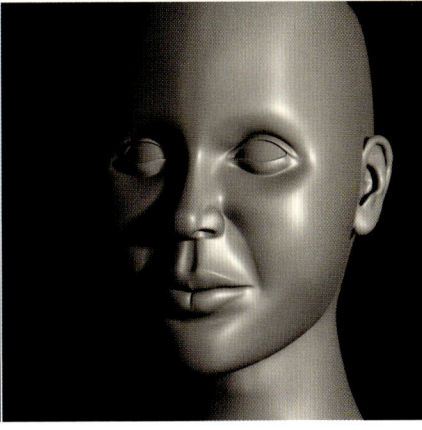

Abbildung 5.11:
Ein zentral positioniertes Hauptlicht nimmt dem Motiv die Tiefe (links). Eine seitlichere Position definiert die Form besser (rechts).

Wir sind daran gewöhnt, Menschen von oben beleuchtet zu sehen. Es ist daher nur natürlich, das Licht in unseren Szenen auch von oben kommen zu lassen. Wie die linke Seite der Abbildung 5.12 zeigt kann von unten kommendes Licht dagegen unnatürlich und gruselig aussehen. Eine Platzierung des Hauptlichts oberhalb der Augen der Figur wirkt viel natürlicher, wie die rechte Seite der Abbildung 5.12 zeigt.

Abbildung 5.12: Ein niedrig platziertes Licht kann gruselig wirken (links), während ein hoch platziertes Licht natürlicher wirkt (rechts).

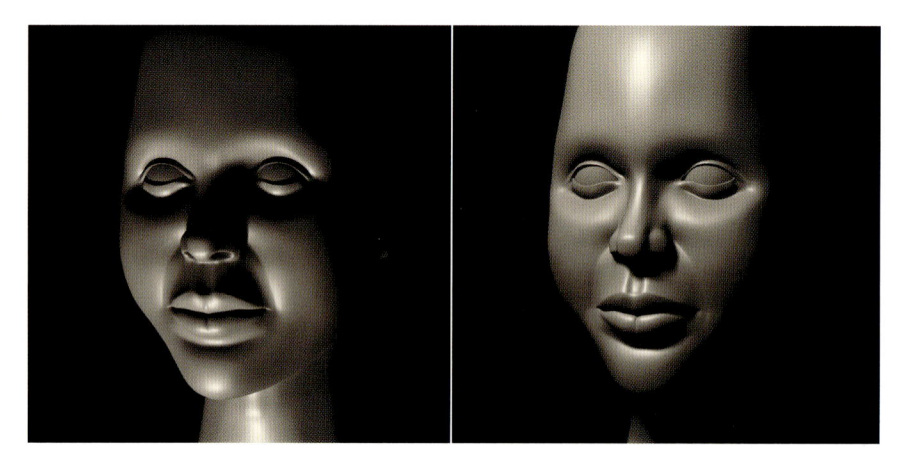

Ihre Hauptlichtquelle kann links oder rechts von der Figur platziert werden, je nachdem, durch was das Licht motiviert wird. Die Höhe des Lichts über der Figur und die seitliche Positionierung betragen dabei häufig je zwischen 30° und 60°. Die Abbildung 5.13 verdeutlicht diese Positionierung relativ zur Kamera.

Lassen Sie das Hauptlicht bei den ersten Testberechnungen immer isoliert für sich berechnen ohne andere Lichter in der Szene. Seien Sie sicher, dass Sie mit der Wirkung des Hauptlichts zufrieden sind, bevor Sie mit dem Hinzufügen weiterer Lichter fortfahren.

Fülllichter

Fülllichter weiten die beleuchteten Bereiche über die vom Hauptlicht erzeugten Bereiche hinaus aus und machen dadurch den restlichen Teil der Figur sichtbar. Während das Hauptlicht oft von der Sonne oder einer Deckenlampe ausgeht, entsteht das Fülllicht eher durch kleinere Lampen, den Himmel oder schlicht durch indirektes Licht.

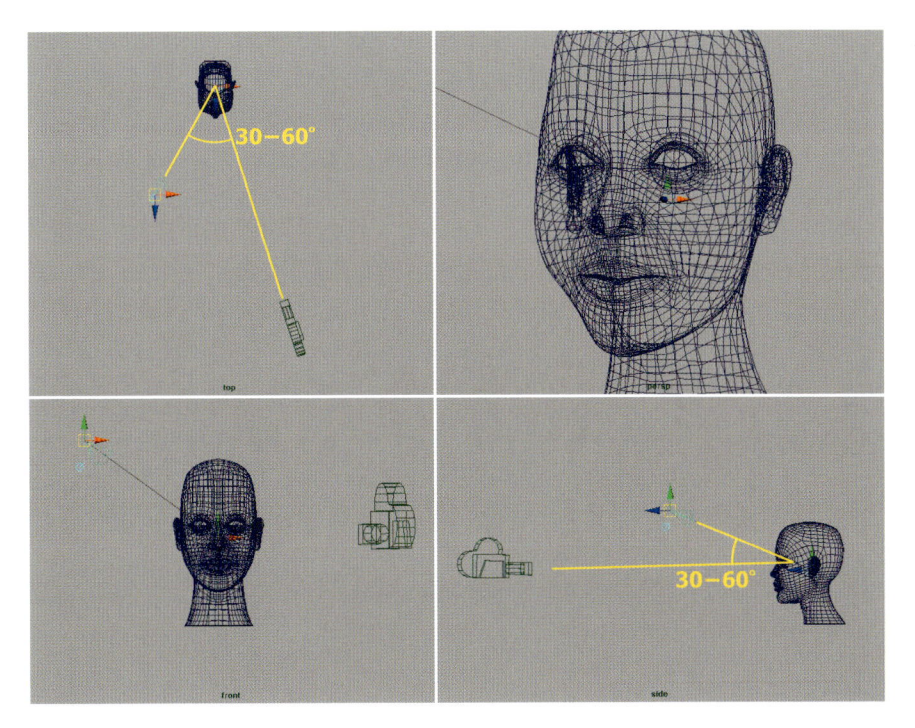

Abbildung 5.13:
Diese Ansichten zeigen eine gängige Position für das Hauptlicht und dessen Lage relativ zur Kamera an.

Wenn Sie bereits ein Hauptlicht gesetzt und damit die Beleuchtung und die Schatten auf Ihrer Figur wunschgemäß eingestellt haben, ist die Duplizierung dieser Lichtquelle wohl der einfachste Weg zur Erzeugung eines Fülllichts. Achten Sie gleich nach dem Duplizieren darauf, die neue Kopie passend zu benennen, um später Verwechslungen zu vermeiden. Rotieren Sie dann das durch Kopieren erzeugte Fülllicht so um die Figur herum, bis es die gewünschte Position hat.

Es gibt dann noch einige Punkte, die Sie beachten sollten, um das kopierte Hauptlicht zu einem Fülllicht zu machen:

- Reduzieren Sie die Helligkeit des Fülllichts auf unter die Hälfte der Helligkeit am Hauptlicht.
- Färben Sie Fülllichter anders ein als das Hauptlicht. Eine zum Hauptlicht komplementäre Farbe (also bei einem gelben Hauptlicht z.B. ein blaues Fülllicht) hilft Ihnen beim Herausarbeiten der Formen.
- Der Schattenwurf Ihres Fülllichts sollte generell weicher sein als der des Hauptlichts.

Ihr erstes Fülllicht wird in der Regel auf die Bereiche gerichtet sein, die durch das Hauptlicht im Schatten liegen. Wenn Sie sich wie links in Abbildung 5.14 eine Testberechnung des Modells nur mit aktivem Hautlicht ansehen, so treten dort die dunklen Bereiche deutlich hervor, die nicht vom Hauptlicht erreicht werden. Auf der rechten Seite der Abbildung 5.14 wurde ein Fülllicht ergänzt, durch das die Schattierung nun um die gesamte Figur herumläuft.

Abbildung 5.14:
Ein nur von einem Hauptlicht beleuchtetes Modell (links) und die gleiche Szene mit einem zusätzlichen Fülllicht (rechts)

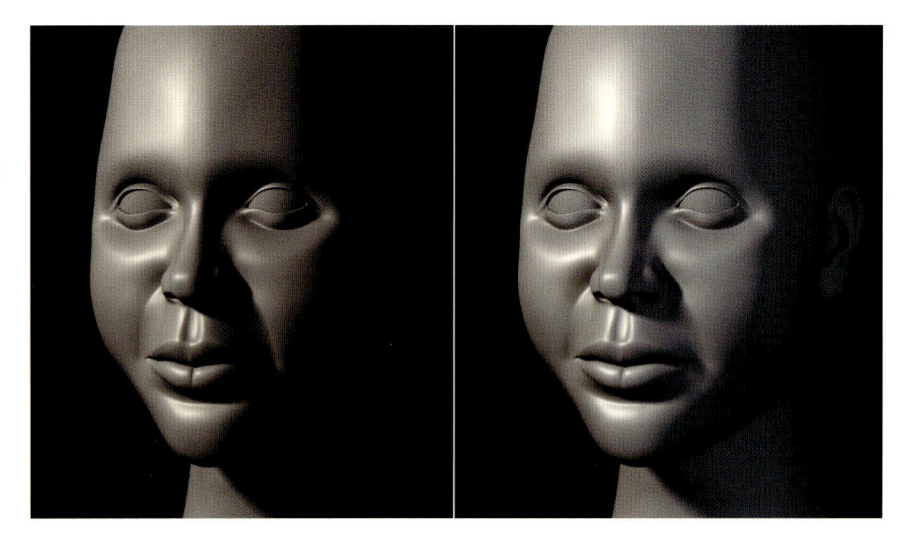

Die einfachste Möglichkeit, mit einem Fülllicht die Bereiche zu beleuchten, die nicht vom Hauptlicht erreicht werden, ist die Platzierung des Fülllichts auf der vom Hauptlicht aus gesehen gegenüberliegenden Seite des Modells. Die zur Position des Hauptlichts aus der Abbildung 5.14 passende Platzierung des Fülllichts ist in Abbildung 5.15 zu sehen. Oftmals ist das Fülllicht auch tiefer als das Hauptlicht positioniert. Kommt das Hauptlicht also von oben, so sollte das Fülllicht auf Höhe der Augen oder noch tiefer platziert werden.

Eventuell werden Sie mehrere Fülllichter brauchen, um Ihre Figur gleichmäßig auszuleuchten. Achten Sie darauf, dass sich die Fülllichter dann nicht so verstärken, dass sie mit dem Hauptlicht konkurrieren können. Dies würde zu einem Verlust an Kontrast und Definition an Ihrem Modell führen. Niedrige key-to-fill-Verhältnisse von 2:1 oder noch weniger lassen die Objekte wie an einem bedeckten Tag oder wie in einem künstlich beleuchteten Raum wirken.

Zusätzlich zu den Fülllichtern, die auf den gesamten Körper wirken, können Sie auch separate Fülllichter einsetzen, die über Beschränkungsfunktionen nur auf bestimmte Körperteile wirken. Sehen also z.B. die Zähne Ihrer Figur zu dunkel und im Vergleich mit dem Augenweiß zu matt und gelblich aus, ergänzen Sie ein sanftes und bläulich gefärbtes Fülllicht und beschränken dessen Wirkung ausschließlich auf das Zahnfleisch und die Zähne.

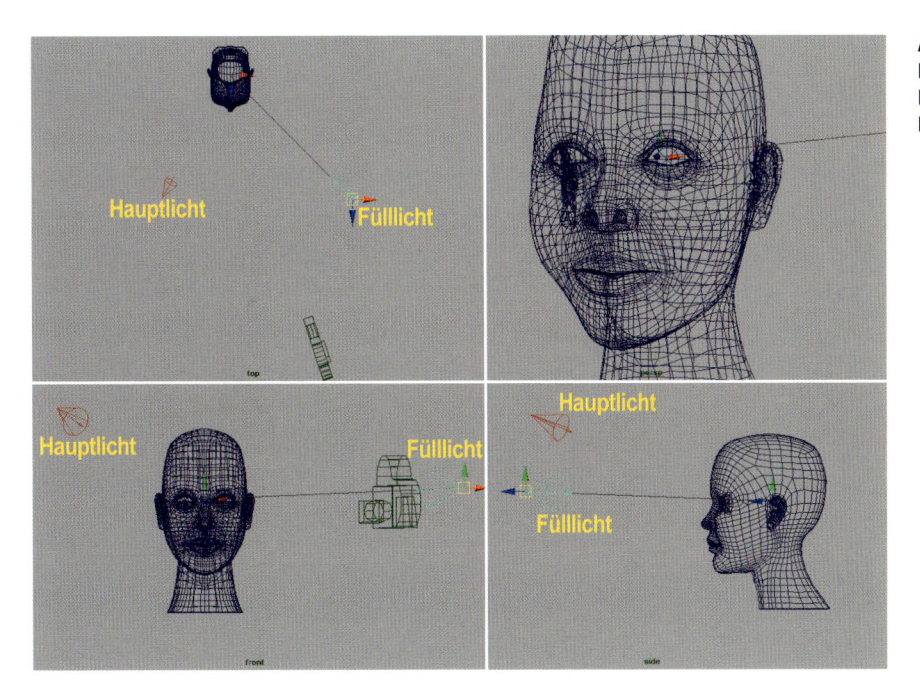

Abbildung 5.15:
Ein gegenüber dem Hauptlicht platziertes Fülllicht

Gestreutes Licht

Gestreutes bzw. Bounce-Licht ist bei der Beleuchtung von Figuren mit dem entsprechenden Licht bei der Beleuchtung von Szenen identisch (siehe Kapitel 4, „Umgebungen und Architektur beleuchten"). Gestreutes Licht kann dabei als eine Art Fülllicht verstanden werden, nur dass dadurch indirektes Licht, das von Objekten reflektiert wurde, simuliert wird und nicht das Licht anderer Quellen.

Um das vom Boden zurückgeworfene Licht zu simulieren, können Lichtquellen unter dem Boden platziert und nach oben ausgerichtet werden. Dieses reflektierte Licht sieht in der Regel mit invers quadratischer oder quadratischer Abnahmefunktion am besten aus. Je näher die Figur also der reflektierenden Oberfläche kommt, desto heller wird die Figur beleuchtet.

Besonders bei der Beleuchtung von Figuren müssen Sie darauf achten, dass alle Ihre indirekten Streulichter Schatten werfen oder durch Ambient Occlusion automatisch abgedunkelt werden, damit die Mundhöhle, die Nasenlöcher oder andere versteckter liegende Stellen nicht zusätzlich aufgehellt werden.

Ebenso sollten die Streulichter keine Glanzpunkte erzeugen. Niemand würde glauben, dass das vom Boden zurückgeworfene weiche und indirekte Licht einen Glanzpunkt auf dem unteren Augapfel erzeugen könnte.

Die Farbe des reflektierten Lichts ist in der Regel abhängig von der Farbe des Bodens oder der Farbe des Objekts, von dem das Licht abgeprallt ist. Achten Sie trotzdem darauf, wie das gefärbte Licht auf Ihrer Figur wirkt. Eventuell müssen Sie die Farbe entsättigen, wenn das Licht z.B. zu giftig grün aussieht. Um die Figur noch lebendiger erscheinen zu lassen, kann es helfen, die Lichtfarbe des indirekten Lichts etwas wärmer zu wählen als dies normalerweise bei der Beleuchtung einer Szene der Fall wäre. Dies täuscht die Streustrahlung an der Haut der Figur vor.

Das Licht kann manchmal auch zwischen verschiedenen Figuren reflektiert werden. Gerade wenn Ihre Figuren recht bunt sind und in der prallen Sonne einer Außenszene stehen, können Sie ein zusätzliches Licht auf eine der Figuren beschränken und eine dezente Beleuchtung zur Simulation des zwischen den Figuren ausgetauschten Lichts hinzufügen.

Streiflichter

Wie bereits in diesem Kapitel erwähnt, werden Streiflichter bzw. Rim Lights direkt auf die Figuren gerichtet, um eine helle Linie entlang der Silhouette der Figur zu erzeugen. Die Ursprünge dieses Streiflichts reichen zurück in die Zeit der Schwarzweißfotografie und der frühen Kinofilme. Abbildung 5.16 zeigt auf der linken Seite, wie sich die Graustufen im Vorder- und Hintergrund eines Schwarzweißbilds ähneln können. Das Hinzufügen eines Streiflichts (rechts) trennt den Vorder- und den Hintergrund deutlicher voneinander. Wie die untere Hälfte der Abbildung zeigt, kann dies auch in Farbbildern noch zur Verstärkung des Kontrasts benutzt werden.

Es gibt eine ganze Reihe von Einsatzmöglichkeiten für die Rim Lights in der Produktion von Computergrafiken:

- Die optische Trennung von Figuren vom Hintergrund, besonders wenn die Szene eher dunkel ist
- Um direktionales und paralleles Licht vorzutäuschen, indem das Rim Light die von der Hauptlichtquelle beleuchtete Seite zusätzlich aufhellt

Abbildung 5.16: Ohne ein Streiflicht (links) haben der Apfel und der Hintergrund ähnliche Tönungen. Wird ein Streiflicht hinzugefügt (rechts), tritt der Apfel in den Vordergrund.

- Um die Aufmerksamkeit des Betrachters auf eine bestimmte Figur oder eine spezielle Aktion zu lenken
- Um die Integration mit realen Aufnahmen zu vereinfachen, denn viele Kameramänner filmen Schauspieler gerne bei Gegenlicht oder niedrig stehender Sonne

Abbildung 5.17 zeigt links eine Figur ohne Streiflicht und auf der rechten Seite die gleiche Figur mit beidseitig hinzugefügten Rim Lights.

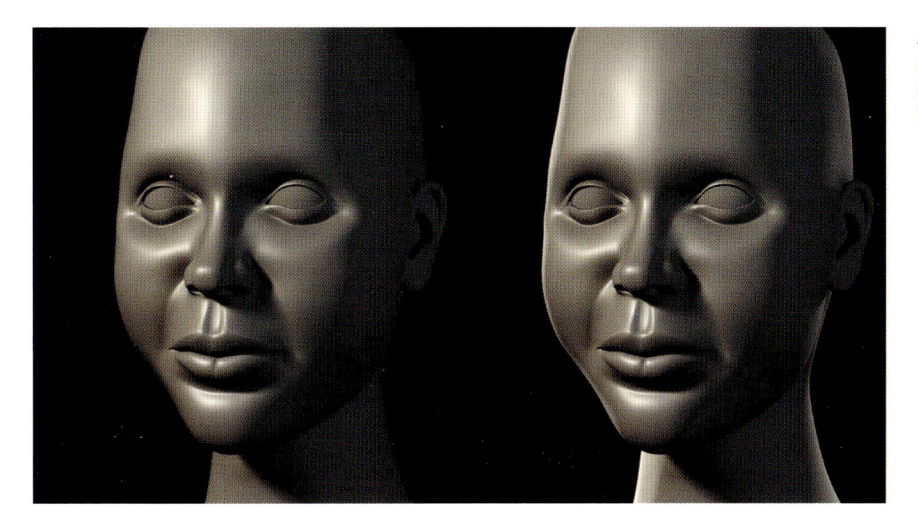

Abbildung 5.17:
Eine Figur ohne Streiflicht (links) und mit beidseitigen Rim Lights (rechts)

Bei realen Filmaufnahmen erzeugt eine direkt hinter der Figur platzierte Lichtquelle eine Lichtkante entlang der Silhouette. In der Computergrafik würde die gleiche Situation bei einem lichtundurchlässigen Objekt (siehe Abbildung 5.18) gar keinen Streiflichteffekt haben. In den meisten Fällen muss das Rim Light daher etwas erhöht oder leicht seitlich von dem Objekt platziert werden, damit das Licht nicht vollständig abgeblockt wird.

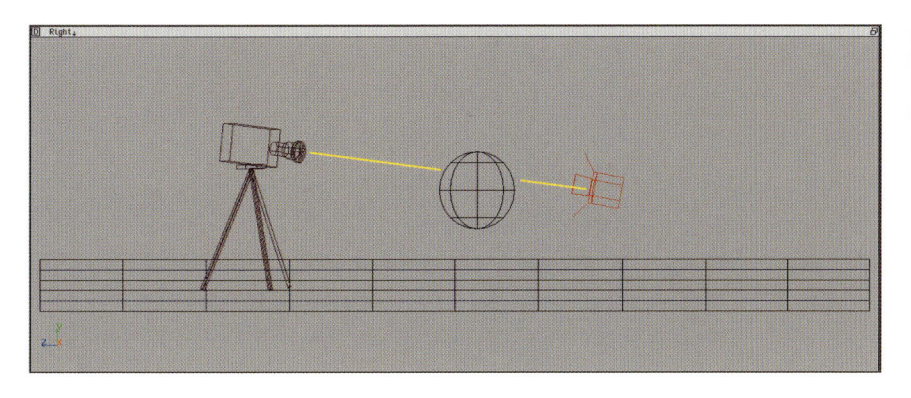

Abbildung 5.18:
Ein direkt hinter einem 3D-Objekt platziertes Rim Light wird wahrscheinlich gar nicht zu sehen sein.

Abbildung 5.19:
Die Streiflichter aus Abbildung 5.17 wurden hinter der Figur platziert (links) und relativ zur Ansicht der Kamera ausgerichtet (rechts).

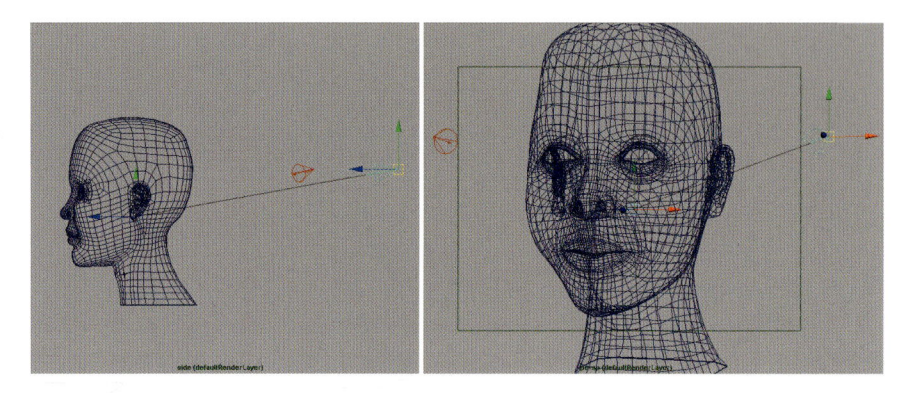

Um ein Streiflicht richtig anzuordnen, beginnen Sie damit, es direkt hinter der Figur zu platzieren. Verschieben Sie dann das Rim Light so weit, dass Sie diese Lichtquelle in der Kameraansicht sehen können. Je nachdem, wo das Streiflicht in der Kameraansicht zu sehen ist, wird sich später auch dort das Streiflicht auf dem Objekt zeigen. Abbildung 5.19 stellt die beiden Streiflichter dar und wie diese relativ zum Kopf positioniert wurden. Wenn ein Rim Light in der Ansicht der Kamera rechts vom Kopf ist, wird dadurch auch eine Lichtkante an der rechten Seite des Kopfs erzeugt werden. Ein Rim Light über dem Kopf wird somit auch einen Lichteffekt auf dem oberen Teil des Kopfs erzeugen. Mit einem überprüfenden Blick durch die Kamera können Sie somit also auch den Effekt der Rim Lights nur auf bestimmte Körperteile oder bestimmte Abschnitte beschränken.

Sie sollten Rim Lights immer auf die zu beleuchtende Figur beschränken, damit durch dieses Licht nicht noch andere Objekte der Szene beleuchtet werden. Um ein Streiflicht optimal zu platzieren, kann es auch manchmal nötig sein, das Licht durch eine Mauer leuchten zu lassen, bevor es auf die Figur trifft. Dabei sollten Rim Lights grundsätzlich Schatten werfen, damit z.B. die Nasenlöcher oder der Mundraum keine zusätzliche Beleuchtung erhalten und kein Licht z.B. durch das Ohr dringt und noch Auswirkungen auf die Helligkeit der Wange der Figur hat.

Aus Sicht der Kamera bestimmt der Abstand der Rim Lights zum Hinterkopf der Figur, wie groß und intensiv das Streiflicht auf der Figur wirken wird. Ein schmaleres und subtileres Streiflicht wird erzielt, wenn das Rim Light aus Sicht der Kamera sehr nahe bei dem Kopf platziert wird. Entfernen wir das Rim Light in der Kameraansicht vom Kopf und bewegen es auf den Rand des Bildausschnitts zu, vergrößert sich dadurch der Streiflichteffekt auf der Figur und gewinnt so an optischer Präsenz hinzu. Soll ein Streiflicht auf einer sehr runden Oberfläche erzeugt werden, muss das Rim Light teilweise sogar seitlich ganz aus dem für die Kamera sichtbaren Bereich herausgezogen werden.

Der Streiflichteffekt ist in der Regel an echten Menschen sehr viel häufiger zu beobachten als an künstlich im Computer erzeugten Wesen, da in der Realität viele Oberflächen von Haaren, Staub, Fusseln oder anderen feinen Elementen überzogen sind. Diese dünne, transluzente Schicht transportiert und streut Licht, das von einer Position hinter der Person kommt.

Wie Sie in Abbildung 5.20 erkennen können, macht das Hinzufügen von Haaren oder Fell zu einer Oberfläche den Effekt eines Streiflichts sehr viel deutlicher. Da Haare aus so vielen transparenten Strähnen bestehen, die alle das Rim Light auffangen und weiterleiten können, besteht oft die Gefahr, dass das Streulicht in den Haaren zu stark wirkt, selbst wenn es für andere Stellen ohne Behaarung genau richtig eingestellt ist. Werden die Haare Ihrer Figur zu sehr überstrahlt, sollten Sie die Rim Lights mit Beschränkungen benutzen und eine entsprechend weniger hell eingestellte oder mehr hinter der Figur platzierte Lichtquelle ausschließlich auf die Haare wirken lassen.

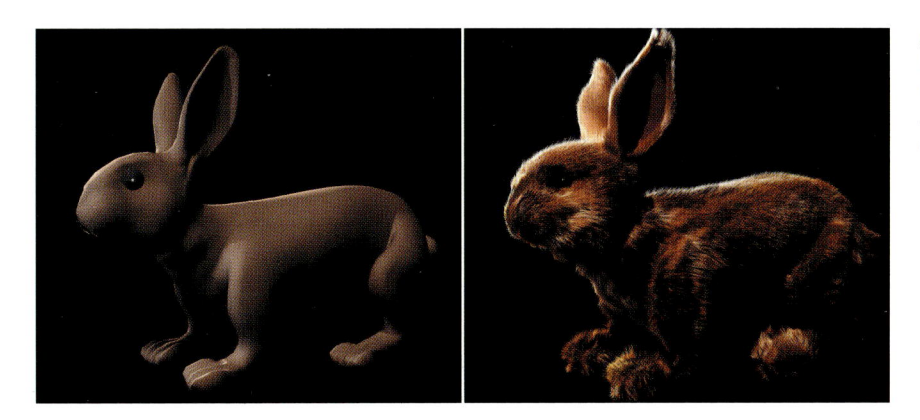

Abbildung 5.20:
Eine Oberfläche mit Fell reagiert sehr viel heftiger auf ein Streiflicht als eine glatte Fläche.

Spezielle Shader oder Optionen bei den Lichtquellen können dafür sorgen, dass sich Streiflichter noch stärker um die Krümmungen eines Objekts herumkrümmen können. Abbildung 5.21 gibt dazu ein Beispiel, bei dem die Sichtbarkeit einer Fläche für eine Lichtquelle gleichzeitig die Größe des Glanzpunkts auf der Oberfläche steuert. Dies führt zu einem sehr viel breiteren Glanzverhalten des Objekts in der Nähe der äußeren Umrandung.

Abbildung 5.21:
Im Hypershader-Fenster von Maya wird der Facing Ratio-Wert benutzt, um die Größe des Glanzlichts an den Rändern des Objekts zu steuern.

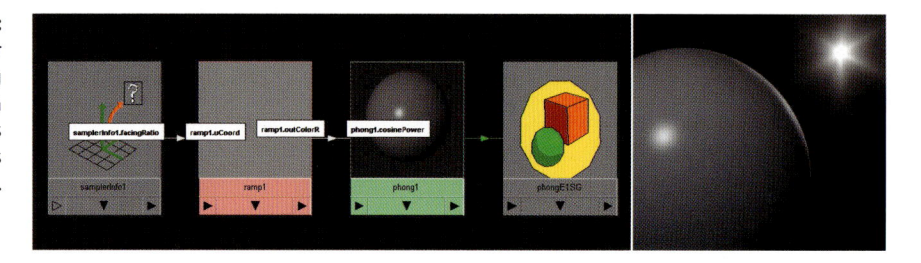

Aufheller

Ein Aufheller- bzw. *Kicker*-Licht ist einem Streiflicht sehr ähnlich, breitet sich jedoch auf der Oberfläche weiter aus und erfasst so z.B. die ganze Seite eines Objekts (siehe Abbildung 5.22).

Abbildung 5.22:
Ein Aufheller (rechts) beleuchtet größere Abschnitte eines Objekts als ein Streiflicht (links).

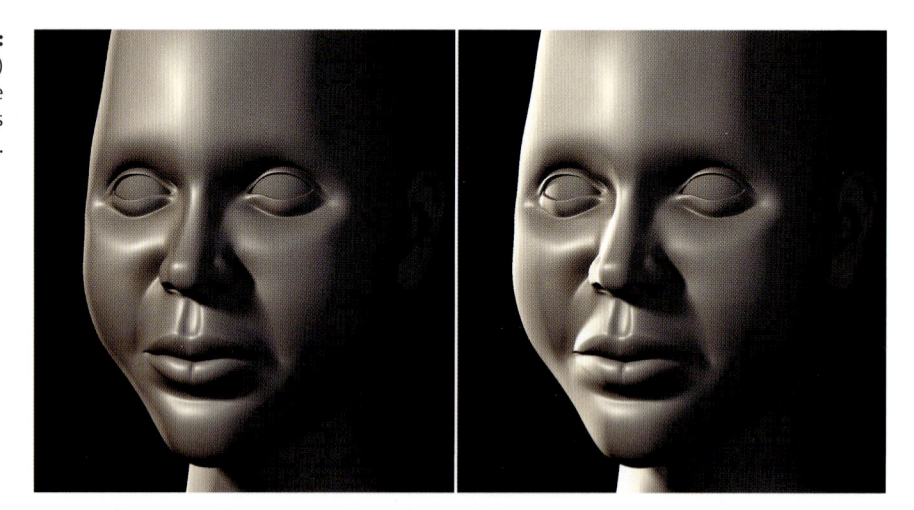

Optisch betrachtet kann ein Aufheller wie ein Streiflicht eingesetzt werden, der Effekt ist aber für den Betrachter sehr viel stärker zu sehen. Aufheller können auch eingesetzt werden, um einer Seite der Figur mehr Definition zu geben und den Kontrast in dunklen Szenen zu verbessern.

Streiflichter werden oft als stilistisches Mittel eingesetzt und müssen daher nicht immer von einer bestimmten Lichtquelle in der Szene motiviert sein. Dies ist bei Aufhellern anders, denn diese werden sparsamer eingesetzt und auch nur so platziert, dass sie bereits die Lichtrichtung einer vorhandenen intensiven Lichtquelle aufgreifen. Abbildung 5.23 zeigt die beispielhafte Platzierung eines Kicker-Lichts, das im Vergleich zum hinter dem Kopf liegenden Rim Light eher seitlich neben dem Kopf positioniert wird.

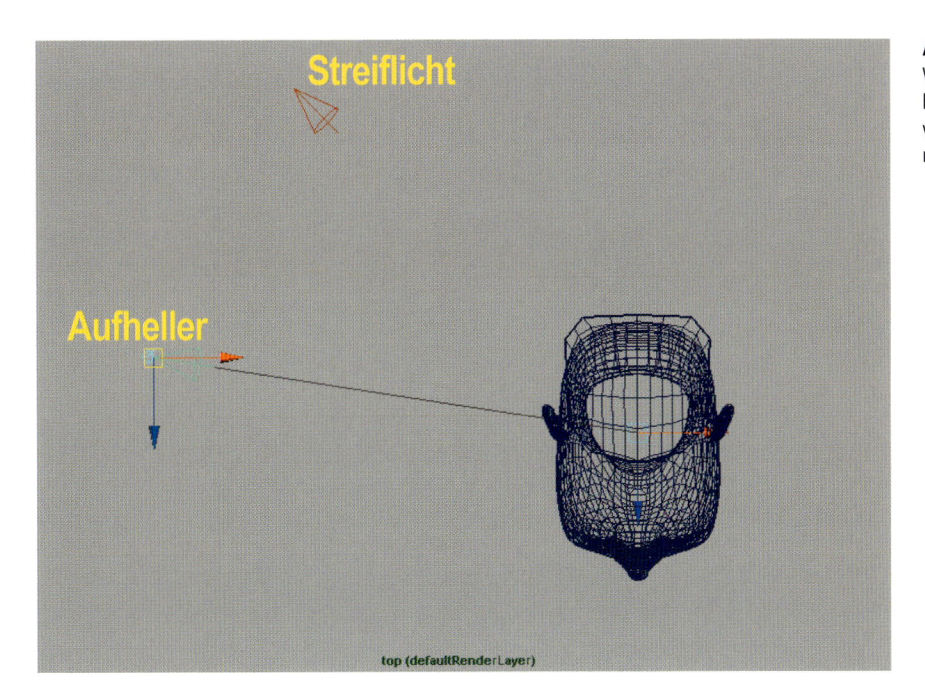

Abbildung 5.23:
Während Streiflichter eher hinter der Figur platziert werden, liegen Aufheller mehr neben der Figur.

Glanzlichter

Ein Glanzlicht, auch *Specular* oder nur kurz *Spec Light* genannt, wird zum Hinzufügen zusätzlicher Glanzlichter auf der Figur benutzt. Der Typ der Lichtquelle ist dabei beliebig wählbar, solange die Lichtquelle keine diffuse, sondern nur noch glänzende Beleuchtung abgibt.

Wenn Ihre Figur nass aussehen soll, ist der Einsatz von Glanzlichtern auf der Haut und den Haaren sehr wichtig. Wie links in Abbildung 5.24 zu sehen, kann ein Reptil oder eine Echse zu trocken wirken, wenn weder Glanzlichter noch Spiegelungen zu sehen sind. Das Hinzufügen einiger Glanzlichter (in der Abbildung rechts) behebt dieses Problem. Um längliche Glanzlichter auf der Haut der Figur oder den Haaren zu erzeugen, platzieren Sie die Glanzlichtquelle etwas hinter und neben der Figur, ganz ähnlich also, wie Sie ein Rim Light setzen würden.

Wie bereits angesprochen, eignen sich Glanzlichter hervorragend, um Glanzpunkte auf den Augen der Figur zu erzeugen. Wenn Sie dabei sichergehen wollen, dass ein Glanzpunkt tatsächlich auf den Augen, den Zähnen, den Brillengläsern oder auf anderen spiegelnden Elementen der Figur zu sehen ist, platzieren Sie das Glanzlicht nahe bei der Kamera. Wenn Sie so ein Glanzlicht nahe genug mit der Kamera mitführen, werden Sie dadurch unabhängig von der Animation der Figur immer einen Glanz erzeugen.

Abbildung 5.24:
Ohne Glanz wirkt die Schlange zu trocken (links). Mit einem Glanzlicht können Sie den Schuppen der Schlange einen zusätzlichen Schimmer geben (rechts).

Probleme bei der Beleuchtung von animierten Figuren

Die Beleuchtung von Kreaturen und Figuren ist aufgrund deren Beweglichkeit in Animationen weitaus komplexer als die Beleuchtung statischer Objekte. In einem Bild der Animation kann die Figur perfekt beleuchtet sein, bewegt sich diese jedoch z.B. etwas zur Seite, kann der virtuelle Charakter plötzlich vollständig im Schatten stehen. Ein sorgsam ausgerichtetes Streiflicht kann plötzlich eine Überstrahlung des Gesichts bewirken, wenn sich der Kopf dreht.

Es wäre technisch möglich, die Lichtquellen mit der Figur zu gruppieren oder an diese zu binden, damit die Lichtquellen sich jederzeit automatisch mit der Figur mitbewegen und die Beleuchtungswinkel auf die Figur auch während der Animation konstant bleiben. Dies garantiert zwar eine gleichförmige Beleuchtung, wirkt jedoch auf den Betrachter schnell unglaubwürdig, da sich die Lichter ohne erkennbaren Grund mit der Figur bewegen und so laufend die Positionen verändern.

In der Regel wirkt die Beleuchtung natürlicher, wenn sich die Figur durch die Lichter bewegt und die Lichtquellen selbst statisch bleiben. So ist es in unserer realen Umgebung schließlich auch. Dennoch kann man dann und wann auch etwas schummeln. So müssen Streiflichter oftmals an die Bewegungen der Figur angepasst werden, damit eine gleichmäßige Lichtkante erhalten bleibt. Manchmal kann auch ein Fülllicht oder das indirekte Licht an die Figur gebunden und mit dieser mitbewegt werden, wenn es dabei um die Beleuchtung einer bestimmten Stelle an der Figur geht, wie z.B. dem Mund. Seien Sie dabei jedoch vorsichtig, denn wenn zu viele an sich statische Lichtquellen mit der Figur mitbewegt werden, erscheint die Beleuchtung schnell unglaubwürdig und die Figur passt sich nicht mehr in die statisch beleuchtete Umgebung ein.

Testbilder

Da sich die Beleuchtung Ihrer Figur im Laufe der Animation verändern wird, wählen Sie einige Schlüsselbilder Ihrer Animation aus, um dort an der Beleuchtung zu arbeiten und diese zu testen. Es ist dabei sinnvoll, das erste und letzte Bild der Animation zu wählen, sowie alle Bilder, in denen die Figur eine extreme Haltung oder Position einnimmt. Ebenso sollten Bilder dabei sein, wo die Figur ihren Mund öffnet oder direkt mit anderen Objekten interagiert, um dort die Beleuchtung testen zu können.

Haben Sie erst einmal eine Liste mit den zu testenden Bildern innerhalb der Animation erstellt, können Sie sich zwischen diesen Schlüsselstellen bewegen und die Beleuchtungen anpassen. Wenn Sie also in einem dieser Schlüsselbilder ein Streiflicht neu ausgerichtet haben und diese Aktion vielleicht sogar in einem Keyframe gesichert haben, sollten Sie auch die übrigen Schlüsselbilder berechnen lassen, um dort die Auswirkungen der Veränderung an der Beleuchtung zu begutachten.

Wenn Sie in hoher Filmauflösung arbeiten, werden Sie es in der Regel nicht schaffen, alle Bilder der Animation über Nacht berechnen zu lassen. Sie sollten dann nur einige Schlüsselbilder in der finalen Auflösung berechnen lassen, wenn Sie eine veränderte Beleuchtung begutachten möchten. Müssen Sie die neue Beleuchtung in der Bewegung sehen, können Sie auch die komplette Animation in einer geringeren Auflösung berechnen lassen und dabei z.B. nur jedes zweite oder dritte Bild rendern lassen, wenn es sich um eine längere Animation handelt. Der Schlüssel liegt hierbei in der Auswahl geeigneter Bilder für die Einstellung der Beleuchtung. Im günstigsten Fall passt die Beleuchtung dann bereits, wenn Sie eine Testberechnung der gesamten Animation in voller Auflösung durchführen lassen.

Lichter mit Figuren verbinden

Brauchen Figuren überhaupt eigene Lichter? Wenn Sie die Beleuchtung für einen Film erstellen und die Szene bereits beleuchtet wird, warum können diese Lichter dann nicht auch gleichzeitig die Figur beleuchten? Sie können an einigen ausgewählten Bildern der Animation Testberechnungen durchführen und sich Ihre Figur unter der vorhandenen Beleuchtung der Szene ansehen. In einigen Fällen entspricht das Ergebnis vielleicht bereits Ihren Erwartungen. In den meisten Fällen ist es jedoch so, dass die Akzente, die durch die Beleuchtung der übrigen Szene gesetzt werden, nicht mit dem übereinstimmen, wie Sie Ihre Figur präsentieren wollen.

Um mehr kreative Freiheit über das Erscheinungsbild der Figuren zu bekommen, sollten separate Licht-Setups auf die Figur beschränkt werden. Die das

Set beleuchtenden Lichtquellen werden dann von der Beleuchtung der Figur ausgeschlossen. Beleuchtungsrichtung und Helligkeit der Figurlichtquellen sollten an die Lichtquellen der umgebenden Szene angepasst werden. Dennoch sollte die Kontinuität der Beleuchtung der Figur nicht so weit gehen, dass sie nicht auch die Modellierung mit Licht oder das Herausarbeiten der Definition an der Figur erlauben würde. Letztlich sollte die Beleuchtung der Figur auch der Animation angepasst werden und der Unterstützung der erzählten Geschichte dienen.

Bei vielen Produktionen hat jede Figur ihr eigenes exklusives Set an Lichtern. Diese Lichter können dann in ihrer Position und Färbung angepasst werden, um die Beleuchtung der Figur an verschiedene Gegebenheiten anzupassen. Wird die Figur in einer Szene mit vielen realen Lichtquellen eingesetzt, wie z.B. in einem Büro mit vielen Lampen, sollten diese realen Lichtquellen die Figur zusätzlich zu den Haupt-, Füll- und Streiflichtern beleuchten, die bereits in dem Licht-Setup der Figur vorhanden sind.

Neue Technologien

Die künstlerischen Möglichkeiten werden laufend erweitert, vor allem durch immer neue Optionen für das Hinzufügen von Fülllichtern und indirekter Beleuchtung. Die Verwendung von Spotlichtern und normalen Tiefenmap-Schatten, um Fülllicht und abgepralltes Licht zu simulieren, stellt weiterhin eine Alternative dar, aber aktuelle Renderer bieten für diesen Zweck auch *Ambient Occlusion*, *bildbasierte Beleuchtung* (image based lighting, IBL) und *globale Illumination* (GI) an. Wir haben diese Techniken bereits in Kapitel 4 im Zusammenhang mit der Beleuchtung von Umgebungen und Szenen besprochen. Für die Verwendung bei Figuranimationen wurden diese Techniken Schritt für Schritt übernommen, wenn auch nicht immer im vollen Umfang, denn die Berechnung dieser Effekte kann für die bei Animationen benötigte Anzahl an Einzelbildern sehr viel Zeit in Anspruch nehmen.

Ambient Occlusion und Figuren

Die Ambient Occlusion hat sich im Laufe der vergangenen Jahre von einer für die Produktion zu rechenaufwändigen Technik zu einem festen Bestandteil vieler hochwertiger Filmproduktionen gewandelt. Dies wurde durch Verbesserungen der Software und ständig leistungsfähiger werdende Computer möglich.

Wenn Sie Ambient Occlusion auf Ihren Figuren einsetzen, werden Sie keinen Schattenwurf mehr für Ihre Fülllichter benötigen. Die Ambient Occlusion sorgt automatisch für eine Abdunklung verdeckter Bereiche, wie z.B. Nasenlöcher, Achseln, der Bereich hinter den Ohren oder auch zwischen

Kleidungsfalten liegenden Stellen. Sie lässt diese wirken, als würde das Fülllicht einen sehr weichen Schatten werfen. Abbildung 5.25 zeigt von links nach rechts die Ambient Occlusion, dann das Fülllicht ohne Schatten und schließlich die Kombination von Ambient Occlusion und Fülllicht.

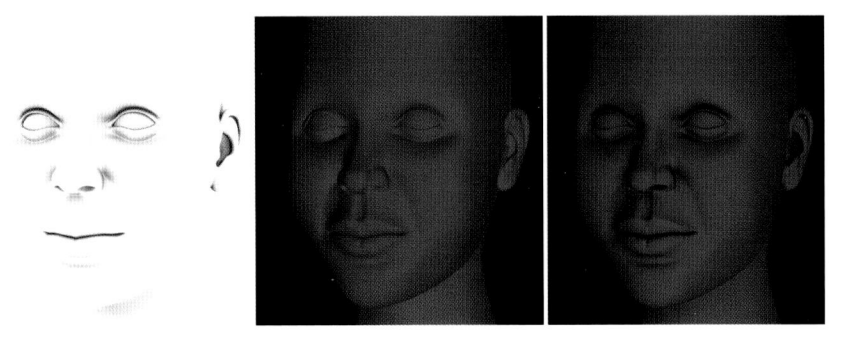

Abbildung 5.25:
Mit Occlusion (links) können Sie Fülllichter auch ohne Schattenwurf berechnen lassen (Mitte). Die Multiplikation von Ambient Occlusion und Fülllicht (rechts) erzeugt dann die Illusion eines weichen Schattenwurfs auf der Figur.

Wenn Ihr Renderer die Verknüpfung von Ambient Occlusion mit bestimmten Lichtquellen erlaubt, sollten Sie die Ambient Occlusion nur mit dem Fülllicht und indirekten Lichtquellen verbinden und nicht zusätzlich das Hauptlicht mit einbeziehen. Auf diese Weise kann das Hauptlicht ausschließlich durch echte Schatten abgedunkelt und nicht von der Ambient Occlusion abgeschwächt werden. Nur die Fülllichter werden dann von der Ambient Occlusion beeinflusst. Besonders wenn Haupt- und Fülllicht mit unterschiedlichen Farben arbeiten, ergibt sich dadurch eine natürlichere Farbmischung in den Schatten, die Ihre Szene noch realistischer erscheinen lässt. Die Möglichkeit, die Ambient Occlusion nur auf bestimmte Lichtquellen wirken zu lassen, ist nicht in jedem Programm gegeben. Verstehen Sie dies daher nur als Anregung, wenn Sie diese Option haben.

Einige übertreiben den Einsatz von Ambient Occlusion, bis es zu einem unnatürlichen und dominierenden Teil der Schattierung in der Szene wird. Die Dunkelheit der Ambient Occlusion auf das Niveau der Schatten der Hauptlichtquelle abzusenken, ist nur realistisch bei sehr niedrigen key-to-fill-Verhältnissen, wie sie z.B. in einem Raum mit gedämpften Licht oder bei einer Außenszene unter bedecktem Himmel vorkommen. Natürlich ist der Ambient Occlusion-Effekt an sich schon interessant anzusehen, letztlich handelt es jedoch nur um ein Element der Beleuchtung und er ist zudem oftmals eher subtiler Natur.

Wenn Sie eine Animation in kurzer Zeit fertig stellen müssen und sich daher entscheiden, Ambient Occlusion nicht in jedem Bild einzusetzen, ist das Backen der Ambient Occlusion-Berechnung auf die Figur eine Option. Sinnvoll ist z.B. das Backen der Ambient Occlusion in die Textur für den Bereich der Nasenlöcher, das Innere des Munds und den Bereich um die

Ohren herum. Stellen Sie dabei sicher, dass die gebackene Ambient Occlusion das Hauptlicht nicht zu stark abschwächt. Es sollte hauptsächlich das Fülllicht gedämpft werden.

IBL und GI auf einer Figur

Die bildbasierte Beleuchtung (IBL) ist eine hervorragende Quelle für das Fülllicht und kann sowohl mit Figuren als auch mit statischen Szenen eingesetzt werden. Besonders bei Außenszenen werden Sie schnell feststellen, dass Sie dort außer IBL kaum noch zusätzliche Fülllichter oder indirekte Lichter benötigen werden. Die Wirkung von IBL ist dann am besten, wenn aus großer Entfernung kommendes Licht simuliert werden soll, also z.B. das Himmelslicht. Das Licht naher Lichtquellen, wie z.B. einer Tischlampe, lässt sich dagegen nicht so gut mit dieser Technik darstellen.

Die globale Illumination ist in der Regel zu langsam, um in umfangreicheren Figuranimationen eingesetzt werden zu können. Wenn es dennoch benutzt wird, dann in einer eingeschränkten Form mit nur einer Lichtreflexion zwischen Oberflächen und mit einer auf vereinfachten Modellen beruhenden Berechnungsmethode, die nicht die gesamte Szene einschließt. Vielleicht wird der Tag kommen, an dem GI ebenso seinen Platz in der Figuranimation findet wie heute schon Ambient Occlusion, aber dies wird sehr viel leistungsfähigere Computer voraussetzen.

Während mannigfaltige Optionen und Alternativen für die Erzeugung von diffusem Fülllicht und reflektiertem Licht existieren, gibt es genügend andere Funktionen der Beleuchtung, für die Spotlichter in Verbindung mit Tiefenmap- oder Raytracing-Schatten noch immer die beste Wahl sind. Die Verwendung von Hauptlichtern, Streiflichtern, Aufhellern und Glanzlichtern hat sich in den letzten zehn Jahren kaum verändert und wird wohl auch in absehbarer Zeit nicht durch andere Techniken zu ersetzen sein.

Subsurface Scattering

Viele Shader bieten in 3D-Programmen einen Parameter für die Transluzenz an. Dies sorgt dafür, dass dünne Objekte, wie z.B. ein Blatt, ein Lampenschirm oder ein Stück Papier lichtdurchlässig wirken. Bei Objekten mit mehr Volumen, wie z.B. einer virtuellen Figur, wird die Lichtdurchlässigkeit der Haut jedoch natürlicher mit einem Subsurface Scattering-Shader simuliert. Die Abbildung 5.26 zeigt links einen Kopf, der mit einem normalen, nicht lichtdurchlässigen Shader belegt wurde. Wird der gleiche Kopf mit Subsurface Scattering berechnet (in der Abbildung rechts zu sehen), erkennt man deutlich, wie das Streulicht auch durch das linke Ohr hindurch zu leuchten scheint.

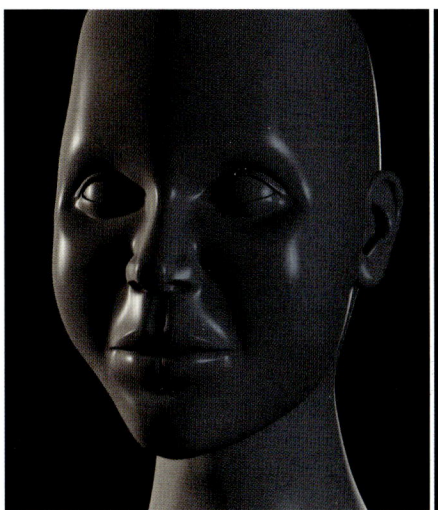

Abbildung 5.26:
Ohne Subsurface Scattering (links) wirkt die Figur lichtundurchlässig. Mit Subsurface Scattering (rechts) kann das Licht durch dünnere Stellen hindurchleuchten, wie z.B. am Ohr.

Das Subsurface Scattering simuliert dabei, wie die Lichtstrahlen in lichtdurchlässigen Materialien gestreut werden. Egal, wie sorgsam Sie die Oberfläche einer Figur mit Texturen belegen, die Haut wird häufig dennoch unecht aussehen, wenn nicht auch zusätzlich deren Lichtdurchlässigkeit simuliert wird. Bei der Haut wird Subsurface Scattering in drei Bereichen sichtbar:

- Wenn helles Licht von hinten durch dünne Körperstellen, wie z.B. die Nase oder die Ohren dringt, leuchten diese rot. Die nennt man *Forward Scattering* bzw. vordere Streuung, da das Licht auf der Rückseite des Objekts eintritt und dann gestreut an der Vorderseite wieder austritt.

- Der Terminator, also der Übergang zwischen beleuchteten und im Schatten liegenden Stellen, bekommt einen rötlichen Schimmer, der ebenfalls vom Forward Scattering verursacht wird.

- Die Ränder von Schatten auf der Figur können rötlich eingefärbt erscheinen. Die ist eine Folge des *Back Scattering*. Darunter versteht man Licht, das in das Fleisch eintritt, dort gestreut wird und an fast der gleichen Stelle wieder austritt. Dies ist eher an fleischigeren Körperstellen, wie z.B. an den Wangen zu beobachten.

Abbildung 5.27 zeigt diese Effekte an einem realen Foto. Bedenken Sie, dass dort ein sehr starkes Licht verwendet wird, damit die Effekte deutlicher hervortreten. In den meisten Fällen ist das Subsurface Scattering ein sehr subtiler Effekt. Dennoch dürfen wir auch diese subtilen Effekte nicht vernachlässigen, denn uns allen ist die Haut und deren Aussehen so präsent, das auch kleinste Details wahrgenommen und letztlich für die Erzeugung eines lebensechten virtuellen Charakters simuliert werden müssen.

Abbildung 5.27:
Die Fotos von echtem Subsurface Scattering zeigen Forward Scattering (A), einen rötlichen Terminator (B) und rote Kanten an Schatten (C).

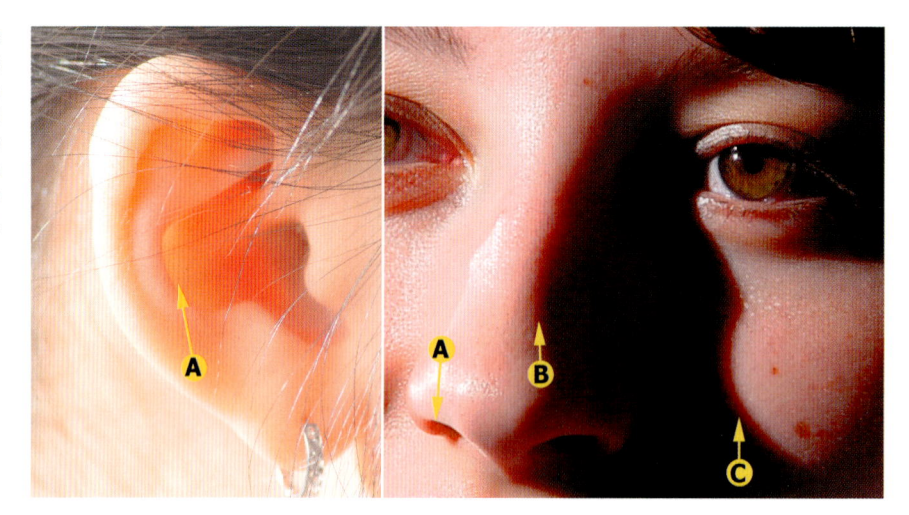

Wird Subsurface Scattering im Material für die Haut eingesetzt, ist es in der Regel zu empfehlen, für die anderen Teile des Kopfs, wie z.B. Augen und Zähne, ebenfalls Subsurface Scattering zu verwenden. Wie Sie sich erinnern, ist Subsurface Scattering die Simulation des Lichts, das in das Modell eindringt. Die inneren Teile des Kopfs sollten dabei also nicht ausgelassen werden.

Variationen der Oberfläche

Mithilfe von Subsurface Scattering berechnete Figuren können manchmal wirken, als bestünden sie eher aus Wachs als aus Fleisch und Blut. Dieses wachsartige Aussehen ist typisch für Subsurface Scattering, wenn nicht gleichzeitig auch Texturen verwendet werden, die für eine Variation des Effekts an verschiedenen Stellen im Gesicht sorgen. Vollständig gleichförmiges Subsurface Scattering sieht wachsartig aus, da auch Wachs ein homogenes Material ist und das Licht gleichmäßig streut.

Unter Ihrer Haut befindet sich eine Mischung aus Knochen, Muskeln, Sehnen und Fett, wobei alle diese Bestandteile das Licht unterschiedlich streuen und zudem unterschiedlich tief unter der Haut liegen. All diese Bestandteile einzeln zu modellieren, würde die Komplexität bei einem Animationsprojekt unverhältnismäßig stark verschärfen. Dies ist aber nicht unbedingt nötig, denn viele Eigenschaften der Haut können durch individuell aufgemalte Texturen in Verbindung mit Subsurface Scattering simuliert werden. So könnte z.B. der Back Scattering-Effekt durch eine Textur im Bereich fleischiger Teile, wie z.B. der Wangen, verstärkt und gleichzeitig an dünneren Hautstellen, wie z.B. der Stirn oder dem Kinn, reduziert werden. Eventuell müssen Sie dazu verschiedene Texturen malen, die u.a. die Eindringtiefe oder Intensität des Subsurfcae Scatterings steuern und zudem die Färbung des indirekten Lichts beeinflussen, als würde es durch Adern oder das Gewebe unter der Haut eingefärbt.

Subsurface Scattering vortäuschen

Die Anzahl an verfügbaren Lösungen und Shadern zur Simulation von weichem, natürlich wirkendem Subsurface Scattering steigt kontinuierlich an. Dennoch bleibt der Nachteil, dass diese Shader oftmals viel Erfahrung für das Finden der richtigen Einstellungen und einiges an zusätzlicher Berechnungszeit benötigen. Einige optische Eigenschaften des Subsurface Scattering lassen sich jedoch auch durch geschickte Lichtquelleneinstellungen und Shader-Anpassungen simulieren:

- Färben Sie indirektes Licht für Ihre Figur in wärmeren Farben ein. Etwas Rosa oder Rot in der Lichtfarbe verstärkt dann den Eindruck, als würde das indirekte Licht von der Haut eingefärbt.

- Benutzen Sie einen Ramp Shader oder irgendeinen anderen Shader. über den Sie Schattierungen individuell einfärben können, um damit das Licht in der Nähe des Terminators rötlich zu färben.

- Falten ohne Farbveränderungen lassen sofort erkennen, dass Sie einen Bump- oder Displacement-Effekt ohne echtes Subsurface Scattering benutzen. Wenn Sie die Textur für die Hautfalten auf dem Gesicht oder den Händen der Figur anlegen, erzeugen Sie gleichzeitig auch eine Farbtextur, die die Haut in den Falten rötlich oder rosa einfärbt.

Egal, welche Farben auf der Hautoberfläche der Figur zu sehen sind, die Färbung des Subsurface Scattering-Effekts wird ausschließlich durch die unter der Haut liegenden Bestandteile – hauptsächlich durch das rote Blut – bestimmt. So können auch grünhäutige Aliens in Verbindung mit warmen Subsurface Scattering-Farben eine gute Figur machen.

Haare beleuchten

Oftmals spielt bei der Verwendung von Haaren und von Fell die notwendige Berechnungszeit eine große Rolle. Wenn Sie mit Tiefenunschärfe rendern (bzw. Depth Of Field, DOF) und Ihre Figur dabei vollständig im Schärfebereich der Kamera liegt, kann die Berechnung dadurch beschleunigt werden, dass Sie die Figur samt Haaren in einer separaten Ebene ohne DOF berechnen lassen. Die Verwendung von Haaren und Fell kann auch das Raytracing stark verlangsamen. Es ist daher ratsam, Haare und Fell von Raytracing-Schatten und Spiegelungen auszunehmen.

Haare werden in der Regel mit Tiefenmap-Schatten berechnet. Einige Renderer bieten dafür spezialisierte Schattenarten an, die besonders gut mit Haaren umgehen können. Dazu gehören z.B. die Deep Shadow Maps in Renderman und die Detail Shadow Maps in Mental Ray. Weil Haare im Vergleich zu anderen Objekten so dünn und filigran sind, ist es besonders wichtig, dass Schattenmaps möglich exakt auf die Haare ausgerichtet und entsprechend skaliert werden. Aus diesem Grund werden häufig separate Lichtquellen für die Beleuchtung der Haare verwendet.

Der Einsatz separater Lichter nur für die Haare erleichtert auch die Platzierung, um z.B. ein Streiflicht perfekt platzieren zu können. Da Haare besonders intensiv auf Streiflichter bzw. Rim Lights reagieren, ist die Platzierung separater Streiflichter mit unterschiedlichen Helligkeiten für das Gesicht und das Haar sehr hilfreich, um am Ende ein harmonisches Ergebnis zu erzielen.

Augen beleuchten

Das Auge besteht aus drei sichtbaren Teilen: der Sclera (das Weiß des Auges), der Iris (der farbige Teil) und der Pupille (die schwarze Öffnung in der Mitte der Iris). Die Sclera sollte mehr grau als weiß gefärbt sein, denn ein Glanzpunkt auf dem Auge sollte noch weißer bzw. heller wirken. Oft werden dafür ein blasses Grau oder gelbliche Schattierungen benutzt, die bei Beleuchtung an den Rändern dunkler werden.

Die Helligkeit des beleuchteten Augenweißes laufen im Vergleich zur Schattierung der Iris in entgegengesetzter Richtung. Abbildung 5.28 demonstriert dies an einem von oben links beleuchteten Auge. Die Helligkeit der Sclera ist oben links am intensivsten. Die Iris dagegen hat unten rechts ihre hellsten Bereiche. Achten Sie auch darauf, dass die Schattierung der Iris im Vergleich zur Sclera viel flacher ist und in den Tönungen weniger stark variiert.

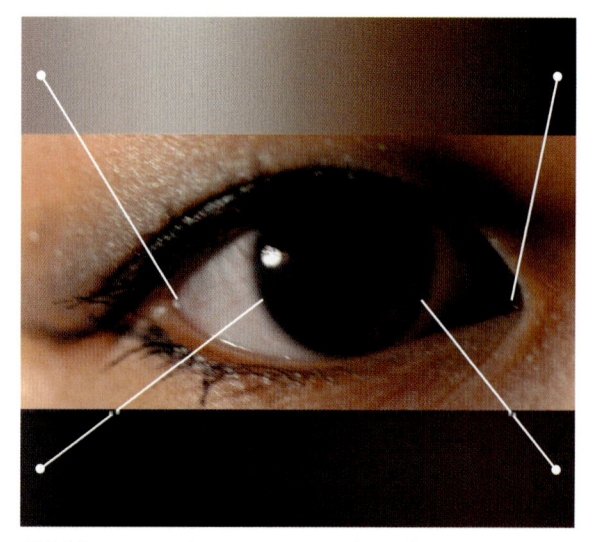

Abbildung 5.28: Die Linien zeigen die Stellen an, von denen die Farben der oben und unten eingeblendeten Verläufe entnommen wurden. Der Verlauf der Sclera (oben) ist im Bereich des Hauptlichts am hellsten und nimmt dann zu beiden Seiten an Intensität ab. Der Verlauf auf der Iris (unten) beginnt dagegen dunkel und erreicht seine maximale Helligkeit am dem Glanzlicht gegenüber liegenden Punkt.

Diese spezielle Art der Schattierung resultiert aus der Form der Augengeometrie. Wie Abbildung 5.29 zeigt, ist die Iris unter der Linse relativ flach oder leicht am Übergang zur Pupille nach innen gekrümmt.

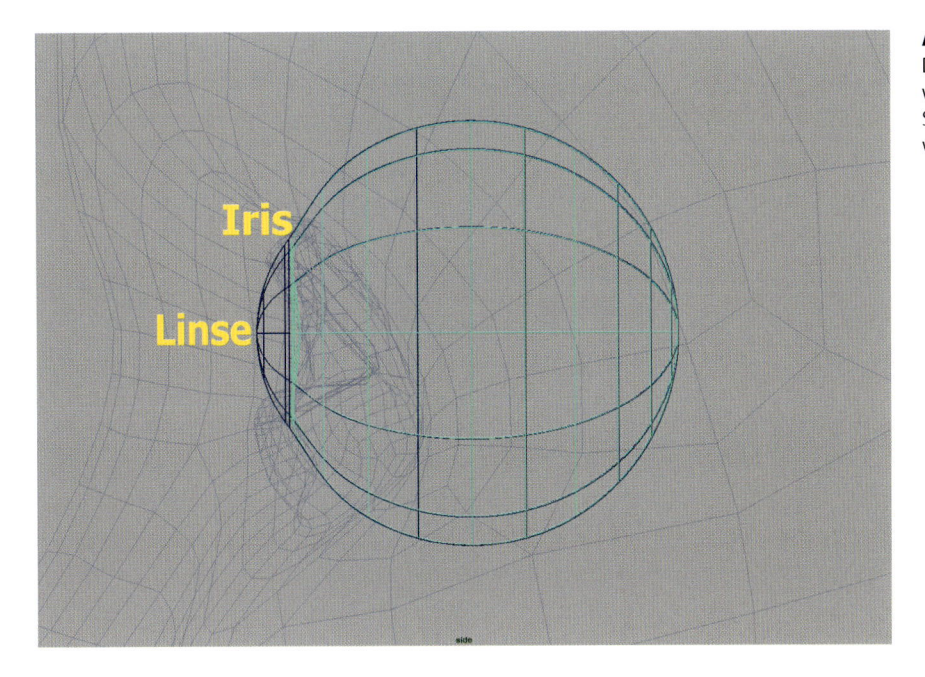

Abbildung 5.29:
Die Geometrie eines Auges, wie sie für die realistische Schattierung modelliert wurde

Sie müssen die Anatomie eines echten Auges nicht unbedingt perfekt auf Ihr Augenmodell übertragen. Bei einem echten Auge werden die Farben der Iris durch Refraktion auch an der Linse sichtbar, selbst wenn das Auge von der Seite her betrachtet wird. Wenn Sie dafür nicht extra mit Raytracing rendern möchten, reicht schon das nähere Heranrücken der Iris an die Oberfläche des Auges aus, um bessere Ergebnisse zu erzielen.

Occlusion am Auge

Die Augenwinkel werden durch die Augenlider und die Wimpern abgeschattet. Selbst wenn die Wimpern zu fein oder kurz sind, um selbst in einer Einstellung sichtbar zu sein, so tragen sie doch zu einer subtilen Abdunklung der Augenwinkel bei. Diese zusätzliche Schattierung hebt manchmal die Rundung des Auges hervor und verstärkt dadurch den Eindruck eines kugelförmigen Objekts.

Ambient Occlusion kann für die Abdunklung der Augenwinkel verwendet werden. Dazu muss am Auge oftmals ein speziell angepasster Ambient Occlusion-Shader verwendet werden, der die kleinen Abstände zwischen den Lidern und dem Auge selbst in eine natürliche Schattierung überführt.

Die Occlusion am Auge muss für jedes Bild einer Animation neu berechnet werden und kann daher nicht als statische Textur gebacken werden. Selbst wenn Sie gebackene Ambient Occlusion für die Nasenlöcher und die Ohren verwenden, so ist dies an den Augen nicht möglich, da sich die Occlusion mit jeder Augenbewegung verändern und realistisch auch beim Schließen des Auges auf alle Elemente am Auge wirken muss.

Glanzlichter am Auge

Der Glanz auf dem Auge lässt die Figur lebendig erscheinen. Ohne Glanzpunkte wirken die Augen unnatürlich trocken. Auch wenn die Figur nur klein im Bild zu sehen ist und die Glanzpunkte am Auge eventuell nur wenige Pixel groß sind, können diese wenigen Pixel zu den wichtigsten des gesamten Bilds zählen.

Sie können die Beleuchtung der Augen ganz dem Lichtsetup der restlichen Figur überlassen. Ihre Hauptlichtquelle oder andere Lichter in der Nähe Ihrer Figur können bereits Glanzlichter auf dem Auge erzeugen, die in einigen Szenen gut genug aussehen.

Wenn Ihr Hauptlicht jedoch nicht günstig genug platziert ist, um einen Glanzpunkt auf dem Auge zu erzeugen, erstellen Sie ein separates Licht für den Glanz. Beschränken Sie dieses Licht auf die Augen und aktivieren Sie ausschließlich die Erzeugung von Glanz für diese Lichtquelle. Dieses Licht kann dann in der Nähe der Hauptlichtquelle platziert werden. Um jedoch sichergehen zu können, dass in jeder Phase der Animation ein Glanz auf dem Auge liegt, sollten Sie etwas schummeln und die Position des Glanzlichts näher an die Position der Kamera verschieben. Einmal in der Nähe der Kamera platziert, können Sie durch Verschiebungen des Glanzlichts z.B. nach oben oder links die Position des Glanzpunkts auf dem Auge steuern.

Abbildung 5.30: Am natürlichsten wirkt der Glanzpunkt am der Hauptlichtquelle zugeneigten Rand der Iris.

Ein Glanzpunkt sollte am Auge nicht unmittelbar unter dem Oberlid platziert sein. Glanzpunkte werden durch die Abdeckung des Oberlids gedämpft und schließlich ganz vermieden, wenn sich das Auge schließt. Glanz in der Nähe des Unterlids erweckt dagegen den Eindruck, als würde das Auge tränen oder die virtuelle Figur traurig sein und weinen.

Die natürlichste Position für einen Glanzpunkt ist am äußeren Rand der Iris, so wie es Abbildung 5.30 zeigt. Dies hebt die konvexe Form der Linse am Auge hervor, durch die der Glanzpunkt am Rand der Linse entsteht.

Um die Darstellung der Pupille scharf und schwarz zu erhalten, sollten Sie in diesem Bereich keine Glanzpunkte erzeugen. Ein zu nahe bei der Pupille platziertes Glanzlicht lässt die Pupille gräulich wirken und dadurch die Figur dümmlich erscheinen. Wenn Sie den Effekt eines Kamerablitzlichts auf dem Auge reproduzieren möchten, dann sollten Sie dort die Färbung der Pupille rötlich anlegen und nicht mit einer Aufhellung oder einem Glanzpunkt in der Nähe der Pupille arbeiten.

Übungen

Wie Licht auf Menschen und Tieren wirkt, können Sie tagtäglich beobachten und dabei wichtige Erfahrungen in unterschiedlichen Umgebungen sammeln. Filme und Fotos sind ebenfalls eine wertvolle Inspirationsquelle und ein lohnenswertes Studienobjekt. Am wichtigsten ist jedoch, dass Sie selbst immer wieder die Beleuchtung von Figuren üben und wie diese mit Licht am besten zur Geltung gebracht und in Szenen integriert werden können.

1. Die Bildberechnung mit nur einer einzigen Lichtquelle ist eine Übung zum Umgang mit einfachen Lichtsetups. Laden Sie dazu eine beliebige Szene und versuchen Sie, diese ausschließlich mit einer Lichtquelle zu beleuchten. Gehen Sie dabei bewusst mit den komplett schwarzen Bereichen um, die durch Abschattung des Lichts entstehen. Durch die Wahl einer guten Position der Hauptlichtquelle können Sie die gesamte Szene durch die Beleuchtung, den Terminator und den Schatten definieren. Wenn Sie mit diesem Ergebnis zufrieden sind, haben Sie eine gute Ausgangsposition für die Arbeit mit globaler Illumination oder für die Verwendung zusätzlicher Füll- und indirekter Lichter gefunden.

2. Betrachten Sie ein beliebiges Standbild von einer Film-DVD und konzentrieren Sie sich dabei darauf, wie die Figuren beleuchtet werden. Versuchen Sie die Helligkeitsverläufe zu finden, die sich über die Figur ausbreiten. Wir haben darüber im Abschnitt „Mit Licht modellieren" gesprochen. Welche Informationen gibt Ihnen der Verlauf über die Oberfläche und über die Lichtquelle? Wenn Sie diese Szene in 3D beleuchten würden, würden die Verläufe auf den Figuren dann identisch aussehen?

3. Wenn Sie selbst nicht animieren und Erfahrungen bei der Beleuchtung von Animationen sammeln möchten, versuchen Sie, sich einer Projektgruppe in der Schule oder irgendwo im Internet anzuschließen. Aus dem praktischen Umgang mit der Beleuchtung einer animierten Szene werden Sie wertvolle Erfahrungen für die Beleuchtung von Figuren ziehen können.

[**KAPITEL SECHS**]

Kameras und Belichtung

Die Belichtung ist der entscheidende Moment, in dem sich die Blende der Kamera öffnet und das Licht von außen auf den Sensor oder den Film fällt. Die Einstellungen der Belichtung durch einen Kameramann oder Fotografen beeinflussen zudem die Schärfentiefe, Bewegungsunschärfe und weitere Eigenschaften des Bilds. 3D-Künstler sehen sich oft in der Situation, die Effekte einer echten Kamera nachahmen oder simulieren zu müssen. Es ist dabei egal, ob Sie visuelle Effekte berechnen, die später in ein reales Bild integriert werden müssen, oder ob Sie Ihre Szene einfach nur so natürlich bzw. einem Kinofilm so ähnlich wie möglich gestalten möchten. Das Verständnis von der Funktionsweise realer Kameras und von Linsen, Blenden und Shutter-Winkeln hilft Ihnen auch bei der Arbeit in 3D-Programmen.

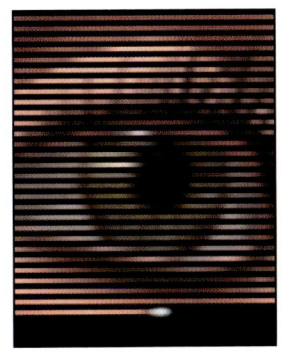

Blenden und Schärfentiefe verstehen

Die Schärfentiefe (auch *Tiefenunschärfe*, *Depth Of Field* oder nur kurz *DOF* genannt) legt fest, welcher Teil Ihrer Szene im Fokus liegt. Mit einer engen Schärfentiefe liegt nur ein schmaler Streifen der Szene in dem Bereich nahe der Brennweite, der scharf berechnet wird. Alles, was näher an der Kamera oder weiter davon entfernt liegt, wird unscharf. Mit einer großen Schärfentiefe wird ein Großteil der Szene (manchmal sogar die gesamte Szene) scharf berechnet werden.

Die Schärfentiefe wird vom Kameramann oder dem Fotografen durch die Größe der Blendenöffnung (engl.: *Aperture*) gesteuert. Damit ist die Öffnung gemeint, durch die das Licht in die Kamera eintritt. Die Größe der Blendenöffnung kann durch die Rotation von metallischen Flächen variiert werden (siehe Abbildung 6.1).

Abbildung 6.1: Die Blendenöffnung einer Kamera wird über kleine Plättchen aus Metall gesteuert. Die dabei entstehende sechseckige Öffnung kann manchmal auch in den Formen von Blendenflecken sichtbar werden.

Die Größe der Blendenöffnung wird in der Maßeinheit *Blendenzahl* (oder auch *f-stops*) gemessen. Eine Abfolge dieser Blendenwerte ist auf dem Objektiv in Abbildung 6.2 zu sehen. Jede Erhöhung der Blende führt zu einer Halbierung der Menge an Licht, das auf den Film fällt. Verschiedene Objektive bieten unterschiedliche Minima und Maxima an, aber die Blenden 1,4; 2; 2,8; 4; 5,6; 8; 11; 16; 22 und 32 sind bei fast allen Objektiven vorhanden. Vielleicht entdecken Sie ja das Schema hinter diesen Werten. Die Zahlen entsprechen der Wurzel aus den verschiedenen Potenzen der Zahl 2.

Ein großer Blendenwert, wie z.B. f64, sorgt durch eine kleine Blendenöffnung für nur wenig eintretendes Licht, bewirkt dadurch aber gleichzeitig eine große Schärfentiefe, die dann auch manchmal *Deep Focus* genannt wird. Bei solch einem Deep Focus sind alle Tiefenebenen gleichermaßen scharf, also sowohl nahe als auch weit entfernte Objekte, so wie es rechts in Abbildung 6.3 zu sehen ist.

Abbildung 6.2: Bei Kameras wird der Blendenring eines Objektivs zur Eingabe des Blendenwerts benutzt. Einige moderne Kameras haben diesen Blendenring zwar nicht mehr, bieten dann jedoch eine elektronische Einstellmöglichkeit, um den gewünschten Blendenwert vorzugeben.

Ein niedriger Blendenwert, wie z.B. f1,4, steht für eine große Blendenöffnung und für viel eintretendes Licht. Da das Licht dadurch aus einer größeren Anzahl von Richtungen und mit unterschiedlichen Winkeln eintritt, ist der Bereich der Schärfe nur sehr klein. Es erscheinen dann also nur wenige Objekte perfekt scharf, so wie rechts in Abbildung 6.3 zu sehen. Alle Objekte vor oder hinter dieser Schärfeebene gleiten sehr schnell in die Unschärfe ab.

Ähnliche Schärfentiefe-Effekte in 3D-Programmen benötigen ebenfalls oft die Eingabe eines Blendenwerts. Wie Abbildung 6.4 zeigt, können Sie dann einen niedrigen Wert, wie f1,4, für eine begrenzte Schärfentiefe und einen hohen Wert, wie f64, für die Simulation eines Deep Focus einsetzen.

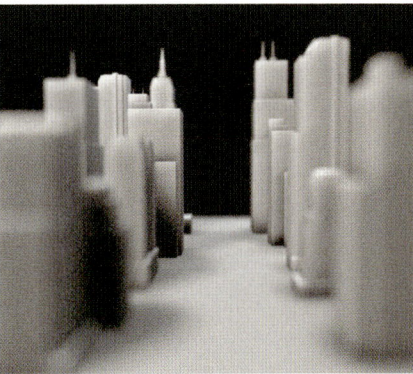

Abbildung 6.3:
Eine kleine Blendenöffnung führt zu einer großen Schärfentiefe (links), während eine große Blendenöffnung eine sehr eingeschränkte Schärfentiefe zur Folge hat (rechts).

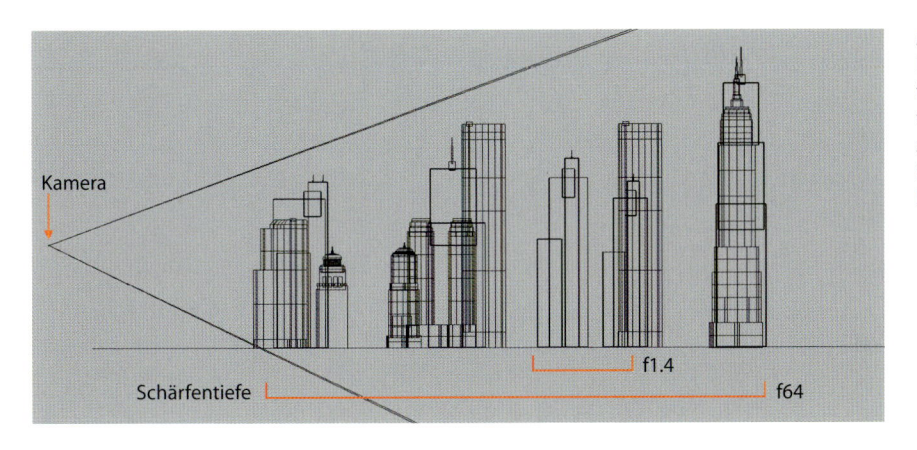

Abbildung 6.4:
Die Steuerung der Schärfentiefe mit einer simulierten Blendenöffnung führt zu einer beschränkten Schärfentiefe bei kleineren Blendenwerten.

Die Veränderung der Schärfentiefe durch die Blende an echten Kameras ist eigentlich nur ein Nebeneffekt, denn die Blendenöffnung soll hauptsächlich die Menge Licht beschränken, die während der Aufnahme auf den Film bzw. auf den Sensor fällt. Jeder Erhöhungsschritt des Blendenwerts (z.B. von 1,4 auf 2 oder von 2 auf 2,8) führt zu einer exakten Halbierung der Menge an Licht.

In 3D-Programmen hat die Einstellung der Schärfentiefe dagegen nichts mit der Helligkeit der Szene zu tun. Sie sollten jedoch den Zusammenhang zwischen der Schärfentiefe und der Bildhelligkeit bei der Fotografie kennen. Eine beschränkte Schärfentiefe mit nur wenigen Objekten in der Schärfeebene ist oft in dunklen oder schummerig beleuchteten Szenen zu beobachten, die mit einem kleinen Blendenwert aufgenommen wurden.

Echte Linsen nachahmen

Die Brennweite einer Linse gibt deren Vergrößerungswert an. Eine größere Brennweite steht dabei für eine Linse, die Objekte heranzoomt und damit Ihr Bild vergrößert darstellt. So eine Teleobjektiv-Linse tendiert zu einer beschränkten Schärfentiefe mit starker Unschärfe im Vorder- und Hintergrund. Eine weitwinklige Linse mit niedriger Brennweite hat generell einen größeren Schärfentiefe-Bereich und stellt mehrere Objekte gleichzeitig scharf dar. In vielen Fällen treten diese Unterschiede nicht so stark hervor wie bei der Veränderung des Blendenwerts, aber Sie sollten daran denken, wenn Sie z.B. einen Blick durch ein Teleskop mit seiner extrem großen Brennweite simulieren möchten. Der Betrachter wird in diesem Fall eine sehr eingeschränkte Schärfentiefe erwarten.

Eine Makro-Linse wird häufig bei Nahaufnahmen und beim Fotografieren sehr kleiner Objekte verwendet. Diese Linsen haben oft eine sehr eingeschränkte Schärfentiefe. Daher assoziieren viele eine eingeschränkte Schärfentiefe mit einem sehr kleinen Objekt. Wenn Sie also ein Teil Ihrer Szene besonders klein oder miniaturisiert wirken lassen wollen, benutzen Sie wie in Abbildung 6.5 eine beschränkte Schärfentiefe zur Unterstützung dieses Effekts.

Bedenken Sie jedoch, dass die Übertreibung dieses Effekts Ihre Figuren wie kleine Puppen wirken lässt, die in einem Puppenhaus agieren und nicht wie lebensgroße Wesen. Eine größere Schärfentiefe stellt die Größenverhältnisse dann wieder natürlicher dar.

Abbildung 6.5: Eine eingeschränkte Schärfentiefe simuliert die Benutzung einer Makro-Linse, so wie hier im „Circus Maximus Irritans" von Péter Fendrik, in CINEMA 4D gerendert.

Die Zwei-Drittel-Regel

Die Zwei-Drittel-Regel besagt, dass, sofern eine Kamera über die Brennweitendistanz auf einen bestimmten Bereich scharf stellt, der scharf eingestellte Bereich sich zu einem Drittel vor und zu zwei Dritteln hinter der Schärfeebene befindet. Abbildung 6.6 verdeutlicht diesen Zusammenhang.

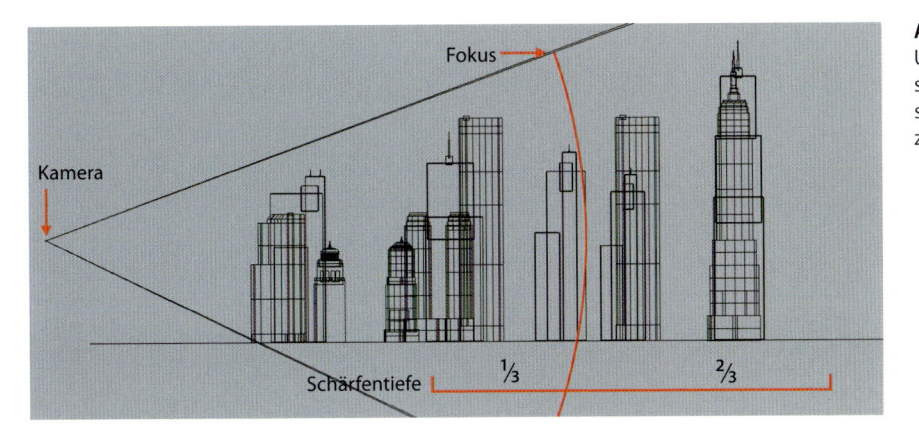

Abbildung 6.6: Ungefähr ein Drittel des scharfen Bereichs befindet sich vor der Schärfeebene, zwei Drittel dahinter.

Wenn in Ihrer Software die Einstellung der Schärfentiefe über die Vorgabe eines Blendenwerts erfolgt, wird diese Zwei-Drittel-Regel wahrscheinlich schon automatisch in die Schärfentiefe-Berechnung einfließen. Erlaubt Ihre Software dagegen das manuelle Setzen von nahen und fernen Schärfeebenen, kann die Beachtung dieser Zwei-Drittel-Regel zu realistischeren Ergebnissen führen.

Hyperfokale Distanz

Wenn ein Objektiv auf die hyperfokale Distanz eingestellt ist, werden alle Objekte im Hintergrund scharf dargestellt, egal, wie weit sie entfernt sind. Die Schärfeebene beginnt im Vordergrund bei der halben Brennweitendistanz. Wenn also wie im Beispiel der Abbildung 6.7 auf eine Entfernung von 200 m fokussiert wird, dann sind alle Objekte ab einer Entfernung von 100 m bis hin zum Horizont scharf. Die spezifische hyperfokale Distanz jedes Objektivs variiert, aber generell wird sie bei kleinen Blenden und bei Scharfstellung auf eine Distanz von mindestens ein paar Metern erreicht. Gerade Landschaftsaufnahmen und Außenszenen entstehen oft unter Verwendung der hyperfokalen Distanz.

Abbildung 6.7:
Wird ein Objektiv auf die hyperfokale Distanz eingestellt, wird der gesamte Hintergrund scharf dargestellt.

Eine helle Tageslichtszene kann unrealistisch wirken, wenn die Schärfeebene einige Meter von der Kamera entfernt liegt und der Hintergrund unscharf erscheint. Ein unscharfer Hintergrund ist eher typisch bei Nachtaufnahmen oder bei Innenraumszenen. Wenn Sie den Hintergrund in Form eines Bilds auf einer die Szene umgebenden Kugel simulieren, sollten Sie diese bei Tageslichtszenen scharf berechnen lassen. Möchten Sie Vorder- und Hintergrund stärker optisch trennen, verwenden Sie dazu besser Nebel oder eine Eintrübung in der Nähe des Horizonts, als mit Unschärfe zu arbeiten.

Der Bokeh-Effekt

Bokeh (Aussprache: „Bow-Kay") ist ein aus dem Japanischen abgeleiteter Begriff, der die Eigenart eines Objektivs beschreibt, das nicht scharf eingestellt wurde.

Bei echten Kameras kommt es nicht zu einer so gleichmäßigen Weichzeichnung der Objekte, die außerhalb der Schärfe liegen, wie wir dies aus 3D-Programmen gewohnt sind. Stattdessen erscheinen Objekte außerhalb des Fokus oft funkelnd oder schimmernd. Glanzpunkte oder helle Objekte können in der Unschärfe zu kleinen Lichtbällen werden, so wie dies in Abbildung 6.8 zu sehen ist.

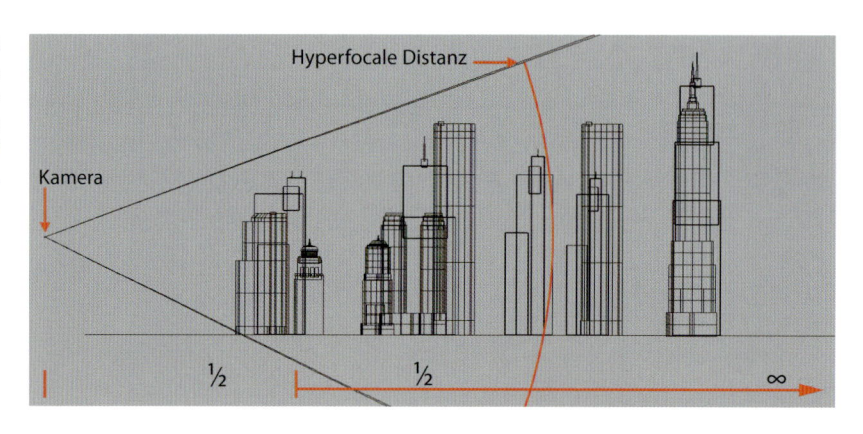

Abbildung 6.8: Helle Lichter werden zu großen Lichtkugeln, wenn sie aus dem Schärfebereich herausfallen. Der Bokeh-Effekt von Objektiven (die Darstellung unscharfer Objekte) ist individuell unterschiedlich und gehört somit zu den Charakteristika eines Objektivs.

Objektive haben verschiedene Bokeh-Eigenschaften. Einige Objektive werden in dieser Hinsicht als weich und sanft beschrieben. Dies bedeutet, dass diese Objektive ähnliche Ergebnisse wie ein 3D-Programm produzieren können, wo unscharfe Bereiche wie mit einer Gauss'schen Unschärfe behandelt aussehen. Andere Objektive neigen eher zur Darstellung von Lichtflecken oder erzeugen zusätzliche Ringe um helle Objekte, wenn diese außerhalb der Schärfeebene liegen.

Zu der Zeit, als ich dieses Buch geschrieben habe, unterstützten nur einige wenige Programme wie z.B. SplutterFish's Brazil die Berechnung eines

Bokeh-Effekts. Fehlt Ihnen dazu eine Option in Ihrer Rendering-Software, können Sie gegebenenfalls den Bokeh-Effekt durch die Kombination von bearbeiteten Glanzpunktformen mit einer Weichzeichnung in der Postproduktion simulieren.

Bildraten

Video- und Filmkameras benutzen eine Bildrate, die in der Regel die Anzahl der aufgenommenen Bilder pro Sekunde beziffert. Die Bildrate entspricht also den vollständig belichteten Bildern, die in einer Sekunde auf Film oder Video gespeichert werden.

Filmkameras arbeiten im Normalfall mit einer Bildrate von 24 Bildern pro Sekunde (auch *fps* genannt, für *frames per second*). Diese Bildrate wird auch *Sound Speed* genannt, da sie standardmäßig bei Filmen mit einem synchronisierten Soundtrack verwendet wird. Bevor die Filme eine Tonspur hatten, wurde die Bildrate vom Kameramann individuell für jede Szene leicht variiert. Dies gehörte zu den kreativen Werkzeugen, um den Fluss des Films zu steuern.

Die weltweit verwendeten Fernsehformate benutzen teilweise ebenfalls verschiedene Bildraten. So verwendet der im pazifischen Raum und in Nordamerika verbreitete NTSC-Standard 30 Bilder pro Sekunde Film. Die zwei anderen u.a. auch in Europa weit verbreiteten Standards PAL und SECAM benutzen 25 Bilder in der Sekunde.

Realistische Bewegungsunschärfe

Die Bewegungsunschärfe, also der Umfang an Veränderungen, der während der Belichtung eingefangen wird, lässt sich an echten Kameras über die Belichtungszeit (bei Standbildern) oder den Öffnungswinkel der Verschlussscheibe (bei Filmen) steuern.

Belichtungszeit und Verschlusswinkel

Die Belichtungszeit beziffert den Zeitraum, in dem die Blende der Kamera geöffnet ist und Licht auf den Film fällt. Die Maßeinheit der Belichtungszeit wird in der Regel in Sekundenbruchteilen gemessen, so wie z.B. $1/125$. Je länger die Belichtungszeit ist, desto mehr Licht trifft auf den Film.

Die Verdopplung der Belichtungszeit macht das spätere Bild also doppelt so hell. Bei einer Belichtungszeit von $1/4$ Sekunde wird somit doppelt so viel Licht eingefangen wie bei einer Belichtungszeit von $1/8$ Sekunde. Da es sich in der Regel immer um Bruchteile von Sekunden handelt, zeigen viele

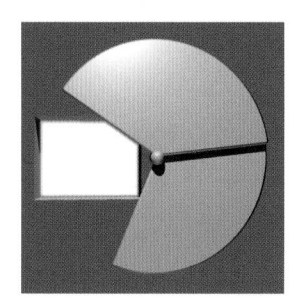

Abbildung 6.9: Eine Öffnung innerhalb der sich drehenden Verschlussscheibe bildet den Verschlusswinkel. Durch Verdrehung eines Metallteils auf der Scheibe kann die Größe der Öffnung verändert werden.

Kameras in den Anzeigen und an den Reglern nur den Divisorwert an, also die Zahl, durch die eine Sekunde geteilt wird. So könnte eine Belichtungszeit von $1/250$ Sekunde z.B. nur mit der Zahl 250 oder eine Belichtungszeit von $1/2000$ Sekunde nur mit dem Wert 2000 angegeben werden. In diesen Fällen steht also die höhere Nummer immer für den kürzeren Zeitraum und den kleineren Bruchteil einer Sekunde.

Handelt es sich um eine Filmkamera, wird uns häufiger als die Belichtungszeit der Verschlusswinkel beggenen (im Englischen: *Shutter Angle*). Der Verschluss der meisten Filmkameras ist in Form einer sich drehenden Scheibe verbaut. Während ein Bild belichtet wird vollzieht diese Scheibe eine vollständige 360°-Rotation. Eine Aussparung in der Scheibe erlaubt es, dass während eines Teils der Scheibenrotation Licht auf den Film fällt. Der Verschlusswinkel steuert über ein bewegliches Metallteil die Größe der Öffnung in der rotierenden Scheibe (siehe Abbildung 6.9).

Ein Wert für den Verschlusswinkel ist in vielen Programmen wie z.B. Renderman oder Maya zu finden, um die Bewegungsunschärfe zu steuern. Dabei sind oft Einstellungen bis 360° oder sogar darüber hinaus möglich. Bei einem 360° geöffneten Verschluss wird praktisch kontinuierlich Licht eingefangen und jede Phase einer Animation fließt in die Bilder ein. Dies wäre technisch bei einer echten Kamera zwar nicht möglich, kann Ihnen jedoch bei Ihren 3D-Renderings helfen, eine stärke Bewegungsunschärfe zu erzeugen.

Der gängigste Verschlusswinkel beträgt 180°. Der Verschluss ist also zur Berechnung eines Bilds die halbe Zeit lang geöffnet und die andere Hälfte der Zeit über geschlossen. Ein Verschlusswinkel von 180° entspricht damit einer Belichtungszeit von der Hälfte der Bildrate. Bei einer Bildrate von 24 Bildern pro Sekunde mit einem Verschlusswinkel von 180° entspricht dies somit einer Belichtungszeit von $1/48$ Sekunde.

Teilt man den Verschlusswinkel durch 360, verrät uns das Ergebnis, welcher Anteil der Bildrate für die Belichtung des Films benutzt wird. Wenn wir also beispielsweise einen Verschlusswinkel von 90° vorliegen haben, ist der Verschluss nur zu einem Viertel der verfügbaren Zeit geöffnet. Bei einer Bildrate von 24 Bildern pro Sekunde folgt daraus eine Belichtungszeit von $1/(4*24)$ bzw. von $1/96$ Sekunde.

Die unterschiedlichen Programme bieten etwas abweichende Steuerungsmöglichkeiten für die Bewegungsunschärfe an. 3D Studio Max fragt z.B. nach einer Bildanzahl für die Berechnung der Bewegungsunschärfe. Die Werteingabe 1 entspricht dann einem Verschlusswinkel von 360°. Wenn der Betrag des Verschlusswinkels durch die Verwendung von Realfilmen in der Produktion vorgegeben ist, teilen Sie einfach den Verschlusswinkel durch

360, um den entsprechenden Bruchteil eines Bilds zu erhalten. Wurde eine Szene also mit 180° Verschlusswinkel gefilmt, tragen Sie den Wert 0.5 ein. Ein mögliches Ergebnis hierzu ist in Abbildung 6.10 zu sehen.

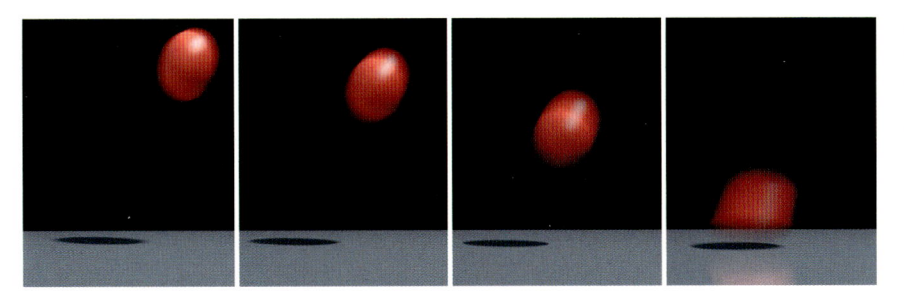

Abbildung 6.10:
Eine Bewegungsunschärfe mit dem Wert 0.5 simuliert einen Verschlusswinkel von 180°.

Die Bewegungsunschärfe wird aus den Bewegungsphasen innerhalb des Zeitrahmens eines Bilds berechnet. Bei einer Bildrate von 24 Bildern pro Sekunde und einem 180° Verschlusswinkel sammelt die Bewegungsunschärfe also Informationen aus der $1/_{48}$ Sekunde, die der Verschluss offen steht. Für mehr Kontrolle über diesen Zeitraum bietet Softimage XSI zwei Zeitwerte für das Öffnen und das Schließen des Verschlusses an. Wenn Sie dann z.B. den Verschluss bei 0 öffnen und bei 0.5 wieder schließen, ergibt dies einen Verschlusswinkel von 180°, der in der ersten Hälfte der Bildberechnung geöffnet ist. Wenn der Animator vermeiden möchte, dass eine bestimmte Pose in einem bestimmten Bild mit Bewegungsunschärfe versehen wird, so kann er für ein halbes Bild eine „Halten"-Pose erstellen. Bleibt die Figur – ein Teil der Figur – während der Bewegungsunschärfe-Berechnung still stehen, entsteht dadurch ein scharfes Bild ohne Unschärfe.

Generell haben sich Verschlusswinkel zwischen 90° und 180° für natürliche und realistische Ergebnisse bewährt. Eine zu schwache Bewegungsunschärfe lässt die Bewegungen oft abgehackt und unnatürlich erscheinen, während zu hohe Einstellungen übertrieben starke Nachzieheffekte an bewegten Elementen verursachen.

Lassen Sie Animationen immer schon vor dem ersten zu berechnenden Bild beginnen und führen Sie die Animation auch noch ein paar Bilder über das eigentliche Ende der zu berechnenden Bildserie hinaus fort. Dies stellt eine durchgängige Bewegungsunschärfe über die gesamte Animation hinweg sicher. Startet oder endet die Animation mit dem ersten bzw. letzten Bild, kann in diesen Bildern womöglich keine Bewegungsunschärfe berechnet werden. Befindet sich eine Figur in einer anderen Pose oder an einer anderen Position als in Bild 1, kann sich bei der Berechnung des ersten Bilds ebenfalls eine fehlerhafte Bewegungsunschärfe ergeben. Vermeiden Sie auch das sprunghafte Verändern der Kameraposition von einem zum nächsten

Bild, um z.B. einen Kameraschnitt zu simulieren. Auch dann kann es zu unschönen Verzerrungen der Bilder durch die Bewegungsunschärfe kommen.

Für die Simulation natürlicher Bewegungsunschärfe erinnern Sie sich auch daran, dass längere Belichtungszeiten bei dunklen Szenen notwendig sind, um genügend Licht einzufangen. Kurze Belichtungszeiten sind nur bei gut beleuchteten Szenen möglich.

Der Mythos des Kometenschweifs

Einige glauben, dass sich die Bewegungsunschärfe wie die Linien hinter einem rennenden Comic-Charakter oder wie der flammende Schweif eines Kometen verhält. Tatsächlich ist die Bewegungsunschärfe jedoch gleichmäßig bidirektional. Die bedeutet, dass, wenn sich etwas gleichmäßig von links nach rechts bewegt, die Bewegungsunschärfe gleich stark sowohl links wie auch rechts vom Objekt sichtbar wird.

Wenn Sie sich das Standbild eines Films ansehen, so können Sie nur aus der Bewegungsunschärfe nicht schließen, in welche Richtung eine Bewegung stattfindet. Wenn sich das Objekt während der Belichtung des Films gleichförmig bewegt, gibt es in der Bewegungsunschärfe keine Helligkeitsunterschiede zwischen dem Anfang und dem Ende der Verwischung, so wie man es bei einem Kometenschweif erwarten würde. Es entstehen gleichmäßig helle Streifen, so wie sie auch in Abbildung 6.11 zu sehen sind. Selbst wenn man hier mit noch längeren Belichtungszeiten gearbeitet hätte und die Autos in entgegengesetzter Richtung fahren würden, würde die Helligkeit auch noch gleichmäßig verteilt sein.

Abbildung 6.11:
Die Aufnahme würde genau gleich aussehen, wenn die Autos rückwärts gefahren wären. Die Verwischungen der Bewegungsunschärfe zeigen keinerlei Helligkeitsverlauf, so wie dies bei einem Kometenschweif der Fall wäre. Die Helligkeit bleibt konstant, sofern die Bewegungsgeschwindigkeit und Helligkeit der Objekte während der Bildbelichtung ebenfalls konstant bleiben.

Es lassen sich zwar Fotos mit auslaufenden Bewegungsunschärfe-Verwischungen erzeugen, dann arbeitet man jedoch mit Tricks, wie z.B. einem gegen Ende der Belichtung ausgelösten Kamerablitz oder durch Abbremsen des Objekts gegen Ende der Belichtungszeit. Ist ein Objekt dagegen während der Belichtung mit konstanter Geschwindigkeit unterwegs und wird dabei auch gleichmäßig hell beleuchtet, erhalten wir eine symmetrische Bewegungsunschärfe, die keinen Hinweis auf die Bewegungsrichtung des Objekts zulässt.

Unscharfe Rotationen

Sich schnell drehende Objekte, wie z.B. die Flügel eines Ventilators, ein drehendes Rad oder der Propeller eines Hubschraubers, erzeugen die am schwierigsten mit Bewegungsunschärfe zu belegenden Bewegungen. Die Rendering-Software muss dazu viele Bewegungsphasen analysieren, um eine exakt runde Rotation zu berechnen und nicht nur eine lineare Bewegung zwischen den Bildern zu erkennen. Dies wird zusätzlich dadurch erschwert, dass die Rotation nicht unbedingt synchron zur Bildrate der Animation stattfindet und sich daher eine schnelle Rotation für den Betrachter scheinbar in entgegengesetzter Richtung vollzieht.

Abbildung 6.12 demonstriert den so genannten Wagenrad-Effekt, der seinen Namen von den oft in Westernfilmen dargestellten Siedlungswagen ableitet. Der Effekt tritt dann auf, wenn sich eine Bewegung im Zyklus der Bildrate der Animation wiederholt. Die rotierenden Räder wirken dann, als würden sie sich mit der falschen Geschwindigkeit oder gar rückwärts drehen. Dies liegt an den Speichen der Räder, die während der Verschlusszeit der Kamera in immer ähnliche Positionen rotieren und so die Verfolgung einer umlaufenden Bewegung zwischen den Bildern schwierig machen.

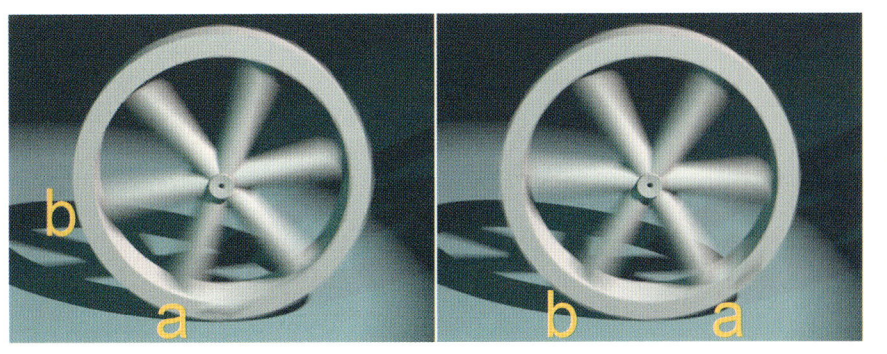

Abbildung 6.12:
Das Rad dreht sich zwar zwischen dem ersten (links) und dem zweiten Bild (rechts) gegen den Uhrzeigersinn, der Betrachter könnte jedoch durch Verwechslung der Speicher b aus Bild 2 mit der Speiche a aus Bild 1 auf eine Rotation im Uhrzeigersinn schließen.

In vielen Fällen ist daher etwas Schummeln die beste Lösung bei sich schnell drehenden Objekten. So können Sie z.B. die rotierenden Flügel eines Ventilators durch eine einfache Scheibe mit einer teiltransparenten und bereits weich gezeichneten Textur ersetzen, die die Bewegungsunschärfe der Flügel simuliert. Eine einfache texturierte Oberfläche kann so eine sich schnell drehende Struktur ersetzen, ohne sich während der Bildberechnung mit der Bewegungsunschärfe dieses Objekts beschäftigen zu müssen.

Video-Halbbilder

Die meisten Videokameras nehmen während der Belichtungszeit zwei unabhängige Bilder auf, die man auch Halbbilder nennt. So ein Halbbild entspricht der Hälfte des Gesamtbilds, wobei hierbei durch Zeilensprung nur jede zweite Zeile des Gesamtbilds gespeichert wird. Ein Video-Halbbild setzt sich also aus horizontalen Linien mit Bildinformationen zusammen, so wie Sie dies von den Pixelzeilen beim Rendern eines Bilds her kennen (siehe Abbildung 6.13).

Abbildung 6.13: Zwei Halbbilder werden durch Zeilensprung überlagert, um das vollständige Bild auf einem Fernseher wiederzugeben.

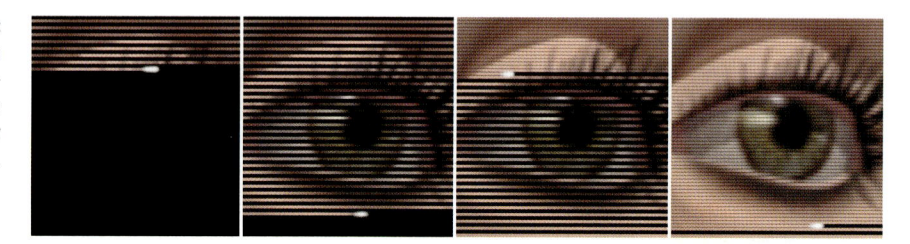

Das Halbbild mit den ungeraden Zeilennummern wird zuerst angezeigt. Danach folgt ergänzend die Anzeige des Halbbilds mit den geraden Zeilennummern. Auf diese Weise entsteht in zwei Schritten wieder das vollständige Bild auf dem Fernseher, das sich nun aus allen Zeilen der Halbbilder ergänzt.

Der Vorteil der Bildaufteilung in zwei Halbbilder liegt darin, dass sich bewegende Objekte praktisch mit doppelter Genauigkeit abgebildet werden können und dadurch flüssigere Bewegungsabläufe dargestellt werden können. Anstatt mit einem Verschluss zu filmen, der sich nur 25 bzw. 20 Mal in der Sekunde öffnet, werden Halbbilder 50 bzw. 60 Mal pro Sekunde erfasst. Jedes Objekt wird also doppelt so oft abgetastet bzw. aufgenommen.

Eine Alternative zum Zeilensprung der Halbbilder ist das *Progressive Scan*. Hierbei werden die Bilder nicht in Halbbilder aufgeteilt, sondern stattdessen alle Bildzeilen nacheinander eingeblendet. Progressive Scan wird z.B. bei Computermonitoren und bei hochauflösenden Fernsehern und HDTV-Systemen verwendet. Einige digitale Camcorder bieten ebenfalls die Option zur Aufnahme mit Progressive Scan an.

Halbbilder rendern

Die meisten 3D-Programme bieten eine Option zur Bildberechnung in Halbbildern an. Ist diese aktiviert, werden doppelt so viele Bilder berechnet, so dass pro Bild zwei Halbbilder entstehen, die die Objekte zu leicht unterschiedlichen Zeitpunkten darstellen. Durch Überlagerung dieser Halbbilder entsteht wieder das vollständige Bild. Dies simuliert also die Filmaufnahme, wie sie auch bei einer echten Videokamera erfolgen würde.

Die Halbierung der Belichtungszeit halbiert ebenso den Umfang der Bewegungsunschärfe, wenn Halbbilder berechnet werden. Einige Künstler deaktivieren für die Halbbildberechnung die Bewegungsunschärfe sogar ganz, was dann jedoch unnatürlich wirken kann. Die Renderings in Abbildung 6.14 vergleichen die verschiedenen Kombinationsmöglichkeiten von Bewegungsunschärfe und Halbbildberechnung. Dort wird auch deutlich, dass der Effekt der Bewegungsunschärfe in Verbindung mit Halbbildern abnimmt.

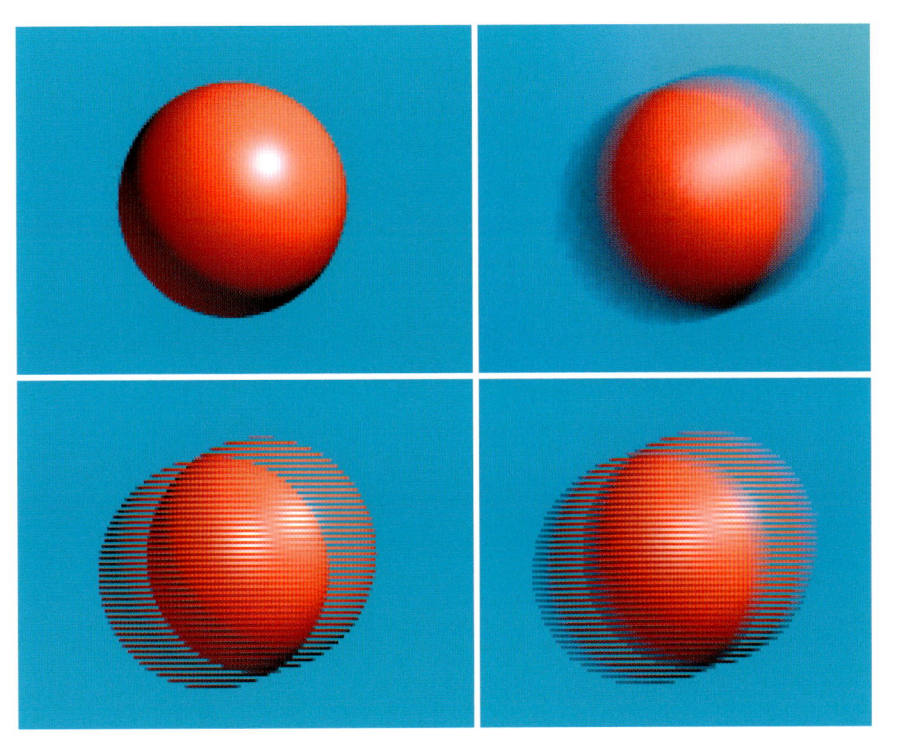

Abbildung 6.14:
Ein animiertes Objekt ohne Halbbilder oder Bewegungsunschärfe wirkt statisch (oben links). Unten links sehen Sie das gleiche Objekt bei der Berechnung mit Halbbildern. Die rechte Spalte zeigt die gleichen Einstellungen jeweils mit zusätzlicher Bewegungsunschärfe.

Die Berechnung einer 3D-Animation mit Halbbildern ist generell nicht zu empfehlen. Halbbilder sind in Computergrafiken eigentlich nur für Logoanimationen oder animierte Texteinblendungen bei Videoproduktionen geeignet und geben Ihren Animationen einen „Video-Look", der dem häufiger angestrebten „Film-Look" entgegensteht.

Generell sollten Halbbilder nicht bei Figuranimationen verwendet werden. Die interpolierten Zwischenbilder bei der Halbbildberechnung reduzieren die Qualität Ihrer Animation.

3:2-Umrechnung

Mit 24 Bildern pro Sekunde aufgenommene Kinofilme können durch einen als *3:2-Umrechnung* bezeichneten Prozess (englisch *3:2 Pulldown*) zu einem NTSC-Film mit 30 Bildern pro Sekunde konvertiert werden. Dabei werden aus vier Bildern des Originalfilms fünf Bilder in der Videokonvertierung. Dies wird möglich, indem immer abwechselnd erst zwei und dann drei Anteile der Vollbilder aus dem Film in Halbbilder des Videos umgerechnet werden (siehe Abbildung 6.15).

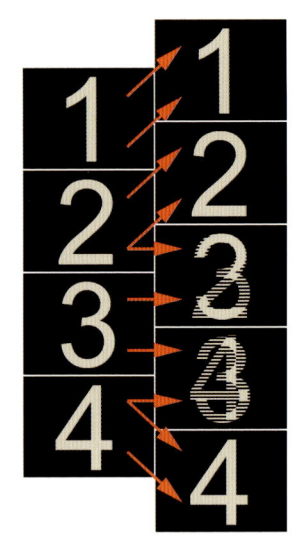

Abbildung 6.15: Bei der 3:2-Umrechnung eines Films mit 24 Bildern pro Sekunde fließen immer abwechselnd zwei und drei Bildanteile des Filmmaterials in die Umrechnung des Videomaterials mit 30 Bildern pro Sekunde ein.

Dabei produziert die 3:2-Umrechnung einige Zitter-Bilder (englisch *Jitter Frames*), die aus zwei verschiedenen Filmbildern bestehen. Da diese Bilder redundante Informationen, also Bildinformationen vergangener oder noch folgender Bilder, enthalten, werden diese Bilder während der Videoeffektbearbeitung in der Regel wieder entfernt, damit das Compositing und das Rendering mit 24 Bildern pro Sekunde durchgeführt werden können. Im letzten Schritt wird das Material dann wieder durch eine in der Compositing-Software simulierte 3:2-Umrechnung auf die NTSC-Bildrate gebracht.

Filmgeschwindigkeit

Neben der Blendenöffnung und der Belichtungszeit beeinflusst auch die Filmgeschwindigkeit die Belichtung (englisch *Film-Speed*). Einige Filmmaterialien reagieren sensibler auf Licht als andere. Mit Filmgeschwindigkeit ist daher die Geschwindigkeit gemeint, die ein Filmmaterial benötigt, um das Licht aufzunehmen.

Diese Geschwindigkeit wird in der Regel in der Einheit ISO oder ASA gemessen. Die internationale Standard-Organisation (ISO) hat die Einheiten für die Filmgeschwindigkeit der American Standard Association (ASA) übernommen, sodass beide Standards nun die gleichen Zahlenwerte verwenden. Niedrige Werte wie z.B. 64 ISO oder 100 ISO bedeuten, dass der Film nicht so schnell auf Licht reagiert, dafür aber feinkörniger strukturiert ist. Diese Filmsorte eignet sich also gut zur Abbildung scharfer Details ohne sichtbare Körnung. Auf kurze Belichtungszeiten ausgelegte Filme mit z.B. 800 ISO oder 1000 ISO reagieren sehr viel schneller auf Licht, zeigen aber auch eine größere und stärker sichtbare Körnung.

So wie Sie unterschiedlich lichtempfindliches Material für eine Filmkamera wählen können, kann auch eine Digitalkamera durch Eingabe einer ISO-

Zahl ähnliche Effekte erzielen. Kleine Werte machen die Kamera zwar weniger aufnahmefähig für Licht, führen dafür aber zu schärferen Bildern mit nur wenig Bildrauschen (mit Bildrauschen ist bei digitalen Kameras die zufällige Variation von Pixelfarben gemeint, die wie die Körnigkeit von Film wirken kann). Die Benutzung höherer ISO-Werte multipliziert die vom Chip der Kamera aufgefangene Helligkeit, führt dabei aber auch zu einer Multiplikation und Verstärkung des Bildrauschens. Ein Bild, das mit hohen ISO-Einstellungen aufgenommen wurde, kann an Qualität verlieren und wie mit farbigen Flecken durchzogen aussehen.

Bei der digitalen Nachbearbeitung wird oft eine simulierte Filmkörnung hinzugefügt, damit sich Computergrafiken und Realfilme harmonischer mischen lassen. Wenn Sie Szenen rendern müssen, die wie Film- oder Videomaterial aussehen sollen, sollten Sie in dunklen Szenen eine stärkere Körnung hinzufügen als in hellen Szenen. Führen Sie sich zudem die Zusammenhänge zwischen der Filmgeschwindigkeit und den übrigen Einflussgrößen bei der Filmbelichtung vor Augen.

Die Belichtung von Fotos

Bislang haben wir drei wichtige Kontrollmöglichkeiten für die Bildbelichtung an echten Kameras kennen gelernt: Blendenöffnung (F-Stop), Belichtungszeit und Filmgeschwindigkeit. Da diese Einstellmöglichkeiten zudem untereinander durch Abhängigkeiten verbunden sind, können Vertauschungen vorgenommen werden. Fotografen sprechen bei jeder Verdopplung des aufgenommenen Lichts von einem *Stop*. Die Vergrößerung der Blendenöffnung um einen F-Stop ist daher ebenso ein Stop wie auch die Verdopplung der Belichtungszeit oder die Verdopplung des ISO-Werts am Filmmaterial. Da alle diese Parameter Stops produzieren, die die Lichtmenge exakt verdoppeln oder halbieren, können Fotografen zur Erzielung bestimmter Effekte Einstellungen austauschen. Nimmt ein Fotograf also z.B. ein Porträt auf und möchte eine weiche Unschärfe in den Hintergrund des Motivs legen, so könnte er dazu die Blendenöffnung vergrößern, um einen schmaleren Schärfebereich zu erhalten. Um die dadurch erhöhte Menge an eintretendem Licht zu kompensieren, könnte im Gegenzug die Belichtungszeit reduziert werden.

Neben der Kontrolle von Nebeneffekten, wie z.B. der Schärfentiefe oder der Bewegungsunschärfe, haben die Belichtungseinstellungen jedoch ihren Hauptsinn in der Beschränkung der Menge an Licht, die während der Aufnahme eingefangen wird. Die Entscheidungen von Fotografen bezüglich der Belichtungseinstellungen zu verstehen, hilft uns auch dabei, die Lichtintensität in 3D-Szenen besser einzustellen.

Das Zonen-System

Wenn ein Gelegenheitsfotograf einen Schnappschuss erstellt, wird die Kamera dabei oft im Automatikmodus betrieben. Die automatische Belichtung stellt die Belichtungsparameter der Kamera so ein, dass ein Mittelwert des vorhandenen Lichts der Szene errechnet und dann die Bildhelligkeit möglichst nahe an ein mittleres Grau geregelt wird. Dies führt in dem Sinne zu einer „korrekten" Belichtung, als dass alle Elemente der Szene später im Bild sichtbar sind.

Ein Profi-Fotograf designt das Bild dagegen nach seinen eigenen Vorstellungen und verwendet dazu seine eigenen Helligkeiten in jedem Bereich des Motivs. Anstatt der Kamera zu erlauben, den Schnee grau abzubilden, mag er es also vorziehen, weißen Schnee darzustellen.

Um eine derartige Kontrolle zu erhalten, arbeiten die Fotografen mit einem so genannten Zonen-System, bei dem alle Tönungen in eine von elf Stufen eingeordnet werden. Die Stufe 0 stellt dabei ein perfektes Schwarz ohne sichtbare Details dar. In Zone 1 sind die Helligkeiten sortiert, die sich gerade noch von Schwarz unterscheiden lassen. Zone 5 stellt ein 50% Grau dar und Zone 10 ist pures Weiß.

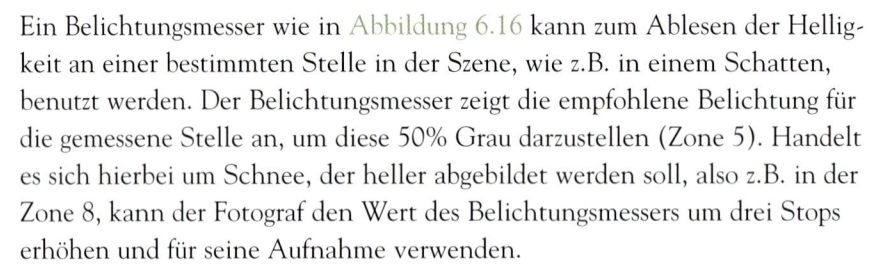

Ein Belichtungsmesser wie in Abbildung 6.16 kann zum Ablesen der Helligkeit an einer bestimmten Stelle in der Szene, wie z.B. in einem Schatten, benutzt werden. Der Belichtungsmesser zeigt die empfohlene Belichtung für die gemessene Stelle an, um diese 50% Grau darzustellen (Zone 5). Handelt es sich hierbei um Schnee, der heller abgebildet werden soll, also z.B. in der Zone 8, kann der Fotograf den Wert des Belichtungsmessers um drei Stops erhöhen und für seine Aufnahme verwenden.

Abbildung 6.16: Ein Belichtungsmesser errechnet für den Fotografen, wie ein bestimmter Bereich belichtet werden muss, um ein mittleres Grau (Zone 5) zu erzeugen. Die kreative Entscheidung über die Verwendung dieses Messwerts verbleibt jedoch letztlich beim Fotografen.

Für erfahrene Fotografen hat das Zonen-System noch weitere Bedeutungen. So können z.B. spezielle Filter verwendet werden, die den Himmel um mehrere Stops abdunkeln. Der Film kann mit verschiedenen Techniken entwickelt werden, um unterschiedliche Kontraststufen zu erzeugen, und schließlich können bei der Arbeit in der Dunkelkammer noch die Helligkeiten verschiedener Bildbereiche manipuliert werden.

Wie lässt sich dies alles auf die Arbeit mit 3D-Grafiken übertragen? Wie erhalten wir die gleiche Kontrolle über die Helligkeiten in unserem Bild wie ein professioneller Fotograf? Da könnte ein Blick auf das Histogramm des Bilds hilfreich sein.

Histogramme

Ein Histogramm ist eine grafisch aufbereitete Darstellung, wie oft jeder mögliche Helligkeitswert in einem Bild vorkommt. Die meisten Mal- und Bildbearbeitungsprogramme bieten so eine Histogramm-Funktion an.

Abbildung 6.17 zeigt ein typisches Histogramm. Für jede der bei einem 8-Bit-Bild möglichen 256 Helligkeitsabstufungen wird eine senkrechte Linie eingezeichnet. Die Längen dieser senkrechten Linien zeigen an, wie viele Pixel im Bild die entsprechende Helligkeit aufweisen. Die senkrechten Linien am linken Rand des Histogramms stehen für die schwarzen oder dunkleren Pixel und die rechten senkrechten stehen für die helleren bzw. die weißen Pixel.

So ein Histogramm können Sie sich für das gesamte gerenderte Bild oder auch nur für einen Ausschnitt daraus anzeigen lassen. Das Histogramm an sich ist hilfreich, um häufig auftretende Probleme in Renderings aufzuspüren. So zeigt Abbildung 6.18 z.B. das Histogramm einer unterbelichteten Szene. Nahezu alle senkrechten Balken befinden sich auf der linken Seite des Histogramms und bestätigen uns damit, dass das Bild nur ca. 25% der möglichen Helligkeitsabstufungen enthält und diese zudem im dunklen Bereich des Gesamtspektrums liegen.

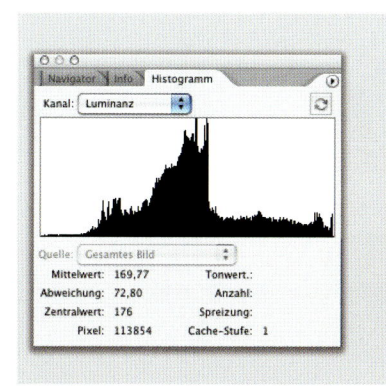

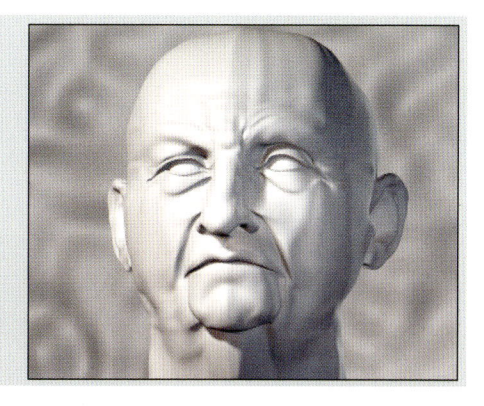

Abbildung 6.17:
Ein Histogramm zeigt Ihnen die Verteilung der Helligkeiten in jeder Zone des Bilds an.

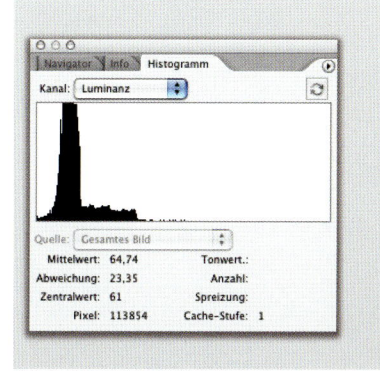

Abbildung 6.18:
Eine Unterbelichtung stellt sich als Balkenkonzentration im linken Teil des Histogramms dar.

Die Tonwertkorrektur in Photoshop stellt ebenfalls ein Histogramm als Teil eines umfangreichen Werkzeugs zur Beeinflussung von Helligkeit und Kontrast im Bild zur Verfügung. Wie Abbildung 6.19 zeigt, finden Sie dort direkt unter dem Histogramm drei Dreiecke, die sich an neue Positionen verschieben lassen. Das schwarze Dreieck markiert dabei die Säule im Histogramm, die die Farbe Schwarz darstellt. Das weiße Dreieck markiert die Säule im Histogramm, die für pures Weiß steht. Das graue Dreieck dazwischen markiert ein 50%-iges Grau im Histogramm. Das graue Dreieck zentriert sich hierbei automatisch zwischen dem schwarzen und dem weißen Dreieck, wenn Sie diese verschieben. Verschieben Sie das graue Dreieck selbst, verändert sich dadurch der Gamma-Wert Ihres Bilds.

Abbildung 6.19:
Sie können in Photoshop die Tonwertkorrektur benutzen, um so einen bestimmten Helligkeitsbereich im berechneten Bild zu isolieren.

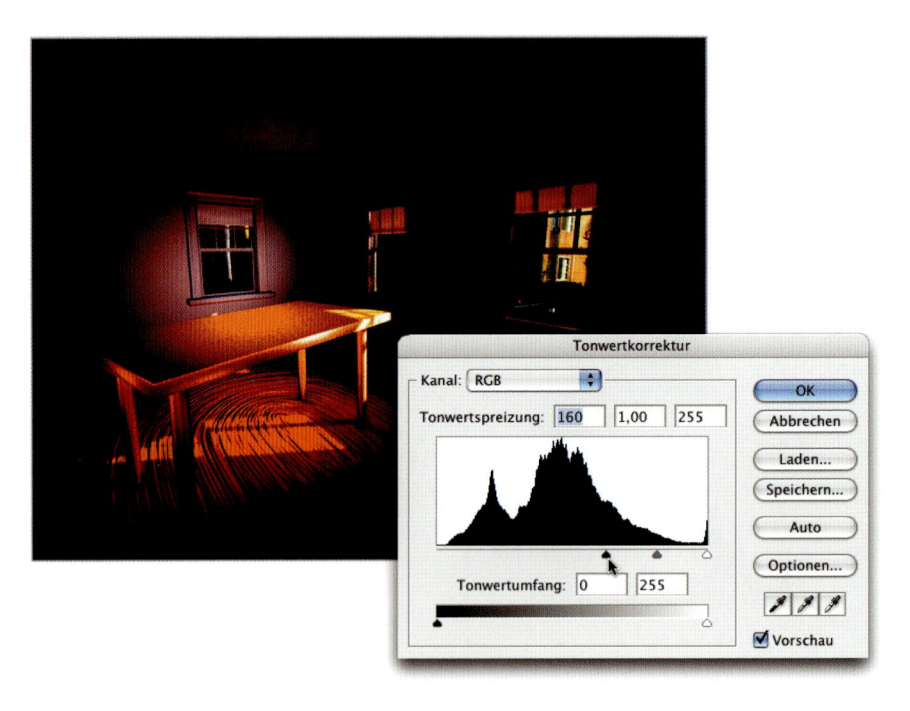

Das Geniale an dieser Tonwertkorrektur ist, dass Sie damit interaktiv arbeiten und verschiedene „Zonen" Ihres Bilds erforschen können. Abbildung 6.19 zeigt z.B., wie die Dreiecksregler den hellsten Bereich des Bilds umschließen. Dies führt dazu, dass alle Pixel, die dunkler als der vom schwarzen Dreieck markierte Bereich sind, praktisch aus dem Bild verschwinden. Es bleiben nur noch die helleren Pixel sichtbar. Auf die gleiche Weise könnten nur die dunklen Bildteile sichtbar gemacht werden, wenn Sie den weißen Regler nach links verschieben. Geht es um die Kombination von gerenderten 3D-Elementen mit Realbildern, ist die Anpassung des Schwarz- und des Weißpunkts der Bildmaterialien besonders wichtig.

Generell sollten natürlich möglichst alle Helligkeitsstufen in Ihren Bildern ausgenutzt werden und somit im Histogramm die vertikalen Linien gleichmäßig über den gesamten Bereich verteilt liegen. Jemand, der noch lernt, mit der Beleuchtung in 3D-Szenen umzugehen, neigt oft dazu, die Bilder zu dunkel und unterbelichtet zu berechnen, um Unzulänglichkeiten der Szene zu verbergen oder der Beleuchtung einen subtileren Charakter zu verleihen. Selbst wenn es um die Beleuchtung einer Nachtszene oder die Berechnung eines dunklen Kleiderschranks geht, versuchen Sie trotzdem, Akzente mit der Beleuchtung zu setzen. Um Dunkelheit greifbar zu machen, arbeiten Sie eher mit starken Kontrasten und dunklen Schatten, als einfach das gesamte Bild zu dunkel zu beleuchten.

Linsenfehler simulieren

In der Realität gibt es keine perfekten Linsen. Selbst das beste Objektiv kann die Umgebung nicht so klar und störungsfrei abbilden wie die virtuelle Kamera, die wir zum Rendern der 3D-Szenen benutzen. Nachfolgend finden Sie einige der Unzulänglichkeiten echter Linsen und wie man diese Fehler in 3D-Programmen simulieren kann.

Linsenverzerrung

In den meisten 3D-Renderings erscheinen gerade modellierte Kanten auch als perfekt gerade Linien. Bei echten Fotos ist dies so nicht der Fall. Durch die Linsenverzerrung erscheinen dort gerade Linien oft gebogen.

Der Betrag der Krümmung hängt von der Art des verwendeten Objektivs ab. Bei Teleobjektiven mit einem veränderbaren Öffnungswinkel führt die Veränderung des Zoomwerts in eine weitwinklige Brennweite zu einer tonnenförmigen Verzerrung (englisch *Barrel Distortion*). Die Bildmitte wird dabei tonnenförmig verzerrt und die Bildränder erscheinen komprimiert. Noch extremer werden die Verzerrungen bei der Verwendung so genannter Fischauge-Objektive (*Fisheye*). Diese bilden einen sehr weiten Öffnungswinkel ab und erzeugen dabei stark gekrümmte und verzerrte Bilder, so wie in Abbildung 6.20.

Bei vielen Teleobjektiven führt die Reduzierung des Zoomfaktors zu einer tonnenförmigen Verzerrung, aber auch das Heranzoomen hat Verzerrungen zur Folge. Dabei spricht man von kissenförmigen Verzerrungen (englisch *Pincushion Distortion*). Das Bild wird in der Mitte zusammengedrückt. Oftmals entsteht diese Verzerrung auch aus dem Versuch heraus, die tonnenförmige Verzerrung des Teleobjektivs zu korrigieren.

Abbildung 6.20:
Ein Fischauge-Objektiv erzeugt gekrümmte Linien, die hier z.B. an der Krümmung des vertikalen Turms zu erkennen sind.

Programmierbare Renderer wie Mental Ray können mit speziellen Shadern ebenfalls echte Linsen simulieren und z.B. auch tonnenförmige Verzerrungen nachbilden. Trotzdem ist es selbst mit dieser Möglichkeit schwer, von der unverzerrten Ansicht eines Wireframe oder einer schattierten Ansicht auf die verzerrte Darstellung im berechneten Bild zu schließen. Es ist daher gängiger, die Bilder unverzerrt zu berechnen und die Linsenverzerrung nachträglich auf das berechnete Bild anzuwenden.

Geht es bei der Arbeit um die Kombination eines gerenderten Bilds mit Realaufnahmen, so ist die Simulation der echten Linsenverzerrung entscheidend für die Qualität des fertigen Bilds. Motion Tracking-Programme wie z.B. 3D-Equalizer enthalten daher oft auch eine Bildbearbeitungsfunktion zum Entzerren der Bilder. Der Workflow sieht dann so aus, dass das Originalmaterial nach der Digitalisierung entzerrt wird. Dann werden die 3D-Elemente integriert und schließlich das Ergebnis falls notwendig wieder verzerrt.

Selbst wenn das Gesamtbild nur aus 3D-Elementen besteht, kann das Hinzufügen von etwas tonnenförmiger oder von Fischauge-Verzerrung bei weitwinkligen Aufnahmen das Ergebnis noch realistischer und glaubhafter erscheinen lassen. Abbildung 6.21 zeigt im direkten Vergleich den Unterschied, den die Linsenverzerrung ausmachen kann.

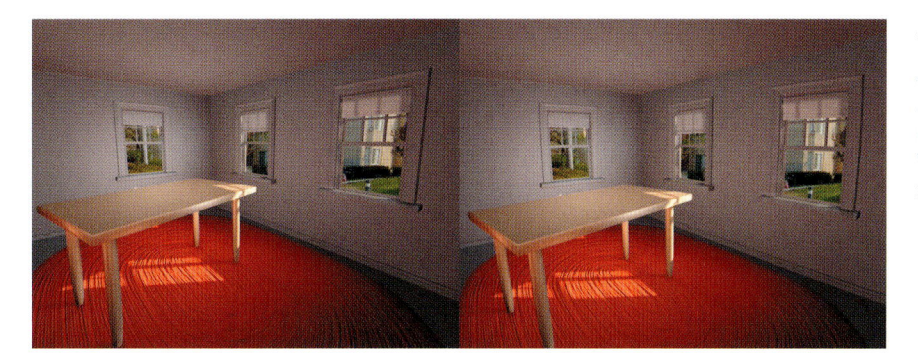

Abbildung 6.21:
Eine 3D-Szene mit einer weitwinkligen Kamera (links) kann durch zusätzliche, tonnenförmige Verzerrung noch realistischer aussehen (rechts).

Die meisten Compositing-Programme enthalten auch Werkzeuge, um tonnenförmige Verzerrungen zu simulieren. Möchten Sie ein Bild selbst innerhalb der 3D-Software verzerren, legen Sie das Bild als Textur auf eine NURBS-Fläche. Vergrößern Sie die Flächen in der Mitte der Ebene, um die Verzerrung des Bilds zu erzeugen, und rendern Sie dann eine frontale Ansicht der Ebene als Bild.

Eine zusätzliche tonnenförmige Verzerrung hat bei einigen Szenen einen weiteren positiven Nebeneffekt: Wird die Kamera seitlich verschoben oder rotiert, wirkt die Verzerrung gleichzeitig wie ein Perspektivwechsel. Soll also ein eigentlich nur als 2D-Bild vorliegender Hintergrund der Szene wie eine dreidimensionale Umgebung wirken, dann sollte der Hintergrund der Szene beim Verschieben oder Drehen der Kamera nicht nur vorbeiziehen. Die Linsenverzerrung lässt die Hintergründe natürlicher und weniger flach wirken, so als würde es sich um eine echte Umgebung handeln, die mit einer weitwinkligen Linse aufgenommen wurde.

Chromatische Abberation

Einer der Abbildungsfehler, der eng mit der tonnenförmigen Verzerrung in Verbindung steht, wird Chromatische Abberation (CA) genannt. Die Chromatische Abberation macht sich als farbige Ausfransung an hellen Linien und an den Rändern kontraststarker Bereiche bemerkbar (siehe Abbildung 6.22).

Die Chromatische Abberation entsteht durch die unterschiedliche Brechung der verschiedenen Wellenlängen des Lichts an der Linse. So wird rotes Licht an der Linse in eine leicht andere Richtung gebrochen als z.B. blaues Licht. Beide Lichtstrahlen treffen somit an verschiedenen Stellen des Bildsensors oder des Filmmaterials auf. Das Prinzip entspricht dabei der Aufspaltung des Lichtspektrums an einem Prisma. Bei einer Kamera führt diese Aufsplittung der Lichtfarbe dazu, dass das Licht nicht mehr gebündelt auf dem Film oder dem Sensor ankommt und dadurch die farbigen Ausfransungen entstehen. Da diese Chromatische Abberation stärker bei günstigen Objektiven auftritt, können Sie diesen Effekt simulieren, um z.B. eine Camcorder-Aufnahme nachzubilden. Bei hochwertigeren Filmproduktionen spielt die Chromatische Abberation kaum eine Rolle und tritt kaum in Erscheinung.

Um die Chromatische Abberation zu simulieren, können Sie wie bei der tonnenförmigen Bildverzerrung vorgehen, nur dass diesmal die Farbkanäle des Bilds separat bearbeitet werden müssen. Dabei muss der rote Bildkanal etwas stärker und der blaue etwas schwächer verzerrt werden.

Abbildung 6.22: Die Chromatische Abberation macht sich in Fotos als farbige Ausfransung in Bereichen mit starkem Kontrast bemerkbar.

Vignettierung

Die Vignettierung gehört ebenfalls zu den Schwächen billiger Teleobjektive. Dabei kommt es dazu, dass die Bildecken etwas dunkler dargestellt werden als die Bildmitte.

Einige Regisseure setzen diesen Effekt bewusst ein, um z.B. das Augenmerk des Betrachters auf die Ich-Perspektive eines Mörders zu lenken, der jemanden verfolgt, oder um eine Rückblende oder Traumsequenz kenntlich zu machen. Dazu wird manchmal Vaseline in die Ecken eines Filters vor der Linse aufgetragen. Dies führt zur Abdunklung und Weichzeichnung der Bildecken.

Die meisten Compositing-Programme können eine leichte Vignettierung im Hintergrundbild selbst beheben oder auch nachträglich noch bei gerenderten Elementen eine Abdunklung der Bildecken hinzufügen, um die Komposition harmonisch aufeinander abzustimmen.

Blendenflecke und Halos

Seit Jahren zählen die Blendenflecke zu den untrüglichen Merkmalen durchschnittlicher 3D-Grafiken. Benutzen Sie daher Blendenflecke nur dann, wenn dafür eine Motivation durch Sonnenlicht oder eine andere starke und in der Szene sichtbare Lichtquelle besteht. Denkbar ist auch der unterstützende Einsatz von Blendenflecken, wenn z.B. Figuren in einer sehr hellen oder heißen Umgebung dargestellt werden sollen. Abbildung 6.23 zeigt das Foto eines Gebäudes, bei dem durch Reflexion des Sonnenlichts an der Fassade Blendenflecke entstehen.

Abbildung 6.23:
Obwohl viele Künstler Blendenflecke als zu auffällig und im künstlerischen Sinne als abgenutzt betrachten, kann man sie sparsam überall dort einsetzen, wo ausreichend helle Lichtquellen eingesetzt werden.

Wenn Sie sich entscheiden, Blendenflecke zu benutzen, dann berechnen Sie diese auf einer separaten Ebene. Ein Weg dazu ist das zeitweise Ausblenden aller übrigen Objekte und das Rendern und Speichern dieser reduzierten Szene. Auf diese Weise können Sie die Blendenflecke nachträglich zur Bildkomposition addieren oder überblenden, ohne bei Nichtgefallen gleich das gesamte Bild neu berechnen zu müssen.

In vielen Fällen können Sie Blendenflecke vermeiden und durch einen simulierten Lichthof (englisch *Halation* oder *Specular Bloom*) ersetzen. Darunter versteht man das sichtbare Glühen um intensive Lichtquellen herum, das oft auch mit strahlenförmigen Lichtstreifen einhergeht. Dieser Lichthof entsteht durch Licht, das an der Rückseite des Kameragehäuses gestreut und von dort erneut auf den Film zurückreflektiert wird. Wie bei den Blendenflecken ist es auch hierbei ratsam, das Lichtglühen als separates Bild berechnen zu lassen und erst später in der Bildkomposition zu überlagern.

Bei Breitwandfilmen, die in einem anamorphen Filmformat aufgenommen wurden – dabei wird ein spezielles Objektiv verwendet, welches das Bild so staucht, dass es auf den Film passt – entsteht der Lichthof auf dem gestauchten Filmmaterial. Bei der Filmvorführung wird der Film dann wieder horizontal gestreckt, was zu einer elliptischen Form der Lichthöfe und Lichtstreifen um die Lichter herum führt.

Benutzen Sie die in diesem Kapitel beschriebenen Effekte nur in den Situationen, wo sie Sinn machen. Wenn Sie sich dabei ertappen, wie Sie das Bildmaterial durch zahlreiche Filter im Aussehen stark verändern, dann liegt dies meistens daran, dass Sie mit der generellen Bildwirkung und der Beleuchtung oder Schattierung unzufrieden sind. Sie sollten dann einige Arbeitsschritte zurückgehen und diese Probleme in der Szene beheben, bevor Sie anfangen, mit Filtern und umfangreichen Nachbearbeitungen zu arbeiten. Bevor Sie Ihre Energie darauf verwenden, um alle möglichen Unzulänglichkeiten von Linsensystemen zu simulieren, sollten Sie sich besser auf den Kern der Fotografie beschränken und üben, wie Sie ausgewogen belichtete Bilder erzeugen, bei denen alle Helligkeiten ausgenutzt werden.

Übungen

Um Ihre Fähigkeiten als 3D-Künstler zu erweitern, nehmen Sie jede Chance wahr, mehr über die Fotografie und die Filmkunst zu lernen.

1. Nehmen Sie sich die Zeit, mit einer manuell einstellbaren Kamera zu arbeiten. Versuchen Sie jemanden oder etwas mit dem größtmöglichen F-Stop, einer mittleren Einstellung und einem kleinen F-Stop zu fotografieren. Beobachten Sie, wie dies die Schärfentiefe und die Qualität des Bilds beeinflusst. Wenn Sie einen Film drehen, notieren Sie alle Kameraeinstellungen für jede Einstellung z.B. auf einem Notebook. Wenn Sie eine Digitalkamera benutzen, werden alle Belichtungsinformationen innerhalb der EFIX-Daten mit dem Bild gespeichert und können in vielen Bildbearbeitungsprogrammen wieder ausgelesen werden.

2. Laden Sie einige Ihrer älteren 3D-Arbeiten in ein Programm mit Histogramm-Funktion. Haben Sie die ganze Bandbreite der Helligkeiten ausgenutzt? Wie würde die Szene nach der Anpassung der Tonwertkorrektur und der Anpassung der Belichtung aussehen?

3. Leihen Sie sich einen Film aus und betrachten Sie darin Standbilder von Szenen, die nachts oder in dunklen Umgebungen spielen. Wo befinden sich die hellsten und die dunkelsten Tönungen? Wie groß ist die Schärfentiefe? Wenn der Hintergrund unscharf wird, können Sie Bokeh-Effekte ausmachen?

4. Legen Sie eine Sammlung von Referenzbildern an, die Sie aus Filmen herausziehen. Betrachten Sie DVDs auf Ihrem Computer mit einer Software, die das Speichern von Standbildern erlaubt. Wenn Sie eine Szene finden, die die Stimmung oder die Beleuchtung zeigt, die Sie nachbilden möchten, speichern Sie sich davon ein Bild als persönliche Referenz ab. Referenzbilder helfen Ihnen bei der Planung der Beleuchtung und sind sehr hilfreich, wenn es im Vorfeld der Produktion um die Abstimmung einer geplanten Lichtstimmung mit dem Kunden oder dem Regisseur geht.

[KAPITEL SIEBEN]

Komposition und Arrangement

Einige der wichtigsten Entscheidungen, die ein Regisseur oder Kameramann zu treffen haben, betreffen die Komposition und das Arrangement der Szene. Mit Komposition ist dabei der inhaltliche Aufbau der gesamten Einstellung gemeint, wogegen das Arrangement die Platzierung von Figuren und Gegenständen in einem Bild betrifft. Eine gute Komposition und ein überlegtes Arrangement gehören zum Kern jedes ansprechenden und professionellen Bilds. Beide Elemente helfen dabei, das Auge des Betrachters im Sinn des Regisseurs durch die Szene zu führen. Für die Komposition und das Arrangieren der Objekte existieren einige Merksätze und Regeln, die zwar aus dem Bereich der Filmproduktion kommen, aber ebenso gut auf den Bereich der 3D-Grafiken und die Justierung von Kameras, Lichtern, des Layouts und der Animation übertragen werden können.

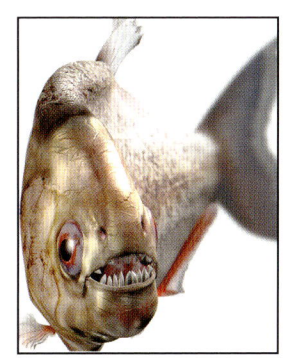

Die Art der Einstellung

Die erste und grundlegendste Überlegung bei der Planung einer neuen Einstellung gilt den Elementen, die im Bild zu sehen sein sollen. Wenn zwei Figuren in der Szene miteinander interagieren, sollen dann beide gleichzeitig zu sehen sein oder reicht eventuell die Großaufnahme einer Figur aus? Wie viel der umgebenden Szene wird dabei zu sehen sein? Möchten Sie das Augenmerk des Betrachters auf bestimmte Bereiche lenken? Ihre digitale Produktion kann mit den gleichen Begriffen beschrieben werden, wie sie auch bei der Filmproduktion verwendet werden.

Die Größe der Einstellung

Das hauptsächliche Unterscheidungsmerkmal der verschiedenen Arten von Einstellungen ist deren Größe bzw. wie groß der sichtbare Bereich sein wird. Die Größe einer Einstellung lässt sich in fünf gängige Kategorien einteilen:

- Eine extreme Nahaufnahme (englisch *Extreme Close-Up*, oder kurz *ECU*) zeigt ein kleines Detail, wie z.B. einen Ausschnitt aus einem Gesicht, bildfüllend an.

- Eine Nahaufnahme (englisch *Close-Up*, oder kurz *CU*) zeigt einen bestimmten Bereich wie z.B. das Gesicht einer Figur bildfüllend.

- Eine mittlere Nahaufnahme (englisch: *Medium Close-Up*, oder kurz *MCU*) zeigt neben dem eigentlichen Motiv noch etwas mehr von den umgebenden Bereichen. So ist z.B. die Darstellung des Kopfs samt den Schultern eine mittlere Nahaufnahme.

- Eine mittlere Einstellung (englisch: *Medum Shot*, oder kurz *MS*) zeigt noch mehr von der Umgebung als die mittlere Nahaufnahme. Am Beispiel einer Figur würde dann der gesamte Oberkörper samt den Armen und dem Kopf abgebildet.

- Eine weite Einstellung (englisch: *Wide Shot*, oder kurz *WS* bzw. *WIDE*) zeigt neben dem eigentlichen Motiv auch große Anteile der Umgebung. Am Beispiel der Figur würde dadurch die gesamte Figur bzw. mehrere Figuren und ein Teil von deren Umgebung abgebildet.

Die gelben Rahmen in Abbildung 7.1 zeigen die typischen Ausschnitte der beschriebenen Einstellung. Die tatsächliche Größe der Ausschnitte kann jedoch variieren und ist abhängig von der Größe des Motivs bzw. von der Umgebung der abgebildeten Szene. So zeigt z.B. die weite Aufnahme einer Animation eines Fußballspiels das gesamte Stadion, wogegen die weite Einstellung einer Animation von Insekten nur einige Quadratzentimeter abdeckt.

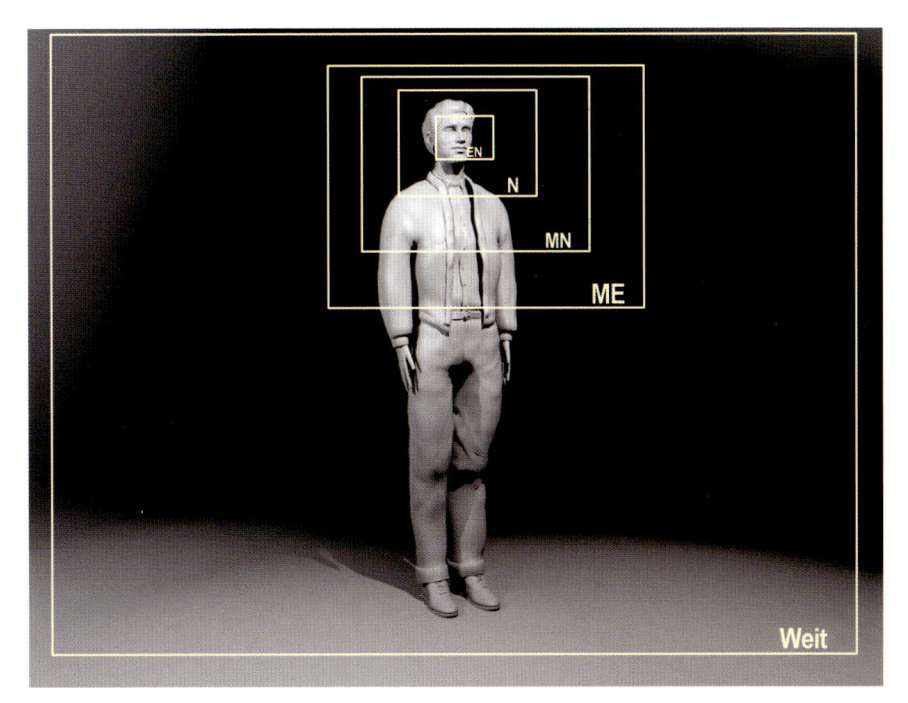

Abbildung 7.1:
Die extreme Nahaufnahme (EN), eine Nahaufnahme (N), eine mittlere Nahaufnahme (MN), eine mittlere Einstellung (ME) und eine weite Einstellung (Weit) gehören zu den gängigsten Einstellungen bei der Darstellung einer Figur.

Weite Einstellungen können ganze Umgebungen, räumlich ausgedehnte Animationen und größere Figurgruppen in einer Aufnahme abbilden. Bevor Sie mit der Kamera näher an etwas heranfahren, sollten Sie dem Betrachter ein Gefühl für die Szene und die Umgebung geben. Dies erreichen Sie mit einer orientierenden Einstellung (englisch *Establishing Shot*). Dabei handelt es sich im Prinzip um eine weite Aufnahme, bei der ein Gefühl für die gesamte Szenerie vermittelt und Teile der Umgebung gezeigt werden, die später in den Nahaufnahmen nicht immer zu sehen sein werden. So kann eine orientierende Einstellung z.B. die Außenansicht eines Gebäudes zeigen, damit sich der Zuschauer später bei den Innenraumszenen besser vorstellen kann, in welcher Stadt oder Gegend die Wohnung liegt.

Mittlere Einstellungen und Nahaufnahmen ziehen den Betrachter in die Szene hinein und lenken die Aufmerksamkeit auf kleine Details und die Mimik der Hauptdarsteller. Das Fernsehen ist gezwungenermaßen ein Medium für Nahaufnahmen, da auf den oft kleinen Bildschirmen Nahaufnahmen besonders wichtig sind. Bei Kinofilmen kann problemlos mit größeren Einstellungen gearbeitet werden. Aufgrund der Größe des Mediums wird auch dann noch genügend von der Mimik der Akteure zu sehen sein.

Eine Reaktionseinstellung (englisch: *Reaction Shot*) zeigt die Reaktion einer Figur, während diese etwas beobachtet oder auf eine andere Aktion reagiert. In der Regel fällt so eine Darstellung der Reaktion als Nahaufnahme aus.

Diese Art Einstellung lässt den Betrachter auch bei aktionsreichen Sequenzen an der emotionalen Seite der Handlung teilhaben. Selbst wenn es sich um die Animation von großen Menschenmassen handelt, wird sich ein Betrachter stärker in die Handlung einbezogen fühlen, wenn individuelle Reaktionen von Einzelpersonen auf die Handlung mit einfließen.

Blockieren der Z-Achse

Eine Einstellung kann gleichzeitig Nahaufnahme wie auch weite Einstellung sein, wenn eine Technik zur Blockierung der Z-Achse benutzt wird (englisch *Z-Axis Blocking*). Dabei werden die Elemente einer Szene in unterschiedlichen Entfernungen vor der Kamera platziert. Abbildung 7.2 zeigt ein typisches Beispiel für die Blockierung der Z-Achse, wobei eine Figur auf die Kamera zuläuft, während die anderen Figuren im Hintergrund der Szene bleiben. Der Begriff der Z-Achsen-Blockierung scheint direkt aus der Terminologie der Computergrafik zu entspringen, wurde jedoch tatsächlich bereits bei Filmproduktionen verwendet, bevor es 3D-Grafiken gab.

Abbildung 7.2: Bei der Blockierung der Z-Achse kommt es zur Kombination einer Nahaufnahme mit einer weiten Einstellung der Szene, so wie in dieser Szene von Jorge R. Gutierrez.

Die Ich-Perspektive

Die Ich-Perspektive (englisch *Point-Of-View*, oder kurz *POV*) erzeugt die Illusion, man würde die Szene durch die Augen eines der Akteure betrachten.

So eine Ich-Perspektive ist in 3D-Szenen leicht zu realisieren: Platzieren Sie die Kamera einfach zwischen den Augen einer Figur. Bewegt sich die Figur, verknüpfen Sie die Kamera z.B. durch Gruppierung mit dem Bone-Objekt des Kopfs und animieren Sie die Rotation der Kamera, um die Blickrichtung der Figur zu simulieren. In der Regel werden Sie dabei die Figur selbst unsichtbar schalten, denn bei der Ich-Perspektive ist die Darstellung der Arme, der Hände und anderer Körperteile während der Animation nicht notwendig.

Hier sind einige Ideen aufgelistet, wo die Ich-Perspektive in Animationen sinnvoll eingebaut werden könnte:

- Die Benutzung der Ich-Perspektive macht es dem Publikum einfacher, sich mit einer Figur zu identifizieren oder mit dieser mitzufühlen. Wenn also z.B. etwas auf die Figur zuspringen und diese erschrecken soll, wirkt es authentischer, wenn dieses Objekt plötzlich im Gesichtsfeld der Kamera auftaucht und auf die Kamera zuspringt, um das Publikum in seiner Ich-Perspektive zu erschrecken.

- Eine Actionsequenz und bestimmte Ereignisse wirken aus der Ich-Perspektive immer dramatischer. Fällt eine Figur z.B. in einen Schacht, könnte die Kamera auf Höhe des Kopfs mit in den Schacht stürzen.

- Die Ich-Perspektive kann zudem bei comichaften Animationen eingesetzt werden, um z.B. die Bewegungen einer Figur aufzugreifen. Denkbar wären z.B. die torkelnden Bewegungen eines Betrunkenen oder die begrenzte Bewegungsfreiheit eines angebundenen Hunds.

- Die Ich-Perspektive kann auch den Blick durch ein Zielfernrohr, ein Teleskop oder ein Schlüsselloch darstellen. Derartige Einstellungen werden oft in der Nachbearbeitung ergänzt, um die Form des Teleskops oder Schlüssellochs mit einzufügen oder Verzerrungen durch das Zielfernrohr oder ein Fernglas zu überlagern.

- Die Ich-Perspektive kann zur Reduzierung des Arbeitsaufwands an einem Projekt beitragen, denn während wir durch die Augen einer Figur blicken, kann deren Darstellung und deren Animation in dieser Szene vernachlässigt werden.

- Die Ich-Perspektive gehört zum Standardelement in Horror- und Gruselfilmen, wenn ein Mörder oder ein Monster sein nächstes Opfer ins Visier nimmt. Die Ich-Perspektive verbirgt den eigentlichen Täter vor dem Publikum und lässt dieses nur das nichts ahnende Opfer sehen.

Sie können mit der Ich-Perspektive viel Spaß haben. Denken Sie jedoch daran, diesen Effekt nur gezielt einzusetzen, da er sehr dominierend und sogar ablenkend wirken kann.

Die Zweiereinstellung

Verschiedene Einstellungen lassen sich kombinieren, um ein Gespräch zwischen zwei Personen, eine Interview-Situation oder andere Szenen, in denen sich zwei Figuren gegenüberstehen, dem Publikum besser zu präsentieren.

Eine Zweiereinstellung (englisch *Two-Shot*) ist eine einfache Abbildung von zwei Figuren, so wie es links in Abbildung 7.3 zu sehen ist. Dies ist zwar eine einfache und praktische Möglichkeit, beide Figuren zu zeigen, kann jedoch schnell flach und langweilig wirken. Um für mehr Variation zu sorgen, können Sie die Zweiereinstellung als orientierende Einstellung nutzen und dann zu Nahaufnahmen und Über-die-Schulter-Einstellungen wechseln (englisch *Over-the-Shoulder shots*).

Die Über-die-Schulter-Einstellung

Die Über-die-Schulter-Einstellung (englisch *Over-the-shoulder shot*, oder kurz OSS) entspricht einer Nahaufnahme oder einer mittleren Einstellung, die eine der Figuren in den Mittelpunkt rückt. Von der zweiten Figur ist hierbei nur ein Teil, in der Regel ein Stück des Rückens und die Schulter, zu sehen – gerade genug, um deren Position anzudeuten. Abbildung 7.3 zeigt in der Mitte und rechts Beispiele dazu. Obwohl das Gesicht des mit dem Rücken zur Kamera stehenden Akteurs nicht sichtbar ist, reicht die körperliche Präsenz aus, um die Handlung zu verdeutlichen und die räumliche Distanz zwischen den Figuren abzubilden.

Abbildung 7.3: Die Schuss-/Gegenschusseinstellung kann mit einer Zweiereinstellung beginnen (links) und danach in Über-die-Schulter-Einstellungen übergehen (Mitte und rechts).

Eine Serie von sich abwechselnden Über-die-Schulter-Einstellungen von jeder Figur, mit eingestreuten Nahaufnahmen nennt sich Schuss/Gegenschuss (englisch *Shot/Countershot*). Dies ist eine gängige und sehr effektive Möglichkeit so gut wie jede Interaktion zweier Figuren einzufangen, egal, ob dabei Worte, Küsse, Pistolenkugeln oder Faustschläge ausgetauscht werden. Wenn Sie gezielt darauf achten, werden Sie derartige Schuss-/Gegenschussaufnahmen laufend in Filmen und Fernsehprogrammen beobachten können.

Das Rendern von Über-die-Schulter-Einstellungen und das Einarbeiten von Schuss-/Gegenschussaufnahmen statt der einfachen Zweiereinstellung werden Ihre Animationen für den Betrachter fesselnder machen und echtes Kino-Feeling vermitteln. Zudem hat die Über-die-Schulter-Einstellung gegenüber der Zweiereinstellung den Vorteil, dass immer nur die Gesichtsanimation der Figur zu sehen ist, die auf die Aktion des Gegenübers reagiert.

Kamerawinkel

Die Funktion und die Wirkung einer Einstellung lassen sich durch die Platzierung der Kamera variieren. Der Kamerawinkel entsteht dabei durch die Position der Kamera und deren Ausrichtung.

Die Aktionslinie

Wenn Sie eine Animation aus verschiedenen Richtungen rendern lassen und diese Einstellungen später zu einer Sequenz zusammenführen möchten, ist es sehr wichtig, dass die Kamera immer nur auf einer Seite der Aktionslinie (englisch *Line of Action*) platziert wird. Die Aktionslinie kann dabei die Richtung sein, in der die Figuren schauen, die Richtung, in der sie sich bewegen, oder einfach eine gedachte Verbindungslinie zwischen den Positionen der Figuren. Abbildung 7.4 zeigt diese Aktionslinie zwischen den Figuren als gelbe Linie an.

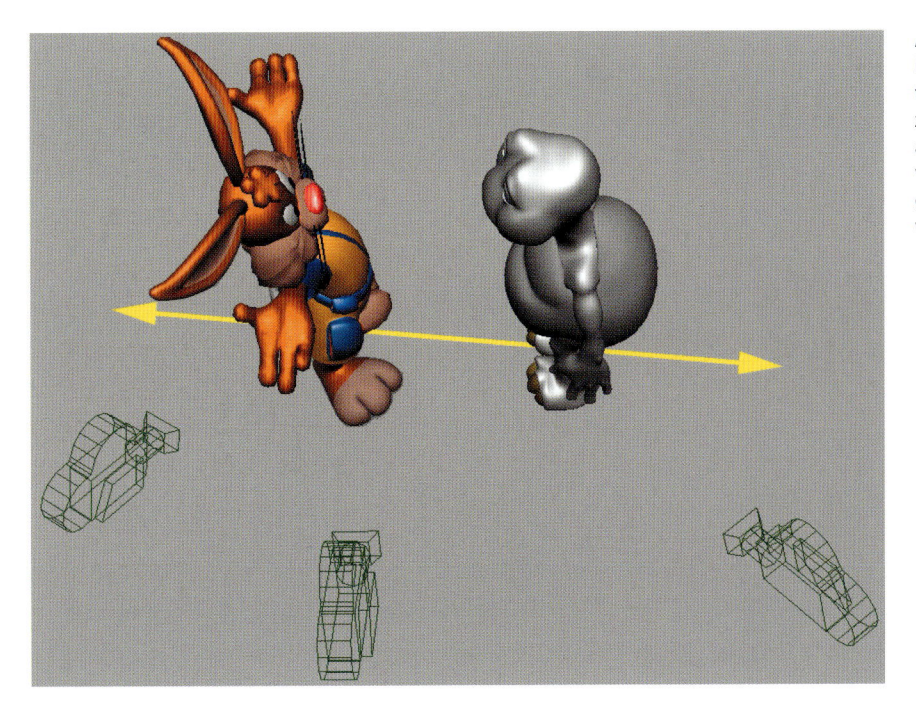

Abbildung 7.4:
Um eine einheitliche Richtung für die Einstellungen zu gewährleisten, werden alle Kameraaufnahmen von der gleichen Seite der gedachten Aktionslinie aus vorgenommen.

Sie sollten keine Aufnahmen von unterschiedlichen Seiten der Aktionslinie untereinander mischen, da dadurch die Positionen der Figuren für den Betrachter vertauscht erscheinen und so zu Verwirrungen führen können. Blickt eine Figur zum rechten Bildrand und folgt danach z.B. eine Einstellung, in der die Figur plötzlich nach links schaut, so wirkt dies ansonsten, als hätte sich die Figur umgedreht.

Stellen Sie sich eine Figur vor, die in eine Richtung läuft oder an einem Rennen teilnimmt. Läuft die Figur auf den rechten Bildrand zu, so sollte dies in allen nachfolgenden Einstellungen ebenfalls der Fall sein. Sofern die Figur nicht ihre Laufrichtung verändert, sollten also alle Veränderungen des Kamerawinkels unterbleiben, die zu einer Umdrehung der Aktionsrichtung führen.

Fußballfans sind mit diesem Konzept bei der Übertragung von Spielen im Fernsehen vertraut: Alle Kameras stehen in der Regel nur auf einer Seite des Stadions. Nur in Ausnahmen wird zu einer auf der gegenüberliegenden Seite platzierten Kamera umgeschaltet, um z.B. Situationen zu zeigen, die ansonsten verdeckt geblieben wären. Um bei derartigen Wechseln der Kamerarichtung Verwirrungen zu vermeiden, werden oft zusätzlich die Worte *Reverse Angle* (rückwärtige Ansicht) mit eingeblendet.

Die Perspektive

Die Perspektive ist abhängig vom Standpunkt, den Sie für die Kamera ausgewählt haben. Immer wenn die Kamera an einen anderen Ort gestellt wird, zeigt sie die Szene aus einer anderen Perspektive.

Abbildung 7.5 zeigt drei verschiedene Perspektiven einer Person vor einer Brücke. Um bei allen Perspektiven eine Nahaufnahme zu erzeugen, wurden verschiedene Objektive benutzt. Das Bild ganz links in der Abbildung entstand mit einem Teleobjektiv, das Bild in der Mitte wurde mit einem 60 mm-Objektiv aus einer Entfernung von 3 Metern aufgenommen und das Bild ganz rechts entstand aus kurzer Entfernung unter Verwendung eines weitwinkligen Objektivs. Obwohl bei der weitwinkligen Aufnahme tonnenförmige Verzerrungen sichtbar werden, verändern die Objektive selbst die Perspektive auf das Motiv nicht. Es kommt nur zu unterschiedlichen Skalierungen, um eine vergleichbare Darstellung zu erhalten.

Abbildung 7.5:
Eine Aufnahme aus größerer Entfernung (links) verkürzt den Raum; eine Aufnahme aus einer Distanz von 3 m wirkt natürlicher (Mitte); eine Aufnahme aus kurzer Distanz dehnt den Raum aus und führt zu Verzerrungen in der Darstellung (rechts).

Beachten Sie, wie die Brücke im linken Bild sehr nahe bei der Frau zu stehen scheint. Die rechte, weitwinklige Aufnahme der gleichen Szene zeigt die Brücke sehr viel weiter entfernt und zudem einen größeren Abschnitt davon. Abbildung 7.6 vergleicht ähnliche Einstellungen bei der Berechnung einer 3D-Szene. Das linke Bild wurde dort aus großer Entfernung mit einem sehr kleinen Sichtfeld von nur 2° berechnet. Das rechte Bild entstand aus kurzer Entfernung und mit einem Öffnungswinkel der Kamera von 120°.

Mit zunehmender Entfernung der Kamera scheinen sich die räumlichen Distanzen zwischen den Objekten zu verkürzen. Diese Wirkung können wir nutzen, um z.B. eine Person innerhalb einer Menschenmenge verloren erscheinen zu lassen, um einen Raum einengend darzustellen oder schlicht um viele Objekte auf engstem Raum zusammengerückt zu zeigen. Wird aus großer Entfernung auf ein Objekt herangezoomt, verkleinert sich zugleich der vom Hintergrund sichtbare Teil. Befindet sich dort im Hintergrund etwas Wichtiges, kann dieses Element dadurch zusätzlich hervorgehoben werden.

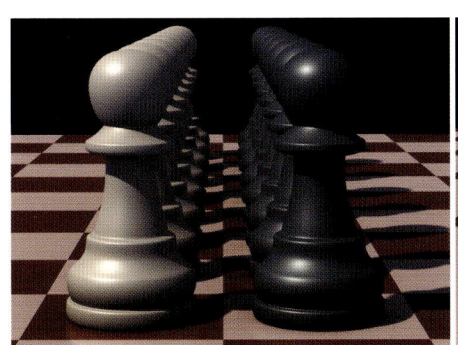

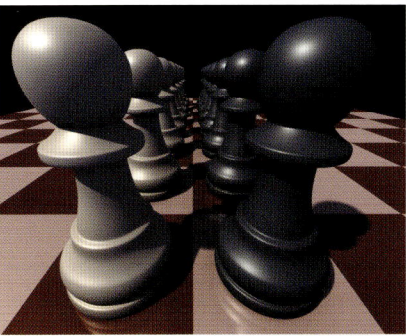

Abbildung 7.6:
Die Perspektive in 3D-Programmen ist mit der Perspektive echter Kameras vergleichbar. Der Raum scheint sich bei der Betrachtung aus großer Entfernung zu verkürzen (links), während die Dimensionen der Szene aus kürzerer Entfernung sehr viel größer wirken (rechts).

Die Positionierung einer Kamera nahe am Objekt verzerrt die Entfernungen. Im Extremfall kann dies z.B. auch Teile des Gesichts so verzerren, dass die Nase einer Person unnatürlich groß erscheint und deutlich hervorragt. Die meisten Fotografen bleiben daher bei Porträtaufnahmen ca. drei bis vier Meter von der Person entfernt, um eine natürliche Aufnahme zu erzeugen, anstatt die Kamera direkt vor dem Gesicht zu platzieren. Andererseits sollten Sie auch nicht zu weit von der Person entfernt sein. Sie können zwar ein Teleobjektiv zum Heranzoomen benutzen, dies führt jedoch zu einer Verflachung des Gesichts und zu einer Verstärkung der horizontalen Anteile. Dadurch können dann z.B. die Ohren unnatürlich weit abstehend aussehen.

Bewegen Sie sich näher an die Person heran und reduzieren Sie gleichzeitig die Brennweite Ihres Objektivs, um weiterhin eine Nahaufnahme darstellen zu können, so wird sich dadurch gleichzeitig auch mehr vom Hintergrund in das Motiv drängen. Es kann zwar durchaus gewollt sein, mehr von der Umgebung zu sehen, aber dadurch kann es auch notwendig werden, zusätzliche Elemente, wie z.B. Möbelstücke oder Bäume, zu der Szene hinzuzufügen, um die sichtbaren Bereiche im Hintergrund zu füllen.

Eine nahe Kameraposition lässt zudem Bewegungen schneller oder über größere Distanzen verteilt erscheinen. Dieser Effekt verstärkt sich noch, wenn die Aktion auf die Kamera zu oder von dieser fort angelegt ist. Die Platzierung der Kamera im Zentrum einer Animation lässt diese Bewegungen für den Betrachter noch dramatischer erscheinen und bezieht das Publikum noch stärker in die Perspektive der Akteure ein.

Wird die Position der Kamera entgegen der Einstellung für die Größe des Gesichtsfelds animiert, kann dies zu einem recht verstörenden Effekt führen. Wären die beiden Bilder aus der Abbildung 7.6 Standbilder einer Animation, so würde das simultane Heranfahren der Kamera an die Objekte und das gleichzeitige Weiten des Gesichtsfelds zur Wahrung der Perspektive die Objekte merkwürdig verzerren. Dieser Effekt kommt auch häufig in Horrorfilmen zum Einsatz, wenn der Gang vor einem flüchtenden Opfer scheinbar immer länger zu werden scheint.

Für eine möglichst natürlich wirkende Perspektive hat es sich bewährt, sich einfach eine reale Person in der Szene vorzustellen und wo sich diese hinstellen würde, um die Szene zu betrachten. Platzieren Sie Ihre Kamera dann einfach an dieser Stelle. Bei der Aufnahme einer Innenraumszene bedeutet dies z.B. auch, dass die Kamera möglichst innerhalb der vier Wände zu platzieren ist.

Wichtig ist zu wissen, dass sich die Perspektive auf Ihre Szene nur mit der Kameraposition verändern lässt. Das Heranzoomen oder die Veränderung des Gesichtsfelds ändert die Perspektive nicht. Eine Kamera, die an Ort und Stelle verbleibt, zeigt daher immer die gleiche Perspektive, egal ob mit einem Tele- oder einem Weitwinkelobjektiv gearbeitet wird. Eine Linse mit großer Brennweite wird Ihnen bei Ihrem 3D-Rendering die gleiche Perspektive bieten wie eine kurze Brennweite, wobei anschließend der gewünschte Bereich der Nahaufnahme aus dem fertigen Bild herausgeschnitten wird.

Hoher und niedriger Betrachtungswinkel

Die natürlichsten Aufnahmen entstehen, wenn sich die Kamera ungefähr auf Augenhöhe befindet. Eine Platzierung in davon abweichenden Höhen kann jedoch andere Blickwinkel erzeugen, die dramatischer oder für den Betrachter interessanter wirken.

Niedrige Betrachtungswinkel, wobei die Kamera tief platziert wird und zu einer Figur hinaufblicken muss, vermitteln den Eindruck einer großen, starken, einflussreichen oder rechtschaffenen Person. Derartige Einstellungen lassen sich auch benutzen, um die Größe von Umgebungen oder von Gebäuden zu betonen.

Ein hoher Betrachtungswinkel, bei dem sich die Kamera nach unten neigen muss, um die Figur zu erfassen, lässt die Figur hinterhältig, klein, schwach, verwirrt oder auch beschützenswert und kindlich erscheinen. Abbildung 7.7 zeigt die gleiche Figur aus einem hohen (links) und einem niedrigen Betrachtungswinkel (rechts).

Abbildung 7.7:
Eine Figur erscheint unterschiedlich je nach Betrachtungswinkel. Zum Vergleich links ein hoher und rechts ein niedriger Betrachtungswinkel. Beide Bilder stammen von Andrew Hickinbottom, www.andrewhickinbottom.co.uk.

Kamerabewegungen

Wenn es um natürliche und möglichst realistische Kamerabewegungen geht, lohnt es sich, die gängigsten Arten von Kamerabewegungen bei echten Kameras abzuschauen:

- Der Schwenk (*Pan*): Bei einem Schwenk wird die Kamera von einer zur anderen Seite rotiert, also z.B. von links nach rechts geschwenkt. Dabei bleibt die Position der Kamera unverändert, nur die Ausrichtung ändert sich. Der Schwenk gehört zu den häufig verwendeten Kamerabewegungen und ist zugleich eine eher subtile Bewegung.

- Neigung (*Tilt*): Hierbei wird die Kamera nach oben oder unten geschwenkt. Auch hier bleibt die Position der Kamera unverändert. Sowohl Pan als auch Tilt können bei auf einem Stativ montierten Kameras durchgeführt werden.

- Zoom: Die Einstellungen des Kameraobjektivs führen zu einer Reduzierung oder einer Vergrößerung des Sichtfelds und können einen Teil der Szene vergrößern, ohne die Kamera selbst bewegen zu müssen. Das Heranzoomen verkleinert das Sichtfeld, um eine Nahaufnahme zu erstellen, während das Herauszoomen das Gesichtsfeld vergrößert.

- Kamerafahrt (*Dolly in/out*): Hierbei ändert sich die tatsächliche Position der Kamera, z.B. wenn die Kamera neben einem Objekt mitfährt oder während einer Einstellung näher an eine Figur heranfährt. Beim Heranfahren (*Dolly in*) bewegt sich die Kamera näher an etwas heran, um z.B. Nahaufnahmen zu erzeugen. Beim Wegfahren (*Dolly out*) entfernt sich die Kamera vom Objekt. Kamerafahrten können zwar dramatischer als das Zoomen wirken, sind jedoch auch auffälliger, da sich bei der Kamerafahrt gleichzeitig auch die Perspektive verändert.

- Fokusverschiebung (*Rack Focus*): Hierbei verändert sich die Brennweite einer Kamera während der Aufnahme, sodass Elemente mit unterschiedlichen Abständen zur Kamera unscharf werden oder zuvor unscharf waren und dann scharf erscheinen (Abbildung 7.8) Dieser Vorgang wird auch *Focus Pull* genannt.

Ihnen fällt sicher auf, dass viele dieser gängigen Kamerabewegungen gar keine Positionsveränderung der Kamera beinhalten. Beim Schwenken in verschiedene Richtungen, dem Zoomen und der Fokusverschiebung kann die Kamera an Ort und Stelle auf dem Stativ bleiben. Die Kamera wird nur anders ausgerichtet oder die Objektiveinstellung wird verändert.

Abbildung 7.8:
Durch Fokusverschiebung während einer Einstellung wird das Auge des Betrachters auf bestimmte Elemente der Szene gelenkt.

Die Motivation einer Kamerabewegung

Eine Kamera, die laufend in Bewegung ist, kann störend wirken. Die Kamera sollte sich daher nur bewegen, wenn dies von einer Aktion oder einem Ereignis in der Geschichte motiviert wird. Nachfolgend finden Sie einige Beispiele, bei denen eine Kamerabewegung sinnvoll ist:

- Wenn sich eine Figur oder ein Fahrzeug bewegt, kann die Kamera durch einen Schwenk oder eine Kamerafahrt mitgeführt werden, um den Bewegungen zu folgen.

- Bei Einstellungen aus der Ich-Perspektive eines sich bewegenden Schauspielers oder Fahrzeugs muss sich die Kamera mitbewegen.

- Eine Kamera kann einen Schwenk über die Umgebung der Szene durchführen, um ein Gefühl für den Raum zu vermitteln. Dies ist besonders sinnvoll bei orientierenden Einstellungen, durch die eine neue Umgebung vorgestellt wird.

- Kamerabewegungen können auch dramatische Effekte erzeugen, wenn z.B. ein Dialog zweier Figuren oder bestimmte Aktionen durch das langsame Heranfahren der Kamera hervorgehoben werden. Durch so ein langsames Heranfahren der Kamera von einer mittleren Einstellung zu einer Nahaufnahme wird die Aufmerksamkeit des Publikums gezielt auf das angefahrene Subjekt gelenkt.

Sie müssen nicht unbedingt die Position der Kamera selbst verändern, wenn Alternativen, wie das Schwenken zum Folgen einer Bewegung oder der Umschnitt auf eine andere Kamera sinnvoll erscheinen. Eine unnötige Kamerabewegung wird eher ablenkend auf das Publikum wirken, als dass es Ihnen beim Erzählen der Geschichte hilft.

Natürlich wirkende Kamerabewegungen

Früher wurde bei der Animation einer 3D-Kamera so vorgegangen, dass man möglichst exakt die Bewegung von realen Kamerafahrten und Kränen simulierte, so wie sie auch in Filmproduktionen vorkamen. 3D-Künstler waren sich unsicher, ob davon abweichende und physikalisch nicht mit echten Kameras nachvollziehbare Bewegungen nicht die ganze Animation unnatürlich aussehen lassen würden. In den vergangenen Jahren flossen jedoch immer mehr 3D-Grafiken, ferngesteuerte Kamerabewegungen, digitale Kompositionen und andere Technologien in die traditionelle Filmproduktion mit ein, um auch dort an sich unmögliche Kamerafahrten realisierbar zu machen.

Die fortschreitende Verbreitung von 3D-Grafiken auch in der Vorvisualisierung von Filmprojekten hat viele Regisseure dazu animiert, auch in ihren Projekten verstärkt an sich unnatürliche Kamerabewegungen und Positionen mit einzubauen, die zuvor nur in Computergrafiken und Videospielen vorkamen. Das Publikum hat sich schnell an die in der Szene umherfliegenden Kameras gewöhnt, die noch vor einigen Jahren technisch gar nicht möglich gewesen wären.

Natürlich müssen Sie dennoch darauf achten, dass die Kamerabewegung beim Erzählen der eigentlichen Geschichte hilft und nicht von dieser ablenkt. Lernen Sie die traditionellen und älteren Kamerabewegungen dort einzusetzen, wo Sie diese benötigen. Wenn es jedoch der Geschichte dient, können Sie ebenso die Kamera durch ein Schlüsselloch fliegen lassen oder durch die Windschutzscheibe eines fahrenden Autos bewegen. Setzen Sie sich hierbei keine Grenzen, sondern bewegen Sie die Kamera so, wie Sie es für Ihre Szene am sinnvollsten halten.

Bei der Nachbearbeitung kann das Umschneiden zwischen zwei Szenen, in denen sich jeweils die Kamera bewegt, als besonders störend empfunden werden. Selbst wenn die Kamerabewegung in jeder Szene für sich gesehen natürlich angelegt wurde, kann das Umschneiden z.B. eine von links nach rechts und eine von rechts nach links bewegte Kamera direkt gegenübersetzen und so eher störend wirken. Wenn eine Kamera bewegt werden soll, ist es daher immer eine gute Idee, die Animation mit einer ausgewogenen, statischen Einstellung zu beginnen, bevor sich dann die Kamera langsam in Bewegung setzt. Am Ende der Einstellung sollte die Kamera erst langsamer werden und schließlich ganz zur Ruhe kommen und wieder ein ausbalanciertes Standbild zeigen.

Für die Planung natürlicher Kamerabewegungen stellen Sie sich vor, Sie wären der Kameramann, der die Szene beobachtet. Oft ist es so, dass erst eine Bewegung in der Szene beginnt, wie z.B. eine Figur, die sich in Bewegung setzt, bevor der Kameramann darauf reagieren kann und die Kamera nachführt. Die Kamerabewegung wirkt daher natürlicher, wenn sie erst etwas nach der zu filmenden Bewegung beginnt, so als müsste der Kameramann erst selbst die Bewegungsrichtung der Akteure realisieren, bevor er seine Kamera neu darauf ausrichten kann. Ähnlich kann man dies bei Kameraschwenks simulieren, indem die Kamera ein kleines Stück über ein plötzlich zur Ruhe kommendes Ziel hinausschwenkt und sich wenig später durch eine Korrekturbewegung in entgegengesetzter Richtung neu ausrichtet. Dies lässt sich oft bei Szenen beobachten, die mit Handkameras aufgenommen wurden.

Die Komposition verbessern

Nachdem Sie sich für die Größe und die Richtung einer Einstellung entschieden haben, gibt es einige Regeln und Prinzipien, mit denen Sie Ihre Komposition ausbalancieren und zusätzlich verbessern können. Es kann einen großen Unterschied ausmachen, an welcher Stelle wichtige Elemente der Szene im Bild zu sehen sind. Dies entscheidet oft, ob eine Komposition nur als durchschnittlich oder gar langweilig bzw. als herausragend und professionell eingeordnet wird. Das sorgfältige Anlegen einer Bildkomposition kann zudem helfen, die dargestellte Geschichte besser zu vermitteln und das Auge des Betrachters gezielt zu lenken.

Die Regel vom Dritten Teil

Einfach Objekte in der Mitte des Bilds zu platzieren, wirkt weder natürlich noch interessant und steht generell für eine schlechte Bildkomposition. Eine Platzierung neben der Mitte wird Ihre Komposition automatisch verbessern.

Eine Hilfestellung bei der Bildkomposition bietet die horizontale und vertikale Dreiteilung mit Hilfslinien wie in Abbildung 7.9. Dies ist auch als Regel vom Dritten Teil bzw. *Rule of Thirds* bekannt geworden. Die Bildkomposition verbessert sich, wenn sich die Positionen der Elemente an den Hilfslinien (schwarz eingezeichnet) ausrichten und wenn Objekte, die besondere Aufmerksamkeit erzielen sollen, direkt auf den Schnittpunkten der Linien platziert werden (rote Punkte).

Befindet sich ein sichtbarer Horizont im Bildmotiv, so sieht dieser auf einem Drittel bzw. auf zwei Dritteln der Bildhöhe besser aus, als wenn er das Bild exakt mittig durchläuft und das Motiv somit durchschneidet.

Abbildung 7.9:
Um der Regel vom Dritten Teil zu folgen, arrangieren Sie Objekte entlang der Linien, die durch Drittelung der Höhe bzw. Bildbreite entstehen, und platzieren Sie besonders wichtige Elemente an den Schnittpunkten dieser Linien (rot markiert).

Positiver und negativer Raum

Bei den meisten Bildern lässt sich sowohl positiver als auch negativer Raum erkennen. Dabei ist der positive Raum der Bildteil, der das Hauptobjekt der Szene oder andere Vordergrundobjekte zeigt. Der negative Raum ist dann der Hintergrund bzw. der Raum um das Hauptobjekt herum. Bei der Komposition geht es hauptsächlich um die Balance zwischen diesem positiven und dem negativen Raum. Die linke Seite der Abbildung 7.10 zeigt zur Verdeutlichung den negativen Raum schwarz und den positiven Raum weiß eingefärbt.

Abbildung 7.10:
Der negative Raum (hier schwarz dargestellt) und der positive Raum (hier weiß) sind für die Gesamtkomposition gleichermaßen wichtig.

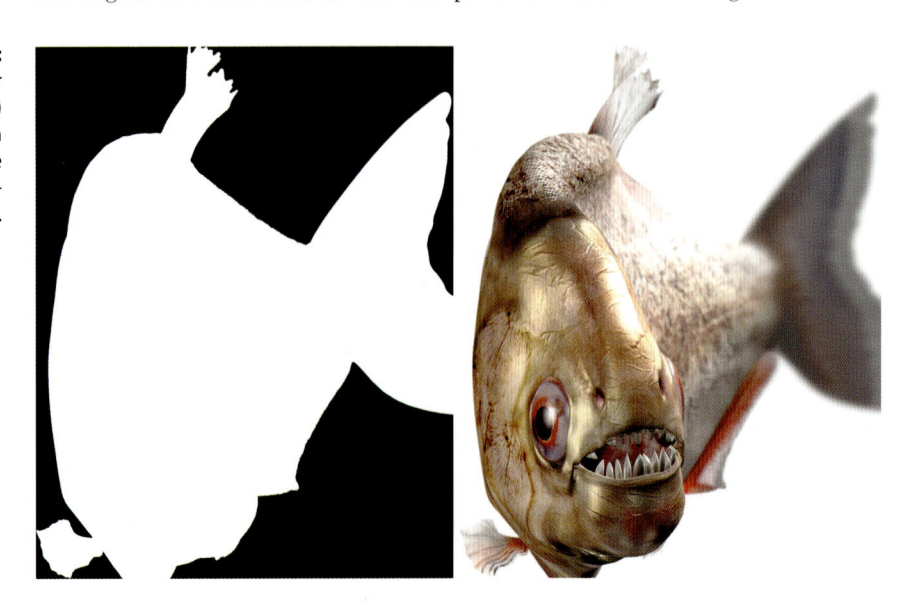

Das gezielte Betrachten des positiven und des negativen Raums kann oft zu einer Verbesserung Ihrer Bildkomposition führen. Wenn Sie also beispielsweise all Ihren positiven Raum innerhalb einer Reihe oder in einer Bildecke wiederfinden oder wenn große Teile Ihres Bilds einfach leer sind, sollten Sie eine Neuanordnung der Elemente in Angriff nehmen. Dies wird zu einer besseren Balance zwischen dem positiven und dem negativen Raum führen.

Manchmal muss negativer Raum bewusst eingesetzt werden, um die Bildbalance zu verbessern oder ein in sich geschlossenes Bild zu produzieren. Blickt eine Figur z.B. in einer Nahaufnahme oder einer mittleren Einstellung zur Seite, so wird dadurch ein starker Richtungsvektor gesetzt, der das Interesse des Betrachters in diese Blickrichtung der Figur lenkt. Um diese Bildkomposition ausbalanciert zu gestalten, sollten Sie in solchen Fällen etwas mehr negativen Raum in Blickrichtung der Figur vorsehen. Unter Kameramännern wird dieser zusätzliche Raum vor der Figur in der Fachsprache auch *look space* oder *nose room* genannt. Die oberste Einblendung in Abbildung 7.11 zeigt Ihnen beispielhaft dazu ein gut ausbalanciertes Computerbild, bei dem in Blickrichtung der Figur genügend negativer Raum gelassen wurde, damit der Betrachter des Bilds dem Blick der Figur folgen kann.

Abbildung 7.11: Eine ausbalancierte Komposition (oben) lässt genügend Raum in Blickrichtung der Figur (gelb markiert dargestellt). Eine unausgewogene Komposition (unten) zwingt den Blick des Betrachters an den Bildrand.

Ohne diesen Look Space, oder überhaupt ohne negativen Raum im Bild, könnte man dem Blick der Figur nicht folgen und das Bild würde beschnitten, unausgewogen und unvollständig wirken. Wie Abbildung 7.11 zeigt, könnte der Betrachter aufgrund des negativen Raums sogar einen anderen Eindruck von der Pose der Figur bekommen. In dem unausgewogenen unteren Bild der Abbildung erscheint die Frau, als würde sie sich von etwas abwenden und sich von ihrer Umgebung isolieren. Ohne etwas an ihrer Pose zu verändern, erscheint die Frau im unteren Bild allein durch die Veränderung in der Bildkomposition düsterer und introvertierter.

Das grafische Gewicht

Alles, was in Ihrem Bild sichtbar ist, hat ein grafisches Gewicht. Darunter versteht man die Anziehungskraft, die durch eine bestimmte Bildregion oder ein Objekt auf den Betrachter wirkt, bzw. wie stark ein Element die Bildkomposition dominiert. Große oder helle Elemente, die im Kontrast zu ihrer

Umgebung stehen, haben das stärkste grafische Gewicht. Harte Kanten und Schatten haben mehr Gewicht als weiche, breit gefächerte Helligkeitsverläufe. Ein Betrachter schaut im Bild in der Regel zuerst andere Menschen oder markante Körperteile eines Menschen an, wie z.B. die Augen. Diese Elemente gehören somit ebenfalls zu den grafischen Schwerpunkten. Große Teile haben mehr grafisches Gewicht als kleine Details. Ebenso können die Bereiche am Bildrand ein größeres grafisches Gewicht aufweisen.

Um selbst abschätzen zu können, welche Elemente in Ihrem Bild das größte grafische Gewicht aufweisen, schauen Sie sich einfach das Bild als Ganzes an und beobachten Sie sich selbst, welche Bereiche Sie dabei besonders fokussieren. Die Elemente mit hohem grafischen Gewicht müssen besonders sorgsam in der Komposition ausbalanciert werden.

Wie bei den positiven und negativen Räumen kann die Identifizierung von Elementen mit hohem grafischem Gewicht bei der Analyse Ihrer Bildkomposition helfen. Welche Elemente ziehen als erstes Ihre Aufmerksamkeit auf sich, wenn Sie das Bild betrachten? Wie gut sind diese Elemente über das Bild verteilt? Würde jemand Ihr Bild wie einen Text von links nach rechts „lesen", gäbe es dann etwas, das das Auge wieder zurück zum linken Bildrand wandern ließe, oder bliebe der Blick an der rechten Bildseite hängen? Es gibt keine festen Regeln dafür, wo die grafischen Schwerpunkte in einem Bild platziert sein sollten, aber allein schon das Nachdenken darüber kann zu einer vorteilhaften Platzierung der Elemente und einer besseren Bildkomposition führen.

Ebenso kann die Beleuchtung das grafische Gewicht von Objekten herauf- oder heruntersetzen. Düstere, nur schwach gesättigte und kontrastarme Bereiche haben ein niedrigeres grafisches Gewicht als variationsreiche, kontrast- und farbintensive Elemente. Möchten Sie also das grafische Gewicht eines Objekts erhöhen, kann das Hinzufügen einer farbigen Beleuchtung, von zusätzlichen Glanzlichtern oder von mehr Kontrast helfen.

Bei Film- oder Fernsehproduktionen haben alle in Bewegung befindlichen Elemente ein höheres grafisches Gewicht. Bei einem Umschnitt auf eine andere Kamera wird der Betrachter zudem immer zuerst wieder nach dem grafischen Schwergewicht der vorherigen Szene Ausschau halten. Die Kontinuität der Bildkompositionen spielt also ebenfalls eine große Rolle, gerade wenn es sich um schnell geschnittene Sequenzen handelt. Es ist daher eine gute Idee, grafische Schwerpunkte in jeder neuen Szene an den Stellen zu platzieren, auf die der Betrachter sowieso bereits schaut. In unserem täglichen Leben tendieren viele dazu, sich nur auf einen kleinen Bereich im Zentrum des Gesichtsfelds zu konzentrieren. Die äußeren Bereiche des

Gesichtsfelds werden dagegen oft nur vage und schemenhaft wahrgenommen. Übernimmt man diese Erkenntnis in die Filmproduktion, erlaubt man es dadurch dem Publikum, die Aufmerksamkeit in mehreren Szenen auf immer identische Bildbereiche konzentrieren zu können. Dies ermöglicht es dem Publikum, tiefer in die Handlung einzutauchen, wie wenn sich die Betrachter bei jeder Szene zuerst neu orientieren müssten.

Linien

Eine andere Möglichkeit, die Bildkomposition zu verbessern, basiert auf der Analyse dominanter Linien in der Einstellung. Betrachten Sie dazu jede nur mögliche Art einer Linie – dies kann der Horizont, ein Zaun oder auch die Kante eines Schattens sein – und schätzen Sie ab, wohin diese Linien führen. Betrachter folgen auf ganz natürliche Weise dem Verlauf von Linien im Bild. Die Platzierung von interessanten Objekten entlang einer Linie oder die Verwendung von Linien, deren Verlauf auf ein wichtiges Bildelement hinweist, helfen Ihnen dabei, den Blick des Betrachters zu Ihnen wichtigen Bildteilen zu lenken.

Diagonale Linien wirken dabei besonders dynamisch. Diese erzeugen zusätzliche Aufmerksamkeit und Interesse in Ihrer Komposition. Einfache, horizontal oder vertikal verlaufende Linien wirken dagegen langweilig. Abbildung 7.12 stellt zur Verdeutlichung eine dramatisch wirkende Szene, die mit gekippter Kamera aufgenommen wurde (rechts) einer Szene nur mit horizontalen und senkrechten Linien gegenüber (links).

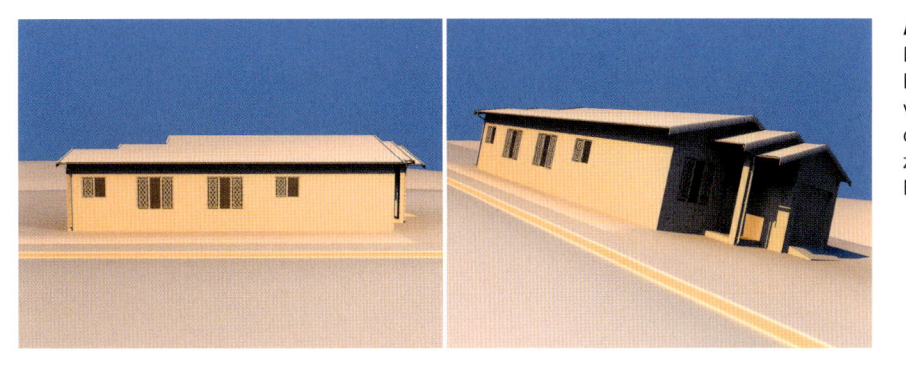

Abbildung 7.12: Das Verändern der Linienrichtungen im Bild von horizontal (links) zu diagonal (rechts) führt zu einer dynamischeren Bildkomposition.

Geschwungene Linien wirken dagegen besänftigend. Eine S-förmige Kurve kann sogar anmutig und elegant erscheinen. Machen Sie davon Gebrauch, wenn eine Szene organisch und natürlich wirken soll, und sparen Sie sich die geraden Linien für technische Designdarstellungen auf oder wenn ein Bild absichtlich nach Computergrafik aussehen soll.

Stufenförmige Linien und scharfe Ecken wirken im Vergleich dazu eher bedrohlich. Diese Linien können Spannungen erzeugen, gleichzeitig aber auch einen Ort oder eine Figur wenig angenehm erscheinen lassen. Erzeugen Sie daher keine Linien, die so scharfkantig wirken, als könnten sie jemanden verletzen – es sei denn, Sie wollen absichtlich eine bedrohliche Atmosphäre schaffen.

Berührungen und Parallelen

Eine Berührung ist immer dort vorhanden, wo sich zwei unterschiedliche Linien Ihrer Komposition begegnen, also z.B. dort, wo die Kante eines Objekts mit der eines anderen aufeinander fällt, oder dort, wo ein Schatten parallel zu einer Objektkante verläuft. Bei 3D-Grafiken kommt es häufig dazu, dass Objekte zufällig perfekt aufeinander abgestimmt platziert und ausgerichtet werden. Dies kann die Wirkung Ihrer Komposition reduzieren.

Wenn sich zwei Linien berühren und zudem parallel zueinander verlaufen, wird aus diesen Linien im Prinzip eine einzelne Linie in Ihrer Komposition. Dies führt zu einem Verlust an Definition in der Szene. Die linke Seite in Abbildung 7.13 wird gleich von mehreren Berührungen und Parallelen heimgesucht. Der Giebel des Dachs verläuft nahezu deckungsgleich mit dem Horizont und der vom Haus geworfene Schatten verläuft entlang der Bordsteinkante. Im rechten Teil der Abbildung wurden sowohl die Kamera- als auch die Position der Lichtquelle verändert. Es wird deutlich, wie dadurch die Definition des Hauses verbessert wird und die Schatten nun natürlicher wirken.

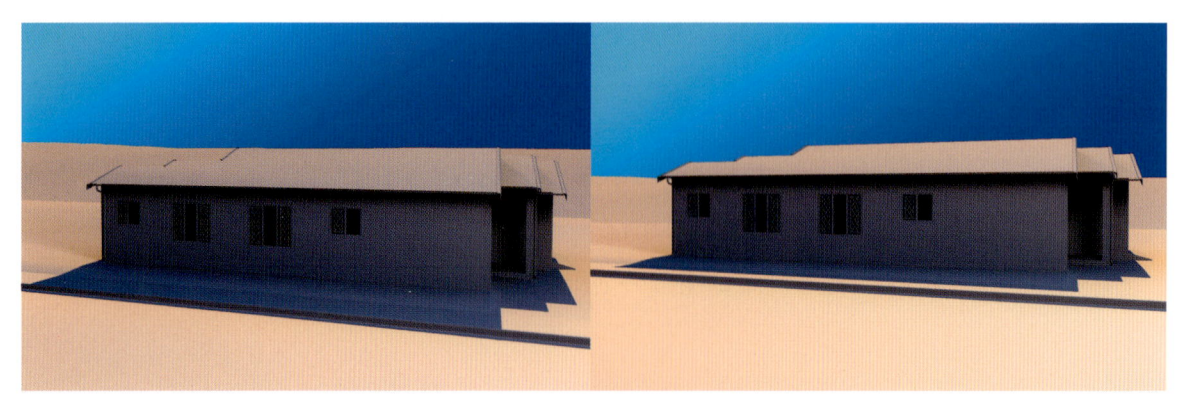

Abbildung 7.13: Auf der linken Seite schwächen das Zusammenfallen von Horizont und Dachgiebel bzw. von Schattenwurf und Bürgersteig die Bildkomposition. Auf der rechten Seite wurden Kamera und Licht korrigiert und dadurch die zusammenfallenden Linien eliminiert. Dies resultiert in einem eindrucksvolleren Bild.

Die Bildformate für Film- und Videoproduktionen

Wenn Sie für wechselnde Ausgabemedien produzieren, müssen Ihre Arbeiten für die verschiedenen Film- und Videoformate anders aufbereitet werden.

Formate und Seitenverhältnisse

Der für Ihr Bild zur Verfügung stehende Raum kann unterschiedliche Proportionen haben, abhängig vom Format des Films oder des Videosystems, für das die Ausgabe bestimmt ist. Die Proportion von Bildbreite zu Bildhöhe wird auch Seitenverhältnis oder *Aspect Ratio* genannt. Ist also die Bildbreite exakt doppelt so groß wie die Höhe, entspricht dies einem Seitenverhältnis von 2:1. Seitenverhältnisse werden manchmal auch als einzelne Zahl angegeben, die sich dann durch Division der Breite durch die Höhe berechnet. Ein Seitenverhältnis von 4:3 könnte daher auch mit 1.33 beschrieben werden.

Nachfolgend finden Sie die populärsten Seitenverhältnisse für Film- und Fernsehproduktionen, gestaffelt vom kleinsten bis zum größten Seitenverhältnis:

- 1.33: Gängige Fernseher haben ein Seitenverhältnis von 1.33 (ausgesprochen „eins drei drei"). In vielen Ländern werden diese Fernseher bereits durch Breitbildfernseher ersetzt (16:9-Format).

- 1.66: weniger gebräuchlich, aber noch immer in einigen Teilen der Welt vorhanden (ausgesprochen „eins sechs sechs").

- 1.78: HDTV und fortschrittliche Breitbildfernseher weisen ein Seitenverhältnis von 1.78 auf, das gebräuchlicher mit 16:9 (gesprochen „sechzehn zu neun") beschrieben wird. Dies präsentiert den Zuschauern ein ähnliches Seitenverhältnis, wie es auch bei Kinovorführungen benutzt wird.

- 1.85: Das weltweit verbreiteteste Seitenverhältnis für Kinofilme beträgt 1.85 (gesprochen „eins acht fünf").

- 2.35: Das zweithäufigste Seitenverhältnis für Kinofilme ist 2.35 (gesprochen „zwei drei fünf"). Dieses Seitenverhältnis läuft auch unter den geschützten Bezeichnungen Cinemascope oder Panavision, die spezielle Filmformate im Verhältnis von 2.35 darstellen.

Kennen Sie sowohl das Seitenverhältnis als auch die horizontale Auflösung einer Einstellung, können Sie daraus die benötigte vertikale Auflösung durch Division berechnen. Sollen Sie also z.B. ein Bild für eine Kinoproduktion mit einer horizontalen Auflösung von 2048 Pixeln rendern und benutzt der Film ein Seitenverhältnis von 1.85, dann resultiert aus der Rechnung 2048/1.85 eine Bildhöhe von 1107 Pixel.

Filmformate

Echtes, fotografisches Filmmaterial wird langsam immer seltener. In jedem Jahr entstehen mehr Produktionen ausschließlich mit digitaler Fotografie und unter Verwendung digitaler Filmkameras. Dennoch ist der Übergang vom Film zum digitalen Medium nicht in einem kurzen Technologiesprung zu meistern, so wie dies noch bei Schallplatten und CDs möglich war. Es handelt sich daher eher um eine langsame, schrittweise Entwicklung, vor allem weil viele Künstler weiterhin echtes Filmmaterial aus eigenen Vorlieben heraus verwenden möchten. Kinofilme werden ebenfalls noch größtenteils als Filme vorgeführt, da viele Kinos noch nicht in neue, digitale Projektoren investiert haben. Viele Effektstudios bieten Produzenten daher eine digitale Übergangslösung an, bei der das Filmmaterial zuerst digitalisiert, dann bearbeitet und schließlich wieder für den Vertrieb auf echten Film ausbelichtet wird. Produktionen, die noch immer vollständig auf Film aufnehmen und diesen auch vertreiben, können so trotzdem die gesamte Bandbreite digitaler Nachbearbeitung, wie z.B. die digitale Farbkorrektur, Effekte und Compositing nutzen. Als Resultat dieser Entwicklung werden sich Visual Effects-Spezialisten wohl noch auf Jahre hinweg auf einen Mix aus Film- und Digitalformaten einstellen müssen.

35 mm-Filme wurden anfangs auf das Seitenverhältnis von 1.33 standardisiert. Aus diesem Grund wurden auch Fernseher in diesem Format konzipiert, um die Filme problemlos wiedergeben zu können. In den 50er Jahren des letzten Jahrhunderts sahen sich die großen Hollywoodstudios dann jedoch einer immer stärkeren Konkurrenz durch das Fernsehen ausgesetzt und stellten die Filmproduktion auf breitformatige Filme um. Dies sollte den Kinofilmen einen qualitativen Vorsprung gegenüber den kleinen Fernsehbildern geben. Verschiedene Filmstudios, die oft auch Kinoketten besaßen, entwickelten verschiedene Methoden, um die nun größeren Bilder weiterhin auf 35 mm-Material belichten zu können.

Filme im Format 2.35 werden mit einer *anamorphen* Linse sowohl aufgenommen als auch später im Kino wieder abgespielt. Diese Linse drückt das Bild zuerst seitlich so zusammen, dass es wie in Abbildung 7.14 auf einen regulären 35 mm-Film passt. Dieses Filmformat ist mittlerweile sehr populär, wenn es um Filme mit vielen Landschaftsaufnahmen und Panoramaschwenks geht oder wenn ein größeres Budget für die Filmproduktion zur Verfügung steht. Bei der Projektion im Kino sorgt die anamorphe Linse dann dafür, dass der komprimierte Film wieder auf das volle Seitenverhältnis von 2.35 vergrößert wird.

Abbildung 7.14: Ein anamorphes Breitwandbild (links) wird horizontal gestaucht, um auf einem 35 mm-Standardfilm Platz zu finden (rechts). Im Kino sorgt ein Projektor mit anamorpher Linse wieder für die Entzerrung des Bilds und die Herstellung der Originalgröße.

Das 2.35-Format hat zwar optische Vorteile, moderne Kinos bieten mittlerweile jedoch viele Säle an, um verschiedene Filme gleichzeitig zeigen zu können. Da eine Leinwand nun einmal nicht größer als der Kinosaal gestaltet werden kann, bleibt die Breite der Leinwand konstant, auch wenn andere Filmformate gezeigt werden. Nur die Höhe des Bilds verändert sich. Etwas ganz Ähnliches geschieht bei der Ausstrahlung eines 2.35-Films auf einem HD-Fernseher. Entweder fallen an den Seiten des Films die Teile weg, die über das 1.78-Format des Fernsehers hinausragen, oder es entstehen schwarze Balken am oberen und unteren Bildrand.

Werden Filme im 1.85-Format aufgenommen, verwendet man dafür in der Regel keine anamorphe Linse. Stattdessen wird das breitere Bild in der Mitte des Filmmaterials zentriert, so wie dies links in Abbildung 7.15 zu sehen ist. Im Kino wird dann nur der mittlere Teil des Films auf die Leinwand projiziert. Dies bedeutet natürlich auch, dass ein großer Teil des Filmmaterials ungenutzt bleibt. Nur die Mitte des Films wird, zusammen mit den dort befindlichen Kratzern und dem Staub, vergrößert, um die Leinwand auszufüllen.

Manchmal wird das Bild oben und unten so maskiert, dass tatsächlich nur der mittlere Bereich aufgenommen wird, der später im Kino zu sehen sein soll. Es setzt sich jedoch mehr und mehr durch, dass Filme im Seitenverhältnis 1.85 auf das gesamte Negativ ausbelichtet werden. Dies nennt sich dann *full gate* und ist auf der rechten Seite der Abbildung 7.15 zu sehen. Bei einem im gesamten Negativ ausbelichteten Film enthält das Bild rundherum zusätzliche Bereiche, obwohl später im Kino nur die mittlere Region auf die Leinwand projiziert werden wird.

Abbildung 7.15: Ein Breitwandfilm mit einem Format von 1.85 benutzt zwar nur die Mitte des Negativs (links), wird aber oft auch auf das gesamte Negativ belichtet (rechts). Die eigentlich überflüssigen Bildteile können z.B. bei der Produktion von visuellen Effekten genutzt werden oder bei der Vermarktung auf Video teilweise wieder sichtbar werden.

Zum Hinzufügen digitaler Effekte wird häufig das gesamte Negativ digitalisiert, damit für die Bearbeitung möglichst viele Bildinformationen zur Verfügung stehen. Anstatt immer nur die Mitte des digitalisierten Films für das Compositing zu benutzen, erlaubt die Benutzung des gesamten Negativs so z.B. auch, den Bildausschnitt nachträglich noch etwas senkrecht oder waagerecht zu verschieben. Es kann sogar eine Animation des Bildausschnitts erfolgen, der dann ein Zittern der Kamera oder kleinere Kamerabewegungen simuliert. Dies ist sehr praktisch, wenn die Kamerabewegung auf einen visuellen Effekt oder eine digital hinzugefügte Kreatur reagieren soll.

Die das Negativ füllende Aufnahme speichert zudem zusätzliche Bildbereiche, die bei der Konvertierung eines Breitwandfilms für die Fernsehausstrahlung wieder sichtbar gemacht werden können.

Anpassungen für das Fernsehen

Wenn Filme oder andere breitformatige Medien für die Ausstrahlung auf normalen Fernsehern oder Videos aufbereitet werden müssen, muss das in den Formaten 1.66, 1.85 oder 2.35 vorliegende Filmmaterial für eine Darstellung im Format 1.33 konvertiert werden.

Eine Technik namens *Letterboxing* stellt dabei eine Möglichkeit der Konvertierung von breitwandigen Formaten zu Standardvideos dar. Ein Letterbox-Bild besteht aus dem Originalbreitwandbild des Films, wobei oben und unten schwarze Bereiche angefügt werden, um den Platz auf dem im Verhältnis höheren Fernsehbild auszufüllen. Die linke Seite der Abbildung 7.16 zeigt ein vollständiges Bild im Format 1.85 und wie dieses auf einem Fernseher mit einem Seitenverhältnis von 1.33 im Letterbox-Format aussehen würde. Das Letterboxing bietet zwar eine exakte Möglichkeit, die Originalkomposition des breitwandigen Films zu erhalten, viele stört jedoch, dass auf ihrem Fernseher zu viel Platz ungenutzt bleibt.

Abbildung 7.16:
Ein Bild im Format 1.85 kann über Letterboxing ins Format 1.33 überführt werden (links) oder über Pan and Scan (rechts).

Eine andere Technik nennt sich *Pan and Scan* und wird sehr häufig für die Konvertierung von breitwandigen Formaten in Fernsehformate verwendet. Dieser Umrechnungsprozess beinhaltet das selektive Weglassen von Bildteilen auf der rechten oder linken Bildseite. In der Regel bleibt also nur der Mittelteil des ursprünglichen Bilds auf dem Fernseher sichtbar. Wenn etwas für die Handlung Wichtiges auf der linken oder rechten Bildseite passiert, kann das Bild seitlich verschoben werden, um dann mehr von der linken oder rechten Bildseite des breitwandigen Originals zu zeigen. In jedem Fall ist im Gegensatz zur Kinovorführung auf dem Fernseher immer nur ein Ausschnitt der ursprünglichen Szene zu sehen. Die rechte Seite der Abbildung 7.16 zeigt, wie ein derart beschnittenes und verschobenes Bild auf dem Fernseher aussehen könnte. Diese Art der Konvertierung wird von einigen als eine unnötige Manipulation des Originalfilms betrachtet, vor allem wenn dadurch alte, klassische Filme betroffen sind, bei denen der ursprüngliche Regisseur nicht mehr in den Prozess der Film-zu-Video-Konvertierung eingreifen kann.

Beim Pan and Scan-Prozess kann der Bildausschnitt ebenfalls animiert werden. So kann beispielsweise bei der Videowiedergabe ein Schwenk über das Originalbild des Films erfolgen, wobei z.B. zuerst die linke Seite des Originalbilds gezeigt wird und der Ausschnitt dann langsam zur anderen Bildseite verlagert wird. Dies soll wirken, also würde die Kamera einen Schwenk ausführen, sieht jedoch häufig eher nach einer einfachen Bildverschiebung aus. Wenn Sie Videofilme betrachten, die nicht über Letterboxing konvertiert wurden, werden Sie von Zeit zu Zeit solche kleinen Schwenks beobachten können, die im Zuge der Konvertierung des Filmmaterials auf Video hinzugefügt wurden.

Wurde der Film auf das gesamte Negativ belichtet (*full gate*), so kann bei der Konvertierung auf das höhere Fernsehformat auch auf das außen liegende Bildmaterial zurückgegriffen werden. Der Fernsehzuschauer sieht dann am oberen und am unteren Bildrand mehr von der Szene als bei der Kinovorführung sichtbar war.

Bildbeschnitt und Overscan

Leider dürfen Sie nicht davon ausgehen, dass jedes Pixel Ihres Bilds auch später bei der Ausstrahlung oder Vorführung noch sichtbar sein wird. Bei der Aufnahme digitaler Bilder auf einem Filmrecorder werden während dieses Prozesses an jeder Seite des Bilds zwischen 15 und 30 Pixelreihen abgeschnitten. Zudem werden bei der Filmvorführung die Projektoren so eingestellt, dass das Bild die Leinwand etwas überlappt. Auch dort gehen also Bildinformationen für den Zuschauer verloren.

Beim Fernsehen findet eine ähnliche Beschneidung des Bilds statt, wenn durch den *Overscanning* genannten Prozess Teile des Videosignals am Bildrand abgeschnitten werden. Die Bildröhre eines Fernsehers produziert dieses Overscanning dadurch, dass das Bild etwas stärker vergrößert wird als es der eigentlichen Größe des Bildschirms entspricht. Das Overscanning ist ein Überbleibsel aus den frühen Tagen des Fernsehens, wo dadurch Schwankungen der Bildgröße aufgrund von Variationen der Netzspannung kompensiert werden sollten. Der Umfang des Overscanning und die Zentrierung des Bilds variieren stark zwischen verschiedenen Fernsehern.

Wichtige Szenenelemente und Aktionen sollten daher in den mittleren 90% des Bilds konzentriert bleiben. Bei einigen Zuschauern könnten ansonsten zu nahe am Bildrand platzierte Aktionen ab- oder angeschnitten werden. Noch vorsichtiger müssen Sie beim Einblenden von Texten oder Titeln im Video sein, denn dort sind abgeschnittene Buchstaben oder Textzeilen besonders auffällig. Als Faustregel gilt hierbei, dass Texte in den mittleren 80% des Bilds platziert werden sollten, um vor dem Overscanning sicher zu sein. Die meisten 3D-Programme bieten daher zur Abgrenzung des sicheren Bildbereichs zusätzliche Hilfslinien in den Ansichtsfenstern an.

Übungen

Die Wahl oder das Neuausrichten eines Bildausschnitts können auf verschiedene Arten erfolgen. Studieren Sie daher die Komposition und den Bildausschnitt in Ihren Lieblingsfilmen und denken Sie darüber nach, wie Sie dies auf Ihre eigenen Arbeiten übertragen können.

1. Betrachten Sie einen Film oder ein Video und versuchen Sie, die unterschiedlichen Arten von Einstellungen zu identifizieren. Welche Einstellungsgrößen und Winkel wurden verwendet? Können Sie Schuss- und Gegenschussaufnahmen, orientierende Einstellungen und Reaktionseinstellungen ausmachen?

2. Laden Sie eines Ihrer Renderings in ein Malprogramm und experimentieren Sie mit verschiedenen Bildausschnitten daraus, die nur einen Teil des Bilds oder einzelne Details daraus zeigen. Wirkt das Bild mit einem anderen Seitenverhältnis besser? Wenn Sie eine Seite des Bilds entfernen und das Hauptobjekt etwas neben die Bildmitte verschieben, wirkt sich dies dann positiv auf das Gesamtdesign aus?

3. Rendern Sie eine vorhandene 3D-Szene aus verschiedenen Perspektiven. Beobachten Sie, ob Sie dadurch ein anderes Gefühl für die Größe und den Raum der 3D-Umgebung erzielen können. Kann Ihre Szenenkomposition dadurch verbessert werden, dass einige Objekte nahe der Kamera und andere weiter im Hintergrund platziert werden?

[**KAPITEL ACHT**]

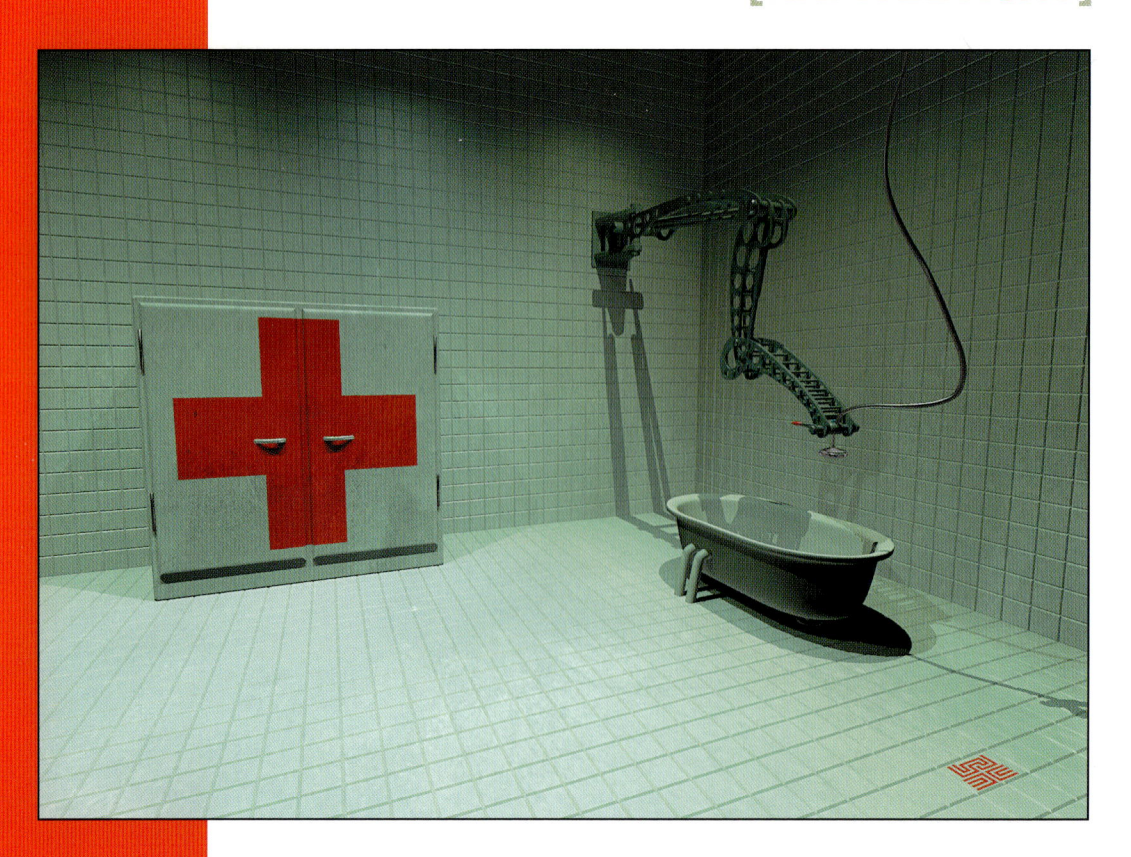

Die Kunst und Wissenschaft der Farben

Es gibt nur wenige Werkzeuge, die mächtiger als der intelligente Einsatz von Farbe sind, wenn Sie mit den Gefühlen der Zuschauer spielen wollen. Dieses Kapitel wird also die visuelle Macht der Farben in der 3D-Grafik näher beleuchten. Ein geeignetes Farbschema kann eine Stimmung erschaffen oder verbessern, sogar die Bedeutung eines Bilds vollkommen verändern. Aber die Verwendung von Farbe hat auch eine technische Seite: Auf diesen Seiten werden Sie einiges über die Reproduktion digitaler Farben erfahren, ebenso welche spezifischen Farbtöne verschiedenen Arten von Lichtquellen entspringen.

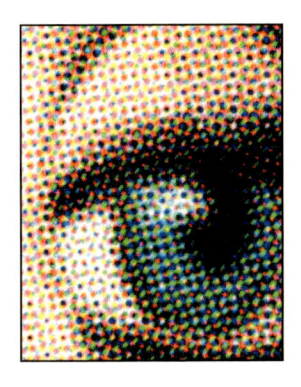

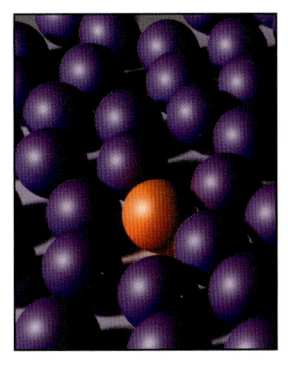

Farben mischen

In der 3D-Grafik werden Farben im Allgemeinen als RGB-Werte abgelegt. Die drei Werte entsprechen der Intensität von Rot, Grün und Blau, die in Kombination die gewünschte Farbe ergeben. In diesem Buch werden die RGB-Werte, wenn nicht anders angegeben, in einem Wertebereich von 0 bis 1 verwendet. Somit entspricht {0,0,0} reinem Schwarz und {1,1,1} reinem Weiß.

Additive Farben

Rot, Grün und Blau werden additive Primärfarben genannt, da jede Farbe des Lichts aus einer Kombination der drei Komponenten gemischt werden kann. Werden Rot, Grün und Blau in gleichen, reinen Anteilen in einem Rendering gemischt, ergeben sie weißes Licht, wie in Abbildung 8.1 zu sehen.

Abbildung 8.1: Die additiven Primärfarben ergeben zusammengemischt eine weiße Beleuchtung.

Zwischen den additiven Primärfarben befinden sich die additiven Sekundärfarben. Diese entstehen, wenn zwei additive Primärfarben in gleichen Anteilen vorhanden sind. Wie Abbildung 8.2 zeigt, sind die additiven Sekundärfarben Gelb {1,1,0}, Cyan {0,1,1} und Magenta {1,0,1}.

Die additiven Sekundärfarben werden auch Komplementärfarben der additiven Primärfarben genannt. Die Komplementärfarben sind Farbpaare, die sich im Farbkreis gegenüberstehen. Die Komplementärfarbpaare sind Cyan und Rot, Magenta und Grün sowie Gelb und Blau.

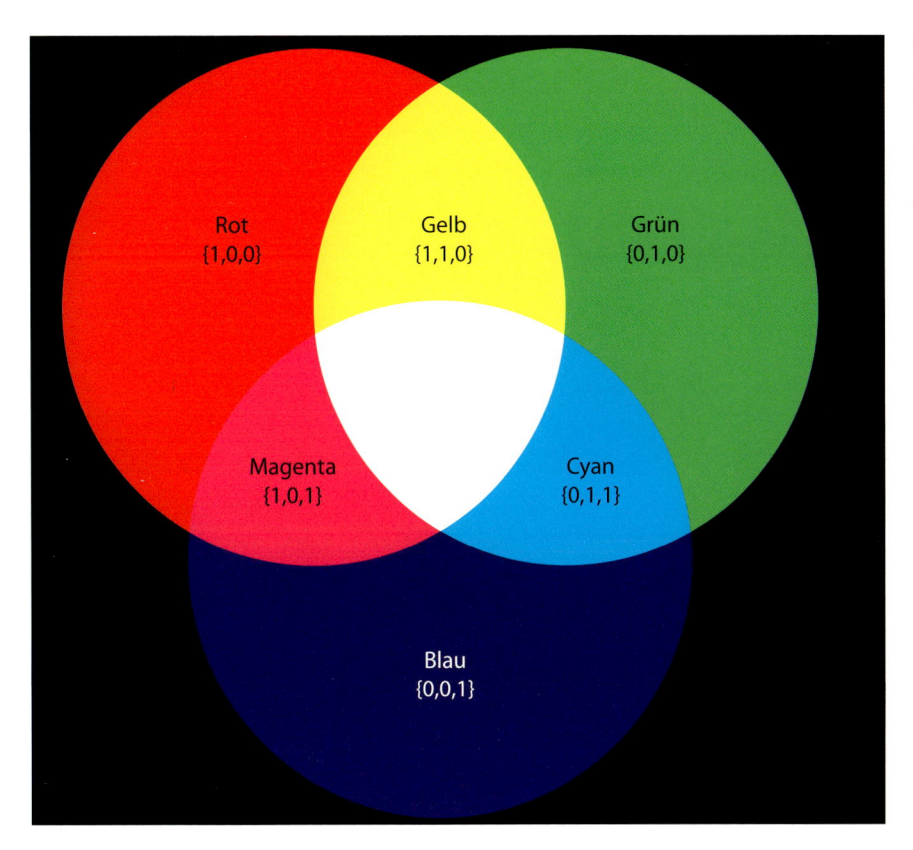

Abbildung 8.2:
Die additiven Sekundärfarben sind Gelb, Magenta und Cyan. Diese entstehen in den Bereichen, wo sich zwei additive Primärfarben überlappen.

Subtraktive Farben

Farben entstehen im Druck anders als am Computermonitor. Ein Monitor ist an sich Schwarz und wird mit rotem, grünem und blauem Licht beleuchtet. Ein Drucker arbeitet auf weißem Papier, welches durch die Tinten in den subtraktiven Primärfarben (Cyan, Magenta, Gelb) abgedunkelt wird.

Die drei subtraktiven Primärfarbtinten können jeden Farbton reproduzieren, in der Kombination ergeben sie nur theoretisch Schwarz, praktisch eher ein schmutziges Braun. Um dies zu kompensieren, arbeiten die meisten Farbdrucker mit vier Tinten: Cyan, Magenta, Gelb und Schwarz. Diese ergeben die Abkürzung CMYK, wobei das Y von Yellow (Gelb) und das K von blacK (Schwarz) abgeleitet wird. Die schwarze Tinte erzeugt ein scharfes Textbild und verstärkt die Schattierung des farbigen Bilds. Ein konventioneller Vierfarbdruck wird in Abbildung 8.3 gezeigt. Dieser setzt sich aus farbigen Punkten aller vier Komponenten auf dem Papier zusammen.

Abbildung 8.3:
Die subtraktiven Primärfarben kommen beim Vierfarbdruck zum Einsatz.

Farbton, Sättigung und Wert anpassen

Die meisten Grafikprogramme erlauben die Auswahl der Farben mit dem HSV-Modell: Diese Abkürzung steht für Hue (Farbton), Saturation (die Sättigung) und Value (die Helligkeit). Dennoch ist dies nur eine Repräsentationsform innerhalb der Programmoberfläche, intern arbeitet die Software meist mit RGB-Werten.

Das HSV-Modell hat den Vorteil einer intuitiveren Farbauswahl. Wenn Sie an Farben denken, beschreiben Sie diese sicher eher mit Hilfe des Farbtons (mehr Rot oder mehr Orange?), ihrer Sättigung (ist es ein blasses Pink oder ein kräftiges Rot?) und dem Wert (ist es hell oder dunkel?). Die Beschreibung und Sortierung der Farben macht auch visuell Sinn. Abbildung 8.4 zeigt die Farborganisation im RGB- und HSV-Modell.

Abbildung 8.4:
Bei den RGB-Farben (links) werden Rot, Grün und Blau gemischt, während das HSV-Modell Farbton, Helligkeit und Sättigung variiert.

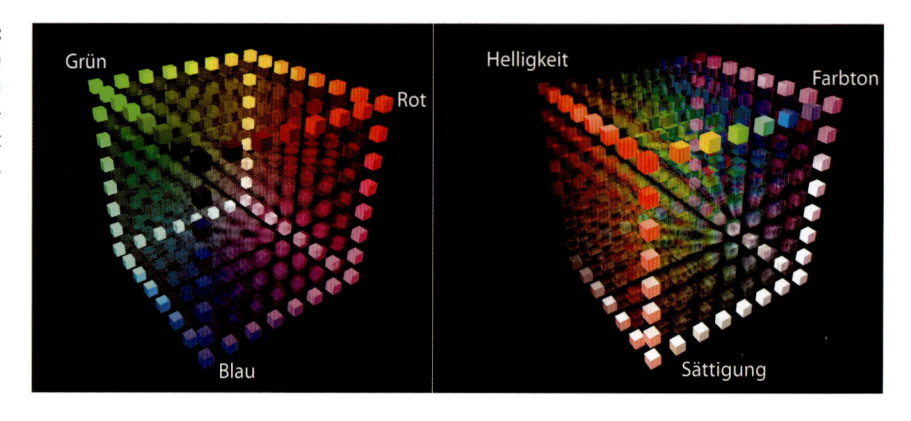

In der 3D-Grafik erfolgen interne Berechnungen in RGB, da sich eine Beleuchtung so viel schneller und einfacher simulieren lässt. Statt eines kontinuierlichen Spektrums mit allen vorhandenen Wellenlängen beschränken sich die Berechnungen auf die sichtbaren Wellenlängen, die Rot, Grün und Blau entsprechen.

Wenn die Lichtfarbe auf die Oberflächenfarbe trifft

Die Farbmischung während des Rendering geschieht auf zwei sehr unterschiedliche Arten. Wie am Anfang des Kapitels gezeigt, addieren sich die Farben von überlappenden Lichtquellen. Beleuchten farbige Lichter jedoch eine farbige Oberfläche, werden die Lichtfarben mit den Oberflächenfarben multipliziert. Erstellen Sie beispielsweise ein orangefarbenes Objekt {1,0.2,0.08}, wird dieses 100 Prozent des roten, 28 Prozent des grünen und 8 Prozent des blauen Lichts reflektieren. Stellen Sie sich die Oberflächenfarbe als Filter vor, der den reflektierten Farbanteil des Lichts kontrolliert.

Beachten Sie, dass Lichtfarben weniger hell erscheinen, wenn sie mit Oberflächenfarben multipliziert werden. Grund dafür ist, dass die Multiplikation mit gebrochenen Zahlen, also Werten kleiner als eins erfolgt. Einige Programme zeigen RGB-Werte mit einer Skala von 0 bis 255 anstatt 0 bis 1 an. Die internen Berechnungen erfolgen dennoch mit der „0 bis 1"-Skalierung. Das „0 bis 255"-System geht auf eine Einschränkung zurück, die bei moderner Rendersoftware nicht mehr existiert – der Begrenzung auf 256 Abstufungen pro Farbe. Viele 3D-Programme erlauben die Auswahl, ob 255 oder 1 der vollen Helligkeit entsprechen soll. Während die Werte mittels der Fließkommazahlen (gebrochene Werte) genauer eingestellt werden können, hat darüber hinaus keines der Wertsysteme eine Auswirkung auf das Rendering.

Setzen Sie den Farbwert einer Oberfläche auf 0, wird diese 0 Prozent des Lichts reflektieren. Abbildung 8.5 zeigt einige der damit verbundenen Probleme. Links beleuchtet ein weißes Licht Kugeln verschiedener Farben und alle Farbtöne werden sichtbar. Im rechten Bild gibt es eine rein grüne Beleuchtung {0,1,0}. Trifft diese auf die rote Kugel {1,0,0}, erscheint diese schwarz. Das Ergebnis ist zu erwarten, da eine rein rote Oberfläche 0 Prozent des grünen Lichts reflektiert, weil das Licht an sich keinen Rotanteil enthält. Dennoch gibt es im wahren Leben selten so absolut reine Farben und man erwartet, dass eine helle Lichtquelle jede farbige Oberfläche beleuchtet.

Abbildung 8.5:
Eine weiße Lichtquelle beleuchtet die sechs Kugeln (links). Im grünen Licht scheinen jedoch einige der Kugeln schwarz.

Farben aus Fotografien übernehmen

Wenn Sie Farben aus einem gleichmäßig ausgeleuchteten Foto übernehmen (Sampling), reflektieren die Objekte normalerweise einen gewissen Anteil an Rot, Grün und Blau. In Abbildung 8.6 ist zu sehen, dass selbst ein kräftiges Rot einen nicht sichtbar hervortretenden Grün- und Blauanteil hat.

Abbildung 8.6:
Aus einem Foto übernommene RGB-Farben

{.886, .153, .196}

{.686, .075, .075}

Fotos stellen eine hervorragende Quelle für natürliche Farbschemen dar. Die meisten Grafikprogramme verfügen über ein Pipettenwerkzeug, auch Eyedropper oder Sampler genannt. Die vom Bild übernommene Farbe entspricht dabei nicht genau der Oberflächenfarbe, da die Beleuchtung einen Einfluss auf die Aufnahme hat. Gleiches gilt für den Weißpunkt der Kamera, dazu später aber mehr.

Reflexionen können ebenfalls die Farbe beeinflussen. Besonders trifft dies auf Oberflächen zu, die nicht metallisch sind, so wie z.B. Glas. Metallische Reflexionen hingegen besitzen meist eine Tönung, die der Oberfläche entspricht. Das Sampling von Farben funktioniert am besten bei gleichmäßig, mit weißem Licht ausgeleuchteten Bildern.

Häufig reflektiert eine „schwarze" Fläche immer noch 15 bis 20 Prozent des Lichts. Daher ist zum Beispiel ein realistischer RGB-Wert für schwarzen Gummi {0.17,0.16,0.19} statt {0,0,0}. Ein „weißes" Blatt Papier indessen reflektiert nicht 100 Prozent des anstrahlenden Lichts. Eine Farbe wie {0.82,0.76,0.79} wirkt realistischer als {1,1,1}.

3D-Anfänger wählen oft ungünstige Werte, etwa zu stark gesättigte Farben oder zu reines Schwarz bzw. Weiß. Somit verhalten sich die Oberflächen nicht realistisch und harmonisch mit den Lichtquellen. Bleiben die Anteile der einzelnen Kanäle zwischen 0.2 und 0.8, bleibt der Beleuchtung genug Spielraum für die hellen Bereiche, die so ausdrucksvoller wirken oder sich gänzlich anders im Licht verhalten. Dies ist jedoch nur eine Faustregel, denn in manchen Projekten sind gedämpfte Pastelltöne gewünscht und in anderen kräftig leuchtende Farben eine kreative Notwendigkeit.

Selbst wenn Sie keine reinen RGB-Farben verwenden, scheint das Objekt dunkler, wenn das Licht die Komplementärfarbe der Oberfläche besitzt. Abbildung 8.7 zeigt Rosen, die mit einer roten Lichtquelle (links) und einer grünen (rechts) beleuchtet wurden. Im roten Licht wirken die Blütenblätter hell, aber Stängel und Blätter dunkel. Im grünen Licht scheinen Blätter und Stängel heller und die Blüte abgedunkelt.

Abbildung 8.7:
Bei der Beleuchtung mit rotem Licht (links) wirken die Blüten heller. Im grünen Licht (rechts) treten Stängel und Blätter stärker hervor.

Komplementärfarbige Lichter können sogar die Sättigung der Oberflächenfarbe verringern. Wird etwa ein Charakter mit rosafarbener Haut von einer blauen Lichtquelle beleuchtet, erscheint die Haut eher grau und weniger gesättigt als bei weißem oder rosa Licht.

Mit all den Möglichkeiten, die farbige Lichter und verschieden beleuchtete Oberflächen zur Komplexität der Szene beitragen, kann am Ende ein wildes Farbchaos entstehen. Als 3D-Künstler müssen Sie daher das harmonische Verhalten der Farben in der Szene kontrollieren und auf bestimmte Aspekte mit Hilfe eines Farbschemas fokussieren.

Farbschemata

Die beeindruckendsten Bilder besitzen statt einer Palette zufälliger Farben ein klar definiertes Farbschema. Dieses Schema, die komplette Auswahl der Farben in einem Bild, ist für den ersten Eindruck verantwortlich und hilft, die Stimmung einer Szene festzulegen. Mit dem Anfang einer neuen Filmszene nimmt das Publikum erst das Farbschema wahr, noch bevor Formen und Themen des Bilds eine Rolle spielen.

Ein wirkungsvolles Farbschema besteht aus einer kleinen, konsistenten Anzahl von Farben, welche auf jedem Element der Szene zu finden sind. Häufig erhalten verschiedene Arten von Objekten einer Szene dabei dieselbe Farbe. Die Komposition in Abbildung 8.8 besteht zum Beispiel vorrangig aus einigen Blau- und Gelbschattierungen.

Abbildung 8.8:
Das Farbschema hilft, die Komposition zu vereinheitlichen (Bild von Jorge R. Gutierrez, www.super-macho.com).

Die Verwendung derselben Farbreihe hält das Bild stärker zusammen. Das Gelb des Mondes wird in den Sternen wieder verwendet und gleichfarbige Stellen tauchen am Gebäude wieder auf. Durch das Festhalten an einem eingeschränkten Schema werden alle Teile des Bilds unverkennbar vereint.

Führen Sie eine neue Farbe für ein Objekt oder eine Lichtquelle ein, legen Sie nicht nur diese eine Komponente fest, sondern Sie erweitern zusätzlich das Farbschema des Bilds. Würde es etwa in der oberen Abbildung 8.8 ein helles grünes oder rotes Objekt geben, würde die Szene vollkommen anders wirken. Der Betrachter interpretiert jede Farbe im Zusammenhang mit dem restlichen Farbschema, daher sollte die effektivste Kombination vor dem Rendern geplant werden.

Farbkontrast

Ein Farbschema kann Farbkontraste verwenden, damit einzelne Farben aus der Szene hervorstechen und die Aufmerksamkeit des Betrachters erregen. Abbildung 8.9 ist ein gutes Beispiel für einen solchen Farbkontrast: Es fällt schwer, auf das Bild zu schauen, ohne dass die Augen sofort von der orangefarbenen Kugel abgelenkt werden. Der Kontrast zwischen Orange und dem restlichen Schema erregt das Interesse, nicht allein der Farbton oder die Sättigung.

Abbildung 8.9:
Die exklusive Verwendung der Farbe Orange in einem Bildabschnitt erregt sofort die Aufmerksamkeit des Auges.

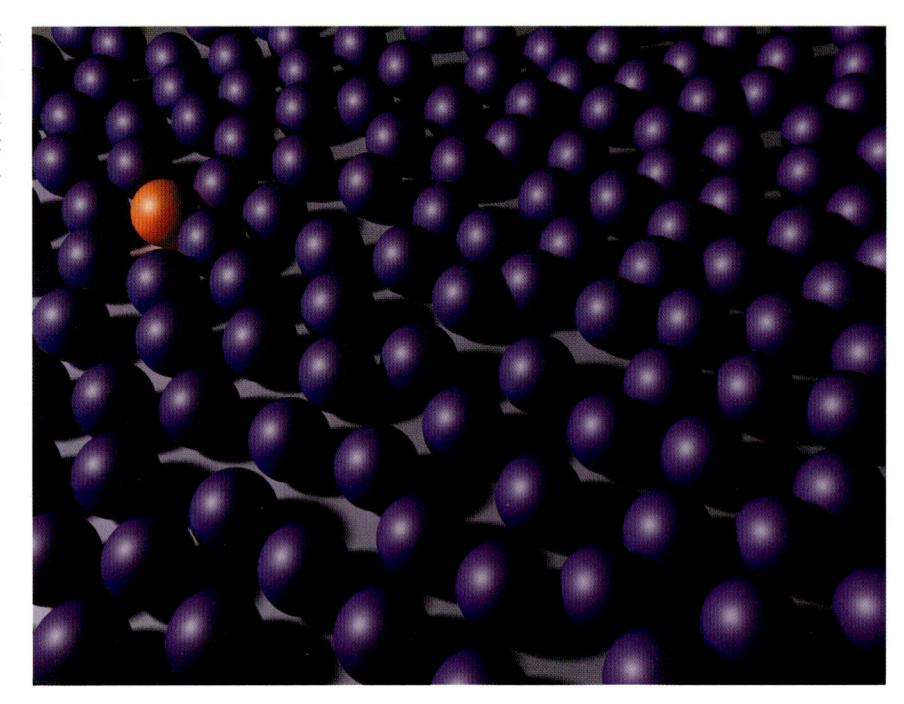

Exklusivität

Konzentriert sich eine Farbe nur in einem Abschnitt, wird der Farbkontrast verstärkt. Würde das Orange häufiger auftreten, hätte die Kugel nicht dasselbe grafische Gewicht und würde das Auge nicht so bereitwillig anziehen.

Komplementärfarben

Der Farbkontrast tritt am deutlichsten zu Tage, wenn Farben von ihren Komplementärpartnern umgeben sind. Wie oben erwähnt, handelt es sich dabei um Farben, die sich im Farbkreis gegenüberstehen. Der linke Teil von Abbildung 8.10 zeigt die Komplementärfarben. Diese erzeugen ein Maximum an Kontrast und lassen das Lila noch stärker und deutlicher hervortreten.

Der Grund, warum die Farben „komplementär" und nicht „gegenteilig" heißen, ist darin zu suchen, dass sie so perfekt zusammenwirken. Entwerfen Sie etwa zwei Charaktere, die häufig gemeinsam zu sehen sind oder zusammengehörig aussehen sollen, ziehen Sie auf jeden Fall Komplementärfarben in Betracht.

Manchmal kann sogar mehr als ein Farbpaar im gleichmäßigen Abstand innerhalb des Farbkreises gefunden werden. Der rechte Teil von Abbildung 8.10 zeigt etwa eine Dreierkombination.

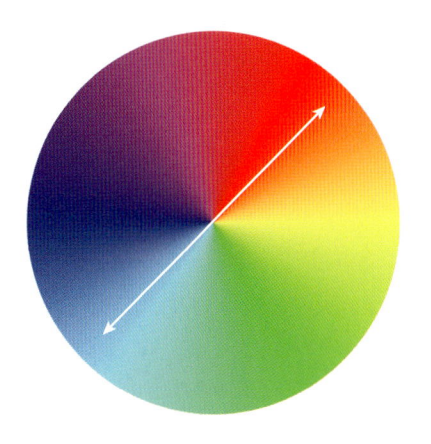

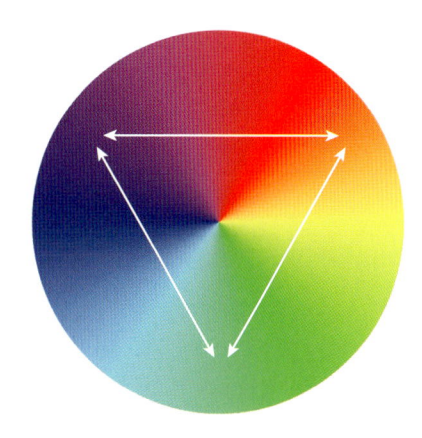

Abbildung 8.10:
Komplementärfarben (links) sind Farbpaare, die sich im Farbkreis gegenüber liegen. Manche Künstler wählen jedoch ihr Schema aus drei Farbkomponenten (rechts).

Für den Entwurf von Farbschemata gibt es spezialisierte Software. Die Freeware „Color Schemes" von Eni Oken und Gregg Patton ermittelt Dreifarbkombinationen und bietet weitere Formeln zum Mischen und Anpassen von Farben. Zu finden ist es für Windows-PCs unter *www.oken3d.com/html/tips.html*. Möchten Sie kommerzielle Programme unterstützen, gibt es beispielsweise „ColorImpact" von *www.tigercolor.com* und „ColorSchemer" von *www.colorschemer.com*. Egal, ob Sie diese Werkzeuge für Ihre kommerzielle Arbeit verwenden oder nicht, sind sie als Lernprogramme oder für das Erforschen von unterschiedlichen Farbschemen interessant.

Zeitveränderlicher Kontrast

In Animationen können über die Zeit veränderliche Farben einen starken Eindruck hinterlassen. Eine helle, feurige Explosion in Rot und Gelb wirkt intensiver, wenn die Szene vorher dunkelblau war. Das Blau beruhigt das Publikum, die Augen passen sich an die düstere Umgebung an und dann gibt es eine Überraschung! Wenn die Explosion auf Sie zurollt, wirkt sie dank des Kontrasts doppelt so hell und bunt.

Der Schnitt zwischen Szenen bietet eine weitere Anwendung für den Farbkontrast. Besonders wenn viele Aktionen gleichzeitig ablaufen, helfen verschiedene, an den Ort angepasste Farbschemata der Orientierung des Publikums. Gibt es etwa als Handlungsschauplätze ein Polizeirevier und das Versteck der Kriminellen, hilft eine blaue Tönung des Verstecks sofort, beide Orte zu differenzieren.

Bedeutung von Farben

Warum ist das Logo einer Bank, Versicherung oder von Krankenhäusern wahrscheinlich blau, während Fast-Food-Ketten meist gelb oder orange gekennzeichnet sind? Die Wahl der Farben transportiert unterschwellig Informationen, die beim Publikum verschiedene Assoziationen hervorrufen.

Warme und heiße Farben

Rot, Orange und Gelb werden allgemein als warme Farben bezeichnet, während das entgegensetzte Blau sowie Grün als kalte Farbtöne charakterisiert werden. Kräftige, gesättigte Rot- und Orangetöne sind hingegen die so genannten heißen Farben.

Rot ruft eine erhöhte Alarmbereitschaft hervor, da es die Farbe des Bluts und des Feuers ist. Menschen zögern, wenn sie durch eine rote Tür gehen oder einen roten Knopf drücken müssen. Schilder mit Warnungen oder Verboten verwenden oft Rot als Signalfarbe. Abbildung 8.11 zeigt die verschiedenen Gefühle, die warme und kühle Farben hervorrufen.

Abbildung 8.11: Die heißen Farben rufen Erregung (links) hervor, während die kühle Farbstimmung beruhigt (rechts).

Heiße Farben werden meist mit Schärfe, Spannung, Leben und Aufmerksamkeit verbunden. Ein roter Sportwagen wirkt schneller. Eine Fast-Food-Kette verwendet beispielsweise Orange oder Gelb in dem Logo sowie der Einrichtung, um diese Stimmung zu transportieren und die Kunden auch schneller essen zu lassen.

Gelb, die Farbe der Sonne, wird häufig auch als helle, fröhliche Farbe wahrgenommen. Schneiden Sie eine Szene, in der helles Gelb dominiert, wird das Publikum eine positive Wendung in der Geschichte erwarten.

Während einige Assoziationen universeller Natur sind, wie etwa bei der Sonne und der Farbe Gelb, sind andere Farben kulturspezifisch. In den USA wird etwa Rot so stark mit dem Kommunismus verbunden, dass die politische Linke ein hervorstechendes Rot in ihrer Werbung vermeiden wird. Wird Rot überhaupt verwendet, wird es von Blau und Weiß umrahmt, den Farben der amerikanischen Flagge. In Kanada hingegen sind Rot und Weiß Bestandteile der Nationalflagge. Die politische Werbung verwendet daher rotbasierte Farbschemata, die allein als patriotisch angesehen werden.

Erfahrungen, die Menschen gemeinsam haben, führen zu allgemeinen Farbassoziationen. Die Eroberung durch die globalen Medien führt zu einer weltweit gültigen Bilder- und Farbwelt, die von Film, Fernsehen, Werbung, Mode und Kunst geprägt ist. Rot wird global nicht nur als natürliche Konstante wie Feuer oder Blut angesehen, sondern auch mit Marken wie etwa Coca Cola in Verbindung gebracht.

Kühle und kalte Farben

Blau und Grün gelten allgemein als beruhigend und entspannend. In natürlichen Umgebungen mit Wasser, Himmel, Gräsern und Bäumen sorgt die Komposition aus Blau und Grün für eine Art neutralen Hintergrund.

Tiefe, kräftige Blautöne können massiv und majestätisch wirken. Dies könnte ein Grund sein, warum viele Banken und Versicherungen blaue Logos verwenden. Während ein vorwiegend rotes Farbschema bedrohlich wirkt, strahlt das Blau eher Vertrauen aus.

Eine blau durchleuchtete Szene kann ein Gefühl der Traurigkeit transportieren. Selbst eine leichte Tönung in der Szenenbeleuchtung kann diesen Eindruck erwecken. Der Eindruck von Winter oder Nacht wird durch bläuliches Licht hervorgerufen und Orte oder Personen wirken kühler.

Grün ist eine faszinierende Farbe, die sowohl sehr natürlich als auch äußerst künstlich wirken kann. Die Farbe ist stark in unserer natürlichen Umgebung vertreten, ist gar ein Symbol für die Natur. Verfärbt sich eine Person hingegen grün, wirkt sie krank. Ein grünes Licht wird häufig an den Wänden von Krankenhäusern verwendet und ein grün gefärbtes Leuchtstoffröhrenlicht wirkt verstörend. Abbildung 8.12 verwendet das Grün, um Krankheit zu suggerieren. Es gibt nur zwei kleine Bereiche mit der Komplementärfarbe Rot, welche die Komposition ausbalancieren und verhindern, dass sich das Auge an der Einrichtung festsetzt.

Abbildung 8.12:
Vaclav Cizkovsky erzeugt in seinem Rendering mit Hilfe von Grün eine starke Stimmung.

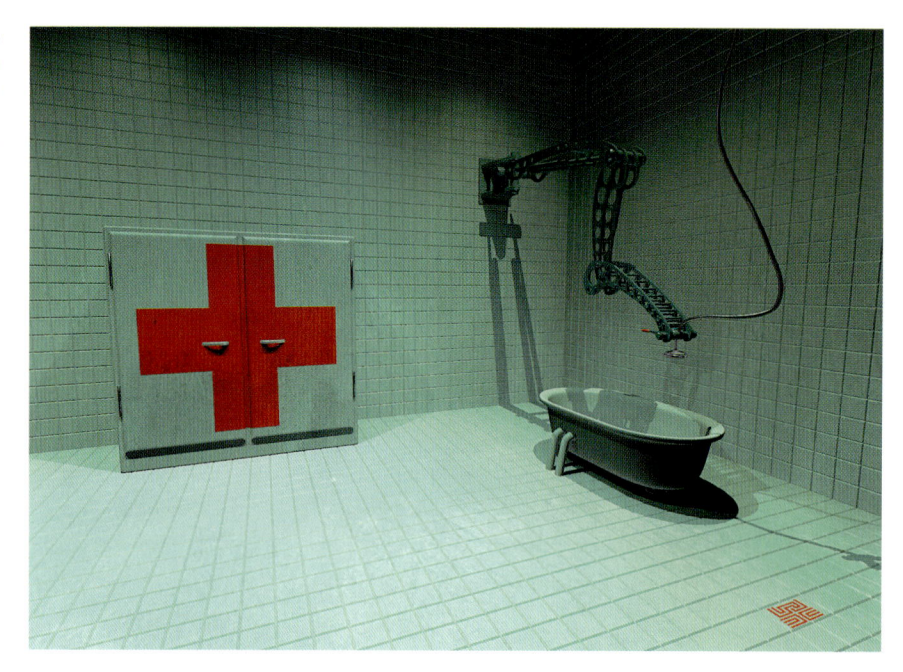

Inhaltliche Assoziationen

In einem erzählenden Film kann die Bedeutung einer speziellen Farbe umdefiniert werden. Gleiches gilt auch für andere Symbole in der Geschichte. Einzelne Charaktere oder Gruppen können ihr eigenes Farbschema erhalten, die sich in ihrer Heimatumgebung, Kostümen, Requisiten und selbst der Hautfarbe niederschlagen. Ist das Publikum unterbewusst an eine spezielle Farbe für die Charaktere gewöhnt, würde jedes neue Element mit dieser Farbe ungewohnt wirken. Ähnlich wie bei einem musikalischen Motiv muss das Farbschema nicht nur dem Charakter folgen, sondern es repräsentiert auch Stimmungen, Gefühle und andere wiederkehrende Aspekte eines Films.

Für die Geschichte kann es manchmal nützlich sein, wenn die offensichtlichste Bedeutung einer Farbe vermieden wird. Soll etwa ein Roboter böse oder bedrohlich wirken, wäre es ein Klischee, rot glühende Augen zu verwenden. Die Wahrscheinlichkeit, dass das Publikum dies schon vorher einmal gesehen hat, sollte Sie veranlassen, etwas Ungewöhnlicheres auszuprobieren und so den Roboter ebenfalls furchteinflößend wirken zu lassen.

Farbe und Tiefe

Häufig nimmt der Betrachter kühle Farben als entfernt, warme Töne hingegen als nah wahr. Selbst ohne Hinweise auf die Tiefe wird der linke Teil von Abbildung 8.13 häufig als Rahmen mit Loch wahrgenommen, während rechts ein kleines Quadrat ein größeres zu verdecken scheint.

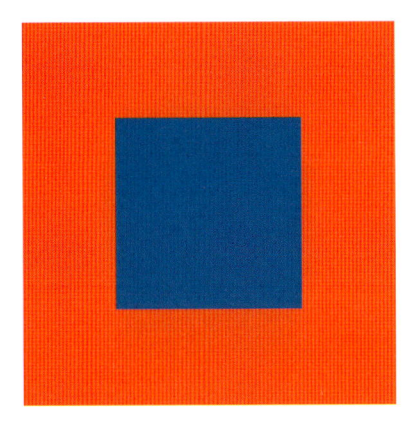

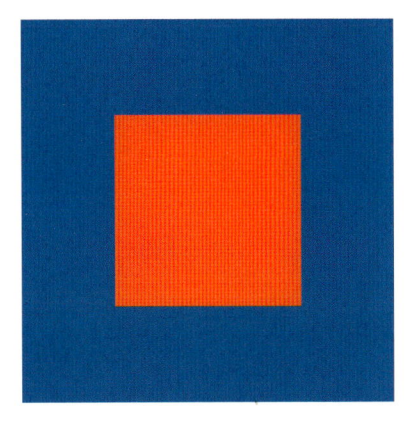

Abbildung 8.13:
Obwohl alle Bildelemente gleich sind, wirkt Rot für uns näher als Blau.

Für diese Wirkung gibt es verschiedene Theorien. Ein Grund könnte die natürliche Umgebung sein, in der Objekte vor blauem Himmel oder grünem Bewuchs im Vordergrund scheinen. Menschen richten eher ihre Aufmerksamkeit auf warme Farbtöne, etwa rote Früchte oder Wunden. Auch Hauttöne von Personen und Tieren werden bewusster wahrgenommen, während Himmel und Pflanzen in den Hintergrund geraten.

Ein weiterer Grund für die unterschiedlich wahrgenommenen Entfernungen liegt in der Farbabweichung (chromatische Aberration) des menschlichen Auges. Wird das Licht durch die Linse im menschlichen Auge gebrochen, werden die verschiedenen Wellenlängen in ungleichen Winkeln gebrochen. Um diesen Unterschied auszugleichen, fokussiert das Auge bei Rot etwas näher, um das Objekt an derselben Stelle wie das blaue zu sehen.

In einem Rendering verleiht ein in blau getauchter Hintergrund in Verbindung mit einem rot ausgeleuchteten Vordergrund der Szene mehr Tiefe. Selbstverständlich eignet sich dieser Effekt nicht für jede Szene. Bei der Beleuchtung eines U-Bahn-Tunnels könnte jede Farbe verwendet werden, aber ein roter Vordergrund und ein blauer Hintergrund verleihen Abbildung 8.14 das gewisse Etwas.

Abbildung 8.14:
Ein rotes Licht im Vordergrund verstärkt den Tiefeneindruck des Renderings.

Getönte Schwarzweißbilder

Selbst einige Schwarzweißbilder profitieren von der Verwendung von Farbe. Sie können in fast allen Mal- und Compositing-Programmen getönte Schwarzweißaufnahmen erzeugen. Entfernen Sie dazu als Erstes die Farbe oder Sättigung und weisen Sie anschließend dem gesamten Bild einen Farbton zu.

Schon vor der Erfindung des Farbfilms erkannten Filmemacher die emotionale Bedeutung von Farbe. So wurden einzelne Szenen alter Schwarzweißfilme nachträglich eingefärbt: Filmmaterial mit einem brennenden Gebäude wurde zum Beispiel mit roter Farbe ausgemalt, während Fotografien mit farbigen Ölen eingefärbt wurden.

Selbst ohne künstliche Einfärbung verfärben sich alte Fotografien mit der Zeit in Richtung Gelb oder Sepia. Diese Färbung wird von den meisten Betrachtern mit einem hohen Alter verbunden. Abbildung 8.15 erscheint dank der Sepiatönung ein wenig nostalgisch.

Abbildung 8.15:
Ein eingefärbtes Schwarzweißbild wirkt alt und ruft eine nostalgische Stimmung hervor.

Farbabgleich

Möchten Sie den Verlauf des Lichts wie in einem realen Foto simulieren, müssen Sie anfangen, die Idee des Farbabgleichs (*Color Balance*) zu verinnerlichen.

Die Farbe der Beleuchtung schlägt sich nicht direkt in den Farbtönen des Fotos wieder. Stattdessen erscheinen die Farben in der Fotografie in Relation zum Farbabgleich des verwendeten Filmmaterials. Filmmaterial für Innenaufnahmen (*Indoor Film*) ist an normale Glühbirnen angepasst. Das Licht einer Glühbirne wirkt dadurch weiß, Außenaufnahmen hätten einen gewissen Blaustich, wie Abbildung 8.16 zeigt.

Andererseits wirken Tageslicht und Außenaufnahmen mit dem passenden Filmmaterial (*Outdoor Film*) normal, während gewöhnliche Glühbirnen einen Gelb- oder Rotstich verursachen, wie Abbildung 8.17 zeigt.

Abbildung 8.16:
Der Farbabgleich für Innenaufnahmen (3200K) lässt die Landschaft hinter dem Fenster blau erscheinen.

Abbildung 8.17:
Der Farbabgleich für Außenaufnahmen (5500K) lässt das Tageslicht normal erscheinen, während die Glühbirnen im Innenraum gelb oder orangefarben scheinen.

Der Farbabgleich ist nicht nur bei Filmmaterial zu finden. Eine ähnliche Anpassung erfolgt elektronisch auch bei Video- und Digitalkameras.

Selbst unsere eigene Wahrnehmung passt sich an die verschiedenen Farbtemperaturen des Lichts an. Tragen Sie beispielsweise am Lagerfeuer ein weißes T-Shirt, wird alles vom orangeroten Feuer angestrahlt. Haben Sie sich aber an das Licht gewöhnt, nehmen Sie das T-Shirt als weiß wahr, obwohl es durch das Feuer rot erscheint. Ähnlich arbeitet der automatische Weißabgleich von Digitalkameras, der wie das Gehirn verschiedene Farbtemperaturen ausgleicht und ein weißes T-Shirt zeigen würde.

Die meisten 3D-Programme besitzen keine Möglichkeiten zur direkten Simulation von Farbtemperaturen. Stattdessen müssen Sie selbst die Farben an die Beleuchtungssituation anpassen. Für eine realistische Auswahl des Lichts müssen Sie dabei zwei Dinge beachten: die charakteristische Farbe der darzustellenden Lichtquelle und den zu simulierenden Farbabgleich im Rendering.

Die Farbe des Lichts und der Farbabgleich von fotografischem Film werden beide mit Hilfe der Farbtemperatur beschrieben, die in der Einheit Kelvin angegeben wird. Dies ist das Standardsystem, in welchem Filmemacher und Fotografen die Lichtfarbe beschreiben. Sie sollten sich die Zeit nehmen, Farbtemperaturen und den fotografischen Farbabgleich zu verstehen und so anschließend eine realistischere Beleuchtung für 3D-Szenen zu wählen.

Farbtemperatur

Der britische Physiker William Kelvin fand im späten achtzehnten Jahrhundert heraus, dass ein erhitztes Stück Kohlenstoff zu glühen anfängt und bei bestimmten Temperaturen Farben ausstrahlt. Der schwarze Quader fing an, schwach rot zu leuchten. Bei steigender Temperatur wurde er immer heller und gelber. Bei der höchsten Temperatur glühte er in einem hellen Blauweiß.

Heute wird die Farbtemperatur in Kelvin gemessen, die mit der Temperatureinheit Grad Celsius korreliert. Aber statt beim Gefrierpunkt von Wasser (0 Grad Celsius) anzufangen, beginnt die Kelvin-Skala beim absoluten Nullpunkt, welcher etwa -273 Grad Celsius beträgt. Addieren Sie 273 zur Kelvin-Temperatur erhalten Sie den passenden Grad Celsius-Wert.

Die Farbtemperatur verschiedener Lichtquellen entspricht dabei nicht der eigentlichen Temperatur des Lichts. Sie dient allein der Beschreibung der Lichtfarbe im Vergleich zum erhitzten Kohlenstoff und dessen Temperatur.

Tabelle 8.1 zeigt die Farbtemperatur und eine Auswahl von Lichtquellen, die in der realen Welt anzutreffen sind. Die niedrigsten Farbtemperaturen beginnen bei der Streichholzflamme und einer Kerze. Diese wirken rot, während höhere Werte eher als blau wahrgenommen werden.

Tabelle 8.1:
Farbtemperaturen von verschiedenen Lichtquellen

QUELLE	Temperatur in Kelvin (K)
Streichholzflamme	1700–1800
Kerzenflamme	1850–1930
Sonne bei Sonnenaufgang oder -untergang	2000–3000
Haushaltsglühbirne mit Wolframdraht	2500–2900
Wolframlampe 500W–1000W	3000
Quarzlicht	3200–3500
Leuchtstoffröhre	3200–7500
Wolframlampe 2000W	3275
Wolframlampe 5000W–10.000W	3380
Sonne am Mittag	5000–5400
Tageslicht (Sonne und Himmel)	5500–6500
Sonne durch Wolken/Nebel	5500–6500
RGB-Monitor, Weißpunkt	6000–7500
Himmel, bewölkt	6500
Schatten im Freien	7000–8000
Himmel, teilweise bewölkt	8000–10000

Wie werden nun diese Farbtemperaturen in RGB-Werte für unsere Lichtquellen konvertiert? Die Antwort hängt dabei vom Filmmaterial ab, welches Sie simulieren wollen. Soll die Lichtquelle der gewünschten Farbtemperatur der Szene entsprechen, müsste das Licht weiß oder grau sein. Dies ist aber nicht der Normalfall, denn in den meisten Szenen werden andere Lichtfarben benötigt.

Verschiedene Farbtemperaturen simulieren

Im Gegensatz zu den Definitionen „Innen" und „Außen" legt nicht die Örtlichkeit die Farbtemperatur fest, sondern die vorherrschende Lichtquelle. Handelt es sich um eine Innenaufnahme, die aber hauptsächlich vom durch das Fenster fallenden Tageslicht beleuchtet wird, liegt der Farbabgleich bei 5500K. Wird dementsprechend eine Außenszene von einem künstlichen Licht, etwa bei Nachtaufnahmen, ausgeleuchtet, bietet sich eine Farbtemperatur von 3200K an.

Tabelle 8.2 zeigt die RGB-Werte, die den verschiedenen Lichtquellen bei Außenaufnahmen (5500K) entsprechen. Die Werte liegen dabei sowohl zwischen 0 und 255 als auch von 0 bis 1 vor.

Tabelle 8.3 zeigt die RGB-Werte, die sich für die Simulation von Innenaufnahmen-Filmmaterial (3200K) eignen. Diese werden bei der Beleuchtung der Szene durch normale Haushaltsglühbirnen verwendet. Dabei werden diese als gewöhnliches Weißlicht wahrgenommen.

QUELLE	RGB (0–255)	RGB (0–1)
Streichholzflamme	177, 94, 88	.69, .37, .35
Kerzenflamme	180, 107, 88	.71, .42, .35
Sonne bei Sonnenaufgang oder -untergang	182, 126, 91	.71, .49, .36
Haushaltsglühbirne mit Wolframdraht	184, 144, 93	.72, .56, .36
Wolframlampe 500W–1000W	186, 160, 99	.73, .63, .39
Quarzlicht	189, 171, 105	.74, .67, .41
Leuchtstoffröhre	191, 189, 119	.75, .74, .47
Wolframlampe 2000W	192, 186, 138	.75, .73, .54
Wolframlampe 5000W–10.000W	192, 189, 158	.75, .74, .62
Sonne am Mittag	192, 191, 173	.75, .75, .68
Tageslicht (Sonne und Himmel)	190, 190, 190	.75, .75, .75
Sonne durch Wolken/Nebel	189, 190, 192	.74, .75, .75
RGB-Monitor, Weißpunkt	183, 188, 192	.72, .74, .75
Himmel, bewölkt	174, 183, 190	.68, .72, .75
Schatten im Freien	165, 178, 187	.65, .70, .73
Himmel, teilweise bewölkt	155, 171, 184	.61, .67, .72

Tabelle 8.2: RGB-Werte für Lichtquellen bei einer Farbtemperatur von 5500K

QUELLE	RGB (0–255)	RGB (0–1)
Streichholzflamme	188, 174, 109	.74, .68, .43
Kerzenflamme	191, 181, 120	.75, .71, .47
Sonne bei Sonnenaufgang oder -untergang	192, 186, 138	.75, .73, .54
Haushaltsglühbirne mit Wolframdraht	192, 189, 154	.75, .74, .60
Wolframlampe 500W–1000W	191, 190, 169	.75, .75, .66
Quarzlicht	191, 191, 183	.75, .75, .72
Leuchtstoffröhre	191, 197, 189	.75, .77, .74
Wolframlampe 2000W	186, 190, 191	.73, .75, .75
Wolframlampe 5000W–10.000W	182, 187, 191	.71, .73, .75
Sonne am Mittag	174, 183, 190	.68, .72, .75
Tageslicht (Sonne und Himmel)	166, 179, 188	.65, .70, .74
Sonne durch Wolken/Nebel	159, 173, 184	.62, .68, .72
RGB-Monitor, Weißpunkt	254, 254, 255	1.0, 1.0, 1.0
Himmel, bewölkt	143, 159, 185	.56, .62, .73
Schatten im Freien	134, 147, 189	.53, .58, .74
Himmel, teilweise bewölkt	124, 134, 193	.49, .53, .76

Tabelle 8.3: RGB-Werte für Lichtquellen bei einer Farbtemperatur von 3200K

Wenn Sie die RGB-Werte nicht eintippen wollen, können Sie die Tabellen mit RGB-Farben unter *www.3drender.com/light/* in Form eines „Color Temperature Chart" herunterladen. Anschließend nutzen Sie die Pipette, um die Farben direkt aus der passenden Spalte zu wählen.

Warnung vor der Farbtemperatur

Selbst in realistischen „genauen" Fotos gibt es eine enorme Vielfalt von Farben, Sättigungen und Helligkeiten der eingefangenen Lichtquellen. Unterschiedliches Filmmaterial, verschiedene Hersteller von Digitalkameras und deren diverse Einstellungen fangen jede Farbe sehr subjektiv ein.

Die Farbtemperatur scheint sich manchmal völlig gegensätzlich zu den Erwartungen des Künstlers zu entwickeln. Wie oben aufgeführt, kommt uns im Alltag Rot wärmer vor als Blau. Daher ist die Definition, dass die niedrigste Farbtemperatur roten Farben entspricht und Blau die hohen Temperaturen repräsentiert, gegenläufig zu den Erwartungen der meisten Betrachter. Der Hauptgrund ist sicherlich, dass die wenigsten Menschen je das blaue Glühen von Kohlenstoff bei 5000 K gesehen haben.

Die Farbtemperatur gibt nur die Verschiebung von Rot zu Blau wieder, liefert aber keine Informationen zum Grünanteil des Lichts. In vielen Fällen haben Leuchtstoffröhren allerdings ein grünliches Licht. Die oben aufgeführten Tabellen berücksichtigen diese grüne Tönung in ihren RGB-Werten. Allerdings färben viele Hersteller ihre Leuchtstoffröhren. So wird das Grün herausgefiltert und sie wirken angenehmer, unterscheiden sich aber je nach Hersteller.

Aber selbst eine stabile, konsistente Beleuchtung mittels Scheinwerfer kann vom Kameramann über Folien (Gels) eingefärbt werden. Diese transparenten, gefärbten Plastikfolien werden wie in Abbildung 8.18 vor dem Scheinwerfer platziert. Der Kameramann kann diese Folien auch bei Innenaufnahmen am Fenster anbringen. Fotografen hingegen verwenden meist gefärbte Filter an ihren Kameras. Selbst nach der Aufnahme der Szene kann der Regisseur kreativ in die Farbigkeit eingreifen. Mittels Digital Intermediate Process werden alle Filmbilder, die in Form von Dateien vorliegen, beliebig bearbeitet. Kurz gesagt – die Farben der Lichtquellen, die Sie in Film oder TV sehen, müssen nicht dieselben Eigenschaften wie die Tabellenwerte haben. Der Kameramann und der Regisseur haben hier alle Freiheiten.

Abbildung 8.18:
Farbfolien vor den Scheinwerfern verändern die Farbtemperatur des Lichts.

Die vielleicht einzig gültige Regel, die sich durch das Studium der Farbtemperaturen ergibt, lautet: Lichtquellen mit einer niedrigen Farbtemperatur haben einen größeren Rotanteil als welche mit hoher Temperatur. In Abbildung 8.19 etwa scheint das Licht, welches durch das Fenster fällt, blauer als das Licht der Lampe. In einem echten Foto würde das Ungleichgewicht zwischen Rot und Blau von den Kameraeinstellungen, der Glühbirnensorte und anderen Faktoren abhängen.

Abbildung 8.19:
Im Mischlicht wirkt Tageslicht blauer als die Innenbeleuchtung.

Einige 3D-Programme besitzen Einstellungen für die Farbtemperatur von Lichtquellen, aber nicht für den Farbabgleich der Kamera. Es werden standardmäßig meist Außenaufnahmen mit 5500K simuliert, aber diese Voreinstellung muss sich nicht für alle Ihre Szenen als geeignet erweisen. Die Verwendung von Farbwerten aus der Tabelle oder das Übernehmen aus vorhandenen Bildern könnte Ihren Lichtquellen einen passenderen Farbton verleihen.

Farben aus Bildern übernehmen

Zwar kann die Farbtemperaturtabelle auch alleine zum Ausleuchten einer digitalen Szene benutzt werden, liegt Ihnen jedoch zusätzliches Bildmaterial vor, nutzen Sie dieses zu Ihrem Vorteil.

In einigen Studios arbeitet das Art Department vorher die Farben aus. Somit liegen ein farbiges Storyboard oder andere Farbillustrationen für jede der zu produzierenden Szenen vor. Das Übernehmen der Lichtquellen aus diesen Bildern kann ein nützlicher Ausgangspunkt für das Ausleuchten sein. Damit die Farben von Shadern und Lichtquellen zusammen der illustrierten Vorlage entsprechen, werden dabei Testrenderings nötig.

Das Integrieren von gerenderten Elementen in einen real gefilmten Hintergrund ist eine der Kernaufgaben beim Erstellen von visuellen Effekten. Das direkte Übernehmen der Farben aus der Background Plate sollte daher die erste Wahl sein. Füll- oder Streiflichter, die durch den Himmel entstehen, können aus dem Himmel im Bild übernommen werden. Das vom Boden reflektierte Licht wird ebenfalls aus dem Untergrund der Vorlage entnommen. Sind einige Elemente nicht im Bild sichtbar, etwa die Sonne, müssen Sie basierend auf den obigen Tabellen eine warme Sonnenfarbtemperatur definieren.

RGB-Farben verstehen lernen

Die RGB-Farben geben nur einen sehr eingeschränkten Teil des Farbspektrums von realem Licht wieder. Fernseher und Monitore strahlen nicht alle Wellenlängen aus, sondern der leuchtende Phosphor und die LCD-Kristalle geben nur drei Farben wieder: Rot, Grün und Blau. Neben diesen drei Farben werden vom Monitor keine weiteren Wellenlängen ausgestrahlt. Die Spektralverteilung des Monitors entspricht dabei Abbildung 8.20. Statt eines kontinuierlichen Spektrums gibt es nur rote, grüne und blaue Wellenlängen, dazwischen befinden sich Lücken.

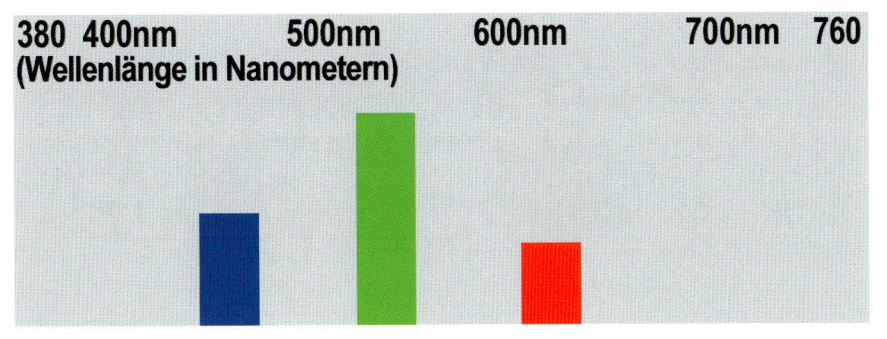

Abbildung 8.20:
Die RGB-Farben geben kein kontinuierliches Spektrum wieder, sondern nur einige Lichtfrequenzen.

Daher mag es überraschen, dass diese eingeschränkte Darstellung als „vollfarbig" wahrgenommen wird. Der Grund für das Funktionieren der RGB-Farben liegt darin, dass das Auge die Intensität von drei sich überlappenden Bereichen des Spektrums wahrnimmt. Die aufgenommenen Farben basieren auf der relativen Helligkeit des Lichts innerhalb des Wellenlängenbereichs. Für das Erkennen von Farben sind im menschlichen Auge lichtempfindliche, pigmentierte Zellen verantwortlich: die Zapfen. Es gibt dabei drei Arten von Zapfen. Der eine Zapfen ist der Blaurezeptor, welcher mittels Pigmenten das Licht filtert und stärker auf kurze Wellenlängen reagiert. Dieser ist in Abbildung 8.21 mit S für „short" zu sehen. Der mittlere Wellenbereich (M) wird Grünrezeptor genannt und der Detektor für lange Lichtwellen (L) heißt Rotrezeptor. Die menschliche Farbwahrnehmung hängt von der relativen Reaktion dieser drei Arten von Zapfen ab.

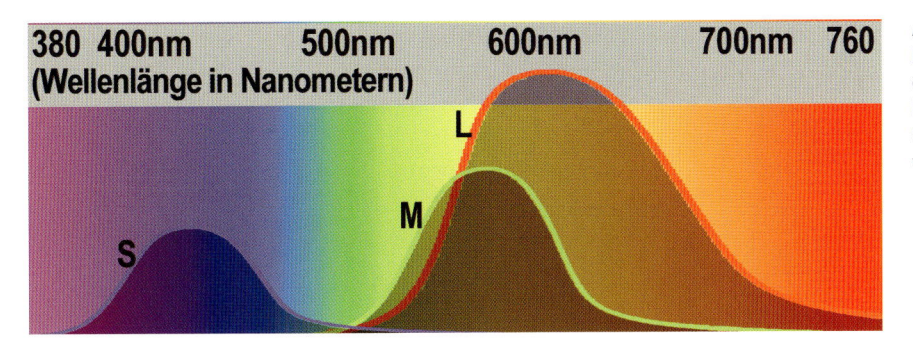

Abbildung 8.21:
Menschen vergleichen die Lichtintensität in drei Bereichen des sichtbaren Spektrums, um Farben wahrzunehmen.

Da die Wahrnehmung sich auf die relativen Intensitäten in diesem Ausschnitt des Spektrums beschränkt, lässt sich mit den RGB-Farben die spektrale Verteilung der meisten Farben reproduzieren.

Ein Großteil der Informationen im farbigen Licht ist für das bloße Auge unsichtbar. Es gibt sogar Fälle, bei denen farblich sehr unterschiedliche Lichtquellen vom Betrachter als gleich wahrgenommen werden. Wird ein solches Licht mit Hilfe eines Prismas gebrochen, wird eine sehr unterschiedliche, spektrale Energieverteilung deutlich. Abbildung 8.22 zeigt die Spektralkurve einer Lichtquelle, die blaue und gelbe Anteile mit etwas Grün dazwischen aufweist. Der Mensch würde dieses Licht dennoch als Grün wahrnehmen. Wird diese Farbe auf einem RGB-Monitor dargestellt, würde die Spektralverteilung eher Abbildung 8.20 ähneln. Dem Betrachter jedoch würden beide Grüntöne gleich vorkommen.

Abbildung 8.22: Die komplexe Mischung aus blauer und gelber Wellenlänge würde als reines Grün wahrgenommen werden.

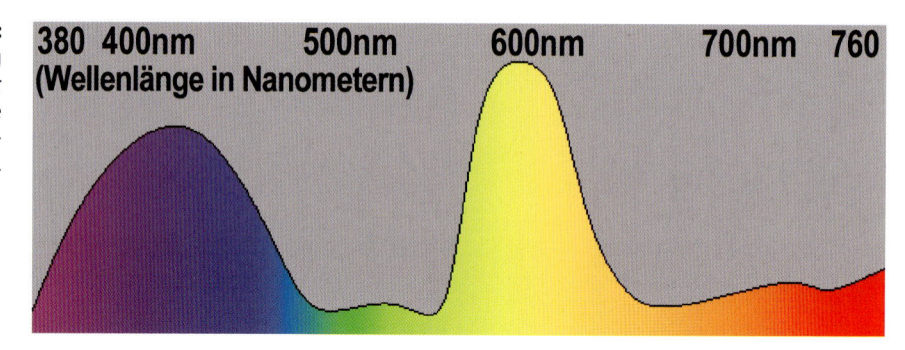

Im Bereich der Musik ist der Unterschied zwischen einem Akkord und einer Note leicht zu hören. Bei Farben liegt eine gewisse „Blindheit" bei ähnlichen Frequenzunterschieden vor. Werden zwei Lichtfarben vermischt, wirkt die Kombination beider Wellenlängen wie die reine Spektralfarbe. Spielen Sie beispielsweise ein „A" und ein „C" gleichzeitig auf dem Klavier würden Sie kein „B" hören. Für Farben gilt aber der schon seit Kindergartentagen bekannte Spruch „Rot und Gelb ergeben Orange".

Es scheint somit, dass eine Vielzahl der Informationen des farbigen Lichts verloren gehen. Aber die vereinfachte Wahrnehmung von Lichtwellenlängen hat einen Vorteil: Sie ermöglicht uns RGB-Farben und alle anderen Varianten der Farbmischung, um Zwischentöne von Malfarben, Tinten und Licht zu erzeugen.

Die Bedeutsamkeit von Rot, Grün und Blau

Bei einem RGB-Monitor tragen die roten, grünen und blauen Komponenten nicht gleichmäßig zur Helligkeit eines Pixels bei. Stattdessen enthält reines, weißes Licht rund 59 Prozent der Helligkeit von Grün, zirka 30 Prozent von Rot und etwa 11 Prozent des Blauanteils.

Viele Zeichenprogramme beachten die unterschiedliche Gewichtung der Komponenten bei der Konvertierung in Graustufen. Gleiche Werte für Rot, Grün oder Blau erhalten verschiedene Grauschattierungen. Sie können dies in Ihrem eigenen Zeichenprogramm überprüfen. Erzeugen Sie ein RGB-Bild mit reinem Rot, Grün und Blau. Konvertieren Sie das Bild in Graustufen. Die Grauschattierung von Grün wird heller als die von Blau sein.

Sie werden auch Hinweise darauf finden, dass die Farben in 3D-Software nicht gleich behandelt werden. In Maya gibt es beispielsweise den „Contrast Threshold", welcher die Kontrastschwelle festlegt, die zu einer höheren Anti-Aliasing-Stufe führt. Bei Rot beträgt der Wert 0.4, bei Grün 0.3 und bei Blau 0.6. Damit werden kleine Unterschiede im Blaukanal nicht als wichtig oder sichtbar genug betrachtet, um die maximale Anti-Aliasing-Stärke anzuwenden. Im Grünkanal hingegen reicht schon eine kleinere Differenz, um genauer zu rechnen. Verwenden andere Renderer diese Werte nicht als Standard, können Sie selbst die Optimierung für die Farbanteile übernehmen, die stärker zur Bildhelligkeit beitragen.

Digitale Farbe

Beim Rendering der finalen Animation geben Profis eine unkomprimierte Bildserie aus, die jedes Bild der Animation als einzelne, durchnummerierte Bilddatei enthält. Typische Dateiformate sind TIFF, TGA und manchmal proprietäre Formate der 3D-Programme. Die gerenderten Bilder haben mindestens drei Kanäle (RGB) und normalerweise eine vierten, den Alpha-Kanal. Der Alpha-Kanal enthält die Transparenzinformation. Kapitel 11 (Passes rendern und Compositing) beschreibt, wie der Alpha-Kanal im Compositing Anwendung findet.

Die Genauigkeit und der Speicherverbrauch pro Kanal können zwischen dem gebräuchlichen Standard mit 8 Bit pro Kanal bis hin zur flexibelsten Möglichkeit von 32 Bit bei HDR-Bildern (High Dynamic Range Images) liegen.

8-Bit-Farbe

Bei 8-Bit-Farben nehmen die einzelnen Kanäle (RGB und Alpha) Werte zwischen 0 und 255 an. Dies entspricht 256 möglichen Schattierungen.

Die meisten 3D-Bilder werden in 8-Bit-Farbe berechnet. Insgesamt ergeben sich dadurch 256 Abstufungen für Rot, Grün und Blau und somit über 16 Millionen mögliche Farben, was für die meisten Projekte ausreichen sollte.

Verwechseln Sie die Zahl der Bits pro Kanal nicht mit der Gesamtzahl pro Pixel. Jedes Pixel setzt sich aus Rot, Grün, Blau und Alpha zusammen. Damit ergibt sich eine vierfach höhere Bit-Zahl pro Pixel als pro Kanal. Grafikkarten, die auf dem 8-Bit-Standard aufsetzen, werden mit 24-Bit-Farben oder 32-Bit-Farben beworben – der Summe aller Kanäle pro Pixel.

16-Bit-Farbe

Bei der Verwendung von 16-Bit-Farbe verdoppelt sich der Speicherbedarf gegenüber 8-Bit. Statt den 256 Abstufungen gibt es Tausende mögliche Werte für jeden Kanal. 65536 Abstufungen, um genau zu sein.

Das Rendern mit 16-Bit pro Kanal bietet einen größeren Spielraum bei der Nachbearbeitung der Farben beim Compositing des Projekts. Wurden etwa 3D-Elemente für Tageslichthintergründe berechnet und die Zeit im Drehbuch ändert sich in Sonnenuntergang, könnten diese extremen Farbänderungen dank der hohen Genauigkeit besser durchgeführt werden.

HDRI

Ein hochdynamischer Bildhelligkeitsumfang, genannt HDRI (High Dynamic Range Image) verwendet 32-Bit (4 Byte) pro Kanal. Der so gespeicherte Fließkommawert gibt die roten, grünen und blauen Anteile des Bilds wieder.

Das Rendern von HDR-Bildern benötigt viermal mehr Speicherplatz auf der Festplatte als 8-Bit-Bilder, bietet aber die höchste kreative Kontrolle beim Compositing der Elemente.

Das Umsteigen von 8-Bit auf 16-Bit erhöht nur die Genauigkeit der gespeicherten Daten und liefert zwischen Schwarz (0) und Weiß (1) mehr Schattierungen.

Die Verwendung von HDRI bietet mehr als pure Genauigkeit – der Dynamikumfang erhöht sich zusätzlich. Diese Dynamik beschreibt den Unterschied zwischen dem hellsten und dem dunkelsten Wert in einem Bild. High Dynamic Range Images können Farbwerte größer als 1, das heißt heller als reines Weiß annehmen. In der digitalen Welt sind sogar negative Lichter möglich. Diese haben eine Stärke kleiner als 0, sind also dunkler als reines Schwarz.

Aber wofür eignen sich HDR-Bilder? Warum sollte ein Wert gespeichert werden, wenn er heller als die höchste Helligkeit des Monitors ist? Rendern Sie in 8- oder 16-Bit-Farben, werden die überbelichteten Bereiche der Szene beschnitten (Clipping) oder auf einen Wert von 1 abgerundet. Diese Dateiformate können einfach keine helleren Werte als 1 ablegen. Abbildung 8.23 zeigt, dass diese beschnittenen Bereiche keine Details enthalten, da alle Werte ohne Unterschied genau 1 betragen. Das Histogramm von Clipping-Bildern weist auf der rechten Seite eine Klippe auf, da die Farbtöne hier ein Maximum erreichen. Reduzieren Sie nun die Helligkeit des Bilds nach dem Rendern, werden diese beschnittenen Bereiche als flach und untexturiert dargestellt, wie der rechte Teil der Abbildung zeigt.

Abbildung 8.23:
Die Farbwerte eines 8-Bit-Bilds werden im überbelichteten Bereich beschnitten (links). Diese Clipping-Bereiche enthalten nach dem Abdunkeln im Zeichen- oder Compositing-Programm keine zusätzlichen Informationen.

Verwenden Sie hingegen HDRI beim Rendering, enthält jeder Bildbereich inklusive der Überbelichtung Details und Texturen. Der linke Teil von Abbildung 8.24 zeigt das Bild mit Werten über 1. Verringern Sie im Compositing die Helligkeit der überbelichteten Bildteile, kommt das vorhandene Detail inklusive Texturen zum Vorschein, wie die rechte Illustration beweist. Kapitel 11 zeigt weitere Vorteile von HDRI auf.

Abbildung 8.24:
Werden Bilder in HDRI berechnet (links), bleiben selbst nach der Verdunklung überbelichteter Bildteile Details und Texturen erhalten (rechts).

Der Umstieg von 8- oder 16-Bit auf HDRI-Rendering verschlingt nicht viel mehr Rechenzeit, aber die Größe der geschriebenen Datei steigt deutlich. In einigen Fällen sinkt damit die Geschwindigkeit des Netzwerks beim Schreiben und Lesen. Aber auch das Rendering und vor allem das Compositing werden durch die gestiegene Datenmenge ausgebremst. Da die Flexibilität der Bildbearbeitung steigt und das Neurendering bei geänderter Beleuchtung wegfällt, sind der zusätzliche Speicherbedarf und die gestiegenen Transferzeiten je nach Projekt dennoch zu verkraften.

Kompakte Datenformate

Beim Rendern werden normalerweise RGB- oder RGBA-Dateien mit 8, 16 oder 32 Bit pro Kanal abgelegt. Nach dem Rendern und dem anschließenden Compositing ist es aber manchmal wünschenswert, kompaktere Dateien abzulegen.

Monochrome Bilder/Graustufen

Der Renderer gibt für jedes Bild einen roten, grünen und blauen Kanal aus, selbst wenn die Szene nur in Schwarz und Weiß vorliegt. Beim Bearbeiten Ihrer Bilder können Sie die Dateien in Graustufen oder monochrome Bilder mit nur einem Kanal konvertieren. Diese beanspruchen nur ein Drittel der Festplattengröße von RGB-Dateien.

Manchmal eignen sich für Schwarzweißbilder aber farbige Dateien. Weisen Sie dazu den verschiedenen Lichtquellen der Szene unterschiedliche Farben zu. Das Hauptlicht wird zum Beispiel grün und das Fülllicht blau. Damit erhalten Sie im Compositing eine bessere Kontrolle über Helligkeit und Kontrast einer jeden Lichtquelle.

Indizierte Farben/Paletten

Der genügsamste Dateityp enthält indizierte Farben. Dabei liegt im Bild eine beschränkte Zahl von Farben vor, die mit Hilfe einer Palette oder Farbtabelle erfasst werden, auch Color Look-up Table (CLUT) genannt. Während der 1980er Jahre waren indizierte Farben für die meisten PCs gebräuchlich, selbst 3D-Grafiken wurden als solche abgelegt.

Die meisten Zeichenprogramme erlauben eine Konvertierung der Bilder in indizierte Farben, etwa für interaktive Spiele oder GIF-Dateien für Internetseiten.

Die Zahl der Bits pro Pixel bestimmt die Anzahl der Farben der Palette. Tabelle 8.4 zeigt dies im Detail.

Werden mehr als 256 Farben (8 Bits pro Pixel) verwendet, ist die CLUT-Darstellung unüblich. Dennoch kann die Zahl der gewünschten Farben über die Formel „2 hoch Bits" für eine Tabelle bestimmt werden. Abbildung 8.25 zeigt eine CLUT für ein Bild, welches auf 8 Bit pro Pixel bzw. 256 Farben reduziert wurde.

BITS PRO PIXEL	ZAHL DER FARBEN
1	2
2	4
3	8
4	16
5	32
6	64
7	128
8	256

Tabelle 8.4: Anzahl der unterstützten Farben je Bit pro Pixel

Abbildung 8.25:
Die Farbpalette zeigt alle 256 im Bild vorkommenden indizierten Farben.

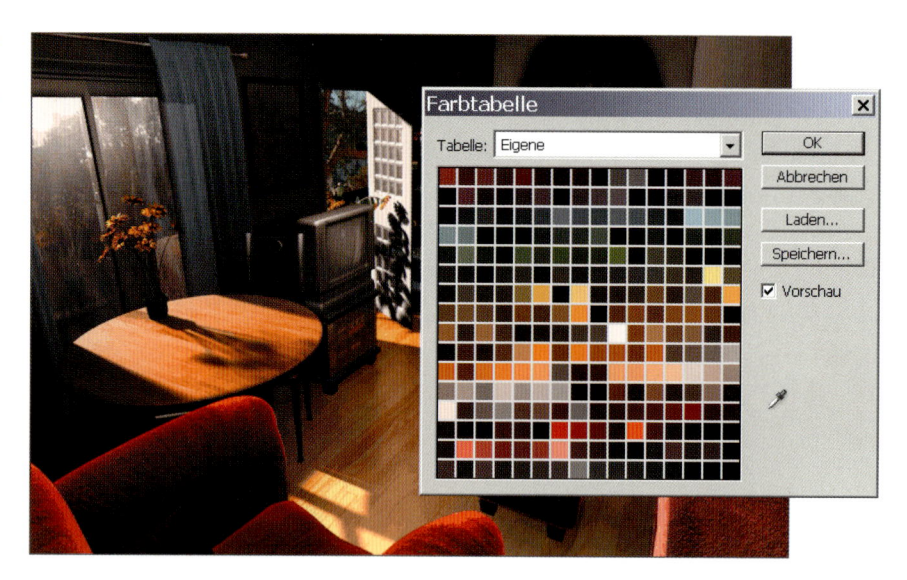

Die Verwendung von indizierten Farben in GIF-Grafiken eignet sich für Icons oder Diagramme. Diese werden kompakt abgelegt, ohne dass Kompressionsartefakte die Schärfe des Bilds beeinflussen.

Komprimierte Bilder

Nachdem die Bilder berechnet wurden, ist es manchmal von Nöten, diese für andere Zwecke, etwa die Darstellung im Web, zu komprimieren. Das Format JPEG (JPG) ist dabei das gebräuchlichste Kompressionsformat im Internet. Speichern Sie eine JPEG-Datei, können Sie zwischen hoher Bildqualität mit größeren Dateien oder niedriger Qualität mit kompakten Bildern wählen. Letztere weisen schnell Kompressionsartefakte oder Unschärfen auf.

Selbst wenn das finale Ergebnis das komprimierte Bild sein sollte, empfiehlt es sich, die unkomprimierten Dateien zu sichern. Dies erlaubt eine zukünftige Bearbeitung und einen Druck in der vollen Qualität ohne ein aufwändiges Neurendering.

Übungen

Das Experimentieren mit Farben macht Spaß! Nutzen Sie jede Gelegenheit, um deren Wirkung auf Ihre Arbeit zu testen und Neues zu lernen.

1. Laden Sie eine Ihrer fertigen Szenen und rendern Sie diese mit anders gefärbten Lichtquellen. Versuchen Sie, eine fröhlichere, traurigere oder beklemmendere Bildstimmung zu erzeugen. Ändern Sie die Tageszeit, etwa Sonnenuntergang oder Nacht. Zeigen Sie die umgefärbten Szenen Ihren Freunden und diskutieren Sie deren Eindrücke von den verschiedenen Variationen.

2. Öffnen Sie in einem Zeichenprogramm ein eigenes Bild und versuchen Sie, die Farben zu entfernen. Häufig werden Sie an eigenen Ergebnissen in Schwarzweiß oder mit erhöhtem Kontrast mehr Gefallen finden. Versuchen Sie ebenso, die Bilder unterschiedlich einzufärben. Können Sie in Ihrem eigenen Rendering ein klares Farbschema entdecken?

3. Versuchen Sie, eine Szene mit zwei verschiedenen Lichtquellen auszuleuchten. Können Sie die Art des Lichts über dessen Farbe kommunizieren, ohne dass der Betrachter die Lichtquelle im Bild sehen kann?

[KAPITEL NEUN]

Shader und Rendering-Algorithmen

Dieses Kapitel begleitet Sie durch die Hauptphasen des Shading und Rendering von Szenen. Dabei erfahren Sie auf den folgenden Seiten, wie Sie die beste Bildqualität und Softwaregeschwindigkeit erreichen. Der Rendering-Prozess beginnt mit dem Shading (Schattierung). Hier wird festgelegt, wie sich die Oberfläche samt Shadern und deren Eigenschaften im Licht verhält. Wir werden einen Blick auf das Anti-Aliasing werfen, welches die Szene erfasst und filtert (Sampling), um hochqualitative Bilder zu berechnen. Dieses Kapitel wird auch verschiedene Rendering-Algorithmen beleuchten und die Grundkonzepte erläutern, die hinter Raytracing, Reyes, Z-Buffer und Scanline-Rendering sowie GPU-Beschleunigung stehen.

Shading von Oberflächen

Die so genannten Shader legen fest, wie 3D-Objekte auf Lichtquellen reagieren, beschreiben also das Erscheinungsbild der Oberfläche und deren Berechnung. Shading (Schattierung) ist das Entwerfen, Zuweisen und Anpassen von Shadern, um den Objekten in der Szene ein einzigartiges Aussehen zu verleihen. Abbildung 9.1 zeigt eine Auswahl von verschiedenen Shadern auf einem Objekt.

Abbildung 9.1:
Die vier Kugeln mit unterschiedlichen Shadern reagieren sehr unterschiedlich auf das Licht. Diese Beispiele zeigen einige der Möglichkeiten der Attribute, die in diesem Kapitel besprochen werden.

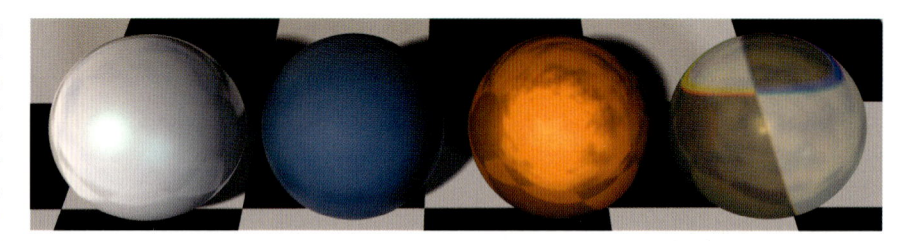

Einige 3D-Programme verwenden das Wort Material für ihre eingebauten Shader und den Terminus Shader nur für optional verfügbare Render-Plugins. Während Materialien und Shader innerhalb des Softwareinterface getrennt aufgelistet werden, sind alle Definitionen des Oberflächenaussehens eigentlich Shader.

Diffuse, glänzende und spiegelnde Reflexion

Die drei gebräuchlichsten Reflexionsarten von Licht auf einer Oberfläche zeigt Abbildung 9.2. Die diffuse Reflexion (*Diffuse Reflection*, links) streut das Licht gleichmäßig in alle Richtungen. Die glänzende Reflexion (*Glossy Reflection*, mittleres Bild) behält die Richtung der Lichtstrahlen bei, streut oder dämpft das Licht aber zum Teil. Und die spiegelnde Reflexion (*Specular Reflection*, rechts) behält die Schärfe der Lichtquelle bei und reflektiert den Strahl ohne Streuung.

Abbildung 9.2:
Das Licht wird diffus, glänzend oder spiegelnd reflektiert.

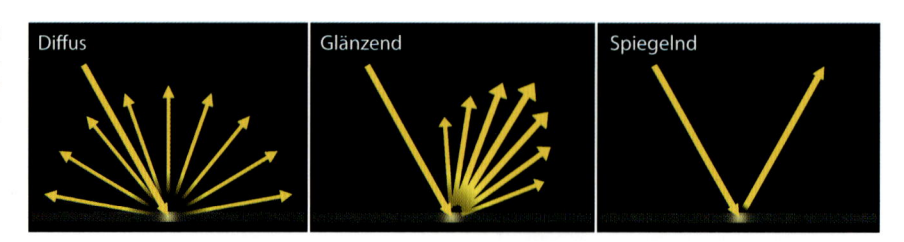

In Abbildung 9.3 sehen Sie die diffuse, glänzende und spiegelnde Reflexion auf einer Oberfläche. Die diffuse Reflexion (links) verleiht dem Material ein mattes Aussehen ohne Reflexionen und Glanzpunkte. Die glänzende Reflexion (mittig) ist weich und die divergierenden Lichtstrahlen lassen die Reflexion mit zunehmender Entfernung weicher erscheinen, wie das Spiegelbild der Tasse auf dem Tisch zeigt. Die spiegelnde Reflexion (rechts) ist scharf und verhält sich wie ein Spiegel.

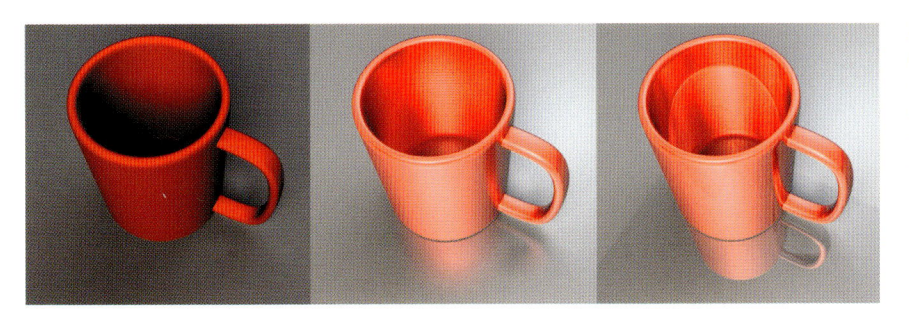

Abbildung 9.3:
Die Szene wurde vollständig mit diffusen (links), glänzenden (mittig) und spiegelnden Reflexionen (rechts) berechnet.

Die meisten Oberflächen zeigen eine Kombination aus allen drei Reflexionsarten. Echte Objekte reflektieren nie wirklich perfekt – selbst ein Spiegel weist diffuse und glänzende Reflexionen auf. Ebenso sind Materialien in der Realität niemals vollkommen diffus reflektierend.

Sollten Sie beim Betrachten eines realen Materials keine Reflexionen oder Glanzpunkte entdecken können, bewegen Sie einfach Ihren Kopf vor und zurück. Sobald sich Ihr Blickfeld zur Seite bewegt, ändern sich Glanzpunkte sowie Reflexionen und wandern über die Oberfläche. Sie trennen sich dabei deutlich vom diffus reflektierten Licht. Bewegen Sie Ihren Kopf von einer zur anderen Seite, werden Sie sogar oft den Glanz von gedruckten Buchstaben in einem Buch wahrnehmen können.. Manchmal werden Sie auf Materialien stoßen, die hauptsächlich diffus wirken, etwa eine braune Papiertüte. Betrachten Sie diese nun in einem gut ausgeleuchteten Raum und bewegen Sie Ihren Kopf seitwärts, wird sogar ein ziemlich weitläufiger Glanzpunkt erkennbar.

Diffuse, glänzende und spiegelnde Reflexion in Shadern

Die meisten Parameter von Shadern simulieren eine der Kategorien: diffus, glänzend oder spiegelnd. Die Oberflächenfarbe (*Surface Color*) legt das diffuse Shading fest. Dies ist die Farbe, die für uns ein Objekt hat – Reflexionen und Glanzpunkte werden beim Betrachten fast immer ausgeblendet.

Viele Shader verfügen über den Parameter Diffuse, welcher einen Multiplikator für die Oberflächenfarbe darstellt. Halbieren Sie zum Beispiel den Diffuse-Wert, entspräche dies dem Verringern der Oberflächenhelligkeit um den Faktor zwei.

Spiegelnde Glanzpunkte (*Specular Highlights*) sehen wie spiegelnde Reflexionen von Lichtquellen aus. Daher mag es Sie vielleicht überraschen, dass die meisten spiegelnden Glanzpunkte eigentlich glänzende Reflexionen sind. Das Licht einer unendlich kleinen, punktförmigen Lichtquelle (3D-Punktlicht) würde eine perfekte, glänzende Reflexion verursachen – einen unendlich kleinen Punkt, sogar kleiner als ein Pixel. Um dies zu korrigieren, erlauben die meisten Shader eine Anpassung der Glanzpunktgröße. Die Glanzpunktgröße könnte als realistische Simulation der Rauheit eines Objekts angesehen werden. Meistens ist es aber nur ein Trick, um die Tatsache zu verschleiern, dass die 3D-Punktlichter unendlich klein sind. Mit Hilfe der Glanzpunktgröße wird der spiegelnde Glanzpunkt ausgeweitet und wird eine glänzende Reflexion der Lichtquelle.

Normale Raytracing-Reflexionen sind perfekt spiegelnd, also immer perfekt im Fokus. Glänzende Reflexionen (*Glossiness*, *Reflection Blur*, *Soft Reflection*) erlauben es dem Raytracer, die Reflexionen mit zunehmender Entfernung weichzuzeichnen. Lesen Sie dazu den Abschnitt Raytracing in diesem Kapitel.

Die meisten Global Illumination-Techniken (Kapitel 4, „Umgebungen und Architektur beleuchten") können als diffus-zu-diffus Lichttransfer angesehen werden. Genauer gesagt: Das Licht, welches diffus von einem Objekt wegreflektiert wird, addiert sich zur diffusen Beleuchtung eines anderen Objekts hinzu. Wird das Licht von einer Oberfläche glänzend oder spiegelnd reflektiert, transportieren Caustics diese Beleuchtung in das diffuse Shading von anderen Objekten.

Das Microfacet-Modell

Das Microfacet-Modell hilft beim Verstehen, wie bei realen Materialien diffuse, glänzende oder spiegelnde Eigenschaften entstehen. Das Modell simuliert die Rauheit oder Unebenheit von Oberflächen auf mikroskopischer Ebene. Die kleinen Details oder Facetten einer rauen Oberfläche streuen das Licht in verschiedene Richtungen und verursachen eine glänzende oder diffuse Lichtabstrahlung. Viele gebräuchliche Shader, etwa Cook-Torrance, basieren auf dem Microfacet-Modell.

Abbildung 9.4 zeigt die unterschiedlichen Wirkungen von mikroskopischen Unebenheiten. In der linken Abbildung treffen die parallelen Lichtstrahlen auf die Oberfläche und werden in verschiedenen Winkeln reflektiert. Es entsteht eine diffuse Reflexion. Auf einem glatten Objekt (mittig) werden die Strahlen weniger gestreut und eine gewisse Ausrichtung bleibt erhalten – in Form einer glänzenden Reflexion. Die perfekt glatte Oberfläche (rechts) reflektiert die Strahlen parallel und ruft eine makellose, spiegelnde Reflexion hervor.

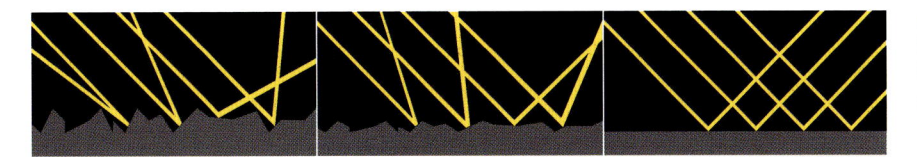

Abbildung 9.4: Das Microfacet-Modell für diffuse, glänzende und spiegelnde Reflexionen

Der Parameter Roughness (Rauheit) steht für die Oberflächeneigenschaft, die einen spiegelnden Glanzpunkt streut. Die Rauheit tritt dabei aber nicht immer in Form von großen, sichtbaren Unebenheiten zu Tage. Eine mikroskopische Rauheit innerhalb einer Oberflächenstruktur lässt das Objekt selbst glatt, das reflektierte Licht hingegen diffus erscheinen. Zum Beispiel streut die Oberfläche eines Radiergummis das Licht diffus aufgrund seiner unebenen Struktur, obwohl sie weich und glatt aussieht. Zusammengefasst ist jede matte, nicht glänzende Oberfläche an sich rau.

Spiegelnde Glanzpunkte

Eine weit verbreitete, aber falsche Vorstellung ist, dass die spiegelnden Glanzpunkte (*Specular Highlights*) um den hellsten Punkt des diffusen Shading erscheinen. In der Realität werden die Glanzpunkte anders abgeleitet. Das diffuse Shading basiert auf der Oberflächenposition und dem relativen Winkel zur Lichtquelle. Spiegelndes Shading wird nur vom spezifischen Kamerawinkel abgeleitet. Genauer gesagt basiert es auf dem Winkel zwischen Licht, der Oberfläche und der Kamera. Aus diesem Grund sind spiegelnde Glanzlichter ein Beispiel für betrachtungsabhängiges Shading (*View-dependent Shading*).

Das betrachtungsabhängige Shading umfasst jeden Effekt, der aufgrund des Kamerawinkels variiert. Spiegelungen, Reflexionen und Refraktionen sind alles Beispiele für View-dependent Shading. Diese Erscheinungen verschieben sich auf der Oberfläche, wenn sie aus verschiedenen Blickwinkeln betrachtet werden. Im Gegensatz dazu gibt es die nicht ansichtsabhängigen

Effekte (*Non-view-dependent Shading*), etwa das diffuse Shading oder die Schatten. Diese können unabhängig vom Kamerawinkel bestimmt werden.

Realistische Glanzpunkte

Helle, große spiegelnde Glanzpunkte, Airbrush-Bildern ähnlich, gehören zu den auffälligsten Klischees der 3D-Grafik. Die Glanzlichter sehen in vielen Renderings unrealistisch aus, da sie oft fälschlich eingesetzt oder schlecht angepasst werden. Trotzdem weisen fast alle Oberflächen in der realen Welt einen Glanzpunkt auf und dessen entsprechender Einsatz kann zum erhöhten Realismus des Rendering beitragen.

Sie können zur Qualität des Shading beitragen, in dem Sie dem spiegelnden Glanzpunkt die geeignete Größe, Farbe, Form und Position zuweisen. Am besten finden Sie eine reale Vorlage des zu simulierenden Materials und studieren Sie dessen Verhalten im Licht. Durch das Heranziehen von Referenzbildern oder Proben des Materials hängen die Glanzpunkte nicht von Vermutungen oder Softwarevoreinstellungen ab.

Die Größe des Glanzpunkts

In der Realität hängt die Glanzpunktgröße von zwei Dingen ab: dem Licht und der Oberfläche. Eine größere oder eine näher am Objekt positionierte Lichtquelle ruft einen weitläufigeren Glanzpunkt hervor. Das Material hat ebenfalls Einfluss: Objekte mit sehr glatter und harter Oberfläche, etwa Metall oder Glas; haben kleinere, schärfere Glanzpunkte. Rauere Flächen, wie Papier oder Holz besitzen großflächigere und weniger intensive Glanzlichter.

In vielen 3D-Programen ist die Glanzpunktgröße nur eine Eigenschaft der Shader, nicht der Lichtquelle selbst. In diesem Fall achten Sie darauf, dass jeder Glanzpunkt wirklich wie eine Reflexion der beleuchtenden Quelle aussieht. Ist die Lichtquelle klein oder weit entfernt, sollte das Specular Highlight ebenso klein sein, wie der obere Teil von Abbildung 9.5 zeigt. Simulieren Sie ein großes, sehr nahes Licht, sollte die Größe im Shader angepasst werden, wie die untere Abbildung zeigt.

Abbildung 9.5: Die Größe des Glanzpunkts sollte visuell an die Größe und Entfernung der Lichtquelle angepasst werden.

Spiegelnde Glanzfarbe (Specular Color)

In den meisten Fällen sollte die Glanzfarbe des Shader ein Grauton sein. Eine weiße oder graue Specular Color hat zur Folge, dass die Farbe der Lichtquellen im Glanz sichtbar wird. Die Lichter sind normalerweise auch die natürliche Quelle für die Glanzfarbe.

Farbig spiegelnde Glanzpunkte sind nur bei metallischen Oberflächen geläufig. In diesen Fällen übernimmt die Glanzfarbe die Tönung des Metalls. Abbildung 9.6 zeigt das Foto eines Messinganschlusses. Häufig besitzt Metall eine sehr dunkle Glanzfarbe. Somit bleibt beim farbig spiegelnden Glanz der Großteil der Farbigkeit und des Shading erhalten.

Abbildung 9.6:
Nur metallische Gegenstände besitzen farbige Glanzfarben und getönte Reflexionen.

Der Fresnel-Effekt

Der französische Physiker Augustin-Jean Fresnel (1788–1827) entwickelte die Lichtwellentheorie weiter, indem er die Übertragung und Verbreitung von Licht von verschiedenen Objekten beobachtete. Eine dieser Beobachtungen wird in der Computergrafik Fresnel-Effekt genannt: Der Betrag des reflektierten Lichts einer Oberfläche hängt vom Betrachtungswinkel ab.

Das Beispiel in Abbildung 9.7 zeigt ein Seitenfenster, welches vollständig reflektiert und so den Blick nach innen versperrt. Die Windschutzscheibe hingegen erscheint transparenter, weniger spiegelnd. Natürlich bestehen beide Glasteile aus dem gleichen, reflektierenden Material. Aber der Betrachtungswinkel legt fest, wie stark die Reflexion ausfällt.

Abbildung 9.7:
Der Fresnel-Effekt lässt die Seitenfenster stärker reflektieren als die Frontscheibe des Autos.

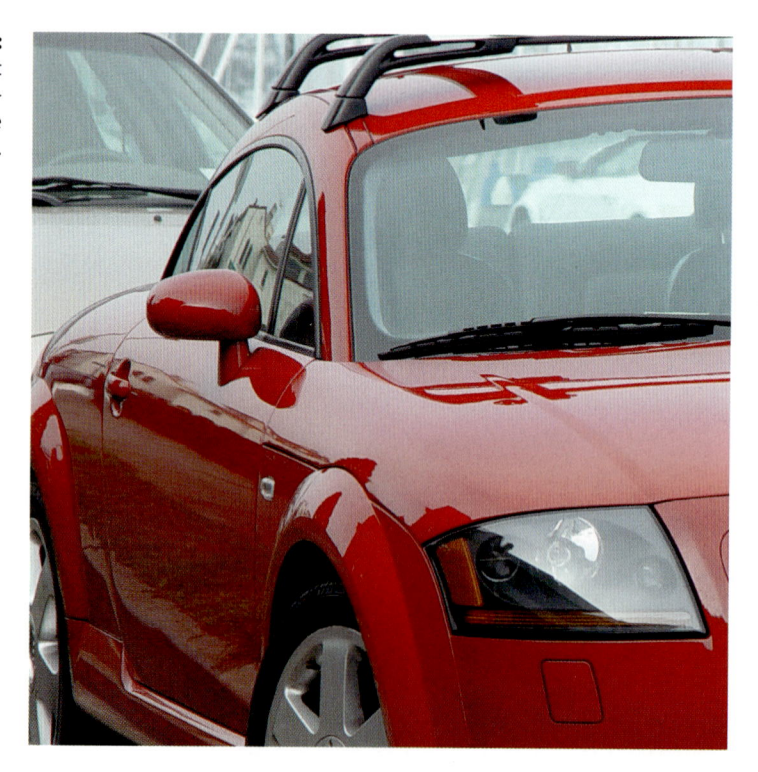

Abbildung 9.8 zeigt ein weiteres Erscheinungsbild des Fresnel-Effekts. Schauen Sie gerade von oben auf ein Wasserbecken, sehen Sie nur wenige Reflexionen des Wassers. Dieser steile, fast senkrechte Winkel erlaubt es, bis auf den Grund des Beckens zu schauen. Liegt Ihre Augenhöhe jedoch auf Wasserhöhe, nehmen Glanz und Reflexionen der Oberfläche zu. Der Blick unter das Wasser kann sogar vollkommen verschlossen bleiben.

An einer bemalten Wand wird Ihre Reflexion nicht sichtbar, wenn Sie frontal darauf blicken. Fällt der Winkel flacher aus, wird wie in Abbildung 9.9 eine Reflexion des Fensters und der Glühbirnen deutlich sichtbar. Viele Oberflächen reflektieren, wenn sie aus dem richtigen Winkel betrachtet werden. Selbst der Bodenbelag der Straße kann aus einem genügend flachen Winkel reflektieren.

Abbildung 9.8:
Der Fresnel-Effekt verstärkt die Reflexion und den Glanz aus einem flachen Blickwinkel (rechts).

Abbildung 9.9:
Selbst Materialien, die bei direkter Betrachtung nicht reflektierend wirken, zeigen bei flachen Blickwinkeln Reflexionen.

Ein Shader, der den Glanz und andere Parameter basierend auf dem Blickwinkel verändert, wird häufig Fresnel-Shader genannt. Der Fresnel-Shader erlaubt es, die Glanzfarbe für die Oberflächen festzulegen, welche direkt in die Kamera zeigen. Eine weitere Glanzfarbe definiert die Farbe, die das Objekt senkrecht (*perpendicular*) zur Kamera annimmt. Nimmt die Glanzfarbe am Rand zu, müssen auch die Glanzpunktgröße und der Reflexionsgrad ansteigen.

Eine andere Möglichkeit, den Fresnel-Effekt zu erzeugen, bietet das Verknüpfen des Oberflächenwinkels (*Surface Angle*, *Facing Ratio*) eines Objekts mit dem gewünschten Shader-Attribut, etwa der spiegelnden Helligkeit (*Specular Brightness*), wie Abbildung 9.10 zeigt.

Abbildung 9.10:
Hier wird im Hypershade-Fenster von Maya das Facing Ratio-Attribut über einen Farbverlauf mit der Glanzeigenschaft der Oberfläche verknüpft.

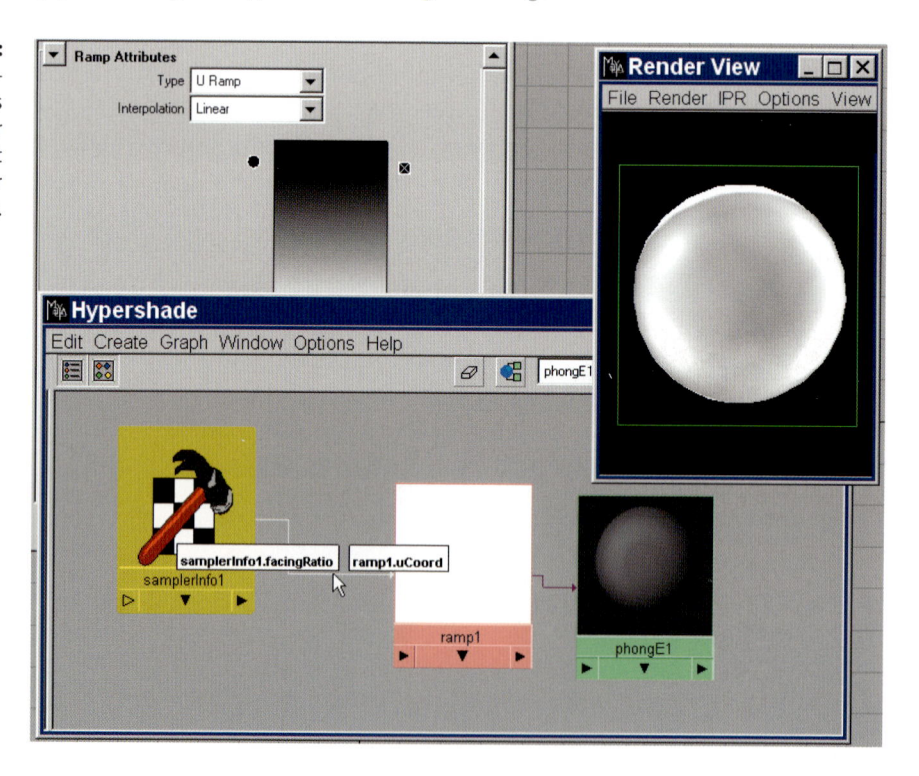

Um Verwirrung zu vermeiden – in der Filmproduktion gibt es noch ein Hilfsmittel, das nach Augustin-Jean Fresnel benannt wurde. Seine Erfindung, die Fresnel-Linse (Stufenlinse), findet sich in den Projektoren von Leuchttürmen wieder. Aber auch als Linsen von Lampen an Film- und Fernsehsets sind sie anzutreffen. Filmemacher nennen diese fokussierbaren Scheinwerfer einfach „Fresnel".

Anisotropische Glanzpunkte

Die mikroskopischen Unebenheiten, die für die Streuung des Lichts verantwortlich sind, fallen nicht immer zufällig aus. Einige Oberflächen besitzen stattdessen Strukturen aus kleinen Rillen oder Kratzern, die in eine bestimmte Richtung verlaufen. Gebürstetes Metall, menschliches Haar, Schallplatten, CDs und DVDs sowie einige Holzobjekte besitzen solche Rillen, welche die Schattierung beeinflussen. Reflexionen und Glanzpunkte werden entlang der Oberfläche und senkrecht zu den Vertiefungen ausgedehnt. Der Effekt heißt Anisotropisches Shading (*Anisotropic Shading*). Oberflächen, die das Licht gleichmäßig in alle Richtungen reflektieren, werden hingegen isotropisch genannt. Abbildung 9.11 zeigt die Unterschiede.

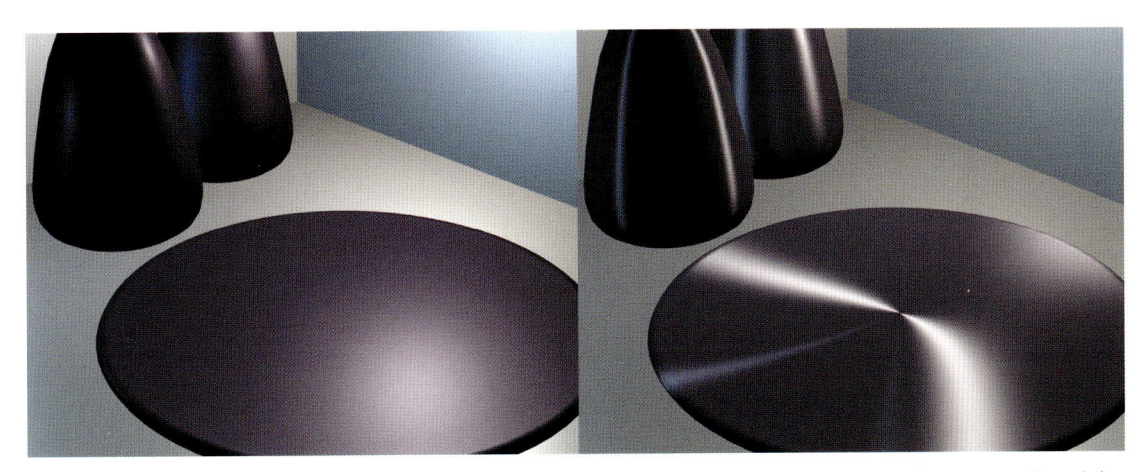

Abbildung 9.11: Das Isotropische Shading (links) verteilt den Glanzpunkt gleichmäßig in alle Richtungen, während das Anisotropische Shading (rechts) dessen Verlauf verzerrt.

Abbildung 9.12 zeigt das Microfacet-Modell: Die vertikalen Strahlen, die entlang der Rillen verlaufen, werden ohne Streuung reflektiert, während die gegenläufigen Strahlen weit gestreut werden. Somit wird der Glanzpunkt entlang der Rillen schmal und fokussierter, während die waagerecht verlaufenden Highlights vergrößert werden.

Abbildung 9.12: Die Microfacet-Struktur einer anisotropischen Oberfläche zeigt, dass die Strahlen nur waagerecht zu den Rillen gestreut werden.

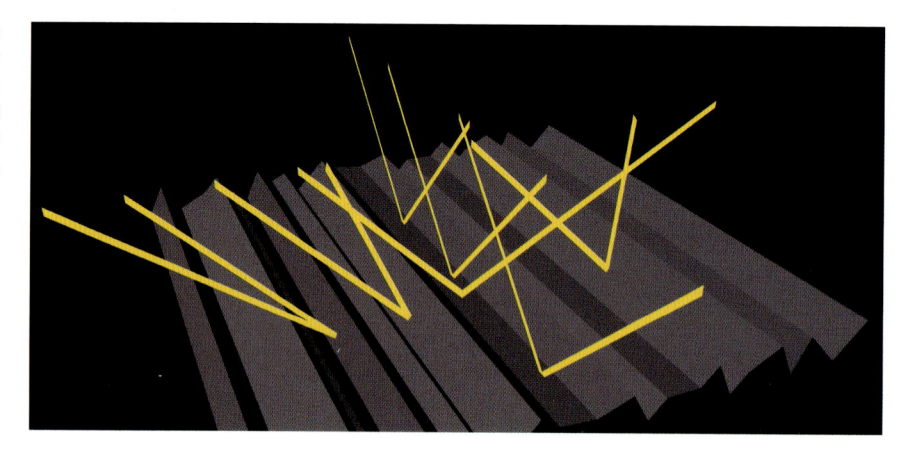

BRDF und BSSRDF

Wie Licht von einer Oberfläche absorbiert oder reflektiert wird, hängt von der *Bidirectional Reflectance Distribution Function* (Bidirektionale Spiegelungsverteilungsfunktion, BRDF) ab. Gebräuchliche Shader wie Lambert, Phong oder Blinn verwenden eine vereinfachte BRDF-Gleichung. Einige Renderer bieten einen BRDF-Shader, welcher das reale Lichtverhalten basierend auf Messdaten von realen Materialien simuliert.

In der Realität besitzt jedes Material eine einzigartige BRDF, welche die Reflexion und die Absorption bei Beleuchtung und Betrachtung aus verschiedenen Winkeln definiert. Die Funktion kann direkt von realen Materialien erfasst werden. Als eines der Forschungsergebnisse in diesem Fachbereich gibt es inzwischen die Möglichkeit, die Informationen allein aus Fotos zu rekonstruieren. Verschiedene Ansichten und Lichtwinkel eines Materials oder eines Gesichts liefern das Light Reflectance Field, das dem Shader übergeben werden kann.

BRDF basiert auf der Annahme, dass Licht an der Stelle, wo es auf den Gegenstand trifft, reflektiert wird. Wie in Kapitel 5, „Kreaturen, Figuren und Animationen beleuchten", beschrieben, werden transluzente (lichtdurchlässige) Materialien dank Subsurface Scattering auch von Lichtquellen beleuchtet, die auf der gegenüberliegenden Seite auf das Objekt treffen. Das Material leitet dafür das Licht durch seinen Körper. Wird diese Lichtstreuung zu der BRDF hinzugefügt, entsteht eine *Bidirectional Surface Scattering Reflectance Distribution Function* (BSSRDF). Dieser sehr komplexe Fachbegriff sagt vereinfacht aus, dass Messdaten für eine realistische Lichtabstrahlung und Transluzenz im Shader verwendet werden.

Anti-Aliasing

Für ein hochqualitatives Rendering ist das Anti-Aliasing (Kantenglättung) eine wichtige Komponente. Ohne Anti-Aliasing erscheinen stufenförmige oder pixelige Artefakte an diagonalen Kanten und Texturen flimmern oder springen in Animationen. Durch das Anti-Aliasing wirken die gerenderten Bilder glatt, natürlich und erinnern stärker an Fotografien. Die zwei Hauptbereiche des Anti-Aliasing sind Over-Sampling und Filtering.

Over-Sampling

Beim Over-Sampling (Überabtastung) werden mehr Daten gesammelt als eigentlich benötigt. Der Renderer berechnet also mehr Punkte oder Strahlen, als das fertige Bild Pixel enthält.

Abbildung 9.13 zeigt einen 8 mal 8 Pixel großen Bereich, in dem ein Polygon dargestellt wird. Rendern Sie das Bild ohne Over-Sampling, wird nur ein Sample (gelbe Punkte in der linken Abbildung) pro Pixel ermittelt. Trifft das Sample auf das Polygon, übernimmt das dazugehörige Pixel die Farbe des Polygons. Wird ein Sample im Hintergrundbereich ermittelt, erhält das Pixel die Hintergrundfarbe. Die rechte Seite der Abbildung zeigt das Ergebnis. Ohne Over-Sampling besteht das Polygon aus einem pixeligen, stufenförmigen Umriss.

Abbildung 9.13:
Ein einzelnes Sample pro Pixel (links) erzeugt einen stufigen Umriss (rechts).

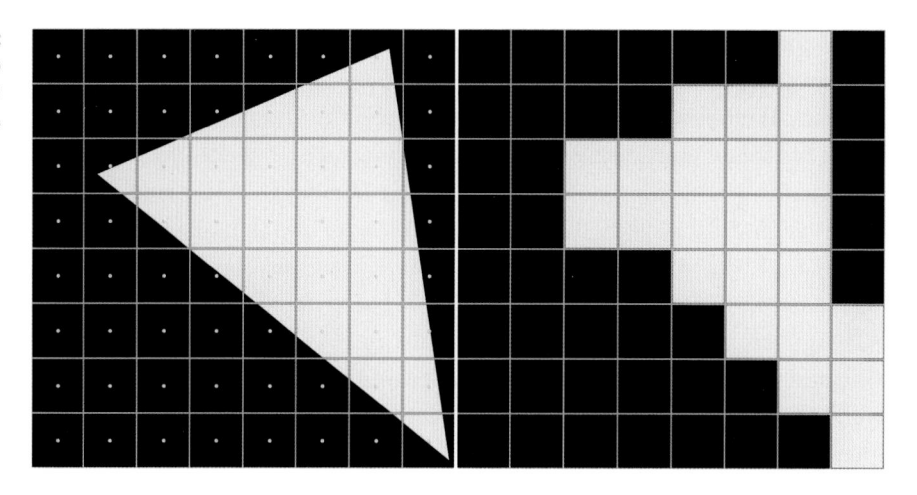

Abbildung 9.14 zeigt ein minimales Over-Sampling mit vier Samples pro Pixel. An den Stellen, wo das Polygon durch das Pixel verläuft, treffen einige Samples und andere nicht. Das Ergebnis wird für jedes Pixel gemittelt und erzeugt eine entsprechende Graustufe. Auf der rechten Seite von Abbildung 9.14 können Sie die ausgegebenen Helligkeitsstufen basierend auf dem Mittelwert der vier Samples sehen.

Abbildung 9.14:
Vier Samples pro Pixel (links) erzeugen ein genaueres Bild mit Kantenglättung (rechts).

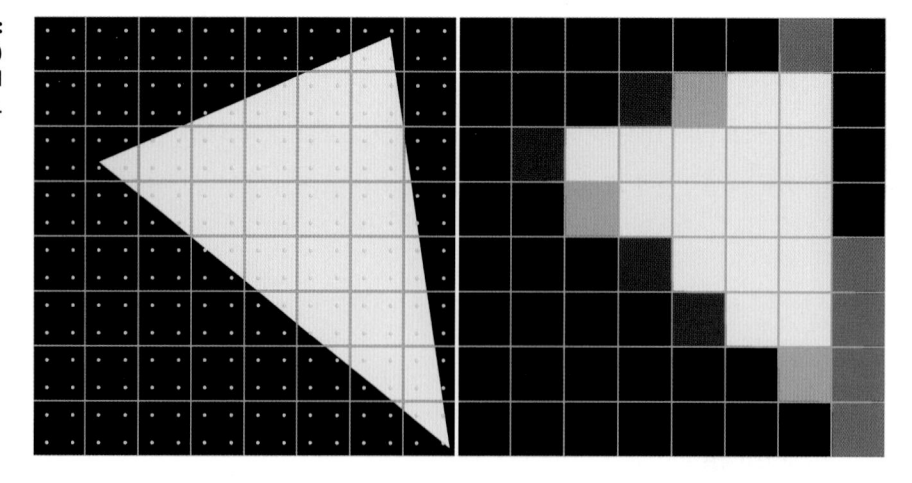

Anti-Aliasing mittels Over-Sampling erzeugt kein weichgezeichnetes Bild. Es erzeugt sogar ein detailreicheres Bild, da es Details auf Subpixel-Niveau (kleiner als ein Pixel) auswertet. Der einzige Nachteil sind längere Rechenzeiten bei steigender Sample-Zahl.

Adaptives Over-Sampling

Das Adaptive Over-Sampling variiert die Zahl der Samples in verschiedenen Bildbereichen. Der Renderer verwendet mehr Samples an Kanten, die Anti-Aliasing benötigen. In kontrastarmen, weichen Bildbereichen reicht eine verringerte Genauigkeit, da das Sampling dort keinen Unterschied machen würde. Beim Adaptiven Anti-Aliasing werden ein Minimum und ein Maximum statt eines statischen Werts für die Over-Sampling-Durchläufe festgelegt.

Der Renderer fängt mit dem Minimum an Samples an, welche den großen, roten Punkten in Abbildung 9.15 entsprechen. Anschließend wird bestimmt, wo zusätzliche Samples notwendig sind. Eine übliche Variante ist es, den Kontrast zwischen Samples zu ermitteln. Dabei wird die Farbe jedes Sample mit den Nachbarn verglichen. Unterscheiden sich die Werte stärker als der *Contrast Threshold* (Kontrastschwelle oder Kontrastschwellwert), werden mehr Samples berechnet. Die gelben Punkte entsprechen zusätzlichen Samples in kontrastreichen Bildbereichen. Dieser Vorgang wird so lange fortgesetzt, bis der Kontrast unter dem Contrast Threshold liegt oder das Maximum der Over-Sampling-Durchgänge erreicht ist.

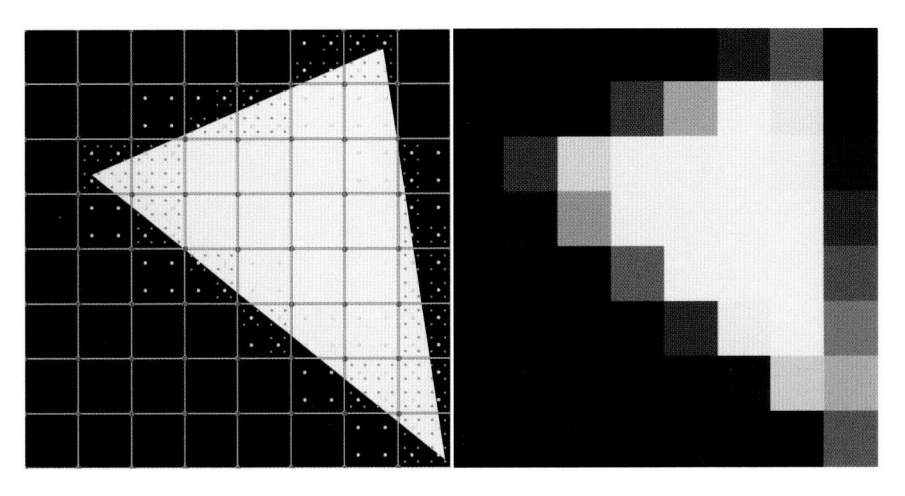

Abbildung 9.15: Adaptives Over-Sampling verwendet nur in kontrastreichen Abschnitten zusätzliche Samples.

Beachten Sie, dass allein die Minimum-Samples (rot) gleichmäßig über das Bild verteilt sind. Die nächste Stufe (gelb) erscheint nur in den kontrastreichen Bereichen. Die Maximal-Samples (grün) erscheinen nur, wo es einen starken Kontrast zwischen den vorangegangenen Samples gibt. All diese Samples ergeben gemittelt die Farbe jedes einzelnen Pixels. Im Endergebnis wurde die Polygonkante vollständig gesampelt und keine zusätzliche Zeit in gleichförmigen Bildbereichen aufgewendet.

Dieses Beispiel zeigt das Over-Sampling allein basierend auf der Bildgröße mit zusätzlichen Samples pro Pixel. In vielen Programmen können Sie aber festlegen, dass ein bestimmtes Element genauer als die übrige Szene berechnet wird, etwa spezielle Shader, Texturen oder Objekte.

Anpassen des Contrast Threshold (Kontrastschwellwert)

Verkleinern Sie den Schwellwert, wird das Anti-Aliasing meist verstärkt. Erhöhen Sie den Kontrastschwellwert rufen feine Farbunterschiede kein zusätzliches Over-Sampling hervor und erhalten weniger Anti-Aliasing.

Die meisten Renderer erlauben das Festlegen des Kontrasts für rote, grüne und blaue Farbanteile. Für maximale Effizienz müssen die RGB-Komponenten nicht dieselbe Wertigkeit haben. In einem RGB-Bild wird die Helligkeit nicht aus allen Farbanteilen gleichwertig bestimmt. Stattdessen erhält ein weißes Bild seine Helligkeit zu 59 Prozent aus Grün, 30 Prozent aus Rot, und Blau stellt die verbleibenden 11 Prozent. Daher sind kleine Änderungen im Grünkanal deutlicher sichtbar als eine numerisch gleiche Änderung im Blauanteil.

Statt gleiche Werte für den Kontrastschwellwert zu verwenden, können Sie jeden Farbkanal einzeln anpassen, etwa 0.2 für Rot, 0.15 für Grün und 0.3 für die Blaukomponente.

Sollte zusätzlich die Möglichkeit bestehen, den Kontrastschwellwert für den Alpha-Kanal zu definieren, sollten Sie eine möglichst niedrige Zahl wählen, zum Beispiel die Hälfte des Grünwerts.

Under-Sampling

Beim Under-Sampling werden weniger Punkte oder Strahlen ermittelt, als Pixel gerendert werden. Dies hat unscharfe oder qualitativ schlechtere Bilder zur Folge.

Dennoch wird das Under-Sampling häufig in Verbindung mit Adaptivem Over-Sampling verwendet. In Mental Ray steht beispielsweise ein negativer Wert für Under-Sampling. Für eine schnelle Vorschau oder Tests liegt das Minimum häufig bei -2, während das Maximum 0 oder 1 beträgt. Der Renderer ermittelt so im ersten Durchlauf weniger Samples, erhöht deren Zahl aber in kontrastreichen Bereichen und verwendet gegebenenfalls sogar Over-Sampling.

Dabei besteht allerdings die Gefahr, dass der erste Under-Sampling-Durchlauf feine Linien überspringt und so unsaubere Animationen entstehen. Selbst bei einem adaptiven Minimum ist das Under-Sampling nur für Tests sicher geeignet, nicht für das finale Production-Rendering.

Filtering

Beim Filtern wird das fertige Bild aus Subpixel-Samples konstruiert. Die meisten Programme bieten verschiedene Filterarten an, welche das Bild aus der Gewichtung von Samples innerhalb eines Pixels bestimmen oder selbst benachbarte Pixel in lokale Samples zerlegen.

Das Filtering verschlingt im Gegensatz zum Over-Sampling relativ wenig zusätzliche Renderzeit. Durch das Filtern werden aus einer begrenzten Zahl von Samples die weichsten Bilder gewonnen.

Wird das Bild ein wenig gefiltert, werden stufige Kanten ausgeglichen und es entsteht ein natürlicher Look. Dennoch ähnelt das Filtering dem Weichzeichnen mit Photoshop, auch wenn es auf Subpixel-Ebene stattfindet. Durch zu starke Anwendung wird das Bild unscharf. Sie können aber jederzeit die Stärke anpassen, kleine Teile des Bilds berechnen und so die Wirkung überprüfen.

Höhere Auflösungen rendern

Das Rendern in einer Auflösung, die höher als erforderlich ausfällt, stellt eine Alternative zum Anti-Aliasing dar. Soll das fertige Bild etwa 720 Pixel breit sein, könnten Sie es mit 1440 Pixeln berechnen. Die Verwendung eines geraden Vergrößerungsfaktors wie 2 oder 4 führt zu weicheren Bildern. Haben Sie das Rendering abgeschlossen und wechseln ins Compositing, wird das Bild im letzten Arbeitsschritt auf die gewünschte Größe verkleinert. Der Verlust an Rendergeschwindigkeit bei hohen Auflösungen kann über eine niedrigere Anti-Aliasing-Stufe wieder ausgeglichen werden.

Eine höhere Auflösung mit anschließendem Verkleinern ist eine Art manuelles Over-Sampling. Natürlich ist das Rendern in der vierfachen Auflösung nicht adaptiv, aber die erreichte Qualität kann genauso hoch ausfallen. Für ein manuelles Filtering zeichnen Sie das hochaufgelöste Bild zusätzlich etwas weich.

Arbeiten Sie mit einer höheren Auflösung, werden die Dateien viel größer und die Auslastung von Netzwerk, Ladezeiten und Festplattenspeicher steigt. Beim Compositing und bei der Retusche steht Ihnen jedoch mehr Auflösung zur Verfügung. Bildtransformationen, etwa eine Bilddrehung, können so in besserer Qualität durchgeführt werden, bevor sie auf die Ausgabeauflösung verkleinert werden.

Raytracing

Das Raytracing, die so genannte Strahlenverfolgung, ist ein optionaler Bestandteil des Renderns. Es simuliert natürliche Reflexion, Refraktion und Schatten eines 3D-Objekts.

Gegenüber dem realen Leben ist der Prozess des Raytracing jedoch rückwärts gerichtet. In der Realität stammt das Licht aus einer Lichtquelle, wird in der Szene reflektiert und erreicht eventuell die Kamera. Beim Raytracing beginnen die Strahlen hingegen in der Kamera und werden von dort in die Szene gefeuert.

Um mit der Strahlenverfolgung anzufangen, teilt der Renderer das Blickfeld der Kamera in ein Feld von Pixeln auf, basierend auf der Auflösung des zu berechnenden Bilds. Wie in Abbildung 9.16 wird für jedes Pixel ein Strahl von der Kamera aus projiziert, welcher einen Punkt des getroffenen Objekts abtastet. Mit aktiviertem Anti-Aliasing werden mehrere Punkte pro Pixel ausgewertet, dadurch multipliziert sich der Aufwand des Raytracer.

Trifft der Strahl auf ein Objekt, wird überprüft, ob dieses das Licht reflektiert, bricht oder einen Schatten erhält. Diese Phänomene werden dann anschließend von weiteren Strahlen erfasst. Spiegelt das Objekt beispielsweise, wird nach der Berechnung des diffusen und spiegelnden Shading ein zusätzlicher Strahl verfolgt, der von dem Punkt der Oberfläche reflektiert wird. Dieser ermittelt, ob ein anderes Objekt in der Reflexion sichtbar wird.

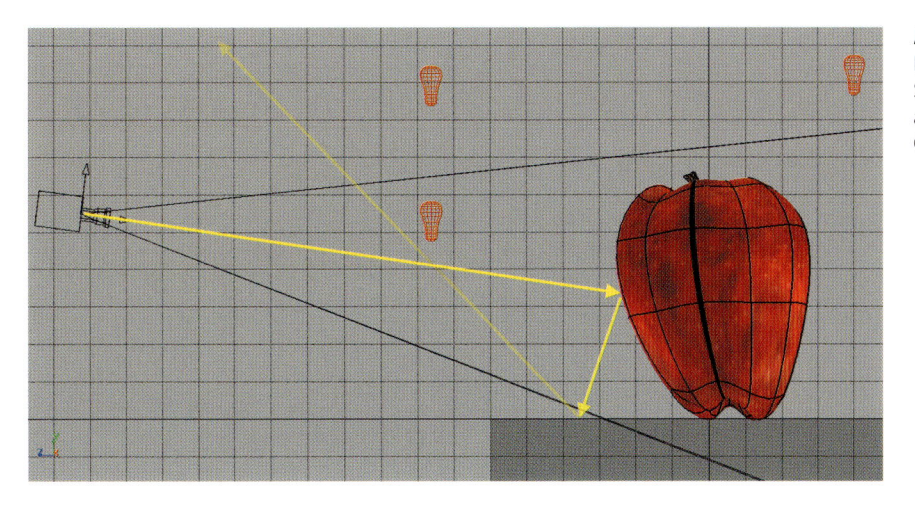

Abbildung 9.16:
Beim Raytracing wird der Strahl (gelb) von der Kamera ausgesendet und von dem Objekt reflektiert.

Spiegelt der gefundene Gegenstand selbst, wird ein weiterer Strahl von diesem Modell aus verfolgt. Die Zahl der Berechnungen für dieses einzelne Pixel steigt dadurch weiter an.

Beschleunigungsstrukturen im Raytracing

Die Raytracing-Software verwendet einen Großteil der Zeit, um den Raum nach folgenden Kriterien zu durchsuchen:

- Es wird untersucht, ob der Strahl zwischen Lichtquelle und Modell auf eine weitere Oberfläche trifft, die einen Raytrace-Schatten erhält.
- Es wird ermittelt, welche Objekte in einem bestimmten Pixel der Reflexion sichtbar werden.
- Es wird ausgewertet, auf welche Objekte ein Strahl trifft, der durch ein Glas gebrochen wird.

Alle diese Überprüfungen müssen für jede Reflexion eines jeden Strahls für alle Pixel der Szene durchgeführt werden.

Um schnell zu bestimmen, welche Objekte sich in einem bestimmten Bereich des 3D-Raums befinden, sortiert der Raytracer die Szenengeometrie in Listen von Polygonen und anderen Grundbestandteilen. Diese Listen basieren auf den Positionen der Objekte und werden *Raytracing Acceleration Structures* (Raytracing-Beschleunigungsstrukturen) genannt. Deren Erstellung braucht Zeit und eine Menge Speicher, aber ohne die Optimierung würde das Raytracing noch länger benötigen.

Am Anfang der Optimierung werden alle Oberflächen der Szene in Polygone umgewandelt. Jede NURBS- oder Subdivision-Oberfläche wird in Polygone unterteilt, in manchen Programmen wird auch das Displacement-Mapping in feinere Flächen aufgegliedert. Alle Polygone werden in Listen sortiert. Diese Listen wiederum werden in kleinere Tabellen sortiert, welche den belegten Raum weiter unterteilen. Dieser Vorgang setzt sich so lange fort, bis alle Listen kompakt genug sind oder eine gewisse Tiefe der Sortierung erreicht ist.

Diese so genannte Rekursionstiefe (*Recursion Depth* oder *Oct Tree Depth*) ist ein Kompromiss zwischen Speicherverbrauch und Rendergeschwindigkeit. Verfügen Sie über genügend freien Hauptspeicher während des Renderns und Sie wollen den Prozess beschleunigen, kann die Rekursionstiefe erhöht werden. Verwendet das Raytracing jedoch schon den kompletten Speicher, stürzt es ab oder lagert es Daten auf Festplatte aus, hilft es, die Rekursionstiefe zu verkleinern. Verringert sich diese jedoch zu stark, obwohl genügend Speicher zur Verfügung steht, steigt auch die Renderzeit.

Raytracing-Reflexionen

Die Raytracing-Reflexionen spielen eine sehr ähnlich Rolle wie das spiegelnde Shading (*Specular Shading*). Raytracing-Reflexionen sind spiegelnde Reflexionen von anderen Objekten in der Szene, während das Specular Shading die Lichtquelle spiegelnd reflektiert.

Häufig wirkt der Glanzpunkt einer Raytracing-Reflexion von einem hellen Gegenstand realistischer als das Specular Highlight einer Lichtquelle, da die Form der Reflexion besser beeinflusst werden kann. Abbildung 9.17 zeigt den Vergleich eines Apfels mit einem spiegelnden Glanzpunkt und einer Raytracing-Reflexion eines Fensters. Um eine solche Reflexion hinzuzufügen, erstellen Sie ein einfaches Modell der gewünschten Form und positionieren Sie es in der Nähe der Lichtquelle. Das Modell könnte sogar nur aus einem einzelnen Polygon bestehen, dem Sie eine Textur zuweisen. Solange es hell genug ist und die Oberfläche reflektiert, wird die Form im Rendering sichtbar werden.

Abbildung 9.17:
Ein Objekt kann einen spiegelnden Glanzpunkt (links) aufweisen. Eine Raytracing-Reflexion (Mitte) und eine Mischung beider Effekte (rechts) sind ebenfalls möglich.

Reflexion und spiegelnde Glanzpunkte integrieren

Oft sind sowohl ein spiegelnder Glanzpunkt als auch eine Raytracing-Reflexion auf einer Oberfläche erwünscht. Der Schlüssel zum überzeugenden Zusammenspiel liegt darin, beide als Teil derselben Reflexion scheinen zu lassen.

Verwenden Sie eine farbige Reflexion, um ein Metall zu simulieren, sollten Specular Color und Reflexionsfarbe gleich sein.

Spiegelt sich eine Szene in einer Reflexion, sollte die komplette Umgebung sichtbar sein und Glanzpunkte nur an den Stellen, an denen Lichtquellen reflektiert werden.

Die Umgebung

Befindet sich ein reflektierendes Objekt in einem schwarzen Raum, würde keine Reflexion sichtbar werden. Erhöhen Sie die Reflektivität des Modells, würde es einfach dunkler werden. Verwenden Sie also Raytracing für die Reflexionsberechnung, muss es eine Umgebung geben, die sich widerspiegelt.

Ein typischer Anfängerfehler ist es, eine komplette Szene rund um das reflektierende Modell zu bauen. 3D-Künstler haben oft die Angewohnheit, einen Raum mit nur drei Wänden zu bauen, die vierte Seite bleibt für die Kamera offen. Bei einem reflektierenden Objekt in einer solchen Umgebung würde ein schwarzes Rechteck in der Reflexion sichtbar werden. Daher muss die Kamera durch die vierte Wand blicken. Definieren Sie diese dazu für die Primärstrahlen (*Primary Rays* oder *Primary Visibility*) als unsichtbar, aber für die Reflexionen selbst als sichtbar.

Glänzende Reflexion (Glossy Reflection)

Normale Raytracing-Reflexionen erzeugen perfekt spiegelnde Reflexionen von anderen Objekten und wirken damit meist unrealistisch scharf.

Die meisten Raytracer bieten jedoch Parameter für glänzende Reflexion, auch *Glossiness*, *Reflection Blur* oder *Reflection Softness* genannt. Diese Option streut oder reflektiert die Strahlen zufällig, um eine natürlich weichgezeichnete Reflexion zu generieren. Anfänglich kann durch die zufällige Streuung ein Rauschmuster (*Dithering*, *Noise*) entstehen. Um dieses zu unterdrücken, muss die Zahl der Reflexionsstrahlen (*Reflection Rays*) erhöht werden. Damit steigt die Renderzeit deutlich, aber es entstehen auch weiche, realistische Reflexionen.

Reflexionslimit

In einer Szene mit vielen spiegelnden oder lichtbrechenden Oberflächen besteht die Gefahr, dass der Raytracer in einer unendlichen Schleife hängen bleibt. Der Strahl würde so bis in alle Ewigkeit zwischen den Flächen hin- und hergespiegelt. Abbildung 9.18 zeigt eine Situation, wo sich Wandspiegel gegenseitig reflektieren. Um den rechten Spiegel zu berechnen, muss der Raytracer den linken Spiegel und dessen eigene Reflexion des rechten Spiegels beachten. Diese Kette ließe sich beliebig fortsetzen, da die Lichtstrahlen sich bis in die Unendlichkeit spiegeln würden.

Abbildung 9.18:
Sich gegenüberstehende Spiegel könnten eine unendliche Raytracing-Schleife verursachen.

Um diese unendliche Schleife zu verhindern, wird die Schrittzahl beim Raytracing streng begrenzt. Da der Einfluss auf die Renderzeit dabei so groß ist, schränken manche Programme die Reflexionsdurchläufe auf zwei Arten ein. Als Erstes wird sie global in den Rendereinstellungen begrenzt, indem die maximale Zahl der Reflexionen und der gesamten Rechenschritte festgelegt wird. Die zweite Möglichkeit ist die Einschränkung des Shader an sich. Hier bietet das Raytracing ein Reflexionslimit, auch *Recursion Depth* oder *Trace Depth* genannt.

Werden keine weiteren Reflexionen von Reflexionen benötigt, setzen Sie die Schrittzahl global oder im Shader auf 1 und beschleunigen so die Berechnung. Sind mehrfache Reflexionen erwünscht, nehmen Sie die entsprechende Anpassung vor, aber bereiten Sie sich auf hohe Renderzeiten vor.

Schatten

In Kapitel 3, „Schatten und Occlusion", wird beschrieben, wie sich Raytracing-Schatten von Shadow Maps bzw. Depth Maps unterscheiden. Hier eine Zusammenfassung der Hauptunterschiede:

- Shadow Maps werden normalerweise schneller berechnet und verwenden weniger Speicher als Raytracing-Schatten.

- Raytracing-Schatten sind immer scharf und genau, während Shadow Maps eine begrenzte Auflösung besitzen.

- Transparente Objekte können mittels Raytracing transparente Schatten werfen. Die meisten Implementationen von Shadow Maps werten die Lichtdurchlässigkeit nicht aus.

- Sind die zeitaufwändigen Soft Raytraced Shadows aktiviert, werden diese mit zunehmender Entfernung realistisch gestreut. Weichgezeichnete Shadow Maps werden gleichmäßig gefiltert und wirken weniger real.

Schlagen Sie in Kapitel 3 nach, wenn Sie weitere Details zum Thema Schatten benötigen.

Depth Map Shadows und Raytracing

Depth Map Shadows sind zum Raytracing vollkommen kompatibel. Sie können diese in den meisten Programmen auch im Raytracing verwenden, da sie in Raytracing-Reflexionen und Refraktionen ohne besondere Anpassung sichtbar sind. Gleiches gilt auch in manchen Renderern für Shadow Maps.

Verwenden Sie Raytracing schon für andere Effekte, etwa für Refraktion oder Reflexion, wird ohnehin schon zusätzlicher Speicher genutzt und es ergibt sich gegenüber den Depth Maps kein Vorteil. Enthält die Szene aber komplexe Elemente wie Haare, Fell oder dichtes Blattwerk, bietet es sich an, diese vom Raytracing auszunehmen und Depth Map Shadows darauf anzuwenden.

Transparenz und Refraktion

Erstellen Sie ein transparentes Objekt, müssen Sie dieselben Regeln wie bei Raytracing-Reflexionen beachten: Die Umgebung des Objekts beeinflusst das Shading. Eine transparente Oberfläche, die in einer vollkommen schwarzen Umgebung schwebt, wird mit steigender Transparenz immer dunkler. Stellen Sie daher sicher, dass sich hinter dem Objekt weitere Modelle verbergen. Diese werden durch steigende Transparenz immer besser sichtbar.

Die Refraktion ist ein Raytracing-Effekt, der den Hintergrund des transparenten Objekts linsenartig verzerrt. Wie bei einer optischen Linse verändert sich der Fokus der Lichtstrahlen, basierend auf der Form und Proportion des transparenten Gegenstands. Die Modelle in Abbildung 9.19 fokussieren die Strahlen aufgrund ihrer Form sehr unterschiedlich. Es entstehen völlig verschiedene Refraktionseffekte, je nachdem, ob ein Objekt konkav oder konvex ist. Auch die Zahl der durchlaufenen Flächen, gegebenenfalls mit oder ohne Objektrückseite, hat einen großen Einfluss.

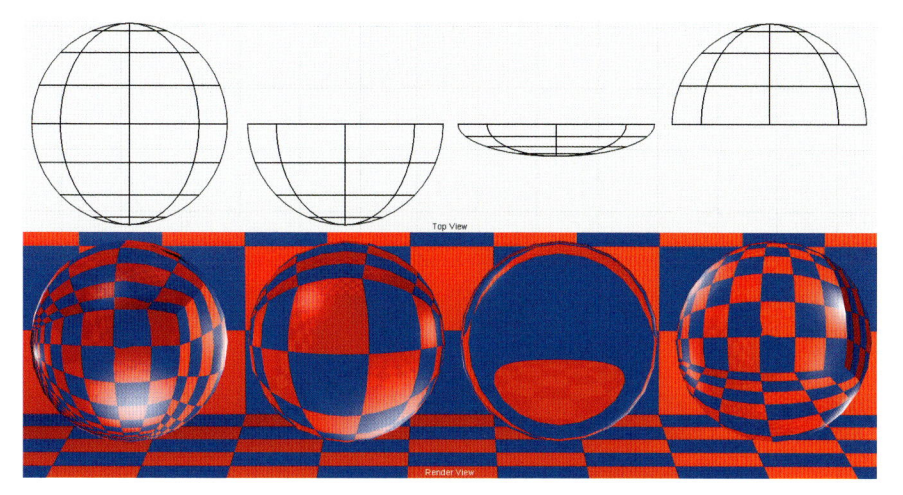

Abbildung 9.19:
Ein Brechungsindex (IOR) von 1,44 erzeugt aufgrund verschiedener Formen vollkommen unterschiedliche Refraktionen.

Brechungsindex (IOR)

Neben der Form hat ein zweiter Faktor eine bestimmende Wirkung auf die Refraktion – der Brechungsindex (*Index of Refraction*, kurz IOR). Abbildung 9.20 zeigt dasselbe Objekt mit verschiedenen Brechungsindizes. Ein Wert von 1 ruft keine Refraktion hervor, die Strahlen laufen gerade durch das Objekt. Mit Werten über oder unter 1 steigt der Betrag der Lichtbrechung. Eine konvexe Oberfläche, etwa eine Kugel, wirkt mit Werten über 1 vergrößernd wie eine Lupe. Werte unter 1 lassen das Refraktionsbild hingegen schrumpfen.

Abbildung 9.20:
Von links nach rechts wurde die Vase mit folgenden Brechungsindizes versehen: 1.0 (keine Refraktion), 1.04, 1.15 und 1.44 (Glas). Die Transparenz der Vase unterscheidet sich nicht, die schwarzen Ränder im rechten Bild stammen allein aus der refraktierten Umgebung.

In Tabelle 9.1 finden Sie gebräuchliche Materialien und deren Brechungsindizes. Refraktion findet am Übergang des Lichtstrahls von einem Material zum nächsten statt, etwa wenn er die Luft verlässt und beispielsweise in Wasser oder Glas eindringt. Daher spiegeln die IOR-Werte immer das relative Verhältnis zweier Materialien wider. Die Werte in Tabelle 9.1 beziehen sich alle auf Materialien, die von Luft umgeben sind. Die einzige Ausnahme stellt „Luft (von Unterwasser)" dar. Diese beschreibt, wie die Refraktion bei Unterwasserbeobachtungen gen Himmel oder von Luftblasen aussehen würde.

Tabelle 9.1: Nützliche Brechungsindizes (IOR) für die Materialeinstellungen

MATERIAL	BRECHUNGSINDEX (IOR)
Luft (von Unterwasser)	0.75
Luft/Neutral	1.00
Rauch	1.02
Eis	1.30
Wasser	1.33
Glas	1.44
Quarz	1.55
Rubin	1.77
Kristall	2.00
Diamant	2.42

Die Werte aus Tabelle 9.1 sollten nur hilfreiche Anhaltspunkte sein, da die Anpassungen meist basierend auf dem eigentlichen Aussehen vorgenommen werden. Sie müssen die Wirkung der Refraktion erst auf dem eigenen Modell sehen, bevor Sie sicher sein können, dass der Brechungsindex Ihren Vorstellungen entspricht.

Farbige Refraktion

In der Natur werden die verschiedenen Frequenzen des Lichts in unterschiedlichen Winkeln gebrochen. Wie Sie sich vielleicht aus Kapitel 6, „Kameras und Belichtung", erinnern, ist dieser Unterschied für die Farbabweichung (*Chromatic Aberration*) von Linsen verantwortlich. Blaues Licht neigt dazu, mit einem etwas höheren Brechungsindex gebrochen zu werden. Rotes Licht dagegen mit einem minimal kleineren IOR. Der Regenbogen, der durch ein Prisma oder einen geschliffenen Diamanten sichtbar wird, ist auf diesen Refraktionseffekt zurückzuführen.

Manche Shader bieten einen Parameter namens Dispersion oder Chromatic Aberration, welcher eine mehrfarbige Refraktion erlaubt. Abbildung 9.21 zeigt den Unterschied dieses Effekts. Sollte Ihr Renderer diese Option nicht bieten, können Sie dieses Verhalten nachahmen. Rendern Sie dazu Ihr Objekt in drei Durchgängen: allein mit rotem Lichtanteil und etwas geringerem IOR, dem grünen Licht und dem normalen Brechungsindex und dem blauen Anteil mit einem geringfügig höheren Index. Um die optische Dispersion zu simulieren, fügen Sie anschließend die drei Passes im Compositing zusammen.

Abbildung 9.21:
Ohne die optische Dispersion (links) bleibt die Refraktion schwarz-weiß. Mit Farbabweichung (rechts) werden die verschiedenen Wellenlängen unterschiedlich gebrochen und es entsteht eine farbige Refraktion.

Das Simulieren der Farbabweichung ist einer der Fälle, wo sich das RGB-Farbmodell mit drei simulierten Lichtwellenlängen als unzureichend erweist. Statt eines kontinuierlichen Spektrums mit vielen Wellenlängen, werden streifenförmige Artefakte sichtbar. Einige wenige Renderer erlauben die Simulation eines durchgängigen Spektralbereichs, aber das Rendering in RGB bleibt in der CG-Industrie vorerst Standard. Abbildung 9.21 wurde in RGB berechnet, aber die weichgezeichnete Refraktion verhindert eine Streifenbildung.

Refraktion-Limit

Wie schon bei Reflexionen und Raytracing-Schatten muss auch die Refraktion begrenzt werden. Um durch alle lichtbrechenden Objekte der Szene sehen zu können, liegt die Grenze dabei manchmal ziemlich hoch. Abbildung 9.22 zeigt eine Szene mit einem Refraktion-Limit von 2 (links), wodurch die Sicht durch den Glastellerstapel begrenzt wird. Das Erhöhen der Grenze auf 8 (rechts) gestattet einen Blick durch alle Teller.

Abbildung 9.22:
Eine niedrige Refraktion-Raytracing-Tiefe (links) lässt einige Objekte weniger transparent erscheinen, während ein hoher Wert (rechts) den Blick durch alle lichtbrechenden Teller freigibt.

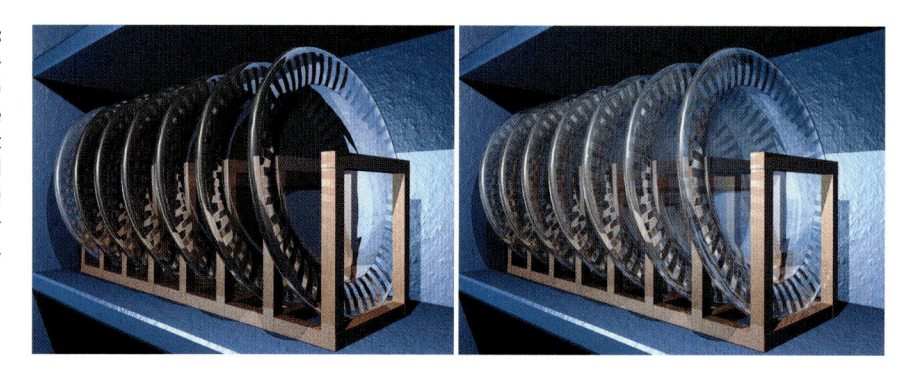

Zählen Sie nach, wie viele lichtbrechende Oberflächen Sie durchschauen müssen und legen Sie basierend auf dieser Zahl die Refraktionsgrenze im Shader fest. In den globalen Parametern stellen Sie das Limit so ein, dass alle Ebenen der Szene durchblickt werden können.

Die Begrenzung der Refraktion betrifft nur transparente Oberflächen, die auch das Licht brechen. Sollen einige der transparenten Objekte nicht lichtbrechend sein, legen Sie einen weiteren Glas-Shader an und deaktivieren Sie dort die Lichtbrechung. Somit fällt das Refraktionslimit nicht unnötig hoch aus.

Reyes-Algorithmen

Im Herz von Pixars RenderMan arbeitet ein so genannter Reyes-Algorithmus. RenderMan wird seit Jahren als einer der führenden Renderer für Kinofilme angesehen. Andere Programme haben allerdings inzwischen auch den Reyes-Ansatz oder ähnliche Algorithmen implementiert.

Die Kernelemente des Reyes-Renderer wurden in den 1980er Jahren von der Lucasfilm Computer Graphics Research Group entwickelt. Diese ursprüngliche Gruppe firmierte später unter dem Namen Pixar Animation Studios.

Reyes steht für Renders Everything You Ever Saw (Rendert Alles Was Sie Je Sahen). Dieses Akronym wurde von einem der Forscher erdacht, als er im Point Reyes Nationalpark schwamm, in der Nähe von Lucasfilm in Marin County, Kalifornien. Die Technologie erlaubt einen hohen Detailgrad mit geglätteten, kurvenbasierten Oberflächen, Displacement-Mapping auf Pixelebene, Bewegungsunschärfe und Tiefenunschärfe – den Schlüsselaspekten für realistische Filmrenderings. Dabei stellten die Geschwindigkeits- und

Speicherbegrenzungen der zurückliegenden Computerära die Herausforderungen bei der Entwicklung dar.

Mit Hilfe von Reyes werden kurvenbasierte Oberflächen, seien es NURBS oder Subdivision Surfaces, in Mikropolygone unterteilt, kleine Vierecke, die jedes ein Pixel groß oder sogar kleiner sind. Alle Objekte werden dabei in so viele Mikropolygone unterteilt, wie für ein glattes Rendering in der gewünschten Auflösung nötig sind. Verwendet ein Shader Displacement-Mapping, wird dieses ebenso in feinste Polygone aufgelöst.

Als Nächstes wird der Shader ausgewertet und jedem Mikropolygon werden Transparenz sowie Farbe, Beleuchtung, Schatten und Texturen zugewiesen. So ruft zum Beispiel ein spiegelnder Glanzpunkt ein weißes Mikropolygon hervor. Enthält eine Textur einen grünen Pixel, führt dies wiederum zu einem grünen Polygon.

Die schattierten Mikropolygone werden in der Auflösung des fertigen Bilds berechnet. Das Sampling der Polygone nach dem Shading erfolgt recht schnell. Dies ist ein großer Unterschied zu konventionellen Raytracern, die doppelt so viele Strahlen in die Szene schießen und die doppelte Zeit brauchen, wenn das Over-Sampling um den Faktor 2 erhöht wird. Mit Hilfe des Reyes-Algorithmus ist sehr hochwertiges Anti-Aliasing kein Problem. Auch Effekte wir Motion Blur oder Depth of Field, die eine hohe Anzahl von Samples benötigen, sind dank Reyes schneller berechnet.

Der Reyes-Algorithmus unterteilt das Bild normalerweise in Buckets (wörtlich übersetzt „Eimer"), eine Gruppe von meist 16 mal 16 Pixel. Die Unterteilung in Mikropolygone sowie das anschließende Shading und Rendering werden nur in diesen Buckets vorgenommen. Der Vorteil dabei ist, dass nicht die komplette 3D-Szene im Speicher steht, sondern nur die Mikropolygone des aktuellen Bucket. Ist dieser fertig berechnet, wird der Speicher wieder freigegeben.

RenderMan Interface Standard

Als Pixar den RenderMan entwickelte, handelte es sich dabei nicht allein um eine Rendering-Software. Zusätzlich wurde der RenderMan Interface Standard geschaffen. Dieser beschreibt mit einer eigenen Sprache eine 3D-Szene, ähnlich wie HTML eine Webseite oder PostScript eine Druckseite definiert.

Die Schlüsselkomponenten des RenderMan Interface Standard sind:

- RIB-Dateien (*RenderMan Interface Bytestream*), welche die Szenenbeschreibung enthalten
- SL-Dateien (*Shading Language*), welche mit einer Programmiersprache die RenderMan-Shader beschreiben

Somit konnten andere Firmen eigene Renderer entwickeln, die mit RenderMan kompatibel sind. Diese so genannten RenderMan-compliant Renderers bauen auf dem Standard auf und können Bilder aus denselben Szenenbeschreibungen berechnen. Beispiele hierfür sind RenderDotC, 3Delight, Gelato (siehe unten) und Aqsis (kostenlos). Die meisten großen 3D-Programme können RenderMan-kompatible Dateien ausgeben, entweder direkt oder mit Hilfe eines Plug-in.

Reyes und Raytracing

Herkömmliche Reyes-Renderer arbeiten ohne Raytracing. In vielen Hollywoodfilmen wurden also allein Reyes-Algorithmen mit Depth Map Shadows und Reflection Maps verwendet. Die Hauptidee hinter den Algorithmen, das Berechnen eines einzelnen Bucket zur selben Zeit, ohne die gesamte Szene im Speicher zu halten, funktioniert nur, wenn Strahlen nicht reflektiert werden. Dies betrifft Effekte wie Reflexion, Refraktion oder Schatten.

In den letzten Jahren hielt mit gestiegener Rechnergeschwindigkeit und größerem Speichervolumen auch das Raytracing in Filmproduktionen Einzug. So verfügt Pixars RenderMan inzwischen über eine vollständige Unterstützung von Raytracing und Global Illumination. Auch in anderen kompatiblen Renderern existiert Raytracing häufig neben der Reyes-Funktionalität. Dennoch verwenden die Studios Raytracing nur bei Bedarf und versuchen, es in komplexen Szenen mit Haaren oder Vegetation zu vermeiden.

Z-Buffer-Rendering

Das Z-Buffer-Rendering findet vor allem auf Grafikkarten für die Echtzeitdarstellung und für Animationstests Verwendung.

In den frühen Tagen der 3D-Grafik waren effiziente Algorithmen für das *Hidden Surface Removal* (Entfernen verdeckter Oberflächen) eine große Herausforderung. Dieses sortiert die 3D-Szene und sorgt dafür, dass Oberflächen des Vordergrunds vor dem Hintergrund erscheinen. Einige der frühen Lösungen waren sehr ineffizient, etwa alle Polygone einer Szene von hinten nach vorn zu sortieren und sie anschließend darzustellen.

Der *Z-Buffer* (Tiefenspeicher) stellt eine Lösung für die angestrebte Echtzeitumsetzung dar. Dabei werden die Objekte schnell abgebildet, ohne auf die Reihenfolge der Flächen oder den Kamerawinkel einzugehen. Der Z-Buffer ist ein Speicherbereich, der die Tiefeninformation des Bilds enthält.

Sobald das erste Polygon gezeichnet wird, werden farbige Pixel zum *Frame Buffer* (Bildspeicher) hinzugefügt. Zur selben Zeit wird deren Tiefeninformation im Z-Buffer abgelegt. Diese entsprechen der Entfernung der Kamera zu jedem gezeichneten Punkt der Fläche. Werden weitere Polygone gezeichnet, wird die Tiefe jedes Pixels mit der Tiefeninformation des Z-Buffers verglichen. Befindet sich ein Polygon näher an der Kamera als jede andere Fläche in diesem Bereich, wird es im Frame Buffer abgelegt. Ist dabei jedoch ein Teil weiter von der Kamera entfernt, wird dieser Abschnitt nicht dargestellt.

Scanline-Rendering

Beim Scanline-Rendering wird das Bild Pixel für Pixel und nicht Polygon für Polygon berechnet. Nachdem eine horizontale Linie von Pixeln (Scanline) fertig gestellt ist, wird die nächste Zeile abgearbeitet. Zeile für Zeile wird so das Bild vollendet. Dieser Vorgang könnte auf einer Grafikkarte als Alternative zum Z-Buffer-Rendering genutzt werden oder im Renderer einer Animationssoftware Anwendung finden.

Scanline-Renderer unterstützen meist keine aufwändigen Technologien, etwa Raytracing oder Global Illumination. Dennoch ist es in einigen Implementierungen wie z.B. 3ds max möglich, verschiedene Darstellungstechniken zu mischen.

GPU- und hardwarebeschleunigtes Rendering

Die meisten modernen Personalcomputer besitzen zwei wichtige Arten von Prozessoren:

- Die CPU (*Central Processing Unit*) ist für die meisten Berechnungen des Computers inklusive 3D-Rendering verantwortlich.
- Auf den Grafikkarten gibt es die so genannten GPUs (*Graphics Processing Unit*). Diese speziellen Chips sind für die Echtzeitdarstellung interaktiver Grafiken und Spiele verantwortlich, aber auch für die schattierte 3D-Ansicht Ihrer 3D-Software.

Die GPU einer modernen Grafikkarte besteht aus einem flexiblen, programmierbaren Chip, den nicht nur Spiele ausnutzen können. Anwendungen sind das Hardware Rendering, eine interaktive Vorschau und die Hardwarebeschleunigung von Software-Renderern.

Hardware-Rendering

Beim Hardware-Rendering wird das finale Ergebnis des Renderprozesses auf der Grafikkarte berechnet.

Die Grafikkarten wurden für die Echtzeitdarstellung von interaktiven Grafiken entworfen. Werden sie jedoch von der Vorgabe befreit, immer 30 oder 60 Bilder pro Sekunde für Spiele zu berechnen, kann die Grafikkarte hochwertigere Bilder erzeugen. Diese hardwarebasierten Bilder können als Layer oder Passes im Compositing weiterverarbeitet werden.

Im Moment wird das Hardware-Rendering vor allem in der Previsualisierung und in Testrenderings für Animationen oder Simulationen genutzt. Bisher reicht es jedoch nicht an die Qualitätsanforderungen von Fernseh- oder Filmproduktionen heran.

GPU-Beschleunigung

Bei der GPU-Beschleunigung (*GPU Acceleration*) lagert die 3D-Software bestimmte Berechnungen auf die hochoptimierte und spezialisierte GPU aus. Dabei ist das Ergebnis im Gegensatz zum Hardware-Rendering nicht schlechter als das Software-Ergebnis. Es bedeutet nur, dass die GPU einen der Prozessoren für ein hochqualitatives Software-Rendering stellt. Allerdings wird der Grafikprozessor nur bei bestimmten Berechnungen herangezogen.

Zum jetzigen Zeitpunkt ist die GPU-Beschleunigung bereits in vielen Highend-Renderern implementiert oder wird zumindest auf absehbare Zeit dort Einzug halten. Damit könnte die Rechenleistung eines PCs umfassender ausgeschöpft werden, da nicht mehr allein die CPU arbeitet.

Es gibt aber einige Nachteile beim GPU-Rendering: GPUs sind darauf hin optimiert, Daten aus dem Grafikkartenspeicher zu laden, nicht aus dem Hauptspeicher. Damit wird zusätzliche Zeit verwendet, um Texturen und andere Daten auf der Grafikkarte abzulegen.

Das Programmieren für zwei völlig verschiedene Prozessoren stellt eine weitere Herausforderung dar. Es ist schon schwierig, einen Renderer für das Multithreading (gleichzeitiges Berechnen verschiedener Aufgaben) von mehreren CPUs oder Multicore-CPUs anzupassen, aber gleichzeitig unterschiedliche Prozessoren zu versorgen, ist eine Glanzleistung. Gleiches gilt auch für die Fehlersuche (Debugging) bei der Entwicklung.

Und zu guter Letzt ist man von den Grafikkarten abhängig. In den großen Studios besteht eine Renderfarm aus Tausenden von Computern ohne Grafikkarten. In die so genannten *Racks* (Schränke) werden ganze Rechnereinheiten einfach eingeschoben.

Trotz dieser Herausforderungen ist es Fakt, dass GPUs in den letzten Jahren stärker als CPUs an Leistungen hinzugewonnen haben. Setzt sich dieser Trend fort, werden GPUs für aufwändige Berechnungen immer attraktiver. So entwickelt etwa der Grafikkartenhersteller nVidia einen GPU-beschleunigten Renderer namens Gelato (*www.nvidia.com/page/gz_home.html*), der die Nutzung weiter vereinfachen wird.

Interaktive Vorschau

Die interaktive Vorschau erlaubt es dem Beleuchter, in kurzer Zeit eine größere Szenenzahl auszuleuchten. Viel wichtiger ist aber, dass trotz der gewonnenen Geschwindigkeit genauer und umfassender gearbeitet werden kann.

Die interaktive Lichtvorschau unterscheidet sich dabei vom Echtzeit-Rendering, da sie nur die Lichtquellen betrifft, während Modelle, Kameras und Shader unverändert bleiben. Dem geht meist eine Berechnung (Prerendering-Phase) voraus, die bestimmte Informationen für jeden Pixel ermittelt. Das Prerendering kann dabei Minuten oder gar Stunden dauern, benötigt aber keine spezielle Aufsicht. Ist es fertig gestellt, arbeiten GPU und CPU Hand in Hand, um die Szene interaktiv bei Anpassungen von Licht, Schatten und Reflexionen zu aktualisieren.

Wird ein Beleuchtungssetup für mehrere Einstellungen entwickelt, kann das Preview die vorberechneten Daten aller Kameras benutzen. So wird schnell deutlich, wie sich die Anpassung des Lichts auf alle Szenen auswirkt.

Das fertige Ergebnis der interaktiven Vorschau ist kein fertiges Rendering, liefert aber eine verbesserte 3D-Szene. Dieses kann nach allen Lichtanpassungen über Nacht berechnet werden.

Diese GPU-beschleunigte Vorschau erlaubt es den Studios, weiter an „Blinn's Law" festzuhalten. Dieses Gesetz besagt, dass die Renderzeiten in einem Studio trotz aller Verbesserungen in Hardware und Software konstant bleiben. Waren für Projekte vor 10 oder 15 Jahren 8 Stunden pro Bild akzeptabel, wird auch heutzutage dafür noch dieselbe Zeit veranschlagt. Allein die Qualität und die Komplexität der Szene steigen durch die Verwendung aufwändigerer Algorithmen. Diese verschlingen jedoch die gewachsene Rechnerleistung. Blinn's Law trifft für die meisten Firmen seit vielen Jahren zu.

Übungen

Um das realistische Rendering bis ins Detail zu verinnerlichen, versuchen Sie während des ganzen Tages zu überlegen, wie die gesehene Umgebung gerendert werden könnte:

1. Schauen Sie sich die Oberflächen Ihres Raums an. Welche müssten reflektierende Eigenschaften haben, wenn Sie diese in 3D nachempfinden wollen? Welche bräuchten glänzende Reflexionen? Welche Oberflächen, die Sie nicht für reflektierend halten, ändern ihre Reflexionseigenschaften in einem anderen Blickwinkel?

2. Abbildung 9.1 am Anfang des Kapitels zeigt vier verschiedene Kugeln. Bauen Sie diese in Ihrer 3D-Software nach. Achten Sie dabei auf die verschiedenen Themen, die in diesem Kapitel besprochen wurden, etwa glänzende oder spiegelnde Reflexionen, Refraktion, Glanzpunktgröße und -farbe sowie den Fresnel-Effekt.

3. Um zu überprüfen, ob Ihre Shader den realen Vorlagen entsprechen, zeigen Sie diese anderen Personen. Dabei sollte das Material aber nicht im offensichtlichen Zusammenhang zum Kontext stehen. So kann es passieren, dass eine Kugel aus Metall dem Betrachter wie Plastik erscheint. Hätten Sie dieses Material jedoch einem Auto zugewiesen, wäre es vielleicht als Metall durchgegangen.

[KAPITEL ZEHN]

Texturen entwerfen und zuweisen

Texture Mapping ist die Kunst, der 3D-Oberfläche Variationen und Details hinzuzufügen, die über die modellierte Geometrie hinausgehen. Das Erstellen von Texturen profitiert dabei von Ihren Fähigkeiten im zweidimensionalen Malen, Fotografieren sowie bei der Bildbearbeitung, welche zu Ihrer 3D-Szene beitragen. Mit Hilfe von Maps können Ihre Modelle nach jedem beliebigen Material aussehen, von Betonblöcken bis hin zu Metall. Über die Textur wird außerdem bestimmt, ob das Objekt alt oder neu, sauber oder schmutzig, poliert oder verbeult ist. Jedes Attribut eines Shader, welches im letzten Kapitel diskutiert wurde, kann mit einer Texture Map ersetzt, abgewandelt oder in verschiedenen Teilen der Oberfläche variiert werden. Dieses Kapitel diskutiert die verfügbaren Texturtypen, verschiedene Wege, diese herzustellen, und deren Anpassung an das Modell.

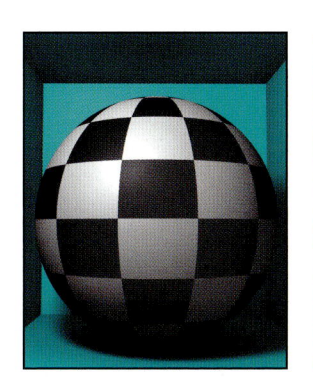

Arten des Texture Mapping

Viele Attribute der Oberfläche können über Texturen gesteuert werden, um wiederum im Rendering verschiedenste Effekte hervorzurufen. Die sieben häufigsten Mapping-Techniken sind:

- Farbe (Color)
- Glanz (Specular)
- Selbstleuchten (Incandescence)
- Transparenz (Transparency)
- Displacement (Verschiebung/Verformung)
- Bump (Relief)
- Normalen (Normal)

Farb-Mapping

Farb-Mapping (manchmal auch *Color-*, *Diffus-* oder *Streulicht-Mapping*) ersetzt die Hauptoberflächenfarbe Ihres Modells mit einer Textur. In Abbildung 10.1 wurde ein schwarzweißes Gitter als Farb-Map zugewiesen.

Die Farb-Map bestimmt die Tönung und Intensität der diffusen Lichtreflexion einer Oberfläche. Manche Renderer definieren Farb- und Diffuse-Mapping als zwei verschiedene Texturarten. In diesen Fällen werden die Farbtöne der Farb-Map mit den Farben der Diffuse-Map multipliziert. Zum Beispiel halbiert ein fünfzigprozentiges Grau im Diffuse-Kanal die Helligkeit des Farb-Map.

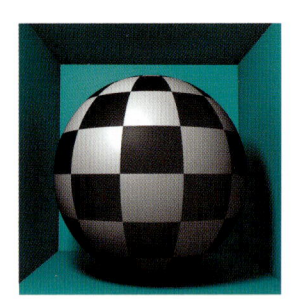

Abbildung 10.1: Kugel mit einer einfachen Farb-Map

Das Farb-Mapping ersetzt die Objektfarbe innerhalb der diffusen Beleuchtung, aber hebt nicht die Beleuchtung und Schattierung des Renderers auf. Am besten vermeiden Sie innerhalb der Farb-Maps Glanzpunkte, Schatten oder Beleuchtungsvariationen, denn beim Rendern werden diese automatisch über die Lichtquellen erzeugt. Ein Glanzpunkt, der auf Ihr Modell mittels Farb-Map aufgebracht wird, könnte unecht wirken – als sei er nur auf die Objektoberfläche gemalt. Demzufolge sehen die besten Farb-Maps selbst sehr flach aus, wie beispielsweise das Männergesicht in Abbildung 10.2.

In realistischen Renderings sollten normalerweise reines Schwarz und pures Weiß sowie vollkommen gesättigtes Rot, Grün oder Blau vermieden werden. Eine hundertprozentig weiße Farbe würde bedeuten, dass 100 Prozent des Lichts diffus reflektiert werden – in der realen Welt unmöglich. Ebenso würde eine rein schwarze Oberfläche keine diffuse Lichtrückstreuung aufweisen. In den meisten Fällen ist es eine gute Idee, die Werte von Rot, Grün und Blau innerhalb Ihrer Texture Maps zwischen 15 und 85 Prozent zu wählen. Während die Texturen allein etwas flach aussehen, gewinnt das finale Rendering durch die Beleuchtung an Kontrast und Tiefe. Siehe dazu Abbildung 10.3.

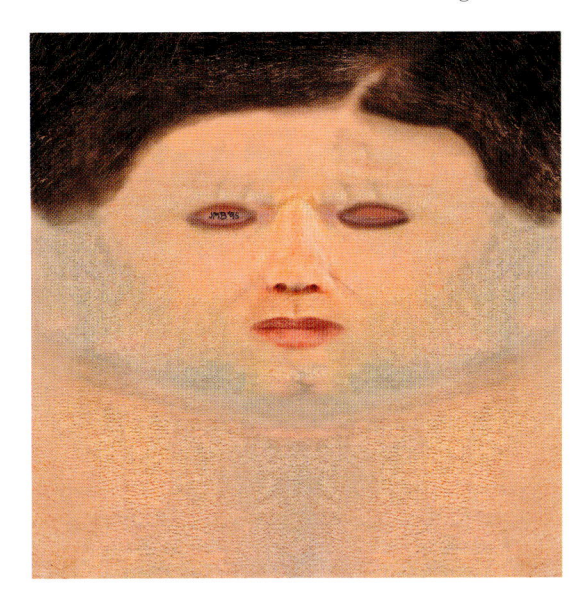

Abbildung 10.2:
Farb-Maps sollten keine eigene Beleuchtung aufweisen, sondern vollkommen flach wirken.

Abbildung 10.3:
Ein Kopfmodell mit der Farb-Map aus Abbildung 10.2.

Glanz-Mapping

Mittels Glanz-Mapping (*Specular*) werden die Helligkeit und die Farbe des Glanzpunkts (*Specular Highlight*) auf den verschiedenen Teilen der Objektoberfläche variiert. In Abbildung 10.4 wurde dem ganzen Objekt ein Schachbrettmuster als Glanz-Map zugewiesen, es wirkt sich aber nur in den Bereichen der Glanzpunkte aus.

Ihre Glanz-Map erzeugt selbst keine Glanzpunkte, diese müssen immer noch von den Lichtquellen erzeugt werden. Die Glanz-Map kann die Glanzpunkte einfärben, deren Helligkeit verändern oder sie vollständig von Teilen Ihres Modells ausschließen. Aber vergessen Sie nie, der Effekt des Glanz-Mapping wird nur in den Bereichen sichtbar, wo sowieso ein Glanzpunkt erschienen wäre.

Helle Bereiche in der Glanz-Map lassen Glanzpunkte heller wirken und erzeugen glatte bzw. glänzende Abschnitte auf Ihrem Objekt. Dunkle Töne der Glanz-Map verringern die Glanzpunkte. Reines Schwarz im Glanzkanal verhindert jeden Glanz in den dazugehörigen Teilen des Modells vollständig. Abbildung 10.5 zeigt beispielsweise die Glanz-Map eines männlichen Gesichts. Weiße Bereiche in der Map erzeugen eine glänzende Stirn und Nase, während die dunklen Abschnitte Glanzpunkte auf den Bartstoppeln von Kinn und Wange verhindern.

Abbildung 10.4: Eine Kugel mit Schachbrettmuster als Glanz-Map

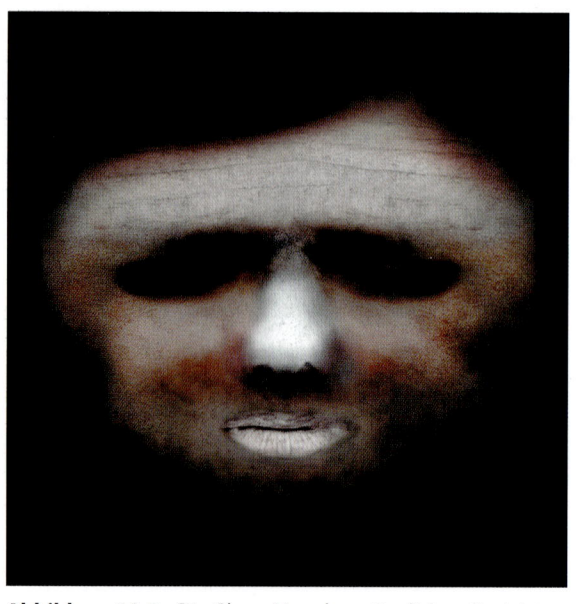

Abbildung 10.5: Die Glanz-Map des männlichen Gesichts definiert glänzende und matte Bereiche.

Um herauszufinden, wie sich eine Textur rund um das Modell auswirkt, müssen Sie einen *Turntable View* (Rundumansicht) anfertigen. Dies ist eine Animationsschleife, welche das Modell um 360 Grad vor der Kamera gedreht zeigt. Da Kamera und Lichtquellen statisch sind, wandern die Glanzpunkte während der Drehung über die Objektoberfläche. So können Sie erkennen, wo die Glanzlichter heller und weniger hell sind oder gänzlich fehlen.

Mit der Glanz-Map eng verbunden ist die Reflexion-Map. Da die Glanzpunkte den Reflexionen von Lichtquellen entsprechen, erwartet man im Allgemeinen in diesen Bereichen auch andere Reflexionen. Die Reflexion-Map legt also fest, wie eine Oberfläche andere Objekte oder die Umgebung widerspiegelt. Häufig hat die Glanz-Map eine Doppelfunktion, indem Sie mit den Reflexionseigenschaften der Oberfläche verknüpft ist. In anderen Fällen gibt es Unterschiede zwischen beiden, etwa bei glitzerndem Autolack. Hier soll das Glitzern in den Glanzpunkten auftreten, während spiegelnde Reflexionen auf die Bereiche zwischen dem Glitzern beschränkt sind.

Selbstleuchten-Mapping

Selbstleuchten-Mapping, auch Glühen, Lichtemission, Self-Illumination, Incandescence, Luminosity, Ambience oder Constant-Mapping genannt, nutzt eine Textur, um das Eigenleuchten eines Objekts zu simulieren. Die Farben der Selbstleuchten-Map werden zu den Farben im finalen Rendering dazuaddiert, unabhängig von der Beleuchtungssituation. Wie in Abbildung 10.6 zu sehen, ist die Selbstleuchten-Map auch im Schattenbereich zu sehen. Es wird keine Lichtquelle benötigt, um es zu sehen.

Maps im Selbstleuchtenkanal eignen sich perfekt, um Gebäuden oder Häuserwänden eine Beleuchtung hinzuzufügen. Aber auch die glühende Bildröhre eines Fernsehers oder Monitors sowie die Oberfläche einer Glühlampe sind Anwendungsbeispiele. Selbstleuchten-Maps sind auch praktisch, wenn Sie 2D-Bilder mit Ihren 3D-Renderings kombinieren wollen. Denn so erhalten Ihre Bilder eine eigene, gleichmäßige Beleuchtung, ohne zusätzlich Lichtquellen in der Szene zu positionieren.

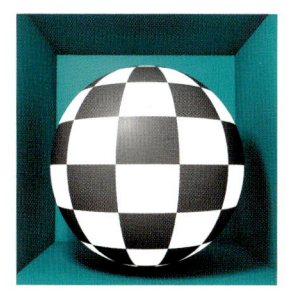

Abbildung 10.6: Eine Kugel mit Schachbrettmuster als Selbstleuchtenkanal

Wird eine Selbstleuchten-Map einem Objekt ohne Glanz-Map (reines Schwarz als Glanzfarbe) und ohne Farb-Map (reines Schwarz als diffuse Farbe) zugewiesen, so erscheint dieses als flacher Farbbereich im Rendering mit exakt den Schattierungen und Farben der Bildquelle. Einige Renderer können diesen Effekt über spezielle Oberflächen-Shader oder so genannte Lichtquellenmaterialien (*Lightsource Material*) generieren. Dabei kann es aber vorkommen, dass sich der Effekt nicht so einfach in die Szene integrieren lässt wie mit einer Selbstleuchten-Map.

In Maya gibt es Unterschiede zwischen Umgebungsfarbe-Mapping (*Ambient Color*) und Selbstleuchten-Mapping. Bei Ersteren wird die Umgebungsfarbe mit der Hauptfarbe des Objekts multipliziert, bevor es in die Beleuchtungsberechnung einfließt. Abbildung 10.7 zeigt dies in einem Beispiel. Wird der Lampenschirm mit einer Umgebungsfarbe (links) aufgehellt, wird diese mit der Farb-Map multipliziert. So bleibt deren Textur bestehen und wird betont. Greifen Sie jedoch auf eine Selbstleuchten-Map (rechts) zurück, erscheint der Lampenschirm heller, aber nicht durch die Farb-Map gefiltert.

Abbildung 10.7:
Die Umgebungsfarb-Map (links) wird mit der Farb-Map multipliziert, während die Selbstleuchten-Map ohne Berücksichtigung der Oberflächenfarbe aufaddiert wird.

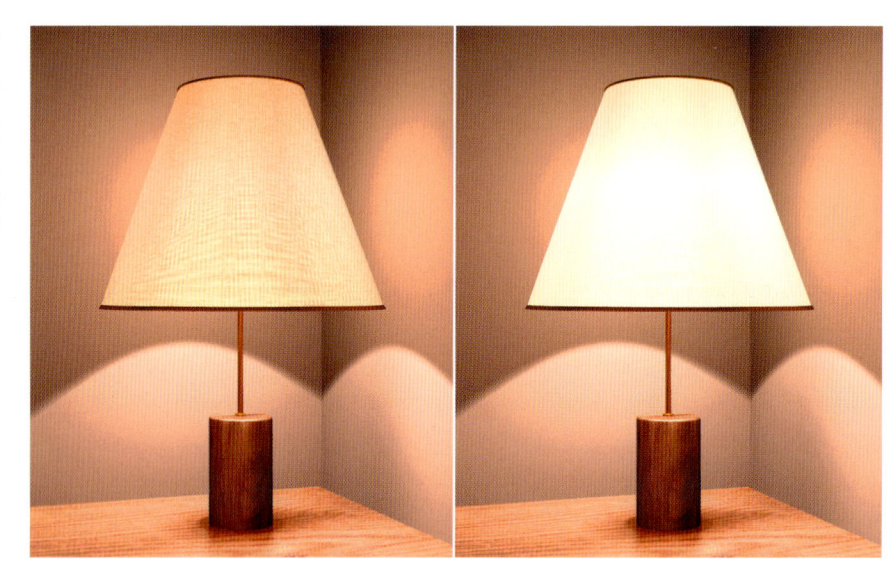

Transparenz-Mapping

Mittels Tranzparenz-Map (*Transparency Map*) lassen sich viele nützliche Dinge umsetzen. Die einfachste Anwendung wäre das Erzeugen eines Musters in der Oberflächendurchlässigkeit. Anstatt die Oberfläche gleichförmig transparent anzulegen, können Teile weniger durchscheinend aussehen, als ob zum Beispiel ein Fenster schmutzig wäre. Oder Sie können die Transparenz in einer anderen Farbe erscheinen lassen, wie bei bunten Kirchenfenstern.

Abbildung 10.8 zeigt die Anwendung eines schwarzweißen Schachbrettmusters auf die Oberflächentransparenz. Dunkle Bereiche der Transparenz-Map sind weniger durchscheinend, während helle Texturanteile die Oberfläche weniger sichtbar werden lassen.

Die Transparenzinformation kann auch dazu verwendet werden, detailreiche Formen und Muster aus der Oberfläche auszuschneiden. Abbildung 10.9 zeigt mittels Transparenz-Map simulierte Haare oder Augenwimpern. Die meisten 3D-Applikationen verwenden den Alpha-Kanal der Textur, um die Transparenz der texturierten Oberfläche zu definieren. Die Augenwimperntextur enthält Farbinformationen für den Farbkanal sowie Transparenzdaten in Ihrem Alpha-Kanal.

In Abbildung 10.10 sehen Sie, wie die Augenwimpern-Map sowohl die Wimpern als auch die Ohrhaare bildet. Die Textur erzeugt also die Illusion von einzelnen Wimpern oder Haaren, indem sie Streifen der Oberfläche durchsichtig werden lässt. Selbige Technik eignet sich auch, um Grasbüschel auf einer Wiese, Haarsträhnen innerhalb einer Frisur oder entfernte Bäume an Hängen zu generieren.

Billboarding nennt sich die Technik, die komplexe 3D-Objekte über transparente, flache Oberflächen erzeugt. Dazu wird das zu ersetzende 3D-Objekt gerendert, dieses Bild als Farb-Map einer flachen Oberfläche zugewiesen und der mitgerenderte Alpha-Kanal als Transparenz-Map verwendet. Billboarding funktioniert eher selten bei Oberflächen, die nahe der Kamera sind, kann aber bei entfernten Gegenständen sehr überzeugend wirken. Wenn komplexe Modelle ersetzt werden, wird zudem viel Speicher und Renderzeit gespart.

Abbildung 10.8: Die Transparenz-Map der Kugel besteht aus einem Schachbrettmuster.

Abbildung 10.9: Die Augenwimperntextur verwendet den Alpha-Kanal für die Transparenz.

Displacement-Mapping

Manchmal auch 3D-Verschiebungs-Mapping genannt, verändert das Displacement-Mapping die Oberflächenform eines Objekts. Je heller der Farbton in einer Displacement-Map ist, umso weiter wird der Punkt der Oberfläche nach außen verschoben. Abbildung 10.11 zeigt die Verschiebung einer Schachbretttextur auf einer Kugel. Besonders an den Außenkanten der Kugel wird die Veränderung der Form deutlich.

Abbildung 10.10: Die Ohrenhaare und Augenwimpern werden über eine Transparenz-Map erzeugt.

Über die Displacement-Höhe wird festgelegt, wie weit nach innen oder außen die Oberfläche verschoben wird. Viele Shader verfügen über einen Offset-Parameter, welcher die Verschiebung bei purem Schwarz festlegt. Belassen Sie den Offset bei 0 hat Schwarz keine Auswirkung. Wenn Sie jedoch -0,5 verwenden, bewegt ein Schwarzton die Oberfläche nach innen, während fünfzigprozentiges Grau wiederum keine Verschiebung zeigt.

Eine detailreiche Displacement-Map benötigt eine fein tesselierte Oberfläche, muss also in eine Vielzahl kleiner Polygone unterteilt sein – mehr als beim normalen Rendering notwendig wären. Eine zu grobe Unterteilung einer Displacement-Oberfläche erzeugt raue, schlecht definierte Verschiebungen. Eine feinere Polygonunterteilung ermöglicht eine detaillierte, genauere Umsetzung der Textur, kann aber zum starken Anstieg von Speicher- und Renderzeitverbrauch führen.

In Reyes-Renderern wie Pixars Renderman muss die Tesselierung nicht angepasst werden, denn solange die Shading Rate klein genug ist, wird die Displacement-Map sehr genau in beliebigen Auflösungen berechnet. Mit einer Shading Rate unter dem Wert 1 ist das Displacement sogar kleiner als ein Pixel. Allein der Wert des Shader Displacement Bound sollte der Maximalhöhe der Verschiebung in der Textur entsprechen, damit die Schatten des Objekts korrekt berechnet werden.

Da Displacement-Maps die Oberfläche bis zum Rendern nicht verändern, werden Animatoren die Verschiebung während der Platzierung von Modellen nicht sehen. Seien Sie deshalb bei Bodenoberflächen oder der Haut von Figuren vorsichtig und vermeiden Sie unrealistische Durchdringungen. Ohne die Wirkung der Displacement-Map zu kennen, können Füße von Charakteren durch den Boden dringen oder über selbigem schweben. Daher ist es manchmal ratsam, ein Polygonmesh der Oberflächenform als Referenz mitzuliefern oder die 3D-Vorschau in manchen Applikationen zu aktivieren.

Abbildung 10.11: Die Form der Kugel wurde über eine Displacement-Map verändert.

Bump-Mapping

Eine Bump- oder Relief-Map simuliert kleine Oberflächenstrukturen, ohne die eigentliche Geometrie zu verschieben. Abbildung 10.12 zeigt den Einfluss eines Schachbretts als Bump-Map. Das Ergebnis überzeugt dabei nicht so wie das Displacement-Mapping, rendert aber auch deutlich schneller.

Das Bump-Mapping verändert die Schattierung (*Shading*) der Oberfläche so, dass kleine Details vorgetäuscht werden. Die Schattierung hängt dabei von einem Winkel ab, welcher von der so genannten Oberflächennormalen (*Surface Normal*) bestimmt wird. Diese Normale steht normalerweise senkrecht zur geometrischen Oberfläche des Objekts. Eine Bump-Map verändert die Normale, wodurch das Objekt auf Licht so reagiert, als ob zusätzliche Strukturen innerhalb der Geometrie vorhanden wären.

Helle Töne in den Bump-Texturen entsprechen starken Erhebungen, dunkle Bereiche Vertiefungen. Ein Übergang von Dunkel zu Hell entspräche einer Steigung zwischen verschiedenen Höhen. Häufig wird fünfzigprozentiges Grau als Grundlage für eine Bump-Map verwendet, aber jede gleichmäßige Farbe funktioniert ebenso. Ein Bereich gleicher Farbe bedeutet keine Variation der Schattierung, hat also auch keine Wirkung auf die Oberfläche.

Aufgrund der Tatsache, dass das Bump-Mapping die Oberfläche nicht verändert, ergeben sich folgende Einschränkungen:

- Die Außenlinie oder Silhouette eines Objekts wird von der Bump-Map nicht beeinflusst und bleibt glatt, auch wenn die Textur eine sehr raue Oberfläche simuliert.

- Die Schatten des Objekts mit Bump-Mapping behalten ihre ursprüngliche Form, sind also unverändert.

- Schatten, die auf eine Bump-Map-Oberfläche fallen, bleiben gerade und werden nicht wie auf einer wirklich rauen Oberfläche verzerrt.

Abbildung 10.12: Eine Bump-Map simuliert Furchen, ohne die Form der Kugel zu verändern.

- Im Gegensatz zu modellierten Strukturen oder Displacement-Details werfen Bump-Maps keine Schatten auf das Objekt an sich.

- Die Kontur der Überschneidung zwischen einem Bump-Map-Objekt und einem weiteren Modell wird nicht verändert, die reale Form bleibt also auch hier sichtbar.

All diese Einschränkungen treten beim Displacement-Mapping nicht auf, da dieses die Objektoberfläche wirklich verschiebt. Nichtsdestotrotz eignet sich Bump-Mapping für Tricks, bei denen diese Einschränkungen nicht ins Gewicht fallen. Hier die Situationen, in denen eine Bump-Map genau genug funktioniert:

- Die diffuse Schattierung einer Oberfläche wird auch bei realen, leichten Unebenheiten variiert.

- Glanzpunkte werden aufgebrochen und zerstreut. Kleine Glanzpunkte werden sogar auf einzelnen Unebenheiten sichtbar, die sich durch helle Pixel in der Bump-Map ergeben.

- Reflexionen (Raytrace oder Reflection Map) werden zerstreut und verteilt.

- Refraktionen (Ansicht durch transparente, lichtbrechende Oberflächen) werden realistisch verändert und verzerrt.

Abbildung 10.13 zeigt eine Bump-Map, das Glanzpunkte und Reflexionen aufbricht. Die linke Wasseroberfläche ohne Bump-Map ist perfekt eben und gleichmäßig, während die rechte Abbildung wellige und verzerrte Raytrace-Reflexionen aufweist. Zusätzlich sind rechts auch Glanzpunkte eingefügt, die dank der Bump-Map unregelmäßig und nicht kreisförmig sind. Für solch subtile Effekte wie das Verzerren von Glanzpunkten und Reflexionen auf einer Oberfläche kann Bump-Mapping ein überzeugendes und praktisches Werkzeug sein.

Abbildung 10.13: Das ebene Wasser (links) wird über eine Bump-Map in seinen Reflexionen und Glanzpunkten (rechts) verzerrt. Die Szene stammt von Gladys Leung (www.runtoglad.com).

Normalen-Mapping

Normalen-Mapping oder auch Normal Mapping ähnelt dem Bump-Mapping, da es die Schattierung beeinflusst, ohne die Form des Modells zu verändern.

Im Vergleich zum Bump-Mapping ist es aber der direktere, spezifischere Weg, um Oberflächennormalen zu verändern. Bei der Bump-Map entspricht die Helligkeit der Pixel der Höhe. Der Anstieg von benachbarten Pixeln wird als Winkel der Oberflächennormalen zugewiesen. In der Normalen-Map wird der Normalenwinkel dreidimensional über drei Pixelwerte definiert, die in den drei Farbkanälen der Textur kodiert vorliegen.

Die gebräuchlichste Anwendung dient der Minimierung der Unterschiede zwischen hoch aufgelöstem, detailreichem Modell und dessen grober Low Polygon-Variante. Abbildung 10.14 zeigt ein hoch aufgelöstes Modell (links), ein vereinfachtes Low Polygon-Modell ohne Texturen (mittig) und das Objekt mit Normalen-Map (rechts). Das rechte Modell scheint aus deutlich mehr Polygonen zu bestehen, obwohl die facettierten Kanten verraten, dass die Geometrie sich nicht verändert hat.

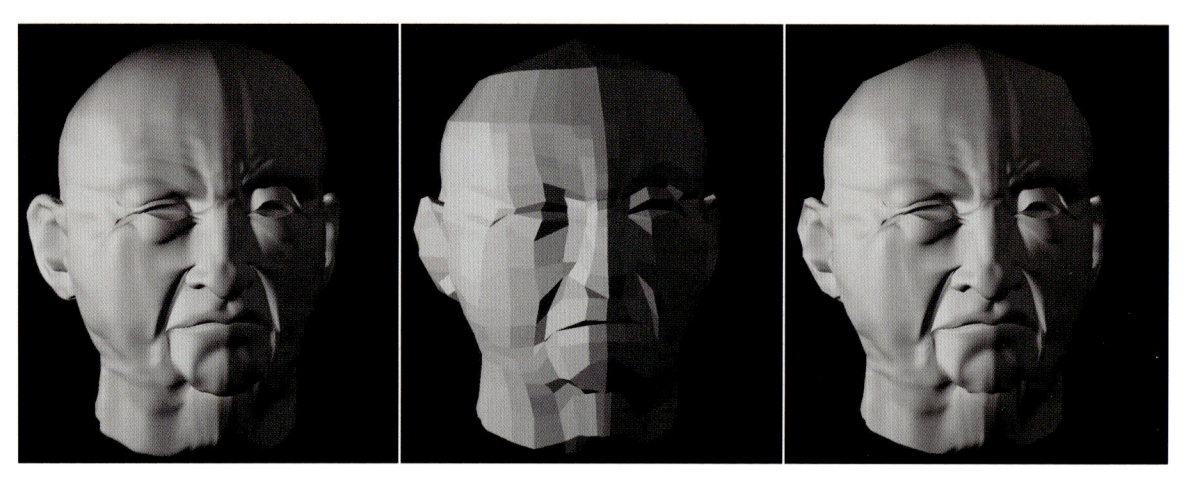

Abbildung 10.14: Ein hoch aufgelöstes Objekt (links) kann mit einer niedrig aufgelösten Variante (mittig) und der dazugehörigen Normalen-Map (rechts) nahezu gleichwertig ersetzt werden.

Die Normalen-Maps werden automatisch aus dem Unterschied zwischen den zwei Modellvarianten berechnet. Abbildung 10.15 zeigt die Differenz zwischen niedrig aufgelöstem Objekt und dessen detaillierter Vorlage. Entwickler von Videospielen können so mit Low Polygon-Modelle arbeiten, die jedoch deutlich komplexer scheinen. Im Film und in Fernsehproduktionen wird Normalen-Mapping dagegen selten verwendet, es könnte aber bei kleinen Hintergrundobjekten in aufwändigen Szenen hilfreich sein.

Abbildung 10.15: Die Normalen-Map entspricht dem Unterschied zwischen niedrig und hoch aufgelöstem Modell. Rechts wird sie als normale Farbtextur auf dem Low Polygon-Objekt verwendet.

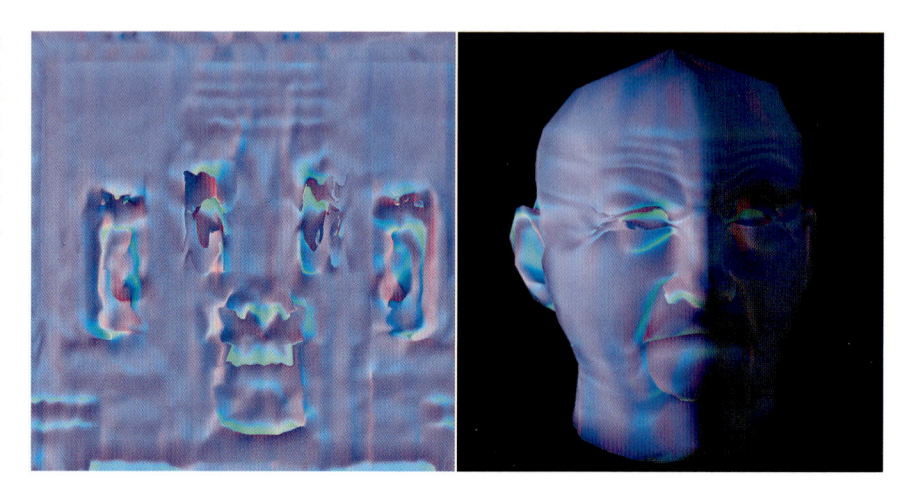

Polynomial Texture Mapping

Polynomial Texture Mapping, kurz PTM, ist eine weitere, trickreiche Rendertechnik wie Bump- oder Normalen-Mapping. PTM ist jedoch neuer, deutlich anspruchsvoller und eignet sich zum realistischen Simulieren von kleinen Oberflächendetails. Im Gegensatz zum Bump-Mapping erzeugt es Schatten zwischen den Unebenheiten; die Lichtdurchlässigkeit (Transluzenz) von kleinen Details, etwa bei Reiskörnern; oder Reflexionen innerhalb eines Objekts. Die Technologie kann zum Nachbilden feiner Texturen wie Kleidungsstoffen verwendet werden und berücksichtigt sogar die Beleuchtung zwischen den Fasern. Insgesamt sind die Ergebnisse viel subtiler und genauer als beim Displacement- oder Bump-Mapping.

Anstatt wie das Bump-Mapping auf ein einzelnes Graustufenbild zurückzugreifen, verwendet PTM sechs Kanäle. Diese können aus zwei RGB-Dateien stammen oder einem 6-Kanal-TIFF. Die Daten werden mittels Lichtsonde (*Light Probe*) von realen Materialien digitalisiert. Hierbei wird das Objekt aus vielen verschiedenen Winkeln mittels Stroboskoplichtanordnung aufgenommen. Die PTM-Daten können mit Hilfe einer Displacement-Map-Vorlage und den zugewiesenen Materialeigenschaften in 3D-Daten überführt werden. Dieser Prozess heißt Baking.

Während der Entstehung des Buchs war die PTM-Technologie schon länger publiziert (Siggraph 2001) und in verschiedenen Filmstudios im Einsatz. Die Unterstützung durch kommerzielle Standardsoftware bleibt bisher allerdings aus, obwohl die meisten Nutzer eine moderne Alternative zum Bump-Mapping begrüßen würden. Hoffentlich ändert sich dies in naher Zukunft.

Andere Mapping-Techniken

Die Zahl der Effekte, die über Texturen hervorgerufen werden können, ist nahezu unbegrenzt. Spezielle Maps können fast jeden visuellen Effekt einer Software steuern. So nutzen beispielsweise einige Programme Texturen, um die Form und Farbe von *Lens Flares* (Blendflecken der Kameraoptik) oder die Oberflächenwirkung von Partikeln zu steuern. Einige Plug-ins können sogar Texturen nutzen, um die Länge, Richtung und Lockigkeit von Haaren zu steuern, die aus einer Oberfläche entspringen.

Fotografische Texturen

Die meisten professionellen Texturenmaler (*Texture Painter*) greifen häufig auf digitalisierte Bilder zurück. Sollten Sie also Texturen für Monster, Menschen, Autos oder Gegenstände erstellen, lassen Teile von Fotos oder gescannten Vorlagen Ihre Ergebnisse deutlich realistischer wirken. Selbst wenn Sie alle Texturen malen, sind hochwertige Referenzen eine wichtige Starthilfe für ein solches Vorhaben.

Der Reichtum der Natur ist es allemal wert, für jede Produktion vor die Tür zu gehen und Inspiration zu sammeln, selbst wenn es sich um ein fiktives Thema handelt. Die gewählten Fotos können ja auch nur einige Parallelen dazu aufweisen. Eine UFO-Hülle könnte beispielsweise von der Karosserie eines Autobusses abstammen oder die Nahaufnahmen von Essensresten im Fischrestaurant bilden die Textur für ein Alien.

Neben der verbesserten Qualität und Glaubwürdigkeit Ihrer Texturen helfen fotografische Vorlagen auch, Zeit bei einer Produktion zu sparen. Aber selbst die aufwändigste Digitalisierung gestattet es Ihnen nicht, auf eine Nachbereitung zu verzichten. Sie erhalten nur bessere Maps in kürzerer Zeit.

Tipps zum Fotografieren

Für Texturen ist nicht jedes Foto gleich geeignet. Behalten Sie folgende sechs Tipps im Kopf, wenn Sie mit Ihrer Kamera auf die Jagd gehen:

- Um die Oberflächenfarbe einzufangen, vermeiden Sie Glanzpunkte, Schatten oder Lichtvariationen innerhalb des Bilds. Manchmal ergibt sich eine gleichmäßigere Ausleuchtung, wenn die Sonne hinter dem Objekt oder der Himmel wolkig ist. Wenn sich Glanzpunkte nicht vermeiden lassen, beispielsweise bei der Nahaufnahme eines Auges, versuchen Sie, diesen Lichtfleck möglichst klein zu halten. Damit lässt sich die Stelle einfacher retuschieren als die weitläufige Aufhellung einer weichen, großen Lichtquelle.

- Fotografieren Sie Oberflächen frontal, nicht aus einem Winkel. Nehmen Sie sich die Zeit, die Kamera auszurichten und sicherzustellen, dass horizontale und vertikale Linien auch gerade aufgenommen werden. Es kann also passieren, dass Sie sich auf eine Brücke oder einen Absatz stellen müssen, um eine Straße, Sand oder Schmutz von oben einfangen zu können.

- Versuchen Sie, die Linsenverzerrung zu minimieren. Lernen Sie Ihre Kamera und deren Objektiv kennen, indem Sie einige Probeaufnahmen von einer Backsteinmauer oder einem Gittermuster anfertigen. Viele Zoomlinsen weisen im Weitwinkelbereich eine starke Tonnenverzerrung auf, die im Zoom- bzw. Telebereich abnimmt. Oft ist es einfacher, die Entfernung und Zoomeinstellungen vor der Aufnahme anzupassen, als die verzerrten Linien nachträglich im Zeichenprogramm zu entfernen.

- Fotografieren Sie Ränder, nicht allein die Mitte von Oberflächen. Texturen ändern sich oft an den Kanten, beispielsweise wo eine Mauer auf den Boden trifft. Konzentrieren Sie sich auf die Bereiche, an denen sich verschiedene Materialien treffen oder überschneiden, und fertigen Sie dort zusätzliche Aufnahmen an. Später können Sie diese Bereiche sogar als einzelne Textur verwenden.

- Sammeln Sie Gruppen von verwandten Texturen vom selben Ort. Benötigen Sie zum Beispiel Blätter einer Eiche, sammeln Sie verschiedene Blätter des Baums. Somit wirkt das digitale Laub natürlicher in seinem Wuchs.

- Fertigen Sie einige Aufnahmen aus der Nähe und Entfernung an, auch wenn Sie nicht denken, dass Sie diese brauchen. Makroaufnahmen eines Objekts geben eine andere Welt aus Texturen und Mustern preis. Weitwinklige Aufnahmen zeigen die Texturen im Zusammenhang und erlauben eine Überprüfung der Größenverhältnisse. Müssen Sie sich etwa entscheiden, wie viele Mauersteine eine zu texturierende Wand enthält, ist eine solche Aufnahme die ideale Referenz für die passende Skalierung.

Abbildung 10.16: Die Textur einer Banane entstand aus dem Foto einer Schale (oben), die über Photoshop-Klonen in eine komplette Textur (unten) verwandelt wurde.

Das Befolgen dieser Hinweise erfordert etwas zusätzliche Arbeit und Aufbauzeit. Um etwa eine gleichmäßige Beleuchtung und einen flachen Kamerawinkel bei der Aufnahme einer Banane zu erreichen, war es notwendig, diese zu schälen und flach auszulegen, wie Abbildung 10.16 zeigt. Um die Textur zu vervollständigen, wurden die Lücken mit dem Kopierstempel-Werkzeug von Photoshop aufgefüllt und das fertige Bild beschnitten. Die untere Abbildung zeigt die fertige Textur.

Seien Sie beim Fotografieren von Texturen großzügig. Da Sie wahrscheinlich eine Digitalkamera verwenden, gibt es keinen Grund, nicht noch ein paar dutzend zusätzliche Aufnahmen aller interessanten Dinge vor Ort zu sammeln. Archivieren Sie Fotos aus vielen Projekten, werden sich auch ältere Bilder immer wieder als nützlich erweisen. Abbildung 10.17 zeigt eine extreme Nahaufnahme des weißen Augenbereichs, die schon in vielen Lebewesen und Menschen Verwendung fand.

Abbildung 10.17:
Sehr praktische Aderntextur aus der Nahaufnahme eines Auges.

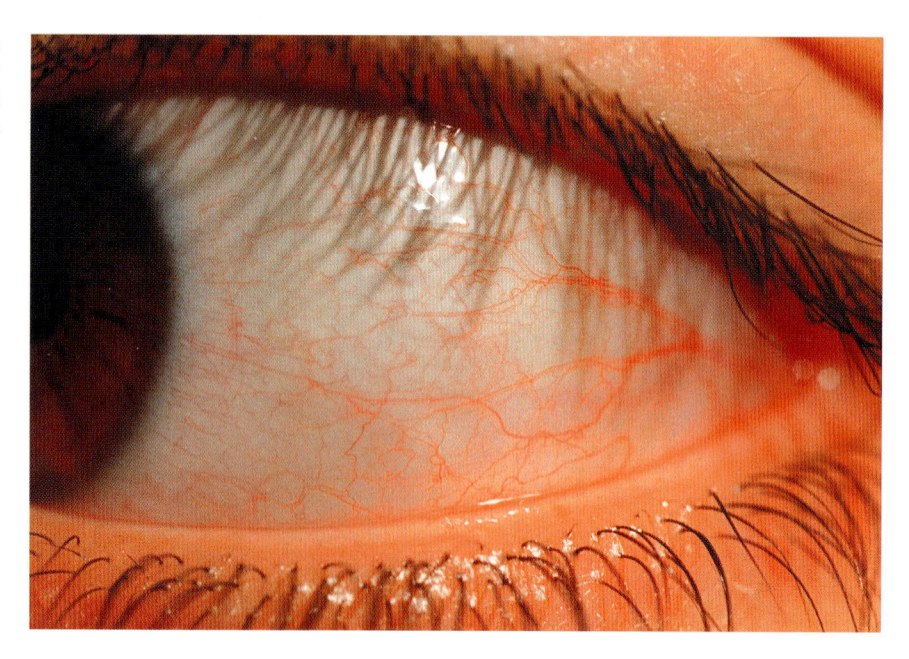

Gescannte Texturen

Der Scanner wird von den meisten 3D-Künstlern oft als nützliches Gerät übersehen. Denn obwohl er nicht so schnell ist oder so viel Spaß macht wie das digitale Fotografieren, erzeugt der Scanner ideale Texturen. Die Bilder sind gleichmäßig ausgeleuchtet, haben eine vollkommen flache Perspektive und einen perfekten Fokus über das gesamte Bild. Außerdem haben Scanner deutlich höhere Auflösungen als Digitalkameras. Wenn Sie ein 20 mal 20 Zentimeter großes Stück Stoff mit 600 dpi (dots per inch) scannen, haben Sie eine Auflösung von 4724 mal 4724 Pixel, die rund 22 Megapixel ohne Unschärfen und Verzerrungen entsprechen.

Scanner eignen sich hervorragend für das Erfassen von Kleidung, Geweben, Tapeten, Zeichnungen und Fotografien. Prinzipiell ist jedes andere flache Material eine willkommene, hochauflösende Bildquelle, welche auf dem Scanner Platz findet. Selbst vor skurrilen Objekten wie rohem Fleisch oder eine Perücke sollten Sie nicht Halt machen. Abbildung 10.18 zeigt eine Haartextur, die von einem gescannten Haarteil stammt.

Abbildung 10.18: Beispiel für eine eingescannte Haartextur

Handgemalte Texturen

Für einige Projekte ist es von Vorteil, jede Map komplett neu zu malen, ohne die reale Welt in Ihre Szene eindringen zu lassen. Besonders erfahrene Maler und Zeichner aus den traditionellen Medien sind hier im Vorteil. Handgemalte Maps können in fast allen visuellen Stilen entstehen, besonders wichtig sind sie aber im Bereich der nichtrealistischen, fantasievollen und illustrativen Renderings. Abbildung 10.19 wurde mit handgemalten Texturen aus einem 2D-Zeichenprogramm versehen.

Abbildung 10.19: Handgemalte Texturen beleben diese fantastische, illustrative Szene, die Eni Oken (*www.oken3d.com/index2.html*) in 3ds max erstellt hat.

Das zugrunde liegende Modell ist dabei relativ einfach, wie Abbildung 10.20 beweist. Die Texturen reichern die Szene an und unterstützen den einfallsreichen, ornamentalen Stil der Modellierung.

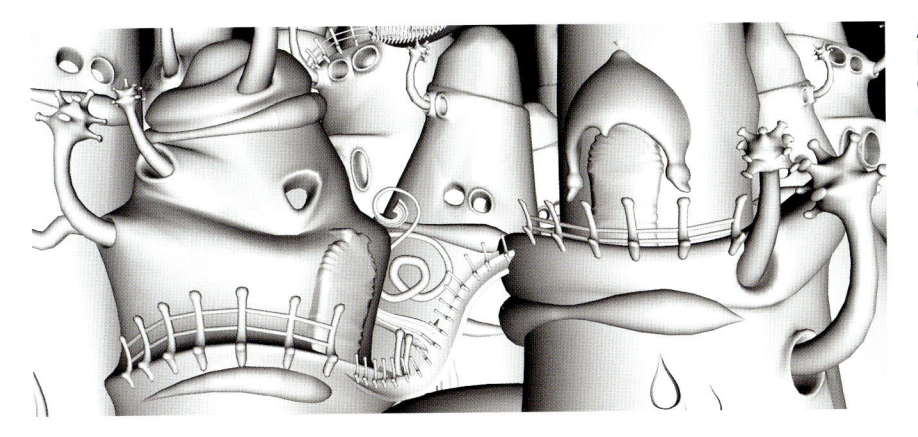

Abbildung 10.20:
Die untexturierten Gebäude bestehen aus relativ simplen Formen.

Abbildung 10.21 zeigt eine Textur, die der Markise eines Gebäudes zugewiesen wurde. Die Map entspricht der Form der Geometrie und fügt passende Farben und schmückende Details hinzu. Die Farben wurden sorgfältig ausgewählt und in das Farbschema der Szene eingepasst, deren Lila-, Gelb- und Orangetöne auf vielen anderen Oberflächen auftauchen.

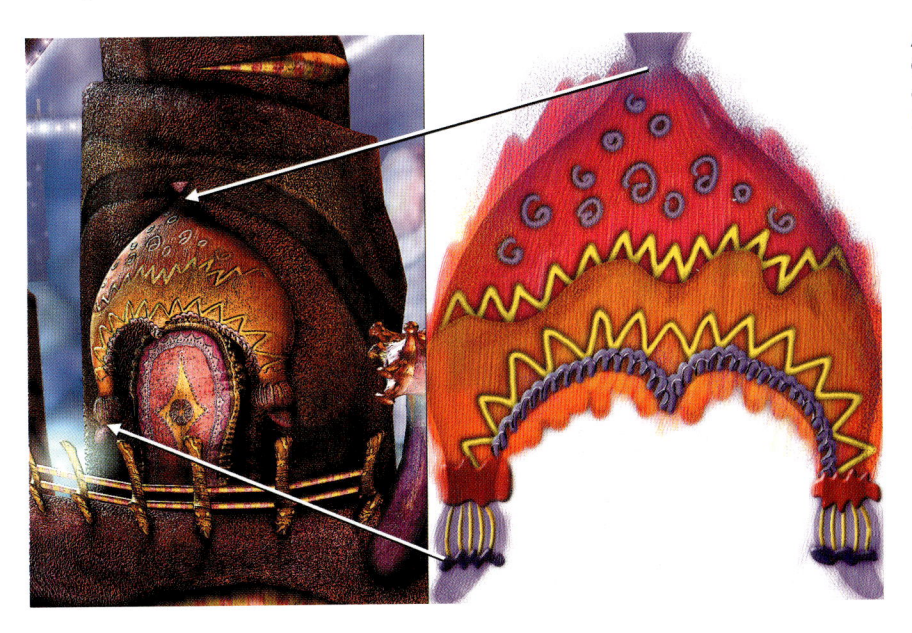

Abbildung 10.21:
Ornamentale Texturen ergänzen Farben und Relief des Gebäudes.

Sogar Licht und Schatten sind in diese Maps eingezeichnet, um die Beleuchtung der Szene zu unterstützen. Gemalte Details simulieren eine Räumlichkeit, die in der eigentlichen Geometrie nicht vorkommt. Beachten Sie, wie die Textur der Tür in Abbildung 10.22 schon Schattierungen und Schatten aufweist. Im finalen Rendering verschmelzen diese mit der berechneten Schatteninformation des Modells.

Abbildung 10.22: Farb-Maps für stilisierte Renderings können schon Schattierung und Schatten enthalten.

Texturauflösung

Wie hoch muss eigentlich die Auflösung einer Textur sein?

Denken Sie erst einmal über die Auflösung des Ausgabeformats nach. Für die Ausgabe von Filmauflösung oder der hochwertigen HDTV-Variante muss eine Textur deutlich mehr Details enthalten als beispielsweise bei PAL-Fernsehen.

Einige Texturen können aber auch eine kleinere Auflösung als die gerenderten Bilder haben. Muss beispielsweise ein Objekt texturiert werden, welches den Bildschirm nur halb füllt, entspricht die Textur auch nur der halben Ausgabeauflösung. Sollte sich die Map dreimal auf der Oberfläche wiederholen, wird etwa nur ein Drittel der Größe gebraucht.

Jedoch gibt es auch Fälle, in denen höher aufgelöste Maps notwendig sind. Umhüllt eine Textur beispielsweise den Kopf eines Menschen vollständig, enthält nur ein Teil der Map das Gesicht. In Nahaufnahmen muss das Gesicht jedoch selbst genug Details haben, um den Bildschirm auszufüllen. Bedeckt eine Textur einen Berg oder gar einen kompletten Planeten, erfordern Nahaufnahmen von kleinen Gebieten eine sehr hohe Gesamtauflösung. Daher wird in den meisten Fällen eine separate Map für solche Detaileinstellungen verwendet.

Die meisten Grafikkarten und einige Renderer arbeiten am effektivsten, wenn Texturen Auflösungen mit Dimensionen von Zweierpotenzen haben, etwa 256, 512, 1024 oder 2048. Einige Software- oder Hardware-Renderer skalieren Texturen intern bis zur nächsten Zweierpotenz auf. Tabelle 10.1 zeigt einige der gebräuchlichsten Texturauflösungen und deren Speicherverbrauch bei 4 Kanälen (RGB und Alpha).

TEXTURAUFLÖSUNG	SPEICHERVERBRAUCH
256 x 256	256 KB
512 x 512	1 MB
1024 x 512	2 MB
1024 x 1024	4 MB
2048 x 1024	8 MB
2048 x 2048	16 MB
4096 x 4096	64 MB

Tabelle 10.1: Speicherverbrauch von Texturen

Beim Digitalisieren oder Malen der Textur legen Sie diese höher aufgelöst an, als Sie sie in 3D benötigen. Bei einer 512 x 512 Map versuchen Sie, mit wenigstens 1024 Pixeln anzufangen. Viele Schritte während der Bildbearbeitung, etwa das Drehen der Bilder, verringern die Bildqualität geringfügig. Mit einer höheren Auflösung birgt die am Schluss herunterskalierte Map zudem weniger Bearbeitungsfehler durch Ungenauigkeiten.

Texturen sind in ihrem Detailgrad begrenzt. Ist die Map zu klein für die geforderte Auflösung, gewinnen Sie durch Vergrößern keine Details, sondern nur ein unscharfes Bild. Das Erstellen von höher aufgelösten Maps erlaubt später ein genaues Anpassen an die Szenenvorgaben und verbraucht so nur den notwendigen Speicher.

Für die fertigen Texturen ist allein die Pixelauflösung als Größenfaktor relevant. Die DPI-Einstellung einer fertigen Map zeigt keine Wirkung in 3D. Daher können Sie dort jeden Wert stehen lassen, 72 DPI ist eine gebräuchliche Voreinstellung. Verwenden Sie einen Scanner (Flachbett oder Dia) mit einstellbaren DPI-Werten, verwenden Sie die Einstellung, die Ihnen die passende Zahl von Pixeln liefert.

Ausrichtungsstrategien

Egal, ob Sie Ihre Texturen von Grund auf neu oder aus bearbeiteten Digitalbildern erstellen, es bedarf einer guten Strategie, um die Texturen auf der Oberfläche auszurichten. Wenn Sie Ihre Map anschauen, müssen Sie wissen, welches Pixel der Textur an welchem Punkt der 3D-Oberfläche erscheint. Für dieses Problem gibt es mehrere Lösungsansätze.

Gekachelte Texturen

Gekachelte Maps oder Tiling Maps werden so angelegt, dass sie mehrfach auf einer Oberfläche wiederholt werden können. Dabei sind keine Übergänge an den Kanten sichtbar, ähnlich wie bei den gedruckten Mustern von Tapeten. Die linke Kante einer gekachelten Map passt nahtlos an die rechte Seite. Selbiges gilt für oben und unten. Wie in Abbildung 10.23 zu sehen, ist es nicht möglich zu sagen, wo eine Wiederholung beginnt und eine andere aufhört. Die weißen Kreuze in den vier Ecken der Dachschindeltextur geben einen Hinweis auf die Kanten, die so nicht zu erkennen wären.

Abbildung 10.23: Die weißen Kreuze markieren die Ecken der nahtlos gekachelten Textur.

Sie können Tiling Maps in fast jedem Malprogramm erstellen. Beginnen Sie im ersten Schritt, die Fotos oder gemalten Maps zu beschneiden. Dabei sollte nur eine durchgängige Textur innerhalb des Bilds übrig bleiben.

Im nächsten Schritt wird die Textur so verschoben, dass die gegenüberliegenden Kanten aneinander liegen. Abbildung 10.24 zeigt den Photoshop-Befehl Filter > Sonstige > Verschiebungseffekt (Offset) und die beschnittene Textur auf der linken Seite. In der rechten Abbildung wird das Bild um die halbe Breite nach rechts und um die halbe Höhe nach unten verschoben. Pixel, die auf der einen Seite durch das Verschieben verschwinden, tauchen auf der gegenüberliegenden wieder auf. Alle Kanten befinden sich nun in der Mitte. An einem Detail wie den roten Blättern in der Bildmitte, die sich früher oben links befanden, wird dies deutlich. Nach dem Verschieben passen die gegenüberliegenden Kanten zusammen, nur die Bildsprünge in der Mitte müssen noch angeglichen werden.

Für die Retusche der Kanten gibt es mehrere Ansätze. Sie könnten das Kopierstempel-Werkzeug nutzen oder eine Art „Kopieren und Einfügen-Pflaster", welches die Bildsprünge mit anderen Ausschnitten ersetzt. Das Klonen über Pinselspitzen erlaubt es Ihnen, die Bereiche mit verschiedenen Transparenzabstufungen zu übermalen, während „Kopieren und Einfügen" einen vollständigen Bereich auf einmal ersetzt. Über eine Farbkorrektur wird der Ausschnitt nun nahtlos in die Umgebung eingeblendet. Wie Abbildung 10.25 zeigt, könnten Sie mit zwei Kopien Ihrer Ebene anfangen. Die verschobene Ebene über dem Original kann über eine Maske die Kanten überdecken. Diese Techniken lassen sich kombinieren, beginnend mit den zwei Ebenen, dem Reduzieren selbiger und dem Klonen der übrigen Bereiche.

Abbildung 10.24:
Das Ausgangsbild (links) und die mittels Offset verschobene Textur (rechts). Nun sind die Kanten nahtlos, während die in der Mitte sichtbaren Ränder auf eine Bearbeitung warten.

Abbildung 10.25:
Die obere Ebene verdeckt mittels Ebenmaske die Kanten des Originals.

Um die Nahtlosigkeit der Textur zu überprüfen, können Sie das Bild mittels Verschiebungseffekt-Filter beliebig horizontal sowie vertikal verschieben und so verbliebene Unterbrechungen aufspüren. Um die Mehrfachwiederholung zu überprüfen, können Sie die Textur als Füllmuster definieren und ein größeres Bild damit ausfüllen.

Farb- und Helligkeitsunterschiede anpassen

Wenn Sie mit fotografischen Elementen arbeiten, stellt der Ausgleich von Farb- und Helligkeitsverschiebungen einen wichtigen Punkt bei der Vorbereitung von kachelbaren Maps dar. Häufig wird ein Foto in der Mitte heller als an seinen Rändern sein oder der Farbton des Bilds sich von einer zur anderen Seite unterscheiden. Selbst wenn die Textur an den Rändern nahtlos ist, können bei Wiederholungen auf 3D-Objekten die wiederkehrenden Farb- und Helligkeitsunterschiede auffallen und ein aus der Entfernung sichtbares Muster erzeugen.

Abbildung 10.26 zeigt das Foto eines Baums (links), welches beschnitten und mittels Verschiebungseffekt als Rindentextur (rechts) vorbereitet wurde. Dabei gibt es eine vollständige Verschiebung von Helligkeit und Farbe über das gesamte Original. Der Offset-Filter macht dies besonders an der mittleren Kante deutlich.

Um die Farbverschiebung auszugleichen, könnten Sie eine Verlaufsmaske erstellen und mit deren Hilfe die verschiedenen Bildbereiche angleichen.

Ein äußerst nützliches Werkzeug zum Ausgleichen solcher Unterschiede stellt Filter > Sonstige > Hochpass dar. Wenden Sie den Hochpassfilter vor dem Verschieben an, können Sie die Variationen der Ebene aufheben, während Details und Texturen unter dem vorgegebenen Radius erhalten bleiben. Der Hochpassfilter erweist sich als äußerst nützlich, da er den Gesamtkontrast des Bilds reduziert. Nach dessen Anwendung müssen Sie eine Tonwertkorrektur vornehmen und so Sättigung sowie Kontrast der Textur wiederherstellen.

Benötigen Sie mehr Kontrolle, als der Hochpassfilter bietet, ist dies wie folgt möglich: Kopieren Sie die anzupassende Ebene. Wenden Sie einen Weichzeichnungsfilter an, der stark genug ist, um die Textur zu entfernen. Invertieren Sie diese Ebene und mischen Sie sie mit fünfzigprozentiger Transparenz. Das Ergebnis in Abbildung 10.27 entspricht dem Hochpassfilter.

Abbildung 10.26: Farb- und Helligkeitsunterschiede werden dank des Verschiebungseffektfilters deutlich.

Abbildung 10.27: Ein simulierter Hochpassfilter mit mehreren Ebenen gibt ihnen eine bessere Gesamtkontrolle über den Prozess.

Nachdem Sie das hochpassähnliche Ergebnis erhalten haben, können Sie für einen subtileren Effekt die obere Ebene weniger als 50 Prozent durchscheinen lassen. Oder wenn Sie die Farben behalten wollen, ändern Sie die Ebenen-Füllmethode, etwa auf Luminanz. Wenn die Ebenen zusammengeführt sind, bleibt jedoch weiter ein kontrastarmes Bild zurück. Daher sollten Sie die Filter Kontrast oder Auto-Tonwertkorrektur anwenden, um wieder eine Zeichnung in die Textur zu bekommen. Die angepasste Map wird in Abbildung 10.28 dreimal wiederholt, ohne dass sie heller oder dunkler wirkt.

Gekachelte Maps erweitern

Wenn Sie sich eine mehrfach wiederholte Tiling Map anschauen, wird es Ihnen bestimmt auffallen, wenn bestimmte Merkmale zu häufig wiederkehren. Dieses Manko lenkt die Aufmerksamkeit auf sich. Abbildung 10.29 zeigt die Kacheltextur einer Steinmauer mit verschiedenen entfärbten Steinen. Die vierfache Wiederholung bringt ein Muster zum Vorschein, statt zufällig zu wirken.

Abbildung 10.28:
Nach dem Angleichen der Helligkeit wiederholt sich die Textur ohne Verschiebungen in der Farbigkeit. Die weißen Kreuze zeigen die Ränder jeder Instanz auf.

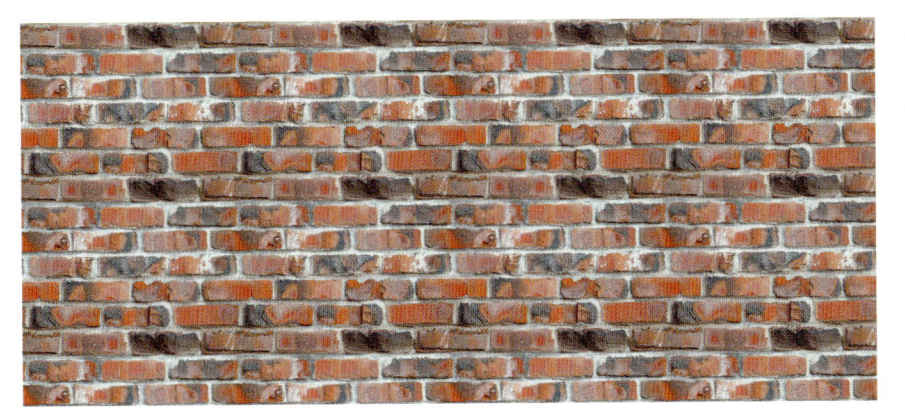

Abbildung 10.29:
Die Wiederholung der Steinmauertextur ist zu offensichtlich.

Eine Lösung dieses Problems wäre die Erweiterung der Textur. Dazu erstellen Sie ein doppelt so großes Bild und fügen die Map vier Mal ein, wie in Abbildung 10.30 zu sehen. Die Kopien lassen sich auf dieselbe Ebene reduzieren. Anschließend können Sie mittels Klonen oder Markieren und Ausschneiden einige Steine verschieben. Außerdem können Sie die Farben variieren oder zusätzliche Bildinformationen einfügen, die das sich wiederholende Muster aufbrechen. Das Ergebnis ist auf der rechten Seite der Abbildung sichtbar und kann einen größeren Bereich ohne sichtbare Doppelungen texturieren.

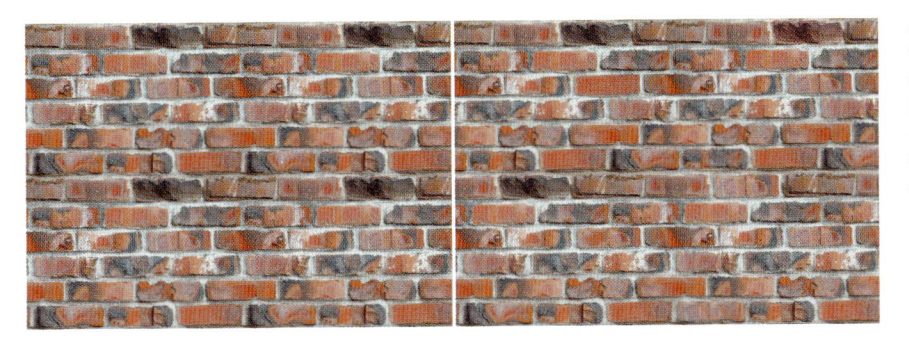

Abbildung 10.30:
Vier Wiederholungen der gekachelten Textur werden in ein neues Bild eingefügt (links). Bei der Bearbeitung wird auf mehr Abwechslung geachtet (rechts).

Abbildung 10.31: Diese Textur besitzt einen realistischen Übergang vom Boden zur Mauer, eignet sich aber nur zur horizontalen Wiederholung.

Bevor Sie jedoch eine Textur erweitern, überprüfen Sie deren Wirkung mit einem Testrendering in der 3D-Szene. Manchmal fällt die Wiederholung im Zeichenprogramm stark auf, aber auf einer Oberfläche, die verschieden ausgeleuchtet ist, teilweise im Schatten steht oder von anderen Texturen oder Modellen verdeckt wird, bleibt diese relativ gut verborgen.

Horizontales und vertikales Kacheln

Texturen müssen sich nicht unbedingt sowohl horizontal als auch vertikal wiederholen. Es bietet sich je nach Situation an, nur in eine Richtung zu kacheln. Abbildung 10.31 zeigt die Textur der unteren Kante einer Betonmauer, welche nur horizontal entlang des Bodens verläuft.

Dekore

Zum realistischen Texturieren von Objekten ist es meist notwendig, mehrere Maps übereinander zu schichten. Einige dieser Texturen werden unterschiedlichen Attributen wie Farbe oder Bump-Map zugewiesen. Andere Maps wiederum sind nur bestimmten Bereichen des Modells zugewiesen, beispielsweise an den Objektkanten. Soll ein besonderes Detail an einer spezifischen Position angebracht werden, eventuell sogar in einem texturierten Bereich, nennt man dies Dekor.

Ein Dekor, auch geschichtete Textur, Schablone, Decal, Layered Texture, Stencil oder Label Map genannt, wurde so ausmaskiert, dass es über einem vorhandenen Material angebracht werden kann. Wie Abbildung 10.32 zeigt, besteht ein Dekor aus einem Farbbild (oben) und passender Maske (unten). Die weißen Bereiche definieren, wo die Farbe des Dekors sichtbar wird, während Schwarz das ursprüngliche Material durchscheinen lässt. Die Maske befindet sich meist im Alpha-Kanal des Bilds, kann aber auch aus einer separaten Datei stammen.

Abbildung 10.32: Eine Dekor-Map mit Alpha-Kanal, welcher die Schichtung der Texturen kontrolliert

Durch die Verwendung eines Alpha-Kanals können viele Dekore übereinander geschichtet werden. So entstand die detailreiche Szene in Abbildung 10.33.

Abbildung 10.33:
Die Pfeile zeigen an, wo das Dekor aus Abbildung 10.32 innerhalb der Szene immer wieder auftaucht.

Schmutz

Eine der nützlichsten Anwendungen ist das Aufbringen von Schmutz auf Ihre Modelle. So können Sie Texturen mit Dreck, Flecken, Kratzern und anderen Oberflächenmängeln auf Ihre Texturen aufbringen. Abbildung 10.34 zeigt das Bild eines Wasserfleckens (links), der vertikal wiederholt und über den Alpha-Kanal (rechts) ausmaskiert werden kann. Eine solche vertikale Textur könnte eine horizontale Map wie in Abbildung 10.31 auflockern und Abweichungen hinzufügen.

Abbildung 10.34:
Der vertikal kachelbare Wasserfleck (links) wird mit dem Alpha-Kanal (rechts) über andere Texturen gelegt.

Verwenden Sie den Schmutz, um gezielte Änderungen und kein „Rauschen" einzufügen. Möchten Sie etwas benutzt aussehen lassen, reicht zufälliges Rauschen nicht aus. Stattdessen wählen Sie Schmutz-Maps, die spezifische, bewusste Akzente setzen. Versuchen Sie, die Geschichte aller Kratzer und Unebenheiten der Oberfläche glaubhaft nachzuvollziehen, etwas muss sie natürlich verursacht haben. Hier ein paar Anregungen, die das Design und die Position der Schmutztexturen beeinflussen können:

- Kratzer erscheinen nicht zufällig auf Parkett, sondern dort, wo die Tür beim Öffnen auf dem Boden schleift.
- Teppiche sehen dort abgenutzt aus, wo Menschen oft entlanglaufen.
- Schimmel wird in der Nähe von Spalten und Ecken dunkler.
- Wasserflecke bleiben dort zurück, wo das Wasser eine Oberfläche herunterläuft oder einen bestimmten Pegel hält.

Abbildung 10.35 zeigt ein Foto von Rostflecken auf einer Zementwand. Beachten Sie, dass diese nicht zufällig verteilt sind, sondern sich an den Metallteilen konzentrieren, welche die Quelle des Rosts sind. Diese Art des Denkens ist besonders für das Erschaffen von glaubwürdigen Fantasy-Welten oder erdachten Orten wichtig. Sie müssen sich die komplette Geschichte der Szene vorstellen, um überzeugenden Schmutz dafür anzulegen.

Abbildung 10.35:
Die Rostflecken entstehen dort, wo das Wasser von den Metallteilen heruntertropft.

Des Weiteren ist Schmutz nicht wirklich dunkel. Das Verschmutzen einer Oberfläche bedeutet nicht, diese einfach dunkler oder weniger gesättigt scheinen zu lassen. Einige Dreckarten hellen das Material auf, beispielsweise Staub, Kratzer, Wasserflecken oder Vogelkot. Rost, Fäulnis und Pilzbefall verschaffen einer alternden Oberfläche sogar Abwechslungsreichtum und Farbe.

Projektionen

Mittels einer Projektion (Projection) wird ein 2D-Bild in den 3D-Raum abgebildet. Die Projektion, die der Wirkung eines Filmprojektors ähnelt, wird Kameraprojektion genannt. Sie beginnt klein an der Linse und vergrößert sich beim Durchqueren des Raums. In der 3D-Grafik gibt es weitere Formen, eine Textur aufzubringen, unter anderem die planare, zylindrische oder kugelförmige Projektion. Die über die Projektion erzeugten UV-Mapping-Koordinaten erlauben das Aufbringen von 2D-Texturen.

Planare Projektion

Die planare Projektion (Planar Projection) bringt eine Textur so auf das Modell auf, dass Größe und Orientierung im 3D-Raum beibehalten werden. Die planar projizierte Textur wirkt, als ob sie genau von vorn, der Seite oder einer anderen orthogonalen Ansicht aufgemalt wurde.

Beim Erstellen einer planaren Projektion hilft die orthogonale Ansicht Ihres Modells als Referenz im Zeichenprogramm. Soll beispielsweise eine Textur für den vorderen Kopfteil eines Charakters erstellt werden, übernehmen Sie einfach eine 3D-Frontalansicht als Vorlage. Soll die Map dabei eine höhere

Auflösung als Ihr Monitor haben, verwenden Sie keinen Screenshot. Stattdessen rendern Sie den Kopf mit orthogonaler Kamera-Frontalansicht in der benötigten Auflösung.

Sobald Sie das Bild in Ihr Malprogramm übernommen haben, beschneiden Sie es genau, damit rundherum kein Schwarz übrig bleibt. Anschließend erzeugen Sie eine neue Ebene und behalten das Rendering als Referenz im Hintergrund, wie in Abbildung 10.36 zu sehen. So können Sie eine Textur malen oder zusammensetzen und etwa Sommersprossen mittels der Vorlage genau auf der Nase positionieren. Anschließend führen Sie die Ebenen zusammen und übernehmen sie als Textur in Ihre 3D-Applikation.

Der Hauptvorteil der planaren Projektion ist die Kompatibilität mit einem flachen Bild. Ein weiterer Vorzug ist die Unabhängigkeit der Projektion von der Geometrie. Änderungen am Modell wirken sich also nicht auf die Projektion selbst aus.

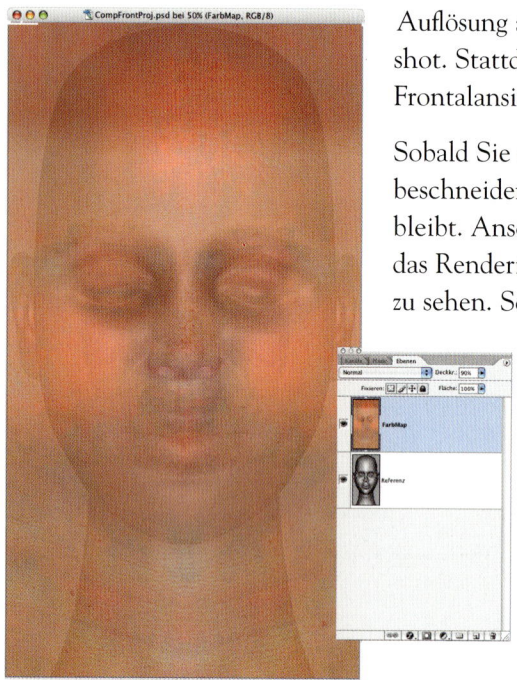

Abbildung 10.36: Eine Frontalansicht befindet sich als Referenz im Hintergrund, während sich die Farb-Map (obere Ebene, teilweise transparent) darüber befindet.

Abbildung 10.37 zeigt ein Rendering des Kopfs und der besagten Map. Ein Problem der planaren Projektion ist, dass sie unschön an den Seitenrändern verschmiert, während die frontale Geometrie perfekt texturiert wird. Im Bereich des vorderen Ohrs und der linksseitigen Halspartie treten diese Fehler auf. Ein weiteres Problem ist, dass die Projektion durch das gesamte Modell verläuft, das Gesicht also auch auf der Rückseite des Kopfs sichtbar wird.

Da sich die Projektion nur für eine Seite des Modells als nützlich erweist, sind häufig mehrere planare Texturen für das komplette Objekt nötig. In unserem Beispiel wäre dies zum einen die Stirnansicht, zum anderen die Seitenansicht.

Um Vorder- und Seitenansicht zu kombinieren, könnten Sie die unterschiedlichen Texturen bestimmten Polygongruppen zuweisen oder mittels Alpha-Maske organischer überblenden.

Einige Programme verfügen über Funktionen, welche die Projektion entlang der UV-Koordinaten abwickeln und in eine Datei speichern. In Maya nennt sich diese „Convert to File Texture", in 3ds max ist sie Bestandteil des Unwrap UVW-Modifikators und in Cinema4D Bestandteil der BodyPaint 3D-Funktionalität. Haben Sie mehrere Projektionen in eine UV-Map konvertiert, können Sie diese in einem Malprogramm für eine Textur kombinieren.

Zylindrische und kugelförmige Projektion

Die zylindrische und kugelförmige Variante projiziert das Bild von einem Zylinder- bzw. einer Kugeloberfläche auf das Modell. Abbildung 10.38 zeigt den Kopf mit zylindrischer (links) oder kugelförmiger (rechts) Projektion eines Schachbrettmusters. Das Ergebnis wirkt ähnlich. Soll die Kopfspitze des Modells nicht sichtbar sein, eignet sich die präzisere Zylinderprojektion, die nur am Anfang und am Ende des Körpers verzerrt.

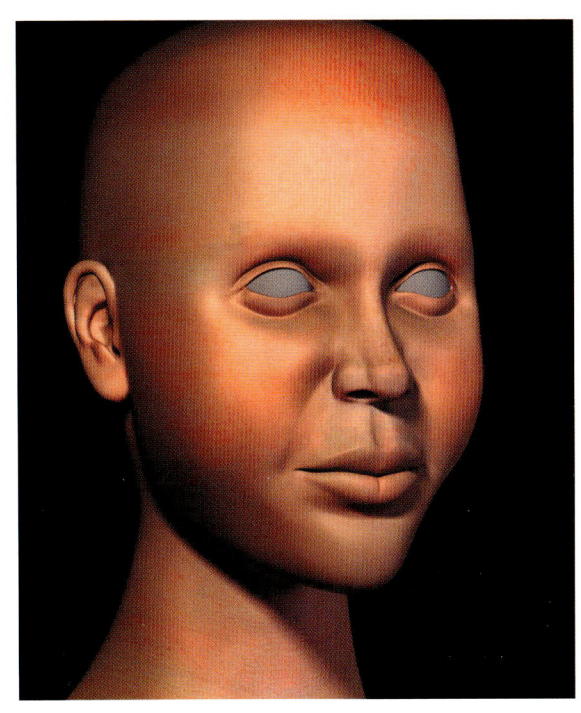

Abbildung 10.37: Die an der Stirn ausgerichtete planare Projektion wird an den Seiten unschön verzerrt.

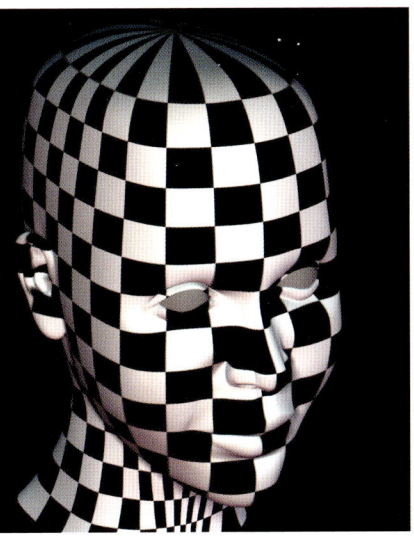

Abbildung 10.38: Der Kopf mit zylindrischer (links) und kugelförmiger (rechts) Projektion

Die beiden Projektionen entsprechen keinem der Ansichtsfenster in Ihrem 3D-Programm, somit ist Ihre Malarbeit nicht so einfach an der Geometrie auszurichten. Werkzeuge zum Abrollen der Textur sind daher noch wichtiger als bei der planaren Projektion. Weitere Einsatzgebiete wären das Belegen von Armen und Beinen von Lebewesen. Für jeden Gliedmaßenabschnitt sind einzelne Projektionen empfehlenswert.

Kameraprojektion

Die Kameraprojektion (*Camera Projection*) oder perspektivische Projektion erinnert am stärksten an einen Film- oder Diaprojektor. Sie passt sich genau an die spezifische Kameraansicht Ihrer Szene an. Beim Erstellen eines digitalen Hintergrundbilds (*Digital Matte Painting*) könnten Sie die Szene rendern, sie als 2D-Vorlage verwenden und im 3D-Programm exakt auf das Set zurückprojizieren.

Diese kameragenaue Projektion von Bildern in die Szene eignet sich für das Einpassen von Reflexionen in reale Umgebungen. Abbildung 10.39 zeigt die Kameraprojektion einer fotografierten Szene auf eine simple Geometrie. Bei der Berechnung von Reflexionen mit Raytracing spiegelt sich die Umgebung perfekt im 3D-Modell wieder und erlaubt eine überzeugende Integration.

Abbildung 10.39:
Ein Foto wird in den Würfel per Kameraprojektion integriert (links). Dadurch kann das 3D-Objekt die Umgebung realistisch reflektieren (rechts).

Andere Projektionen

Es gibt noch andere, applikationsspezifische Projektionen. Relativ gebräuchlich ist etwa die kubische Variante, welche planare Projektionen von den Seiten eines Würfels auf das Objekt aufbringt. Ebenfalls nützlich sind Custom oder Deformable Projections, welche eine Übertragung der Textur von beliebigen Formen ermöglichen, etwa NURBS-Flächen.

UV-Koordinaten

Die Koordinaten U und V entsprechen der Position auf der Oberfläche, in etwa so, wie X und Y die Pixelposition einer Textur wiedergeben. Obwohl manche Leute annehmen, dass V dabei für vertikal steht, ist der Ursprung ein anderer. U, V und zusätzlich W sind einfach die drei Buchstaben vor den Koordinatenvariablen X, Y und Z.

Es gibt zwei grundlegende UV-Typen: implizite UV-Koordinaten, wie sie etwa in NURBS-Oberflächen integriert sind, und explizite UV-Daten. Letztere werden vom Nutzer vorgegeben, beispielsweise bei Polygonen oder Subdivision Surfaces.

Implizite UV-Koordinaten

NURBS-Oberflächen haben implizite bzw. integrierte UV-Koordinaten. Sobald ein NURBS-Objekt erstellt wird, verfügt jeder Oberflächenpunkt über eine UV-Information. Diese Koordinaten bleiben erhalten, egal, wie Sie das Objekt bearbeiten. Abbildung 10.40 zeigt eine Textur mit definierten Farben und Zahlen (links) sowie deren Anwendung auf die UV-Information des NURBS-Kopfs (rechts).

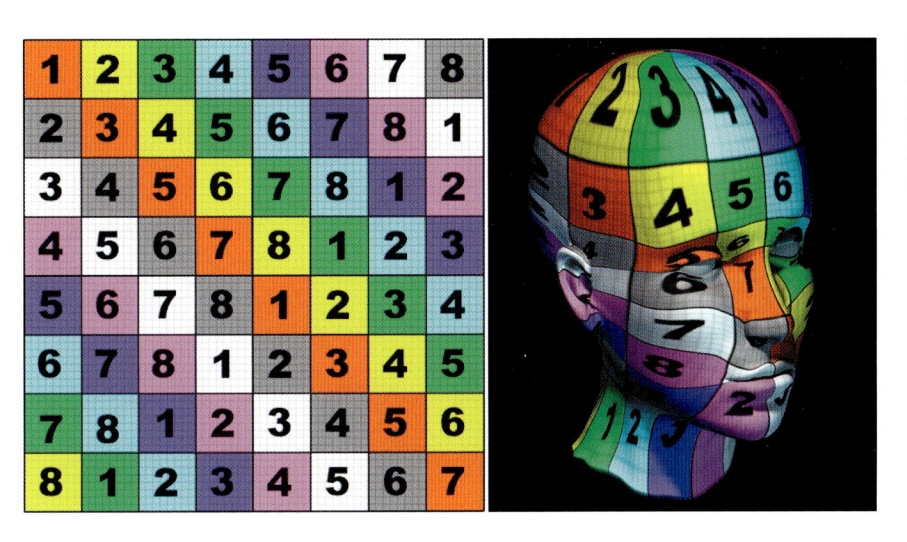

Abbildung 10.40:
Die Textur (links) wurde speziell dafür entworfen, den Verlauf der UV-Koordinaten des NURBS-Modells zu verdeutlichen (rechts).

Die integrierten UV-Koordinaten sind auf die stets gitterförmige Struktur von NURBS-Oberflächen zurückzuführen. Die NURBS-Fläche besteht aus einer Anzahl von Kurven, die in U-Richtung laufen und von Kurven aus V-Richtung überkreuzt werden. Jeder Punkt hat somit seine eigenen UV-Koordinaten, die eine Position innerhalb der Gitterfläche darstellen. Dennoch sind Deformationen möglich, da das Gitter erhalten bleibt. Dies führt zu Einschränkungen beim Modellieren, da es nicht möglich ist, einzelne Schnittpunkte (Vertices) zu löschen, sondern immer nur ganze Zeilen und Spalten.

Eine zugewiesene Map verläuft mit der horizontalen X-Achse auf der U-Koordinate und auf der vertikalen Y-Achse entlang der V-Richtung. Somit erscheint jedes Pixel der Textur nur genau einmal auf der Oberfläche.

Durch die Konstruktion der NURBS-Oberfläche wird die Verteilung der UV-Koordinaten bestimmt. Abbildung 10.41 zeigt, wie ein anders aufgebauter NURBS-Kopf die Textur anzeigt. Diesmal ist der Mund einer der Pole des Modells, wodurch die Texturkanten in diesem Punkt aufeinander treffen.

Abbildung 10.41:
Die UV-Koordinaten verlaufen bei diesem Kopf vom Mund nach außen.

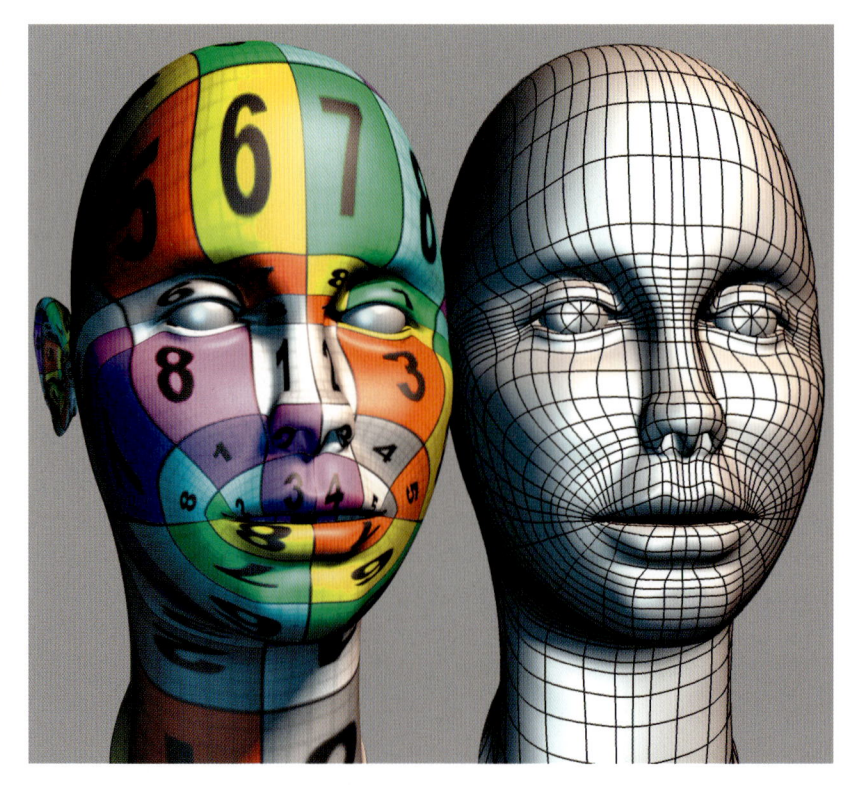

Explizite UV-Koordinaten

Polygonale Meshes und Subdivision Surfaces sind freie, geometrische Strukturen (*Freeform Geometry*), welche nicht aus einem Gitter oder vierseitigen Polygonen bestehen müssen. Aufgrund der fehlenden Gitterstruktur ergeben sich auch keine impliziten UV-Koordinaten wie bei den NURBS. Daher müssen die UV-Daten „explizit" zugewiesen werden. Selbiges trifft auch für Subdivision Surfaces zu, welche auf einem polygonalen Kontrollobjekt basieren, dem meist schon explizite Koordinaten zugewiesen wurden.

Explizite UV-Koordinaten werden in jedem Vertex (Geometriepunkt) des Mesh abgelegt. Dabei können wirklich beliebige Koordinaten zugewiesen werden, sogar Teile des Objekts dieselben UV-Werte wieder verwenden. Wiederholen sich Koordinaten, taucht auch die Textur mehrfach auf. Insbesondere in der Spielentwicklung wird dies bewusst eingesetzt. Bildteile werden so mehrfach auf ein Modell aufgebracht und der Texturspeicher optimal genutzt. Bei Film und Fernsehen wird jedoch meist Wert darauf gelegt, dass eingefügte Details nur einmal auftauchen.

Polygonale Grundkörper verfügen meist über UV-Koordinaten. Sobald Sie aber deren Oberfläche editieren, werden diese beschädigt. Das Einfügen von Polygonen etwa hat zur Folge, dass entweder keine neuen UV-Daten angelegt werden oder UV-Verzerrungen entstehen.

Daher ist es ratsam, explizite UV-Daten erst nach der Fertigstellung des Modells zuzuweisen. Greifen Sie auf verschiedene Projektionen zurück, um die Verteilung der Koordinaten im Raum festzulegen. Die meisten 3D-Programme bieten einen UV-Textur-Editor, welcher die abgewickelte Geometrie über der Map anzeigt. Abbildung 10.42 zeigt diesen in Maya. Das Verschieben von Punkten in dieser Ansicht erlaubt ein gezieltes Ausrichten an der Textur.

Die abgewickelte Polygonansicht des UV-Editors eignet sich auch als Hintergrundebene im Zeichenprogramm. Das Malen und Bearbeiten von Texturen wird mit dieser Referenz genauer und einfacher.

Die stetig verbesserten Mapping-Werkzeuge der aktuellen 3D-Programme verwischen die Grenzen zwischen implizierten und expliziten Texturen. Selbst beim Bearbeiten von NURBS-Oberflächen mit impliziten UV-Koordinaten ist es in manchen Applikation möglich, deren UV-Daten losgelöst von der Oberfläche zu verändern.

Abbildung 10.42:
Der UV-Textur-Editor zeigt eine abgerollte Ansicht der Polygone und somit deren Ausrichtung auf der Textur.

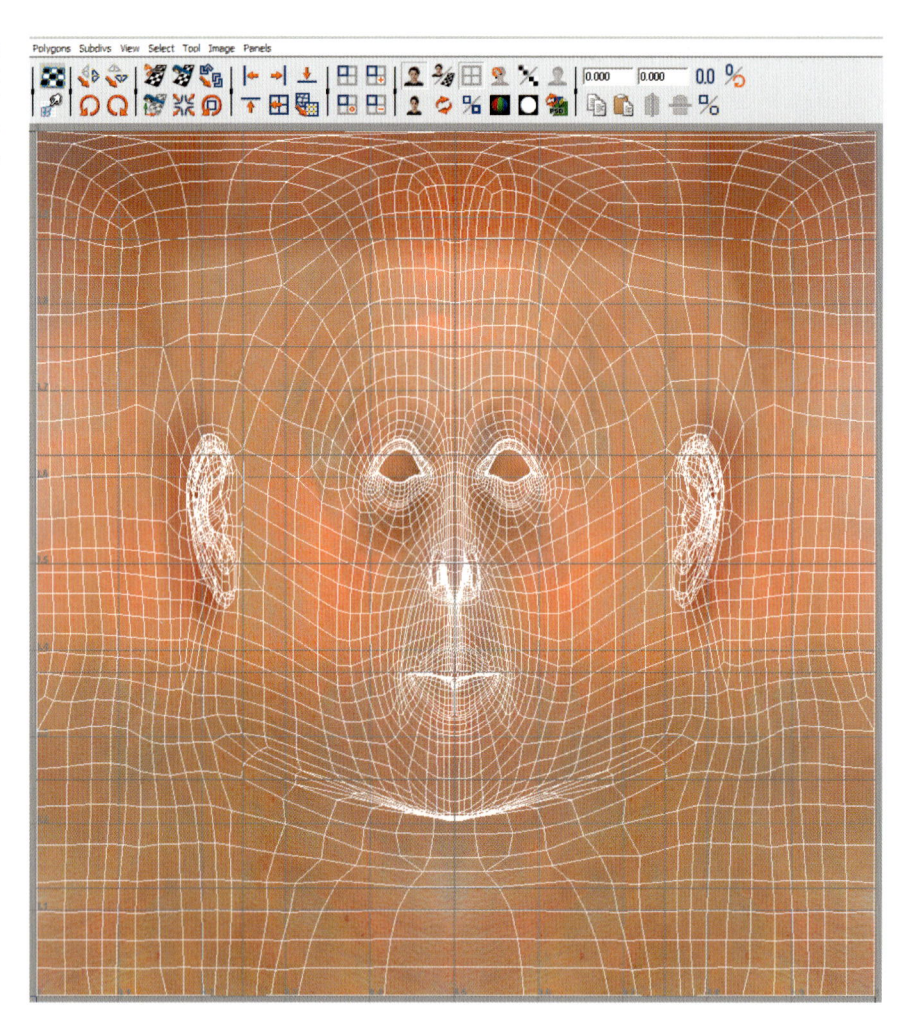

Mehrfach-UV-Datensätze

Es besteht die Möglichkeit, mehrere UV-Daten (Multiple UV Sets) für ein Modell anzulegen, sodass verschiedene Texturen entlang unterschiedlicher UV-Koordinaten verlaufen. So ist es mittels mehrerer UV-Datensätze möglich, die Textur für einen Stoff auf jedem Teil des Kleidungsstücks zu definieren. Anschließend erlaubt ein weiterer UV-Satz die Festlegung von Nähten oder aufgedruckten Mustern. Durch verschiedene UV-Sätze können Maps unabhängig voneinander verteilt oder wiederholt werden.

Texturieren von Polen

An den so genannten Polen (*Poles*) läuft die vollständige Seite einer Textur in einem einzelnen Punkt zusammen. Die Pole treten an der Spitze und am unteren Ende von kugelförmigen Projektionen oder geschlossenen NURBS-Körpern auf.

Mit Hilfe des Photoshop-Filters FILTER > VERZERRUNG > POLARKOORDINATEN kann der Pol einer Textur von der Mitte auf den Bildrand transformiert werden. Abbildung 10.43 zeigt die Map eines Auges vor (links) und nach der Anwendung (rechts) des Filters. Hätte sich der Augapfel nicht in der Mitte befunden, würde die Iris keine horizontale Linie bilden, sondern verzerrt erscheinen.

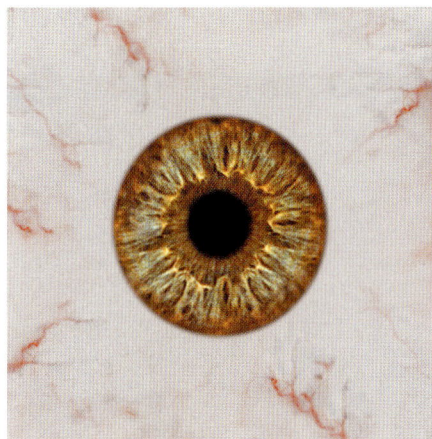

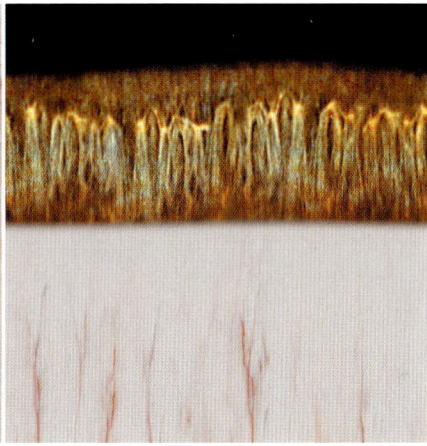

Abbildung 10.43:
Augapfeltextur, die von einer planaren Projektion (links) auf eine vom Pol ausgehende (rechts) transformiert wurde.

Diese Konvertierung optimiert die Augapfeltextur, damit sie zu den UV-Koordinaten des runden Modells passt. Ein weiterer Vorteil der Umrechnung ist die vereinfachte Retusche. Glanzpunkte oder störende Wimpern können mittels Klonen oder Kopieren einfacher entfernt werden, denn Sie müssen die Krümmung nicht ausgleichen. Wollen Sie nur temporär in dieser Darstellung arbeiten, kann der Filter die Koordinatenumrechnung wieder umkehren, er fügt aber Unschärfen aufgrund von Rundungsfehlern ein.

Das Texturieren eines Apfels wäre eine weitere Situation, in der Teile der Textur an den Polen liegen. Der NURBS-Apfel (links) aus Abbildung 10.44 weist oben und unten die Pole auf. Die Geometrie läuft am unteren Ende zu einem einzelnen Punkt zusammen (mittig). Die Texturierung sollte jedoch ohne ein Zusammenlaufen des Bilds erfolgen, wie in der rechten Abbildung zu sehen.

Abbildung 10.44:
Der NURBS-Apfel (links) weist oben und unten einen Pol auf (Mitte), welcher verzerrungsfrei sowie nahtlos texturiert (rechts) werden sollte.

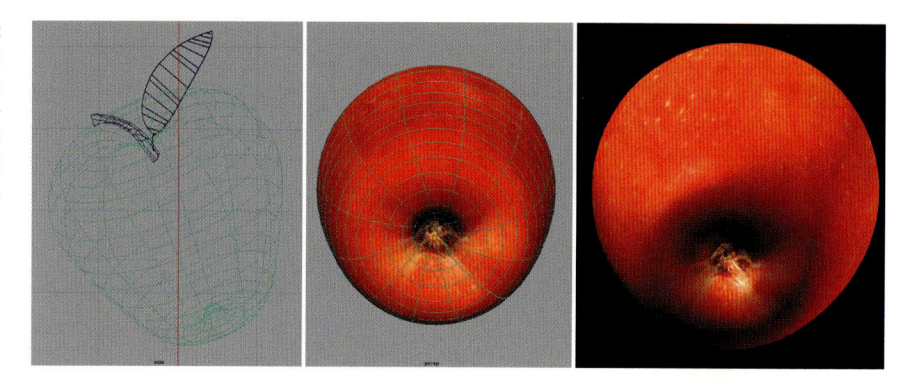

Um den Apfel zu umhüllen, muss die Textur an der Spitze und am Ende entzerrt werden, wie Abbildung 10.45 zeigt. Die beiden Pole wurden mit dem Polarkoordinatenfilter erzeugt.

Abbildung 10.45:
Die Farb-Map des Apfels weist für den oberen und unteren Pol Bildinformationen auf.

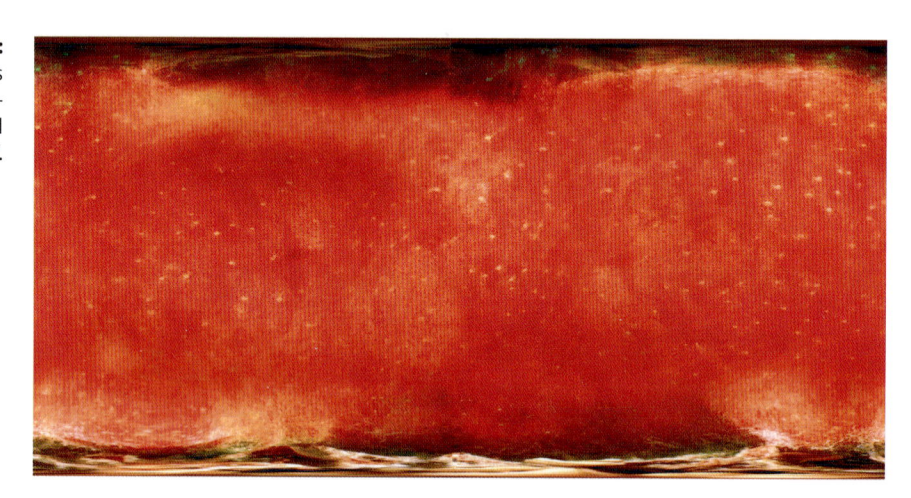

Abbildung 10.46 zeigt ein Foto der Unterseite eines Apfels (links), welches über den Polarkoordinatenfilter (rechts) konvertiert wurde. Das Ergebnis wurde anschließend verkleinert und in den unteren Teil der Textur eingepasst.

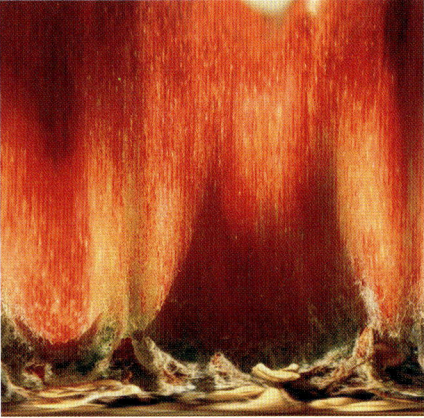

Abbildung 10.46:
Das Ursprungsbild des unteren Teils eines Apfels (links), der in Polarkoordinaten konvertiert wurde (rechts).

3D-Zeichenprogramme

Das Erstellen von Texturen in einem 3D-Zeichenprogramm (3D Paint Program) ist ein einfacher, direkter Vorgang. Normalerweise importieren Sie das 3D-Modell mit den angepassten UV-Koordinaten und malen entweder direkt auf der Oberfläche oder auf einer speziellen Ebene. Nach jeder Drehung des Modells wird diese Hilfsebene auf das Modell projiziert.

Mit Hilfe dieses Werkzeugs können vollständige, finale Texturen erstellt werden. Allerdings bevorzugen viele 3D-Künstler die Kontrolle und Ansicht in einer 2D-Applikation, außerdem bieten Programme wie Photoshop ein ausgereiftes Werkzeugrepertoire. Einen Kompromiss stellt das Einfügen von Markierungen in dem 3D-Malprogramm dar, welche die Position von wichtigen Merkmalen innerhalb des Modells aufzeigen. Ein Beispiel wäre das Einfügen von Außenlinien um Lippen, Nase, Augenlider und entlang des Kinnverlaufs bei einem Kopfmodell. In dem 2D-Zeichenprogramm dienen diese Markierungen auf einer Hintergrundebene als Referenz für die finale Textur.

Prozedurale Texturen

Eine prozedurale oder auch mathematische Textur (*Procedural Texture*) basiert auf Algorithmen, die anhand von Parametern ein farbiges Muster erzeugen. Das Laden einer Bilddatei entfällt dabei. Sie sind eine Alternative zum Erstellen von Maps, wobei die meisten Nutzer aber eine Kombination beider Varianten bevorzugen. Bei der Anwendung von prozeduralen Texturen ergeben sich sowohl Vor- als auch Nachteile.

Auflösungsunabhängigkeit

Prozedurale Texturen sind an keine Auflösung gebunden. Sollten Sie ein hochaufgelöstes Rendering anfertigen oder eine extreme Nahaufnahme erstellen, weist die algorithmische Textur immer mehr Details auf. Zudem wird sie nicht unscharf wie eine aufgezogene, bildbasierte Map. Die meisten prozeduralen Muster sind in jeder Skalierung mathematisch definiert, wobei manche jedoch über zusätzliche Parameter für den Detailgrad oder die Iterationen verfügen.

Aufgrund ihrer Auflösungsunabhängigkeit eignen sich prozedurale Texturen für weitläufige Szenen wie Landschaften oder Gelände. Sie könnten einen unendlich großen Bereich bedecken, ohne sich je zu wiederholen.

Jedoch ist die beliebige Auflösung der Textur keine Garantie dafür, dass Nahaufnahmen Ihren Wünschen oder Erwartungen entsprechen. Egal, welche Art der Texturierung Sie verwenden, damit eine 3D-Szene realistisch und detailreich in Nahaufnahmen wirkt, ist eine genaue Auseinandersetzung mit dem abzubildenden Thema notwendig. Anschließend sind eine aufwändige Entwicklung und einige Testrenderings notwendig, um den gewünschten Detailgrad zu erreichen.

3D-Texturen

Einige prozedurale Texturen sind sogar dreidimensional definiert und werden auch Solid Textures genannt. Im Gegensatz zu den zweidimensionalen, bildbasierten Maps erzeugen 3D-Texturen ein Muster im dreidimensionalen Raum. Sie können jedes beliebig geformte 3D-Modell entwerfen und eine 3D-Textur wird immer verzerrungsfrei auf dessen kompletter Oberfläche erscheinen. Beispielsweise der Marmor in Abbildung 10.47 verläuft nahtlos von der einen Seite des Würfels zur anderen, selbst im Bereich der Löcher, die das Objekt durchschneiden. Mit bildbasierten Texturen müsste jede Oberfläche mit Koordinaten und Texturteilen versehen werden, während die 3D-Textur dies automatisch übernimmt.

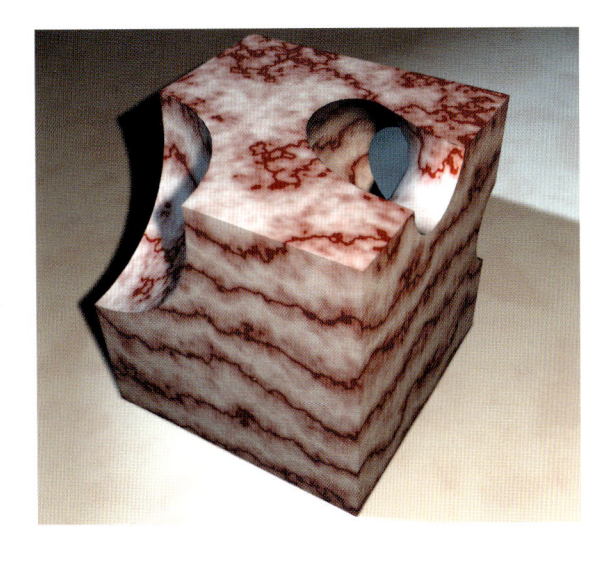

Abbildung 10.47:
Eine prozedurale 3D-Textur füllt den Raum gleichmäßig mit ihrem Muster aus.

Viele Programme unterstützen die Projektion von prozeduralen 2D-Texturen entlang von UV-Koordinaten. Der Umgang mit dem Mapping ähnelt dem mit Bildtexturen.

Animation

Prozedurale Texturen hängen von numerischen Parametern ab. Animieren Sie diese Einstellungen über die Zeit, ändert sich auch die Textur auf verschiedene Art und Weise. Das einzigartige Aussehen von animierten Texturen findet in Spezialeffekten, Übergängen oder in abstrakten Hintergründen von Logos oder Schriften Anwendung.

Aussehen

Während die Auflösungsunabhängigkeit nahtloser 3D-Texturen für komplexe Modelle und animierbare Parameter große technische Vorteile bedeutet, ist am Ende das Aussehen der Texturen ausschlaggebend. Die meisten 3D-Programme bieten einige grundlegende Rauschgeneratoren und Muster. Wenn Sie Szenen schnell erstellen müssen und Maps innerhalb der 3D-Applikation erstellen wollen, bieten diese grundlegenden mathematischen Texturen eine schnelle Möglichkeit, Objekte mit verschiedenen Mustern einzufärben.

Die normalen 3D-Texturen sehen selten nach ihren Namensvorbildern und den damit verbundenen Assoziationen aus. Eine prozedurale Holztextur etwa ähnelt einer Holzmaserung, wird aber nicht wie ein antikes Eichenfurnier, Tropenholz, Kiefer oder etwas ähnlich Spezifisches aussehen. Soll das Aussehen absolut realistisch sein, greifen Sie besser auf Bildtexturen zurück. Abbildung 10.48 zeigt den Vergleich zwischen einer prozeduralen (links) und einer bildbasierten Textur (rechts). Obwohl die algorithmische Textur nicht sehr überzeugend ist, war sie in einem Bruchteil der Zeit fertig.

Abbildung 10.48: Die prozedurale Annäherung an einen Apfel (links) sieht simpler aus als die bildbasierte Textur (rechts).

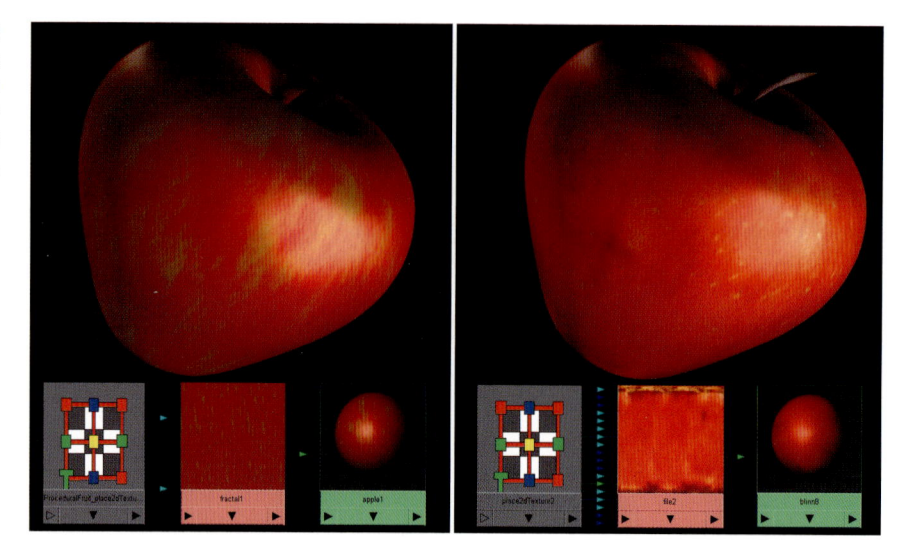

3D-Künstler, die an hochqualitativen Produktionen arbeiten, verwenden manchmal prozedurale Texturen in Kombination mit Bildern. Beispielsweise könnte die Textur eines Apfels auf einem Foto, aber dessen Glanzfarbe auf einem mathematischen Rauschen basieren, welches den Glanz der Oberfläche variiert. Werden mehrere prozedurale Texturen kombiniert und mit Bildtexturen erweitert, bilden sie ein starkes Team.

Eine andere Anwendung von algorithmischen Materialien sind eigens für aufwändige Projekte entwickelte Shader. Alle großen Studios und viele kleinere Firmen stellen Entwickler oder Shading Technical Directors an, die Shader für bestimmte Materialien oder ein spezifisches Aussehen programmieren. Obwohl das Entwickeln von Shadern zeitaufwändiger ist als das Erstellen einer normalen Textur, sind sie nützlich, um etwa einen ganzen Planeten ohne Wiederholungen zu bedecken.

Baking – prozedurale Texturen in Bilder umwandeln

Prozedurale Texturen können in bildbasierte Texturen umgewandelt werden. Der Fachbegriff dafür lautet Baking bzw. Backen. In Maya erzeugt der Hypershade-Befehl „Convert to File Texture" aus jeder mathematischen Textur ein Bild. Verfügt Ihre Software nicht über eine solche Konvertierung, können Sie die Textur einfach einer flachen Oberfläche zuweisen und diese rendern. Die gerenderte Textur kann anschließend problemlos auf Modellen genutzt werden.

Der Hauptgrund einer solchen Umwandlung liegt im Zuwachs von kreativer Kontrolle. Ein prozedurales Muster mag den Hauptteil einer Textur bilden, aber Sie können diverse Details in geeigneten Bereichen einarbeiten. Sei es das Entzerren des Musters an den Gelenken eines Charakters oder beispielsweise das Hinzufügen von Wunden.

Obwohl die mathematischen Texturen der meisten 3D-Programme Ihren Ansprüchen nicht genügen werden, stellen sie manchmal einen willkommenen Ausgangspunkt für detaillierte oder interessante Materialien dar. Statt zum Beispiel den Rauschenfilter Ihres Zeichenprogramms zu nutzen, bieten gebackene, prozedurale Texturen ein viel größeres Repertoire.

Eine Notwendigkeit für die Konvertierung von mathematischen Texturen kann der Austausch zwischen verschiedenen Programmen sein. Jede Applikation hat unterschiedliche prozedurale Texturen, die selbst bei gleichem Namen unterschiedlich implementiert sind.

Die Umwandlung in ein Bild beschleunigt außerdem das Rendering, insbesondere bei 3D-Bewegungsunschärfe oder starkem Anti-Aliasing. Dies hängt aber vorrangig von der Komplexität des Originals ab und der geplanten Ausgabeauflösung. Konvertieren Sie eine prozedurale Map etwa in ein Bild mit 4096x4096 Pixel, kann die Renderzeit höher ausfallen, auf jeden Fall aber der Speicherverbrauch steigen.

Sowohl prozedurale als auch bildbasierte Texturen haben ihre Berechtigung. Bilder sind scheinbar flexibler, da sie viele Kontrollmöglichkeiten und den Zugriff auf spezifische Objektbereiche erlauben. Sie sollten aber nie die einzigartigen Möglichkeiten mathematischer Texturen unterschätzen, die sie für bestimmte Aufgaben prädestinieren.

Look-Entwicklung

Das Entwickeln von Looks beinhaltet das komplette Aussehen einer Oberfläche inklusive Shader und aller Texturen. Einige Programme, wie etwa 3ds max, verwenden den Begriff „Material", um einen Shader mit seinen Texturen zu benennen.

Um einen neuen Look zu kreieren, können alle in diesem Kapitel besprochenen Texturen zusammen verwendet werden, ebenso die Shader aus den vorangegangenen Kapiteln. Die Frage ist nur, wie die verschiedenen Map-Typen am besten aufeinander abgestimmt werden. Wie wird eine aufwändige Oberfläche mit abgestimmten Farb-, Bump- und Glanz-Eigenschaften geplant? Wie fangen Sie am besten an?

Dazu gibt verschiedene Herangehensweisen: als Erstes die Arbeiten in Ebenen oder der zweite Ansatz – mit einer Farbe oder dem Displacement anfangen.

Ebenen malen

Der große Vorteil beim Malen von Texturen, anstatt auf Fotos oder Scans zurückzugreifen, ist, dass die einzelnen Elemente im Zeichenprogramm auf verschiedenen Ebenen angelegt werden können.

Wenn Sie beispielsweise eine Hauttextur zeichnen, können deren Charakteristika wie Sommersprossen, Poren, Haare, Schmutz oder Bräunungslinien auf einzelnen Ebenen angelegt werden. Diese Tatsache macht das Ableiten von anderen Maps aus der Farbtextur sehr viel einfacher. Beim Erstellen einer Bump-Map können Sie überlegen, welche Details dazu gehören und welche nicht. Sommersprossen bewirken eigentlich nur eine Farbänderung, können also aus der Bump-Komponente ausgeklammert werden. Poren wiederum sind Hautvertiefungen, die schwarzen Punkten in der Bump-Map entsprechen. Abstehende Bartstoppeln auf dem Kinn von Männern sollten aus ihrer Ebene als weiße Punkte in die Bump-Textur übernommen werden.

Beim Hinzufügen von Schmutz in Texturen helfen angepasste Werkzeugspitzen, die z.B. auf Fotos basieren können und so Details zu den gemalten Ebenen beisteuern. Schmutz beeinflusst mehrere Texturen einer Oberfläche. Natürlich kann eine Verschmutzung die Farbe beeinflussen, zusätzlich kann die Stelle auch weniger glänzen. Somit entspricht der Schmutz einer dunkleren Stelle in der Glanz- oder Reflexion-Map. Dreck und Flecken tragen zum Teil auch zum Bump-Anteil bei oder beeinflussen die Transparenz von durchscheinenden Bereichen.

Für alle Merkmale, jedes Schmutzpartikel oder jeden Kratzer müssen Sie sich entscheiden, in welcher Textur diese auftauchen. Nehmen Sie sich am besten ein reales Material als Vorlage. Fragen Sie sich, wie Glanz, Relief, Transparenz und andere Oberflächeneigenschaften wirken, bevor Sie diese als Textur anlegen. Durch ein geschicktes Wechselspiel der unterschiedlichen Komponenten wird der Look überzeugender.

Mit Farbe anfangen

Bei dieser Methode fangen Sie als Erstes mit der Farb-Map an. Erst danach werden weitere Maps zugewiesen. Die Arbeit mit Texturen aus Fotos und Scans fällt meistens in diese Kategorie.

Manchmal fällt beim Blick auf die Farbe auf, dass hellere Farbtöne etwas von der Oberfläche abstehen, während dunklere Bereiche in das Objekt eingedrückt sind. Damit kann die Farb-Map außerdem als Bump-Map verwendet werden. Stehen die dunklen Teile ab, sollten Sie die Map invertieren oder einen negativen Bump-Wert verwenden. So müsste etwa die Bump-Map einer Mauer mit weißem Mörtel zwischen den roten Steinen invertiert werden. Häufig sollen Details im farbigen Bild aber keine Höhenunterschiede hervorrufen – entfernen Sie diese Bereiche einfach in der Bump-Map und heben Sie gegebenenfalls die wichtigen Unebenheiten hervor.

Eine Glanz-Map hat manchmal ihren Ursprung in der schwarzweißen Variante der Farb-Map. Aber Sie sollten überlegen, ob jeder Bestandteil des Farbanteils den Glanz beeinflusst. Meistens handelt es sich bei den Farbänderungen nämlich nicht um Materialunterschiede. In diesem Fall wäre ebenfalls eine Retusche angebracht.

Der Entscheidungsprozess ähnelt dem Malen von Ebenen. Auch hier müssen die einzelnen Details auf die Farb-, Bump- oder Glanz-Komponenten verteilt werden. Mit dem Unterschied, dass diese alle aus einem einzelnen Bild stammen und mittels Bildbearbeitung in die einzelnen Bestandteile zerlegt werden müssen, statt einfach auf die Ebenen zuzugreifen.

Mit Displacement anfangen

Wenn Sie mit dem Displacement oder auch Bump anfangen, legen Sie die Grundstruktur der Textur vor dem Zuweisen der Farbe fest. Angenommen, Sie wollen ein Kirchenfenster erstellen, malen Sie erst die Metallrahmen, die jedes Glasstück umschließen. Diese Map könnte als Bump-Map verwendet werden. Gleichzeitig dient sie als Ausgangspunkt für die Farben, die zwischen dem Metall einfach eingefüllt werden. Und eine passende Transparenz-Map kann durch das Füllen eines Grautons zwischen die Rahmen entstehen, wobei ein wenig Schmutz über dunklere Kanten eingefügt wird. Ein eigenständiger Look entsteht so aus einer Bump- oder Displacement-Grundstruktur.

Das Malen von Displacement-Texturen in Zeichenprogrammen ist schwierig. Sie müssen versuchen, sich vorzustellen, wie eine komplexe 3D-Oberfläche nur über die Graustufen eines flachen Bilds deformiert wird. Kleine Änderungen des Gamma-Werts des Bilds bedeuten den Unterschied zwischen tiefer Furche und einer abgerundeten oder flachen Vertiefung. Diese Anpassungen können ein langsamer Versuchsprozess (Trial and Error) sein, der mit dem ständigen Wechsel zwischen Mal- und 3D-Programm verbunden ist. Zum Glück gibt es moderne Lösungen, um solche komplexen Displacement-Maps anzufertigen.

Organische Werkzeuge

Organisches Modellieren mit Werkzeugen wie Pixologic ZBrush oder SensAble Technologies' ClayTools wird ein immer beliebterer Weg, um Displacement-Maps herzustellen. Deren Benutzeroberfläche bietet Möglichkeiten, Objekte interaktiv wie ein Stück Ton zu formen.

Ist ein detailreiches Modell erstellt, kann es in Ihre 3D-Applikation exportiert werden. Dabei wird ein einfaches Grundmesh und eine Displacement-Map (optional eine Normalen-Map) ausgegeben, welche die Details auf Pixelebene widerspiegeln. Die Displacement-Maps können dabei in hochgenauen 32-Bit-Bildern vorliegen, die feinere Abstufungen beinhalten als Maps aus einem normalen Zeichenprogramm. Jedes Pixel entspricht dabei dem genauen Abstand eines Punkts, anstatt die Displacement-Höhe manuell anpassen zu müssen.

Geometrie in Displacement-Maps umwandeln

Das Rendern eines Tiefen- oder Höhenbilds eines 3D-Modells ist eine andere Möglichkeit, eine Displacement-Map zu erstellen.

Abbildung 10.49 zeigt ein Objekt (links), welches in eine Displacement-Map für eine Münze umgewandelt wird. Dabei soll der höchste Punkt weiß und der niedrigste Bereich schwarz sein. In diesem Fall wird ein Helligkeitsverlauf von der Spitze der Ohren her zugewiesen. Wird dieser berechnet, entsteht eine Displacement-Map, die alle Höhendetails (rechts) wiedergibt.

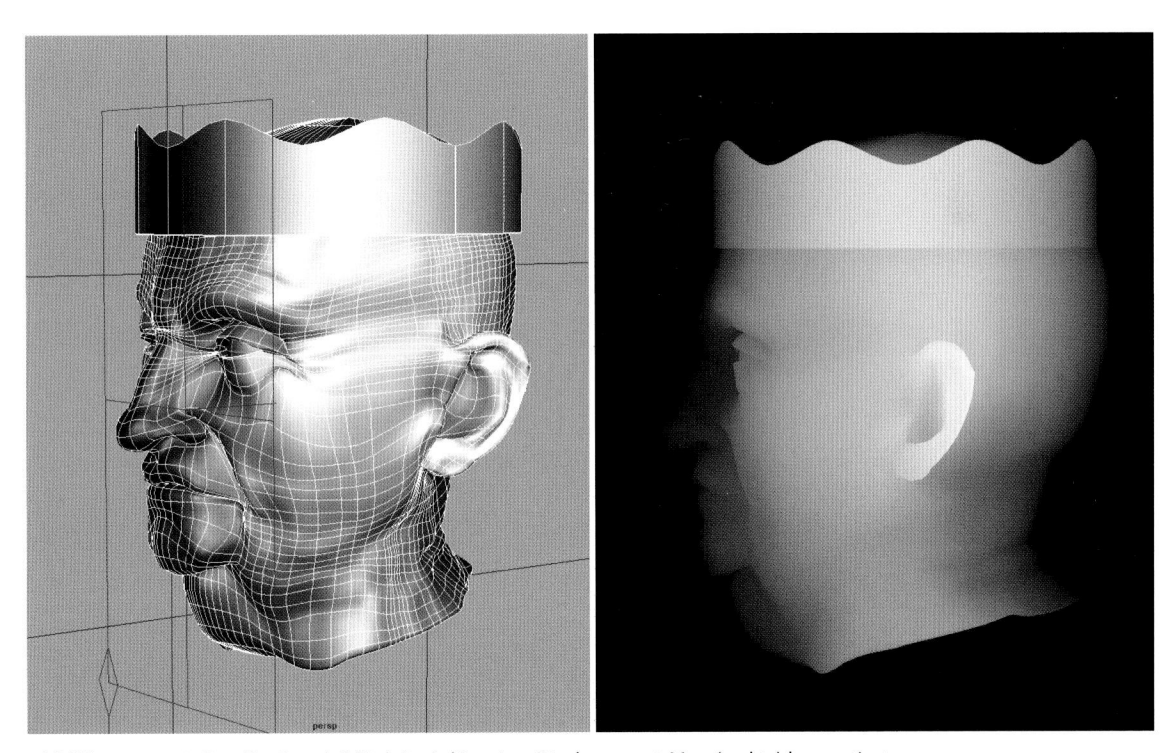

Abbildung 10.49: Das Kopfmodell (links) wird in eine Displacement-Map (rechts) konvertiert.

Dieses Bild ist die Grundlage für das Aussehen der Münze in Abbildung 10.50. Weitere Details und Text werden in einem Zeichenprogramm hinzugefügt. Für Nahaufnahmen kann es nun als Displacement-Map fungieren, bei Weitwinkeleinstellungen reicht der Bump-Einsatz.

Abbildung 10.50:
Hier ist die Displacement-Map aus Abbildung 10.49 einer Münze zugewiesen.

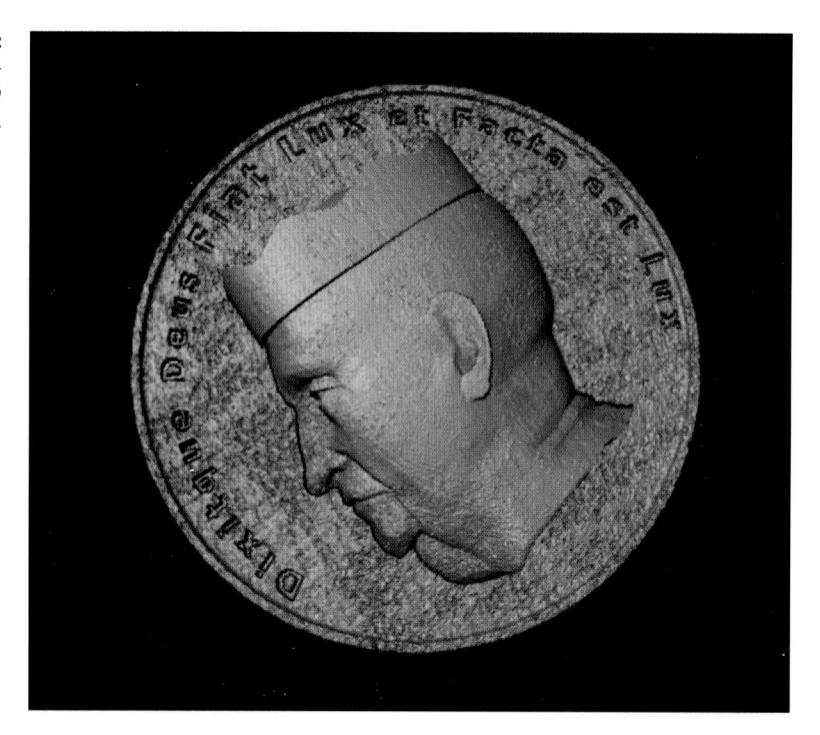

Großartige Texturen können aus allen möglichen Bildquellen stammen, seien es 3D-Renderings, prozedurale Maps, Fotos, Scans oder gemalte Vorlagen. Der Schlüssel zum Erfolg ist es, sich die Texturen bildlich vorzustellen und flexibel an die Verwirklichung dieses Ziels heranzugehen.

Übungen

1. Suchen Sie sich einen kleinen Bereich unter freiem Himmel aus – dies könnte die Umgebung eines Baumstumpfs oder eines Feuerhydranten sein, rund ein Quadratmeter Fläche. Fotografieren Sie diese aus verschiedenen Entfernungen und Winkeln mit einer Digitalkamera. Verwenden Sie die große Menge an Aufnahmen, um die Umgebung zu modellieren und so vollständig wie möglich zu texturieren.

2. Suchen Sie sich eine Oberfläche aus, die Sie normalerweise als frei von Texturen erachten würden, etwa eine weiße Wand. Wie können Sie auf einen Blick erkennen, um welches Material es sich handelt? Welche Art von Texturen könnten diese Oberfläche nachbilden, wie würden Sie diese anlegen?

3. Beim Anfertigen Ihres nächsten 3D-Objekts überlegen Sie vorher genau, welche Details Sie wirklich modellieren und welche besser als Textur umgesetzt werden sollten. Ist beispielsweise ein Detail eingekratzt, könnte es mit einer Bump-Map ersetzt werden. Ein ausgestanztes Muster wiederum lässt sich mit einer transparenten Textur umsetzen. Versuchen Sie, darauf aufbauend ein einfacheres Objekt zu modellieren.

[KAPITEL ELF]

Die für das Buchcover verwendeten Passes enthalten die globale Illumination, Streif- und Glanzlicht, Passes der Hauptlichtquelle und der Oberflächenfarben sowie Passes für den Nebeleffekt und die ambiente Occlusion.

Passes rendern und Compositing

Film- und Fernsehproduktionsfirmen müssen häufig Szenen rendern, die weit über den Möglichkeiten ihrer Soft- und Hardware liegen. Um diese ambitionierten 3D-Projekte in ihrer Komplexität, Qualität und Geschwindigkeit zu bewältigen, arbeiten fast alle professionellen Studios mit mehreren Ebenen oder Passes und anschließendem Compositing. Letzteres ist die Kunst, mehrere Bilder in eine finale Szene zusammenzuführen. Multipass Rendering und Compositing erlauben effizienteres Berechnen, höhere kreative Kontrolle, schnelles Durchführen von Änderungen und eine überzeugende Integration in reale Filmszenen.

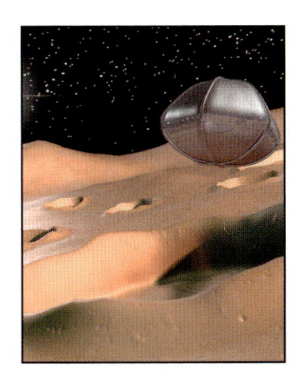

Ebenen rendern

Das Rendern von Ebenen (*Rendering in Layers*) beschreibt das Berechnen von verschiedenen Szenenbestandteilen in eigenständige Bilddateien, die wieder zusammengesetzt werden können.

Ein einfaches Beispiel dafür ist Abbildung 11.1, welche ein auf einem Planeten landendes Raumschiff zeigt. Das Raumschiff wurde als Vordergrundebene berechnet und der Planet als separater Hintergrund.

Abbildung 11.1:
Eine gesondert gerenderte Hintergrundebene (Planet) und der darüber gemischte Vordergrund (Raumschiff)

Vorder- und Hintergrundebene sind Bestandteile derselben 3D-Szene, werden also sowohl zusammen erstellt als auch animiert. Während des Renderns können Sie aber den Hintergrund getrennt berechnen lassen. Viele 3D-Applikationen verfügen über Werkzeuge zum Organisieren der Objekte in Ebenen und das Rendern dieser Auswahlen. Fehlt diese Funktionalität, können Sie die benötigten Bestandteile gruppieren und einzeln rendern, während die anderen Gruppen ausgeblendet sind.

Das Vordergrundraumschiff wird über einem schwarzen Hintergrund berechnet, wie Abbildung 11.2 zeigt. Ebenfalls in der Abbildung zu sehen ist der Alpha-Kanal, welcher die Transparenzinformationen des Bilds beinhaltet. Im Compositing geben die weißen Pixel der Alpha-Maske undurchsichtige Bereiche an – wo also das Raumschiff erscheint. Schwarze Informationen lassen das Bild durchscheinen und geben den Hintergrund frei. Mehr zu den Alpha-Kanälen jedoch später.

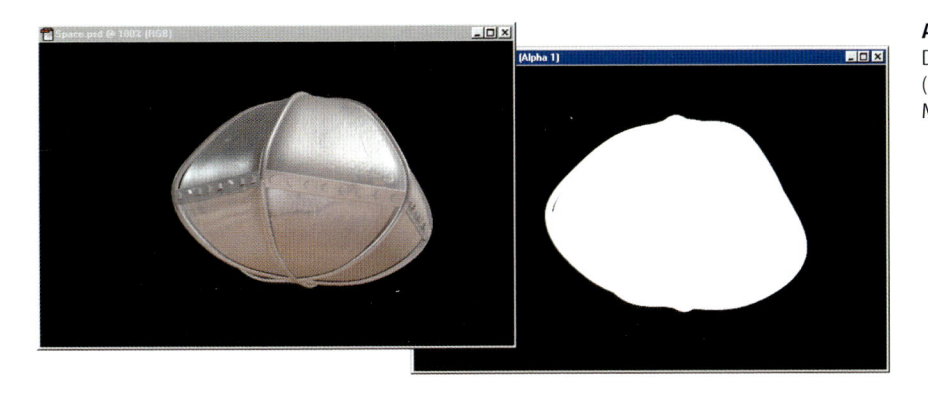

Abbildung 11.2:
Die Vordergrundebene (links) wird mit einer Alpha-Maske (rechts) gerendert.

Hintergrundebenen

Solange sich die Kamera nicht bewegt und auch der Planet unverändert bleibt, könnte der Hintergrund als statische Ebene (*Held Layer*) gerendert werden. Eine statische Ebene besteht meist aus dem ersten Frame einer Animation, welches mit den übrigen bewegten Elementen zusammengesetzt wird.

Neben der Ersparnis von Renderzeit können Sie in einem Zeichenprogramm auch Änderungen vornehmen oder Details in den Hintergrund einfügen.

Der Himmel erhält meist eine eigene Ebene und wird separat gerendert – entweder als statisches Bild oder als Sequenz mit bewegten Wolken und funkelnden Sternen.

Ist der Himmel viel heller als die Vordergrundebene, schafft ein Glühen entlang der Kanten der anderen Ebenen einen realistischeren Eindruck. Ist etwa wie in Abbildung 11.3 der Kontrast zwischen Horizont und Himmel zu drastisch (links), hilft ein Glühen, den Übergang natürlicher zu gestalten (rechts).

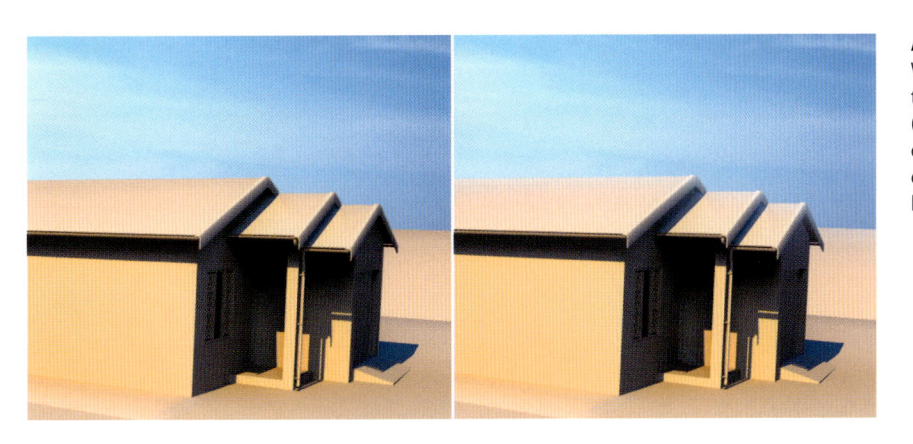

Abbildung 11.3:
Wird ein heller Himmel hinter einem Objekt eingefügt (links), kann ein Glühen um die Himmelskanten (rechts) den Gesamteindruck verbessern.

Matte-Objekte

Die einfachste Art und Weise, eine Szene aufzuteilen, ist es, mit dem hinteren Teil anzufangen und sich nach vorn durchzuarbeiten. Manchmal gibt es jedoch Objekte, die in diese Anordnung nicht hineinpassen. Ein Beispiel wäre Abbildung 11.4, in der das Gras vor und hinter dem Ei in Ebenen aufgeteilt werden müsste.

Umgibt also eine Ebene ein Objekt, anstatt sich klar vor oder hinter ihm zu befinden, müssen einige Modelle als so genanntes Matte-Objekt (*Matte Object*) berechnet werden. Die Matte erscheint als rein schwarzes Objekt mit einem ebenso schwarzen Alpha-Kanal. Viele Shader besitzen eine Alpha- oder Matte-Opacity-Option, die für einen schwarzen Alpha-Kanal deaktiviert werden kann.

Abbildung 11.5 zeigt das Gras mit einem Ei-Matte-Objekt. In diesem Fall kann das Gras über der Ei-Ebene eingefügt werden, wie Abbildung 11.4 zeigt. Durch das „Loch" des Matte-Objekts ergeben sich keine unrealistischen Überlagerungen.

Abbildung 11.4:
Die Grasebene befindet sich sowohl im Vorder- als auch im Hintergrund der Aufnahme.

Abbildung 11.5: Beim Rendern des Eis als Matte-Objekt hinterlässt es ein schwarzes Loch im Gras (links) und im Alpha-Kanal (rechts).

Ein ähnliches Ergebnis ergibt sich mit dem Gras als Matte, welches aus dem Ei ausgeschnitten wird. In diesem Fall würden Sie das Ei über die Grasebene legen. Das Verwenden des Bodens als Matte ist bei Charakteranimationen gebräuchlich. So können die Füße über das Gelände gelegt und von den betroffenen Bodenbereichen ausgenommen werden.

Schlussendlich gibt es noch die Möglichkeit, sowohl Gras als auch Ei mit dem jeweiligen Matte-Objekt zu rendern. Damit entfällt die Notwendigkeit der Alpha-Kanäle, denn im Compositing können einfach beide Ebenen für perfekte Resultate addiert werden.

Effektebenen

Eine Effektebene oder auch Effect Pass bezeichnet ein getrenntes Rendering für einen Spezialeffekt. Dies kann Regen, Schnee, Wasserspritzer, Rauch, Feuer oder ein optischer Effekt wie Glühen oder Lens Flares sein. Das Aufteilen der Elemente in einzelne Ebenen ermöglicht eine bessere Kontrolle des finalen Compositing und ist für fast alle Spezialeffekt-Einstellungen empfehlenswert.

Warum überhaupt Ebenen?

Das Rendern von Ebenen erfordert deutlich mehr Zeit und Aufwand als die gleichzeitige Berechnung aller Szenenobjekte. Daher kommt vielleicht die Frage auf, warum sich professionelle Produktionen überhaupt damit beschäftigen. Wäre es nicht zeitsparender, alles auf einmal zu rendern und so auch das Compositing zu sparen? Hier also einige Vorteile der Ebenen:

- Ebenen-Rendering macht riesige, komplexe Szenen erst möglich. Wenn alle Objekte auf einmal berechnet werden sollen, kann der Speicher eines einzelnen Rechners schnell an seine Grenzen stoßen. Es ist zwar möglich, dass der Renderer Daten auf Festplatte auslagert, dies ist aber zum einen langsam, zum anderen steigt die Absturzgefahr bei komplexen Szenen.

- Statische Ebenen sparen Rechenzeit, denn Sie müssen nicht für jedes Frame einer Animation neu berechnet werden.

- Beim Erstellen von hochqualitativen Charakteranimationen ist es wahrscheinlich, dass nur der Charakter und nicht der Hintergrund neu berechnet werden müssen. Liegt der Charakter auf einer Vordergrundebene, wird Zeit gespart.

- Für Einstellungen mit weichgezeichnetem, nichtfokussiertem Hintergrund reicht es manchmal, im Compositing die Ebene zu filtern, anstatt die äußerst zeitaufwändige 3D-Berechnung der Tiefenunschärfe (DOF – Depth of Field) durchzuführen.

- Maximale Rendereffizienz ergibt sich manchmal, wenn jede Ebene mit anderen Softwareoptionen berechnet wird. Zum Beispiel sind Bewegungsunschärfe und Raytracing vielleicht nur auf einigen Ebenen von Nöten. Oder entfernte Objekte, die durch anschließendes Compositing unscharf werden, können in niedrigerer Qualität berechnet werden.

- Sie können einzeln gerenderte Elemente mehrfach verwenden. Eine Wolke oder eine explodierende Feuerkugel beispielsweise können für mehrere Einstellungen recycelt werden.

- Änderungen in letzter Minute, beispielsweise an Farben oder Helligkeit eines Szenebereichs, sind einfacher mit Ebenen durchführbar.

- Ebenen helfen aber auch, Fehler, Einschränkungen und Inkompatibilitäten der Software zu umgehen. Ist beispielsweise ein Effekt nicht durch eine durchsichtige Oberfläche sichtbar, können Sie diesen separat berechnen und mit einer transparenten Vordergrundebene mischen.

Obwohl das Rendern in Layern und das Compositing eine Investition in Ihrer Produktion darstellt, lässt sich viel Zeit und Geld einsparen, sobald diese Technik in Ihren täglichen Arbeitsfluss übergeht.

Optische Effekte

Zu den optischen Phänomenen gehören *Lens Flares* (Blendflecke) oder Lichtstrahlen, die innerhalb oder bedingt durch die Kameralinse entstehen. Diese optischen Effekte werden normalerweise als Letztes über das Compositing gelegt.

Meist ist die Berechnung der Effekte relativ effizient. Nichtsdestotrotz wollen Sie eine komplexe Szene nicht nur wegen einer Anpassung der Lens Flares neu rendern. Die Auslagerung auf eine eigene Ebene erlaubt eine schnellere Anpassung des Looks an die eigenen Vorstellungen.

Werden die optischen Phänomene zu vordergründig eingesetzt, wirken sie künstlich und billig. Eine einzelne Ebene erlaubt das Anpassen, Reduzieren oder gar Löschen des Effekts, je nach der Bedeutsamkeit in jeder einzelnen Einstellung.

Partikeleffekte

Das Aussehen von Partikeln kann mittels separater Ebenen stark aufgebessert werden. Die gerenderten Partikel können als Masken für Bildfilter fungieren, es ist möglich, diese in Farbe und Transparenz zu ändern oder sie auf verschiedene Art und Weise mit dem Hintergrund zu kombinieren.

Abbildung 11.6 zeigt eine sehr einfache Partikelwolke. Wird diese nun als Maske für einen Verzerrungseffekt eingesetzt, scheint es, als ob der Hintergrund durch die Partikel gebrochen wird. Zum Abschluss werden die Partikel grün gefärbt und über den Hintergrund gelegt. Das Raumschiff im Vordergrund scheint diese nun auszustrahlen.

Sind die Partikel überall in der Szene verstreut, erscheinen manche vor, andere wiederum hinter Objekten. Ist dies der Fall, empfiehlt sich das Rendering von Matte-Objekten innerhalb der Partikelebene.

Abbildung 11.6: Die Effektebene (links) kann als Maske für eine Verzerrung fungieren (mittig). Diese Refraktion kann anschließend in die finale Szene eingesetzt werden (rechts).

Anmerkungen zum Alpha-Kanal

Der Alpha-Kanal beschreibt die Transparenz (*Transparency*) bzw. Deckung (*Coverage, Opacity*) einer Bildebene. Weiße Pixel oder Alpha-Werte von 1 entsprechen vollständig deckenden Ebenen. Sind die Alpha-Pixel schwarz bzw. haben sie den Wert 0, sind sie vollkommen transparent. Werte zwischen 0 und 1 entsprechen äquivalenten Transparenzabstufungen.

Im gerenderten Bild können Pixel verschiedene Transparenzen haben. Zum einen ist dies von der Lichtdurchlässigkeit abhängig, zum anderen aber auch von der Glättung der Objektkanten (Anti-Aliasing) oder den Verwischungen der Bewegungsunschärfe. Diese Teiltransparenz wird immer im Alpha-Kanal deutlich. Ob diese auch im Farbkanal sichtbar wird, hängt davon ab, ob Ihr Bild vormultipliziert ist.

Die meisten 3D-Renderer verwenden einen vormultiplizierten Alpha-Kanal (*premultiplied* oder auch *premult*). Dieser wird auch beim Erstellen von Passes und Ebenen in professionellen Produktionen verwendet.

Verfügt ein Rendering über einen solchen Alpha-Kanal, passen die Farbkomponenten im Alpha-Anteil zu denen des übrigen Bilds. Bei Renderings mit nicht vormultipliziertem Alpha-Kanal (*non-premultiplied* oder *straight*) ist die Transparenz unabhängig von dem Farbkanal und könnte jede beliebige Matte oder Maske sein.

Viele Renderer bieten eine Option, um die Vormultiplikation auszustellen. Abbildung 11.7 zeigt ein Bild mit premultiplied (links) und ohne vormultipizierten Alpha (mittig). In den Bereichen der geglätteten Kanten, Bewegungsunschärfe und Transparenz wirkt das erste Bild deutlich realer.

Der Alpha-Kanal in der rechten Abbildung ändert sich nicht bei den beiden Renderings. Beim Farbanteil des vormultiplizierten Bilds werden Anti-Aliasing und Bewegungsunschärfe auf den schwarzen Hintergrund bezogen. Ohne die Vormultiplikation befände sich die Deckung und die Transparenz allein im Alphakanal und die Farbpixel würden nicht mit dem Hintergrund verschmelzen. Die Unterschiede werden in der durchsichtigen Schale, dem bewegten Löffel und den geglätteten Objektkanten deutlich.

Abbildung 11.7: Bewegungsunschärfe, Transparenz und Anti-Aliasing passen sich mit einem vormultiplizierten Alpha-Kanal perfekt in den schwarzen Hintergrund ein (links). Beim non-premultiplied Alpha steht das Bild vom Hintergrund ab. Der Alpha-Kanal (rechts) ändert sich dabei nicht.

Compositing mit nicht vormultipliziertem Alpha-Kanal

Die nicht vormultiplizierten Alphas entspringen der Tradition der Maskierung von Filmaufnahmen. Werden Bilder gefilmt oder fotografiert, beinhalten sie keinen Alpha-Kanal. Beim Compositing werden die Masken aus Greenscreen-Aufnahmen gekeyt oder rotoskopiert und als Alpha abgelegt. Dadurch wird aber nicht die Farbe des Originals verändert. Daher besitzen Filmelemente im Compositing nur eine getrennte, willkürliche Maske ohne Verbindung zu den Farben.

Die verschiedenen Programme behandeln nicht vormultiplizierte Alphas unterschiedlich. Photoshop wurde so entwickelt, dass alle Alpha-Kanäle und Masken nicht vormultipliziert sind. Beim Import von Elementen in After Effects können Sie auswählen, wie die Alpha-Maske interpretiert wird. Node-basierte Compositing-Werkzeuge wie Shake erlauben die Verwendung eines Keymix-Node, der den nicht multiplizierten Alpha-Kanal wie ein Keying-Ergebnis behandelt.

Das Rendern von nicht vormultiplizierten Alpha-Kanälen schränkt Ihr Compositing folgendermaßen ein:

- Bilder erhalten kein glättendes Anti-Aliasing, bis Sie mit einem Alpha-Kanal multipliziert werden.

- Bei der Verwendung von Matte-Ebenen erscheint jede Kombination ohne Vormultiplikation fehlerhaft, da die Farben nicht mit den Matte-Objekten überblendet werden.

- Zeichnen Sie Ihre Bilder im Compositing weich, um etwa Tiefen- oder Bewegungsunschärfe zu simulieren, kann sich die Farbausrichtung gegeneinander verschieben. Dabei entstehen farbige Ränder um das Bild.

Es gibt allerdings auch einige Vorteile:

- Einige Schnitt- und einfachere Compositing-Programme arbeiten besser mit nicht vormultiplizierten Alpha-Kanälen zusammen.

- Verschiedene Farbkorrekturen arbeiten genauer, wenn der Alpha-Kanal nicht vormultipliziert ist. Wenden Sie beispielsweise eine Gamma-Korrektur an, würden Randpixel mit 50 Prozent Transparenz richtig behandelt werden. Vormultiplizierten Bildern würde jedoch ein dunklerer Farbton zugewiesen werden.

- Bilder, die mit dem Hintergrund multipliziert werden, müssen im Allgemeinen nicht vormultipliziert werden. Ein Beispiel wäre der Occlusion-Pass, der weiter unten besprochen wird.

Compositing mit vormultipliziertem Alpha-Kanal

Das Compositing mit vormultiplizierten Alphas ist generell schneller und einfacher. Die Multiplikation des Alpha-Kanals ist Teil der mathematischen Berechnungen bei der Arbeit mit Layern. Daher wandeln einige Compositing-Künster ihre vormultiplizierten Elemente um, um Zeit zu sparen.

In Shake gibt es den Over-Node, der diese Ebenen optimal zusammenfasst. Photoshop erwartet keine vormultiplizierten Alphas. Sollten Sie diese dennoch verwenden, entfernt die Funktion Ebene > Basis > Schwarz entfernen den Hintergrund aus der Ebene.

Shake verfügt über Funktionen, die beide Alpha-Darstellungen ineinander konvertieren können. Abbildung 11.8 zeigt die Nodes MDiv (Matte Divide, nicht vormultipliziert) und MMult (Matte Multiplied, vormultipliziert). Häufig werden Sie diese allerdings nicht verwenden. Denn nur einige Kombinationen starker Farbkorrekturen hinterlassen einen halbtransparenten Farbsaum. Sollte dies der Fall sein, zeigt die Node-Kette in Abbildung 11.8 die Vorgehensweise. Zuerst wird die Vormultiplikation der Ebene rückgängig gemacht, anschließend farbkorrigiert und schließlich wieder vormultipliziert.

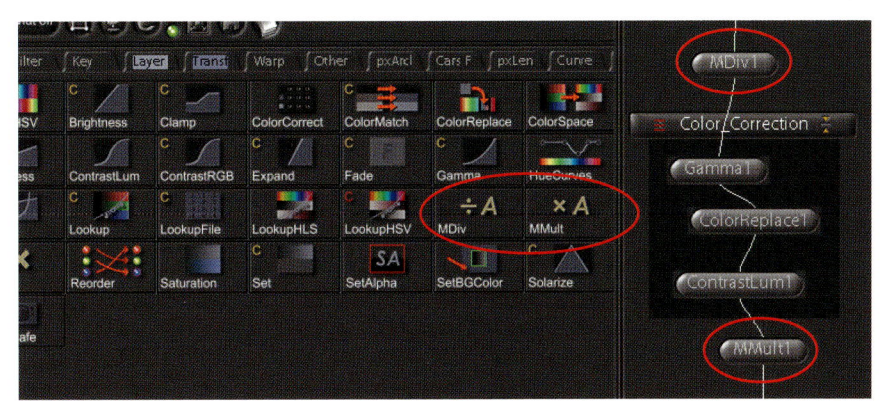

Abbildung 11.8:
Bei Bedarf kann die Vormultiplikation eines Bilds vor der Farbkorrektur rückgängig gemacht werden. Deren Rückumwandlung findet im Anschluss statt.

Wenn Sie 3D-Grafiken rendern und die Ebenen an einen Compositing-Künstler weitergeben, ist dieser es eventuell gewohnt, nicht vormultiplizierte Alphas zu verwenden. Ein Warnzeichen für diesen Umstand sind Kommentare wie: „Deine Mattes passten nicht ganz, aber ich hab's gerichtet." Dies würde bedeuten, dass die Kanten um ein bis zwei Pixel verschoben wurden. Dies wäre keine Lösung und Bewegungsunschärfen würden deutlich an Qualität verlieren. „Könntest du die Elemente mit einem farbigen Hintergrund rendern?", wäre die zweite Frage, die auf ein solches Problem hindeuten.

Ein guter Test für Alpha-Kanal-Compositing wäre es, ein weißes Objekt in einer weißen Umgebung zu rendern, wie Abbildung 11.9 zeigt. Rendern Sie das Vordergrundobjekt gegen einen schwarzen Hintergrund als eine Ebene und bringen Sie es mit dem realen Hintergrund zusammen, bilden sich keine unschönen schwarzen Ränder im Compositing.

Abbildung 11.9:
Vermeiden Sie schwarze Ränder im Compositing, selbst wenn es sich um zwei weiße Objekte handelt.

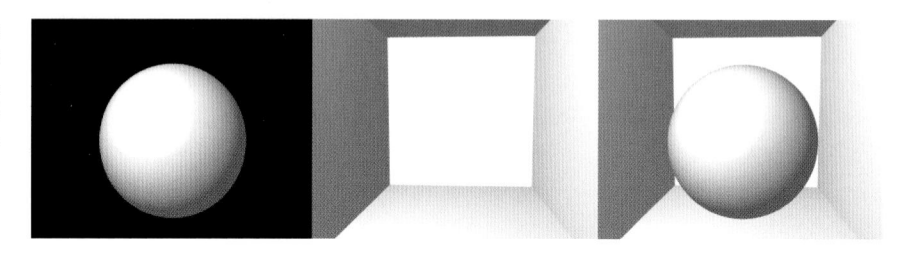

Wenn Sie nicht wissen, wie ein einzelnes Compositing-Programm mit vormultiplizierten Alphas umgeht, gibt es eine universelle Notfalllösung. Statt den Vordergrund mittels Alpha über den Hintergrund zu legen, verwenden Sie den Alpha-Kanal, um ein schwarzes Loch in den Hintergrund zu schneiden (siehe dazu Abbildung 11.10).

Mit dem schwarzen Loch im Hintergrund können Sie die vordere Ebene einfach dazuaddieren. Abbildung 11.11 zeigt ein simples Aufaddieren, auch „Linear abwedeln" (*Linear Dodge*) in Photoshop genannt. Ohne jegliche Maske oder Matte wird der Vordergrund fehlerfrei in den Hintergrund eingefügt.

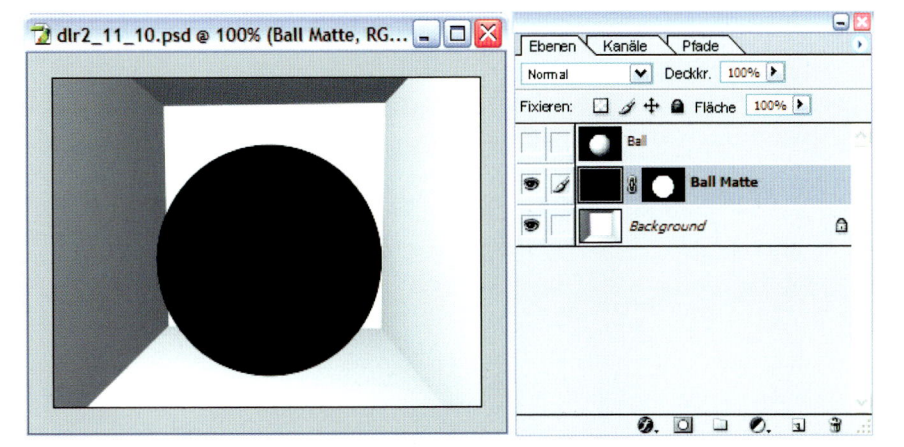

Abbildung 11.10:
Verwenden Sie den Alpha-Kanal, um ein Loch in den Hintergrund zu schneiden, welcher das Zufügen einer weiteren Ebene erlaubt.

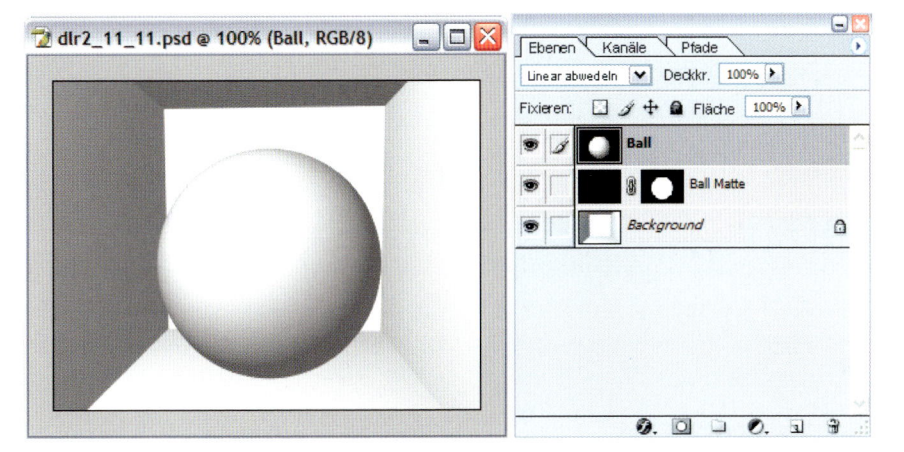

Abbildung 11.11:
Eine Ebene kann mittels Addition ohne Maske über den Hintergrund gelegt werden, vorausgesetzt, dieser wurde schon mit einer Maske geschwärzt.

Rendering in Passes

Das Rendern in Passes oder Durchgängen greift auf einzelne Szeneattribute getrennt zurück. Der Name der Passes ergibt sich häufig aus den Attributen, die sie isolieren, beispielsweise der Schatten-Pass, der nur die Schatten der Szene beinhaltet. Während das Rendern in Ebenen einzelne Objekte gesondert ausgibt, beziehen sich die Passes auf Licht-, Schatten- und Tiefeninformationen.

Die gebräuchlichsten Passes beim Rendern sind:

- Diffus (Diffuse)
- Glanz (Specular)
- Reflexions (Reflection)
- Schatten (Shadow)
- Umgebungs (Ambient)
- Occlusion (Absorption, Ausschluss)
- Beauty (Schönheit)
- Global Illumination (Globale Beleuchtung)
- Maske (Mask)
- Tiefen (Depth)

Das Rendern in Passes schließt die Ausgabe von Ebenen nicht aus. Beides ist zur gleichen Zeit möglich, etwa speziell einen Glanz-Pass für den Vordergrundcharakter anzulegen. In einigen Programmen enthält das System für das Ebenen-Management auch die Einstellungen für die Passes.

Diffus-Pass

Der Diffus- oder Farb-Pass enthält die volle Farbinformation des Objekts, inklusive diffuser Beleuchtung, Objektfarbe und Textur, aber keine Reflexion, Glanzpunkte oder Schatten. Diese können separat ausgegeben werden. Da der Durchgang die diffuse Beleuchtung enthält, sind die Oberflächen in der Nähe von Lichtquellen heller und in deren Entfernung dunkler. Abbildung 11.12 zeigt den Diffus-Pass eines Raumschiffs, welcher die grundlegende Textur und Schattierung beinhaltet, aber keine Glanz- und Reflexionseffekte.

Viele Renderer bieten Voreinstellungen, um den Pass mittels eines einzelnen Funktionsaufrufs auszugeben. Ist dies nicht möglich, müssen Sie Ihre Shader so modifizieren, dass diese nicht reflektieren oder Glanzpunkte zeigen. Anschließend müssen Sie die Schattenfunktion der Lichtquellen deaktivieren. Eine andere Variante wäre es, die Auswirkung der Lichter auf den Glanz auszuschalten und global auf Raytrace-Reflexionen zu verzichten.

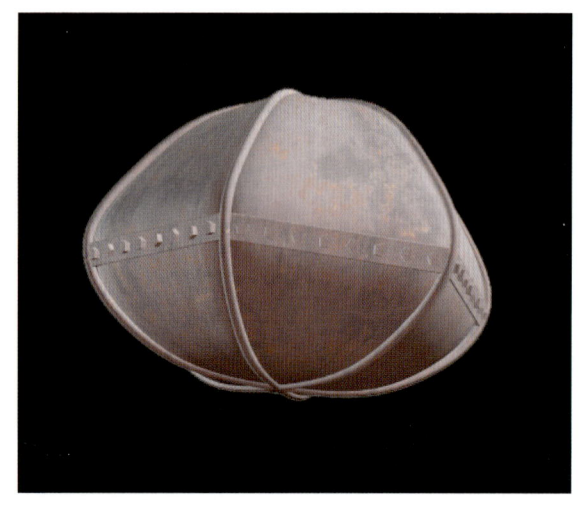

Abbildung 11.12: Der Diffus-Pass eines Raumschiffs

Glanz-Pass

Der Glanz-Pass (auch Specular- oder Highlight-Pass) stellt die Glanzpunkte der Objekte als isolierte Ebene dar. Verfügt Ihr Renderer über keine Passes, deaktivieren Sie einfach alle Umgebungslichter (Ambient) und stellen Sie die diffuse Schattierung sowie die Farb-Map auf reines Schwarz. Das Ergebnis aus Abbildung 11.13 zeigt das Rendering aller Glanzpunkte ohne jedes Shading.

Das Rendern eines einzelnen Glanz-Pass bietet eine größere kreative Kontrolle. Beispielsweise wird in Abbildung 11.13 mittels Bump-Map der Glanz variiert und geglättet. Diese Bump-Map fehlte im Diffus-Pass und betrifft nur die Glanzpunkte. Sie können sogar die Lichtquellen anders positionieren, wenn Sie bessere Highlights wünschen.

Abbildung 11.13: Der Glanz-Pass eines Raumschiffs

Normalerweise sollte die Lichtquelle denselben Winkel haben, allerdings sind solche Tricks ein legitimes Mittel für schönere Renderings.

Während des Compositing bietet ein getrennter Pass eine höhere Kontrolle über Farbe sowie Helligkeit und erlaubt ein besseres Einpassen in die gesamte Komposition. Die Glanzlichter sollten allerdings nicht rein weiß sein. Ein Pass bietet die meisten Möglichkeiten, wenn es viele Grautöne gibt und ein realistisches Zusammenspiel der Elemente möglich ist.

Des Weiteren erlaubt ein getrennt gerenderter Glanz die Kontrolle von visuellen Effekten, wie etwa das Glühen in der Nachbearbeitung. Eine weichgezeichnete Version des Glanz-Pass erzeugt ein Glühen um die Glanzpunkte, wie Abbildung 11.14 zeigt.

Auf diese Weise entfallen Testrenderings und die Anpassung erfolgt erst in der finalen Bearbeitung.

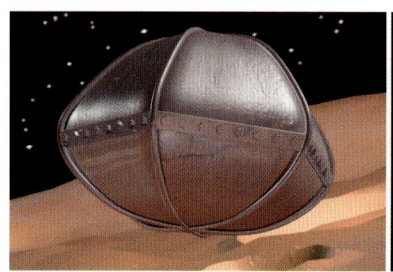

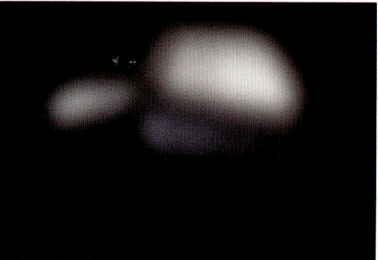

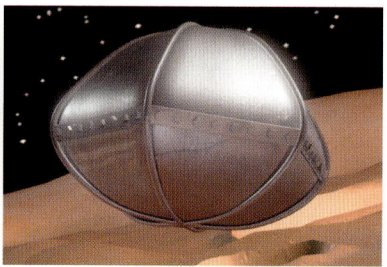

Abbildung 11.14: Das Zusammenfügen des Raumschiffs (links) mit einer weichgezeichneten Kopie des Glanz-Pass (Mitte) erzeugt ein Glühen um die Glanzpunkte (rechts).

Reflexions-Pass

Der Reflexions-Pass kann Selbstreflexionen, Reflexionen von anderen Objekten oder der Umgebung enthalten. Häufig müssen mehrere Reflexions-Passes berechnet werden, insbesondere wenn die Raytrace-Reflexionen von verschiedenen Objekten isoliert werden müssen.

Um einen Reflexions-Pass zu definieren, darf dieser weder diffuse Beleuchtung noch Glanzpunkte beinhalten (schwarze Farbe und Glanz-Wert von 0). Der Sichtbarkeitsparameter (*Visibility*) wird für die zu reflektierenden Modelle auf unsichtbar gesetzt, aber deren Reflexionseinstellung auf sichtbar. Als Ergebnis erhalten Sie in unserem Beispiel die Reflexionen des Raumschiffs ohne Beleuchtungsanteile. Der Reflexions-Pass des Raumschiffs ist unabhängig von möglichen, weiteren Passes. Soll etwa eine reflektierende Bodenoberfläche in der Szene auftauchen, erhält diese einen eigenen Pass.

Compositing von Reflexionen

Wie Abbildung 11.15 zeigt, können Reflexions-, Diffus- und Glanz-Passes über eine Additionsoperation („Linear abwedeln" in Photoshop) zusammengefügt werden. Auf diese Art und Weise erhellen Reflexion und Glanz den Diffus-Pass, während dunkle Bereiche keine Auswirkung haben.

Manche Künstler verwenden dagegen „Umgekehrt multiplizieren" (Screen) als Ebenen-Füllmethode. Statt die Werte zu addieren (a+b), berechnet „Umgekehrt multiplizieren" diese über folgende Formel 1−(1−a)*(1−b). Das Ergebnis sieht ähnlich aus, nur nicht so hell. Während das Addieren dem Renderverhalten ähnelt, ist es bei „Umgekehrt multiplizieren" unwahrscheinlicher, dass helle Bereiche beschnitten werden (Clipping) und ein reines Weiß entsteht. Werden zwei fünfzigprozentige Grautöne addiert, ist das Ergebnis reines Weiß. Verwenden Sie Screen, entsteht ein helles Grau – für ein Weiß würden hellere Anteile nötig sein.

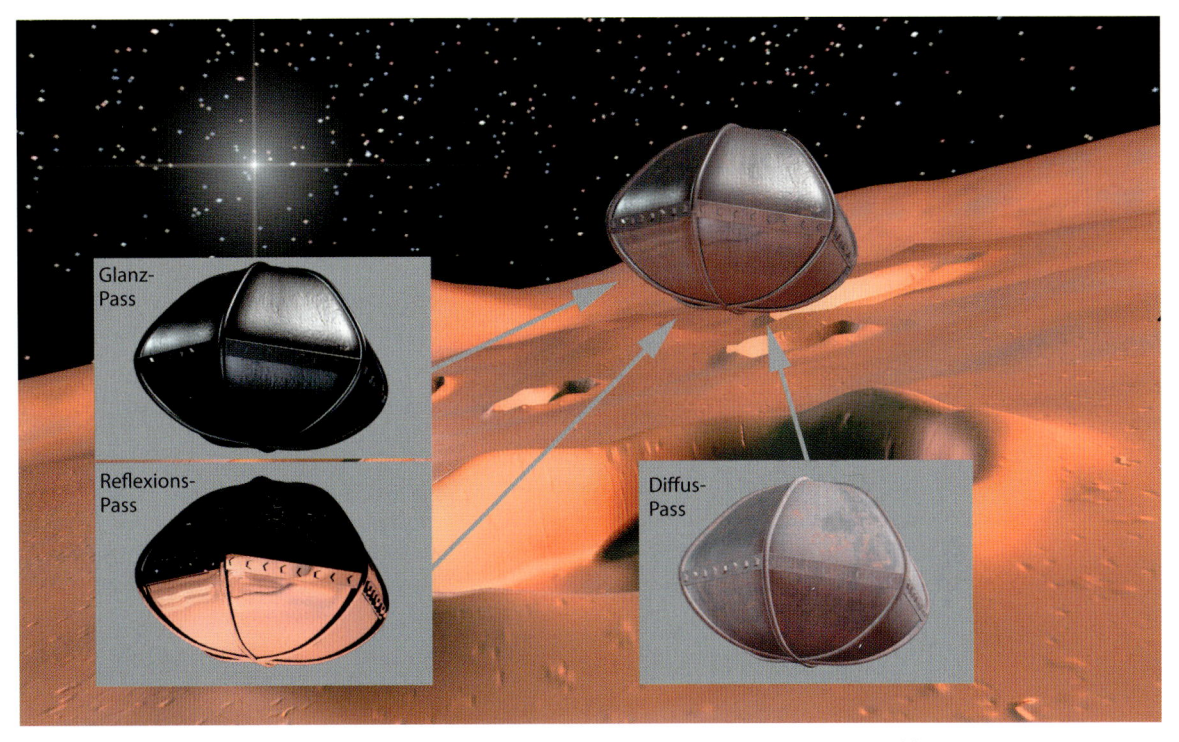

Abbildung 11.15: Diffus-, Glanz- und Reflexions-Passes werden für das finale Bild zusammenaddiert.

In manchen Fällen wirkt ein im Compositing leicht weichgezeichneter Reflexions-Pass realistischer. Außerdem kann manchmal Rechenzeit gespart werden, da weniger Anti-Aliasing oder Samples für die Reflexionen nötig sind. Wirken die gerenderten Reflexionen nicht perfekt, können sie über einen Weichzeichner überzeugender in die Komposition integriert werden.

Realen Objekten Reflexion hinzufügen

Manchmal rufen Ihre 3D-Modelle Reflexionen auf realen Oberflächen wie glänzenden Fußböden oder Wasserflächen hervor. In diesem Fall berechnen Sie die Reflexion als gesonderten Pass mit einem 3D-Modell der realen Oberfläche. Abbildung 11.16 zeigt ein Modell als Wasser-Double.

Für den Eindruck einer unruhigen Wasserfläche können Sie ein Bump-Map hinzufügen, welches die Reflexionen wie in Abbildung 11.17 verzerrt.

Abbildung 11.16:
Eine Wasserebene wird dem Reflexions-Pass hinzugefügt.

Abbildung 11.17:
Eine Bump-Map verzerrt die Reflexionen und lässt die Ebene nach Wasser aussehen (rechts).

Beim Einfügen des Pass, während des Compositing, sollten Sie die Farben an die vorhandene Reflexion anpassen, wie Abbildung 11.18 zeigt. Hat die Reflexion zu viel Farbe oder Kontrast, wirkt sie unrealistisch, deshalb ist eine Farbkorrektur bei realen Hintergründen normalerweise Pflicht.

Abbildung 11.18:
Die Reflexion wurde an die Farbe des Wassers angeglichen.

Schatten-Pass

Der Schatten- oder auch Shadow-Pass beinhaltet die Schatten einer Szene.

In einer Szene mit überlappenden Schatten ist es wichtig, die verschiedenen Schattenquellen getrennt zu rendern, um deren Aussehen, Farbe und weiche Übergänge im Compositing steuern zu können.

Die Szene auf der linken Seite der Abbildung 11.19 wird von mehreren Lichtquellen beleuchtet. Ein Schatten-Pass, welcher alle zusammenfasst (rechts), würde keine getrennte Manipulation erlauben. Diese Art des Schatten-Pass ist die Voreinstellung in einigen Programmen und legt die Informationen im Alpha-Kanal ab. Müssen Sie eine solche Vorgabe verwenden, versuchen Sie mehrere davon zu berechnen. Schatten für jede einzelne Lichtquelle ersetzen so den Gesamtschatten.

Abbildung 11.19: Eine Szene mit mehreren überlappenden Schatten (links), die einen nicht bearbeitbaren Überschneidungsschatten (rechts) generiert.

Farbige Schatten-Passes

Eine Alternative zum Rendern von Schatten ist die Definition von Lichtquellen mit verschiedenen Schattenfarben. Wird die Lichtfarbe auf Schwarz gestellt, erscheinen alle farbigen Schatten in einem Bild. Rendern Sie einen farbigen Schatten-Pass wie in Abbildung 11.20, können Sie die Kanäle für Rot, Grün und Blau während des Compositing separieren und für drei verschiedene Passes nutzen.

Abbildung 11.20: Der Schatten-Pass wurde in einen roten, grünen und blauen Anteil pro Lichtquelle separiert.

Der Trick mit einer schwarzen Lichtquelle und roten, grünen und blauen Schatten funktioniert nicht in jedem Programm. Manchmal ist ein Umweg nötig, etwa eine negative Intensität oder negative Schattenfarbe zu verwenden. Unabhängig vom Setup ist es effizienter, drei Schatten über die Farbe zu kodieren, statt einen einzelnen oder mehrere, getrennte Passes zu rendern.

Selbst mit farbkodierten Schatten ist es notwendig, zwischen geworfenen Schatten (*Cast Shadow*, Schatten eines Objekts auf andere) und den Eigenschatten (*Attached Shadow*, Objekt wirft Schatten auf sich selbst) zu unterscheiden. Dafür sollten Sie das Objekt für das Rendering unsichtbar und nur die Schatten sichtbar werden lassen (Abbildung 11.21). Mit dieser Technik ist es auch einfacher, verschiedene Schatten-Passes zu mischen.

Eigenschatten müssen bisweilen überhaupt nicht in den Schatten-Pass aufgenommen werden. Manchmal werden diese als Teil des Diffus- oder Glanz-Passes berechnet und so werden nur die geworfenen Schatten genutzt. Es ist eine gute Idee verschiedene Schatten-Passes für unterschiedliche Ebenen zu berechnen. Besonders bei transparenten Objekten berechnen Sie einen Pass für den Vordergrund und einen weiteren für den Hintergrund – somit wird das Compositing einfacher als bei einem Gesamtschatten.

Abbildung 11.21: Isolierte Schatten auf dem Tisch erlauben es, diese unabhängig vom Vordergrund weichzuzeichnen.

Es gibt viele Möglichkeiten, einen Schatten-Pass im Compositing zu verwenden. Einige legen den Schatten-Pass über die übrigen Passes, um damit den Hintergrund dort stärker abzudunkeln, wo die Alpha-Masken der Passes intensiver sind. Andere Compositing-Künstler verwenden den Schatten als Maske für verdunkelnde Farbkorrekturen. Eine weitere übliche Methode ist es, den Schatten zu invertieren und mit dem farbigen Bild zu multiplizieren. Planen Sie, den Schatten-Pass zu multiplizieren, rendern Sie den Alpha-Kanal als nichtvormultipliziert, um Ränder zu vermeiden.

Weichzeichnen und Verzerren von Schatten-Passes

Manchmal wirkt der Schatten besser, wenn er während des Compositing weichgezeichnet wird. Wenn Sie wissen, dass Sie dies tun werden, können Sie ihn auch mit weniger Anti-Aliasing berechnen, verringern Sie die Zahl der Samples der weichen Schatten (*Soft Shadows*) oder verkleinern Sie die Auflösung der Shadow Map. Abbildung 11.22 zeigt die Szene mit unscharfen Schatten auf dem Tisch.

Befindet sich der Schatten auf einer flachen, glatten Oberfläche erzeugt die Unschärfe einen realistischen Effekt, ähnlich einem echten weichen Schatten. Ist das Objekt jedoch uneben und hat es eine komplexe Form, laufen Sie Gefahr, dass dessen unscharfer Verlauf nicht mehr mit der Geometrie übereinstimmt und falsche Bereiche der Szene abgedunkelt werden. Befindet sich der Schatten also nicht auf einer flachen Oberfläche, rendern Sie ihn in der passenden Unschärfe.

Abbildung 11.22: Da der Schatten auf dem Tisch als eigener Pass vorliegen, kann er scharf (links) bleiben oder weichgezeichnet (rechts) werden.

Das Loslösen des Schattens vom Untergrund ist beim Integrieren von 3D-Modellen in Fotos oder gefilmten Hintergründen wichtig. Für ein überzeugendes Ergebnis hilft manchmal eine kleine Verschiebung des Schattens mittels Displacement, basierend auf der Helligkeit der realen Vorlage. Somit scheinen die Schattenkanten aufgerauter, wenn sie auf Steine, Gras oder andere Details des realen Bodens fallen.

Gedoppelte Schatten

Ein bekanntes Problem beim Compositing sind die gedoppelten Schatten (*Doubled Shadows*). Wie Abbildung 11.23 zeigt, treten diese in Bereichen auf, wo sich die Schatten einer Lichtquelle in separierten Objekt-Passes überschneiden. Einige dieser Bereiche werden doppelt abgedunkelt. Daher sollten diese Passes vorher mittels Aufhellen (*Lighten*) oder Abdunkeln (*Darken*) zusammengefasst werden. Anschließend verdunkelt der entstandene Gesamtschatten das Hintergrundbild.

Gedoppelte Schatten können bei Realaufnahmen ein Problem darstellen. Besonders bei Außenszenen mit der Sonne als einzige Schattenquelle sehen Doppelschatten sehr unrealistisch aus. Der Schatten-Pass darf nicht die Bereiche verdunkeln, die schon von realen Schatten betroffen sind. Die realen Schatten müssen deshalb ausmaskiert werden, damit der Pass nur die nicht abgedunkelten Bereiche betrifft. Die bestehende Abschattung sollte nur im selben Farbton erweitert werden.

Abbildung 11.23: Die Schatten derselben Lichtquelle sollten Bereiche nicht doppelt abdunkeln (links), sondern realistisch verschmelzen (rechts).

Umgebungs-Pass

Der Umgebungs-Pass oder auch Ambient bzw. Color Pass zeigt die Farbe und Textur der Oberfläche ohne jegliche diffuse Schattierung, Glanzpunkte, Schatten oder Reflexionen. Der Umgebungs-Pass zeigt jedes Objekt so, als ob es gleichmäßig von einem Umgebungslicht ausgeleuchtet wird. Abbildung 11.24 zeigt das Objekt flach in einem einheitlichen Farbton. Es gibt keine Schattierung wie im Diffus-Pass, die Teile der Oberfläche verdunkelt oder aufhellt. Die Farben der Pixel entsprechen exakt der zugrunde liegenden Textur oder ergebenen Farbe.

Abbildung 11.24:
Der Umgebungs-Pass ist flach und besitzt keine Schattierung, gibt aber die Szenenfarben genau wieder.

In Maya müssen Sie eine Lichtquelle namens „Ambient Light" einfügen und deren Ambient Shader-Parameter auf 0 setzen. Dies bleibt die einzige Lichtquelle der Szene, um einen Umgebungs-Pass zu erzeugen. Der Pass sieht immer gleich aus, egal wie die Szene ausgeleuchtet ist. In 3ds max deaktivieren Sie alle Lichtquellen und setzen unter Global Lighting den Ambient Wert auf weiß. Oder Sie rendern einen Diffus-Pass und deaktivieren „Diffuse Texture Element Lighting".

Occlusion-Pass

Der Occlusion-Pass (Ausschluss, Absorption) ist ein naher Verwandter des Schatten-Pass, welcher statt des Schattens die Ambient Occlusion-Information der Szene beinhaltet. Abbildung 11.25 zeigt den Occlusion-Pass der vollständigen Szene.

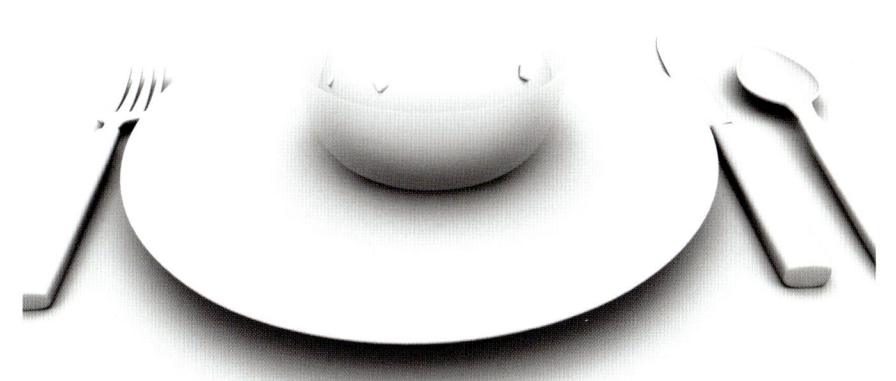

Abbildung 11.25:
Der Occlusion-Pass erfasst die Entfernungen zwischen allen Oberflächen einer Szene.

Beim Compositing können Sie den Occlusion-Pass mit der gesamten Szene oder nur einzelnen Passes multiplizieren. Abbildung 11.26 zeigt einen Umgebung-Pass multipliziert mit dem Occlusion-Pass. Die Multiplikation mit dem Umgebung-Pass kann hervorragend ein weiches Fülllicht ersetzen, da der Eindruck einer diffusen Beleuchtung mit weichen Schatten entsteht.

Abbildung 11.26: Der Umgebungs-Pass (links) wird mit dem Occlusion-Pass multipliziert und ergibt eine weich beleuchtete Szene (rechts).

Da Occlusion-Passes normalerweise mit anderen Passes multipliziert werden, sollten Sie diese ohne Vormultiplikation berechnen. Die Bewegungsunschärfe eines schnell bewegten Raumschiffs soll beispielsweise nicht dunkler werden, dies könnte aber mit einem vormultiplizierten Occlusion-Pass passieren. Freie Bereiche des Occlusion-Passes sollten rein weiß sein.

Sind mehrere Occlusion-Passes für verschiedene Objekte zu rendern, können Sie deren Auswirkung auf Boden und Objekt getrennt anpassen. Fügen Sie eine Figur in einen realen Hintergrund ein, ist es für ein realistisches Resultat eine Notwendigkeit, den Boden unter ihren Füßen mittels Occlusion abzudunkeln.

Wie in Kapitel 3, „Schatten und Occlusion", diskutiert, werden für Ambient Occlusion Strahlen von jedem Punkt der Oberflächen aus geschossen. Ein Bereich bleibt weiß, wenn die Strahlen kein Objekt treffen oder wird verdunkelt, wenn Flächen die Strahlen blockieren. Theoretisch simuliert dies das Licht eines hellen, dunstigen Himmels oder eines gleichmäßig ausgeleuchteten Raums, das alle Objekte außer die lichtblockierenden Hindernisse aufhellt.

Ambient Occlusion schattiert die Szene basierend auf der Nähe von Objekten, ohne deren Helligkeit, Farbe oder Transparenz zu beachten. In manchen Szenen ist es notwendig, Modelle aus dem Occlusion-Pass zu entfernen, damit sie keine Oberfläche unter ihnen oder in der Nähe abdunkeln. Zum Beispiel sollte eine leuchtende Glühbirne oder ein transparentes Glas aus dem Pass ausgenommen werden.

Beauty-Pass

Der Beauty- oder Schönheits-Pass ist eigentlich nur der Name für das komplette Rendering der Szene inklusive aller Attribute, wie Reflexionen, Glanzpunkte oder Schatten. Wahrscheinlich wussten Sie es nicht einmal, aber eine Szene, die nicht in Passes aufgeteilt wurde, ist ein solcher Beauty-Pass.

Ein Beauty-Pass ist überflüssig, wenn Sie alle Passes anfertigen, die zusammengesetzt die Szene ergeben. Erstellen Sie beispielsweise Passes für Diffus, Glanz und Schatten, addieren Sie die ersten beiden und multiplizieren Sie deren Ergebnis mit dem Schatten-Pass, dann haben Sie den Beauty-Pass vollständig im Compositing nachgebaut.

Global Illumination-Pass

Der Global Illumination-Pass (Globale Beleuchtung) enthält das indirekte Licht der globalen Illumination, wie Abbildung 11.27 zeigt. Dieser Pass kann auch Raytracing-Reflexionen und Refraktionen beinhalten, die so elegant in andere Passes isoliert werden können.

Abbildung 11.27:
Der Global Illumination-Pass zeigt nur das indirekte Licht.

Normalerweise wird der Global Illumination-Pass in Verbindung mit anderen Passes verwendet, die noch keine globale Beleuchtungsinformation enthalten. Dies bietet die Möglichkeit, direkte und indirekte Beleuchtung genau auszubalancieren. Abbildung 11.28 zeigt einen Beauty-Pass (oben) ohne globale Illumination und zwei Szenen mit verschieden starker indirekter Beleuchtung.

Ohne Passes wäre eine harmonische Abstimmung zwischen direkter und indirekter Beleuchtung ein sehr zeitaufwändiger Prozess, da die Neuberechnung der globalen Illumination rechenintensiv ist. Das Anpassen der Global Illumination-Intensität oder der Photonen ist komplizierter, als die Szene im Nachhinein interaktiv zu mischen, aufzuhellen, abzudunkeln oder einzufärben.

Verwenden Sie Caustics, profitieren diese ebenfalls von einem separaten Pass. Liegen Schatten und Occlusion als getrennte Bilder vor, mag es allerdings aufwändig sein, den Caustics-Pass in die Komposition einzupassen.

Maske-Pass

Ein Maske-Pass, manchmal auch Mask-, Matte- oder Alpha-Pass genannt, bietet Ihnen die Möglichkeit, Masken basierend auf einzelnen Szenenobjekten zu erstellen.

Schon beim Rendern von Ebenen entstehen neue Masken, die für alle möglichen Effekte im Compositing eingesetzt werden können. Möchten Sie mehr als eine Maske auf einmal berechnen, verwenden Sie einfach die anderen Bildkanäle. Indem Sie einem Objekt eine gleichmäßig rote Farbe, einem anderen eine grüne sowie eine blaue Farbe zuweisen, erhalten Sie drei zusätzliche Kanäle mit Maskierungsinformationen. Abbildung 11.29 zeigt zwei mögliche Masken, die alle drei Kanäle verwenden, um wichtige Bildbereiche der Szene auszumaskieren.

In Ihrem Compositing-Programm können Sie Rot-, Grün-, Blau- und Alpha-Kanäle aufteilen. Anschließend stehen sie als getrennte Masken für Farbkorrekturen oder andere Effekte bereit, die auf spezifische Objekte in der Szene angewendet werden sollen. Je nachdem, wie viele Objekte oder Gruppen eine eigene Maskierung benötigen, müssen Sie mehrere Maske-Passes anlegen.

Abbildung 11.28: Ein Beauty-Pass (oben) mit hinzuaddiertem Global Illumination-Pass (mittig) und aufgehellter indirekter Beleuchtung (unten)

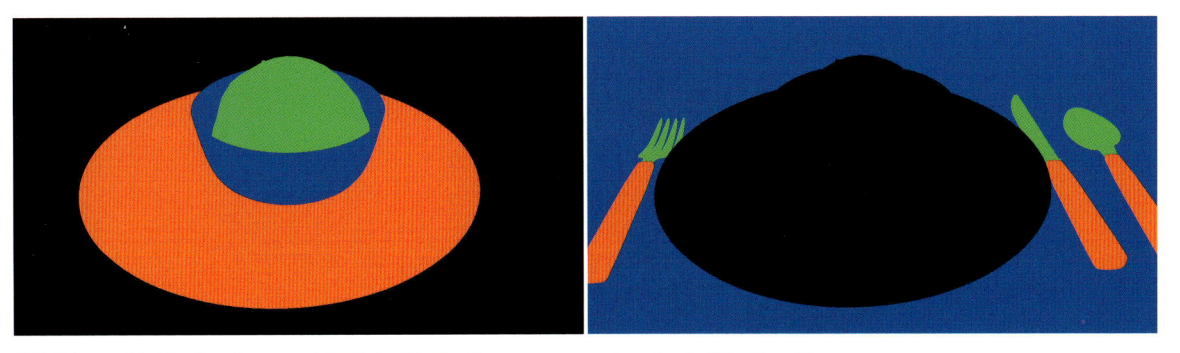

Abbildung 11.29: Zwei unterschiedliche Maske-Passes verwenden die drei Farbkanäle, um die Szenengeometrie auszumaskieren.

Tiefen-Pass

Der Tiefen-Pass, auch Z-Depth, Depth Map oder Z-Buffer genannt, enthält die Tiefeninformationen jedes Punkts in der Szene. Diese Entfernung von der Kamera zum nächstgelegenen Objekt wird in jedem Pixel des Bilds ermittelt.

Dieser Pass gibt Ihnen die Kontrolle über das Einfärben oder Verändern von Objekten, die sich in verschiedenen Raumtiefen befinden. Besonders in großen Außenszenen erweist er sich als nützlich. Ein Tiefen-Pass der Raumszene ist in Abbildung 11.30 zu sehen. Die dunklen Grautöne entsprechen den weiter von der Kamera entfernten Bereichen.

Anwendung des Tiefen-Pass

Sie können den Pass für jede Art der Bildfilterung verwenden. Abbildung 11.31 zeigt den Tiefen-Pass als Maske für einen Weichzeichner und eine Farbkorrektur, welche den Hintergrund unscharf und hellgrau erscheinen lässt. Indem die begrenzte Schärfentiefe der Kamera und eine Atmosphäre nachempfunden werden, verstärkt sich der Tiefeneindruck der Szene. Die entfernten Felsen scheinen so im Staub zu verblassen.

Tiefen-Maps bieten sich für alle Szenen an, die atmosphärische oder kamerabasierte Tiefeneffekte im Compositing erhalten sollen. Selbst wenn es in der Szene kaum sichtbaren Nebel oder Staub gibt, können Sie mittels Tiefen-Kanal die Farben kühler und weniger gesättigt scheinen lassen und so die natürliche Luftperspektive simulieren.

Abbildung 11.30:
Der Tiefen-Pass wurde hier mit Nebel (*Fog*) simuliert.

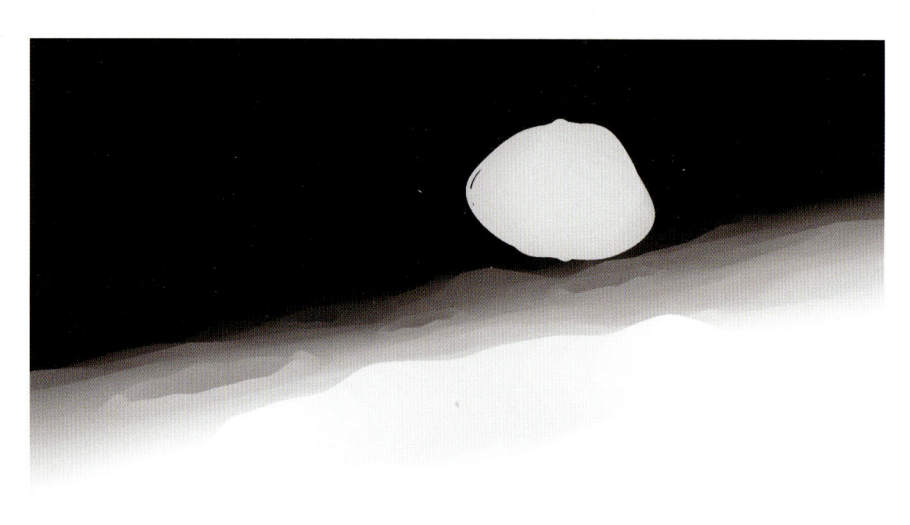

Abbildung 11.31:
Der Tiefen-Pass dient als Maske für die Atmosphäre und die Schärfentiefe.

Tiefen-Pass-Arten

Bei einem richtigen Tiefen-Pass handelt es sich nicht um ein Bild. Die Werte für jeden Pixel sind keine Farbe oder Schattierung, sondern eine fließkomma-genaue Zahl, welche die Kamera-Objekt-Distanz beschreibt. Wird eine richtige Tiefen-Map in ein normales Graustufenbild mit nur 256 Grautönen konvertiert, sinkt deren Genauigkeit.

Um die Szenentiefe mit Anti-Aliasing auszugeben, können Sie einen simulierten Tiefen-Pass rendern. Dieser stammt aus einem normalen Rendering, jedoch ohne die hochgenauen Werte der Fließkommazahlen. Für die Simulation muss allen Objekten der Szene ein flaches, weißes Material ohne Schattierung zugewiesen werden. Anschließend müssen Sie den Tiefennebel (*Fog* oder *Depth Fading*) aktivieren und diesen so einstellen, dass weiter entfernte Objekte schwarz werden. Dabei entsteht ein Ergebnis wie in Abbildung 11.30.

Sie könnten aber auch der kompletten Szenengeometrie einen Helligkeitsverlauf zuweisen, sodass entfernte Objekte schwarz, nahe wiederum weiß erscheinen.

Pass-Management

Eine veraltete Herangehensweise für das Einstellen der Passes ist es, die komplette Szene für jeden Durchlauf zu ändern. Für einen Glanz-Pass würden Sie etwa alle Shader der Szene für diffuse Beleuchtung auf Schwarz stellen und nur die Glanzpunkte aktivieren. Dies ist in jedem Programm möglich und gestattet ein generelles Festlegen der Passes, wenn auch nicht sehr effizient. Am Ende speichern Sie für jeden der notwendigen Passes verschiedene Versionen der Szene. Ändern Sie nun etwas am Modell oder der Animation, wäre es notwendig, jede der Szenen vor dem Neurendern anzupassen. Während 3D-Künstler Multipass-Renderings jahrelang per Hand eingestellt haben, was sicherlich auch funktionierte, bieten die meisten modernen 3D-Applikationen Funktionen für das Pass-Management. Dadurch wird der Umgang mit Passes einfacher und effizienter.

Der Vorteil eines integrierten Pass-Managements ist die Konfiguration vieler Pass-Beschreibungen auf einmal. Diese Ebenen und Passes können aus verschiedenen Shadern, Lichtern und Objekten bestehen. Ebenso können spezielle Rendereinstellungen übergangen oder Shader-Werte sowie Objektattribute verändert werden. Daraus ergibt sich eine Szene, deren Ebenen und Passes Sie einfach auswählen können und nach der Fertigstellung der Animation sofort rendern können.

Sie können die Passes in vielen einzelnen Bildern ablegen oder in einer großen Bilddatei mit mehrere Ebenen (*Multilayer File*). Obwohl die Verwendung einer einzelnen Datei praktisch sein kann, verwenden die meisten Studios separate Pass-Dateien. Liegen Einzelbilder vor, können Sie direkt darauf zugreifen und entscheiden, welche gelöscht, neu berechnet oder auf anderen Computern gerendert werden sollen. Oder Sie können dementsprechend auf mehrere Varianten eines Pass zurückgreifen. Sollte der Renderer vor der Fertigstellung einer kompletten Sequenz abstürzen, müssen Sie außerdem nicht wieder von vorn beginnen.

Mehrere Passes auf einmal rendern

Die meisten 3D-Programme rendern mindestens einen Farb-, Alpha- und Tiefenkanal auf einmal. Sollen mehr als diese Passes erzeugt werden, müssen diese seriell, also nacheinander, berechnet werden. Die meisten modernen Renderer können jedoch viele Passes gleichzeitig ausgeben. Renderman kann etwa mittels der „Arbitrary Output Variables" neben dem gesamten Bild (Beauty-Pass) auch mehrere Dateien mit Glanz, Reflexion, Schatten, mehreren Masken oder sogar verschiedenen Lichtquellen ausgegeben. Sollen verschiedene Ebenen mit unterschiedlich sichtbaren Objekten ausgegeben werden, muss dies jedoch hintereinander erfolgen. In diesem Fall wäre es eine Möglichkeit, mehrere Renderings parallel zu starten und so Zeit zu sparen.

Beleuchtung im Compositing

Zu einem Großteil kann das Aussehen der Szenenbeleuchtung während des Compositing angepasst werden. Während die Ausrichtung und Anpassung der Lichtquellen nur im 3D-Raum erfolgen kann, sind viele kleine Anpassungen interaktiv während der Nachbearbeitung möglich. Dies kann manchmal sogar das Neuausleuchten und Neurendern einer Szene einsparen.

Separate Licht-Passes

Ein Licht-Pass oder auch Lighting-Pass ist ein optionaler Durchlauf beim Multipass-Rendering, welcher mehr Kontrolle und Flexibilität beim Compositing bietet. Statt einen Beauty-Pass auf einmal zu berechnen, könnten Sie mehrere Licht-Passes wie in Abbildung 11.32 anlegen. Jeder einzelne Pass zeigt den Einfluss eines oder einer Gruppe von Lichtern auf einer Ebene. Verstecken Sie dazu alle Lichter außer der gewünschten Kombination für jeden Pass.

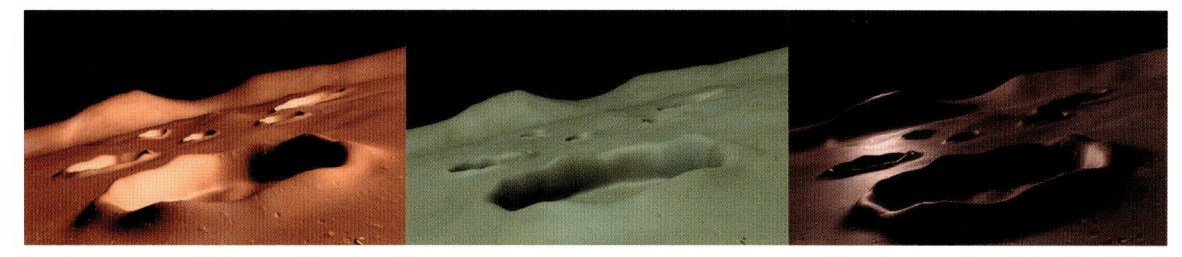

Abbildung 11.32: Das Hauptlicht (links), das Fülllicht (mittig) und das Streiflicht (rechts) als einzelne Passes.

Die drei Passes werden im Compositing aufaddiert. Mittels Addieren oder umgekehrtem Multiplizieren können diese ganz normal gemischt werden. Während dieses Zusammenführens kann jede Lichtgruppe in Helligkeit und Farbe angepasst werden und so können verschiedene Lichtstimmungen wie in Abbildung 11.33 entstehen.

Abbildung 11.33: Eine Vielzahl von Möglichkeiten können interaktiv mit unterschiedlich kombinierten Licht-Passes erzeugt werden.

Sie werden wahrscheinlich nicht die Zeit und den Platz haben, jedes Licht einer Ebene getrennt zu rendern. Daher hier einige Hinweise, wann sich Licht-Passes lohnen:

- Das Hauptlicht sollte normalerweise einzeln vorliegen. Auf diese Weise können Sie die anderen Lichtquellen mit dem Occlusion-Pass multiplizieren, aber das Hauptlicht nur von seinem eigenen Schatten abhängig machen und so die Lichtrichtung beibehalten.

- Lichtquellen, die während des Compositing verändert werden sollen, sind besser getrennt anzulegen. Ein Beispiel wäre ein Glanz-Licht, welches einen Glüheeffekt hervorruft.

- Werden Lichter animiert oder an- bzw. ausgeschaltet, sollten diese getrennt vorliegen. Nachdem alle Effekte in die Szene eingefügt wurden, könnte beispielsweise der Blitz einer Explosion präzise in Farbe und Timing an seine Quelle angepasst werden.

- Jedes Licht, dessen Helligkeit zu einer Überbelichtung der Aufnahme führen kann, eignet sich für einen getrennten Pass. So wird es erst einmal eher vorsichtig und etwas dunkler gesetzt, um im Compositing gegebenenfalls aufgehellt zu werden.

- Rendern Sie einen einzelnen Licht-Pass für jedes Objekt, welches vom Umgebungslicht (*Ambient*) oder Glühen (*Incandescence*) aufgehellt wird. In den anderen Beleuchtungsdurchgängen deaktivieren Sie diese Parameter. So wird verhindert, dass sich Bereiche aus mehreren Passes aufaddieren und zu hell erscheinen.

Im Compositing können Sie die Helligkeit oder Sättigung eines Passes jederzeit verändern. Getrennte Licht-Passes erlauben es Ihnen, entspannter zu arbeiten, da Sie Änderungen im Nachhinein vornehmen können.

Werkzeuge zum Ausleuchten

Spezielle Werkzeuge in manchen Compositing-Programmen erlauben es, Ebenen virtuell neu auszuleuchten (*Relighting*). Für diese Arbeit benötigen Sie die Oberflächennormalen der 3D-Szene, welche die Richtung jedes Punkts auf dem Objekt während des Renderns beschreiben. Diese Information wird manchmal Normalen-Pass genannt und erlaubt die simulierte Ausleuchtung aus verschiedenen Richtungen. Abbildung 11.34 zeigt den Normalen-Pass einer Eiskremszene.

Abbildung 11.34:
Der Normalen-Pass enthält Informationen über die Oberflächenwinkel, die ein Neuausleuchten der Szene ermöglichen.

Es gibt jedoch beim Ausleuchten ohne Neurendern einige starke Einschränkungen. Soll der Schatten in einer anderen Form oder Richtung fallen, ist ein Zugriff auf das 3D-Modell von Nöten. Hochqualitatives Rendering hängt zudem vom Subpixel-Detail und Anti-Aliasing ab, welches bei der Beleuchtungssimulation im Compositing nicht erhalten bleibt. Mit Gras oder Haaren bedeckte Objekte enthalten oft Oberflächennormalen, die kleiner als ein Pixel sind und daher Probleme verursachen.

Reale Filmvorlagen einpassen

Eine Sequenz die aus Realfilmelementen besteht, wird auch Background Plate, Live-Action Element, Image Plane oder Rotoscope Background genannt. In diese Sequenz sollen Teile digital erzeugter Grafiken integriert werden.

Viele 3D-Programme können Background Plates in ihr Animationsfenster einfügen. So wird die Ausrichtung der Objekte am Hintergrund sichtbar. Ist Ihre 3D-Szene mit den Kameraeinstellungen der realen Filmvorlage abgeglichen, stellt das Simulieren der realen Beleuchtung die nächste Herausforderung dar. Richtung, Farbe und Schatten der vorhandenen Lichter müssen über 3D-Passes perfekt integriert werden.

Referenzkugeln und Light Probes

Reflektierende oder matte Kugeln können die idealen Referenzobjekte sein, um Position und Farbe des Set einzufangen. Spiegelkugeln erhalten Sie im Baumarkt als Gartenschmuck oder in Form von Kugellagerelementen. Ideale Kugeln mit matter Oberfläche bestehen aus Gips, aber ein Styroporball aus dem Bastelbedarf leistet auch seinen Dienst und ist günstiger in der Anschaffung. Meistens ist es notwendig, die Kugel grau zu streichen und einen Draht für die Positionierung anzubringen.

Matte Kugeln

Abbildung 11.35 zeigt eine matte Kugel (Matte Ball), welche die Farben aus der umliegenden Szenerie aufnimmt. Idealerweise sollte dieses Bild mit derselben Kamera aufgenommen werden, die auch die Background Plate einfängt. Auch die Digitalisierung des Materials sollte mit gleichen Einstellungen erfolgen.

Für genaue Farbanpassungen wählen Sie geeignete RGB-Werte auf der Kugel aus, wie Abbildung 11.36 zeigt. Sie können diese spezifischen Werte direkt den korrespondierenden Lichtquellen in der 3D-Szene zuweisen.

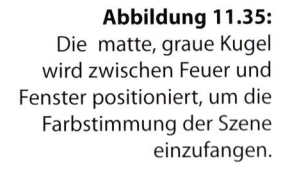

Abbildung 11.35:
Die matte, graue Kugel wird zwischen Feuer und Fenster positioniert, um die Farbstimmung der Szene einzufangen.

Beim Entwickeln der Szenenbeleuchtung empfiehlt es sich, den Hintergrund mit der Kugel zu importieren und eine 3D-Kugel darüber einzufügen. Diese 3D-Geometrie dient als Referenz, um die Lichter aus jeder Richtung sowie deren Schattenverläufe genau anzupassen.

Das genaue Studium einer realen Szene ist eine hervorragende Übung für jeden, der perfekt digital ausleuchten möchte. Selbst wenn es nicht nötig ist, die Beleuchtung der Background Plate genau anzupassen, hilft ein wenig Experimentieren, ein besseres Gefühl für die Farbigkeit realen Lichts zu bekommen.

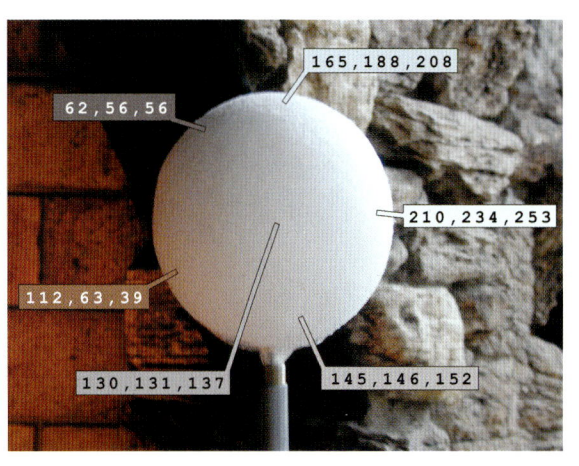

Abbildung 11.36: Von der Kugel entnommene RGB-Werte ermöglichen eine genaue Anpassung der 3D-Lichtquellen.

Spiegelkugeln

Das Spiegelbild der Umgebung innerhalb einer reflektierenden Kugel, wie in Abbildung 11.37, hilft Ihnen sehr genau, Winkel und relative Helligkeit jeder Lichtquelle zu bestimmen. Ebenso erlaubt es, Glanzpunkte und Reflexionen der Objekte exakt festzulegen. Am besten sollte daher die Spiegelkugel mit denselben Kameraeinstellungen wie das finale Background Plate aufgenommen werden.

Wie bei der matten Kugel auch, kann das Reflexionsbild in die 3D-Applikation importiert werden. Erstellen Sie nun eine reflektierende 3D-Kugel, sollten deren Glanzpunkte den hellen Lichtquellen der Vorlage entsprechen.

Einen zusätzlichen Nutzen bietet die Reflexion-Map, die aus dem Bild der spiegelnden Kugel gewonnen werden kann. Abbildung 11.38 zeigt diese Reflexion-Map auf dem Raumschiff. In vielen Programmen ist es am besten, wenn Sie die Background Plate mit planarer Projektion auf eine große, die Szene umschließende Kugel projizieren. Diese erzeugt beim Rendern die passenden Reflexionen.

Abbildung 11.37: Die Spiegelkugel zeigt die reflektierte Umgebung und dient sowohl als 3D-Referenz als auch direkt als Reflexion-Map.

Abbildung 11.38:
Das Bild der Spiegelkugel dient als perfekte Reflexion-Map.

Mit Light Probe zu HDR-Bildern

Der traditionelle Ansatz zum Nachempfinden einer natürlichen Beleuchtung ist das Erstellen von Lichtquellen und wurde oben beschrieben. Sind alle Lichter an die Farbe und Helligkeit der vorgegebenen Richtung angepasst, können realistische Renderings mit nahtlos integriertem Licht entstehen.

Eine andere Möglichkeit stellt eine Light Probe dar, eine Art Lichtprobe, die zusammen mit dem Hintergrund aufgenommen wird. Diese erfasst die Beleuchtung aus allen Winkeln um ein Objekt herum und kann aus Fotos einer vor Ort platzierten Spiegelkugel gewonnen werden. Diese Light Probe kann Objekte mit allen erfassten Farben und Abstufungen der realen Lichtverhältnisse beleuchten. Ein einzelnes Light Probe-Bild kann die 3D-Szene aus allen Winkeln beleuchten. Stellen Sie sich einfach eine Kugel vor, welche die gesamte Geometrie umhüllt und diese wie eine Lichtquelle beleuchtet.

Im Gegensatz zu den einfachen Fotos einer Spiegelkugel haben Light Probes einen gewaltigen Dynamikumfang. Die so genannten High Dynamic Range Images, kurz HDR-Bilder, erfassen mehrere Belichtungen, deren gesamter Tonwertumfang den von Einzelbildern übertrifft. Um Light Probes anzufertigen, wird eine Belichtungsreihe mit den optimalen Parametern vom hellsten bis zum dunkelsten Punkt angefertigt, so wie es die Abbildung 11.39 zeigt. Ohne die Verwendung von HDRI-Daten sind alle hellen Lichter als rein weiße Glanzpunkte beschnitten (Clipping), ohne deren relative Helligkeit oder Farbe zu erfassen. Wird die HDR-Map mit geringerer Helligkeit auf die Szene angewendet, ist in den hellen Bereichen noch eine Zeichnung vorhanden, während normale Bilder einen Grauton zeigen würden.

Andere Ansätze zur Lichtanpassung

Der Einsatz von Spiegelkugeln und Light Probes ist nicht immer möglich oder die ständigen Drehunterbrechungen für die Erstellung von Referenzaufnahmen sind zu zeitintensiv. Manchmal können Sie nicht einmal das Filmset besuchen, von dem die Background Plates stammen.

Und selbst wenn Sie die Beleuchtung mittels verschiedener Kugeln ausmessen, kann sich das Lichtsetup jederzeit ändern. Ebenso kann es passieren, dass eine Kugel an einer Position in der Szene nicht die gewünschte Information erfasst – eine unendliche Zahl von Messungen wäre notwendig, um jeden Punkt im Raum zu erfassen.

Abbildung 11.39:
Ein HDR-Bild weist die exakten Farben in verschiedenen Belichtungsstufen auf.

Besteht die Möglichkeit, den Drehort zu besuchen, können andere Techniken bei der Lichtanpassung helfen:

- Bringen Sie eine Kamera zum Set mit. Fertigen Sie Referenzbilder des Sets und der Beleuchtung an. Fotografieren Sie den Boden und die Wände flach und in verschiedenen Ausmaßen für potenzielle Texturen. Panoramaaufnahmen helfen, Reflexion-Maps zu extrahieren.

- Nehmen Sie zum Dreh ein Maßband mit. Fragen Sie am Anfang der Produktion, ob Sie Entwürfe und Blaupausen des Set haben können, aber vertrauen Sie diesen nicht. Messen Sie selber die Aufbauten so genau aus, dass Sie eventuell ein 3D-Modell des Drehorts anfertigen können.

- Achten Sie auf Änderungen während der Produktion. Im Studio können die Lichter angepasst werden oder Wände und Einrichtungsgegenstände zwischen den Einstellungen verschoben werden. Unter freiem Himmel verändern das Wetter und die Tageszeit die Szenerie noch stärker.

Sollten Sie den Drehort nicht besuchen können oder das Material aus Stock Footage oder anderen Quellen stammen, können Sie dennoch das Licht anpassen:

- Studieren Sie den Schatten in den Vorlagen. Haben Sie deren Länge und Richtung in 3D angepasst, befinden sich auch die Lichtquellen an der richtigen Position.

- Benutzen Sie Objekte im Background Plate, um die Lichtfarbe zu bestimmen. Versuchen Sie, weiße oder graue Gegenstände zu finden, von denen Sie die RGB-Werte entnehmen können.

- Versuchen Sie, Referenzobjekte in Hintergrundmaterial zu finden, die leicht als 3D-Modelle nachgebaut werden können. Richten Sie diese mit der realen Vorlage aus und optimieren Sie Beleuchtung und Glanzpunkte bis zur Perfektion.

Jede Produktion hat verschiedene Herausforderungen, aber diese einfachen Tricks sollten Ihnen helfen, jede Lichtquelle aus einer beliebigen Background Plate zu rekonstruieren.

Übungen

1. In den meisten Projekten werden nur die wirklich benötigten Passes gerendert und Redundanz vermieden. Als Übung können Sie aber alle üblichen Passes auf einmal berechnen und sehen, wie Sie den Beauty-Pass daraus aufbauen können.

2. Leihen Sie einen Film aus, in welchem 3D-Renderings mit realen Aufnahmen kombiniert wurden. Analysieren Sie ein Standbild und fragen Sie sich selbst: Wie gut ist der digitale Schatten eingepasst und wie gut verschmilzt er mit den vorhandenen Hintergrundschatten? Stimmen die dunklen Farben und der Schwarzpunkt der 3D-Elemente mit den Filmaufnahmen überein? Ist die Farbsättigung konsistent?

3. Laden Sie jede beliebige 3D-Szene, die Sie zuvor nur in einem Durchgang berechnet haben. Teilen Sie diese in mehrere Passes und Ebenen auf. Versuchen Sie dadurch, jeden Aspekt des Bilds zu verbessern, indem Sie etwa mit Hilfe des Glanz-Pass einen realistischeren Glanz erzeugen. Setzen Sie die Ergebnisse in einem Zeichen- oder Compositing-Programm zusammen, variieren Sie die Ebenen und holen Sie das Beste aus dem Material heraus.

[KAPITEL ZWÖLF]

Die Production Pipeline und professionelles Arbeiten

Eine Karriere im 3D-Geschäft zu starten, erfordert eine Vielzahl von Entscheidungen. Wollen Sie sich beispielsweise auf die Ausleuchtung spezialisieren oder auch andere Gebiete beherrschen? Welche Fähigkeiten würden die Beleuchtung am besten ergänzen? Sollten Sie einen anderen Job annehmen, etwa Rotoskopieren, und hoffen, so in Ihrem Spezialgebiet Fuß zu fassen? Dieses Kapitel beschreibt einige der Gegebenheiten und Herausforderungen der realen Arbeitswelt, etwa das Verständnis und die eigene Arbeit in einer Production Pipeline. Oder wie Sie ein Showreel entwickeln und einen Job bekommen.

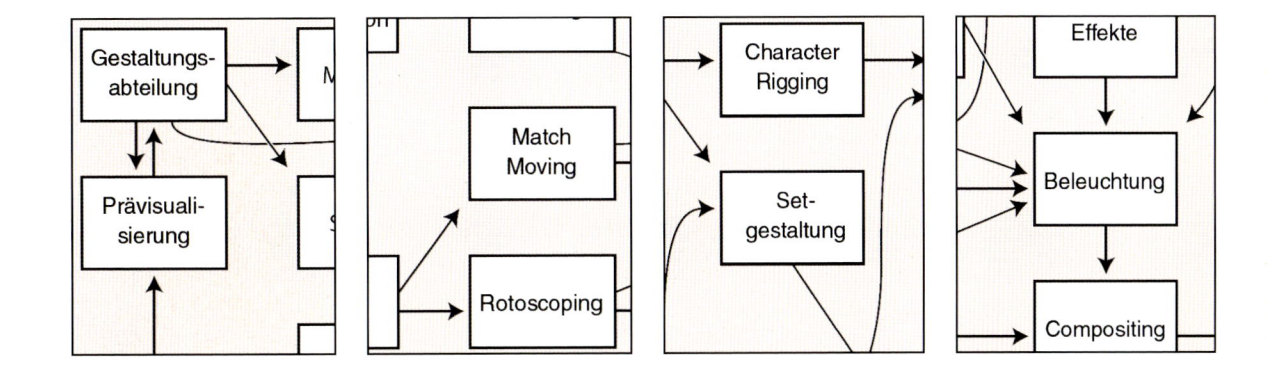

Production Pipeline

Haben Sie bisher nur zu Hause, in der Schule, der Universität oder einen kleinen Firma gearbeitet, sind Sie vielleicht noch nicht mit allen Aufgaben vertraut, die in einem großen Produktionsstudio anfallen. Insbesondere bei animierten Spielfilmen oder Effektfilmen gibt es große Unterschiede.

Diese Firmen müssen Hunderte Angestellte organisieren, die für eine Unzahl von Effekten und Animationen innerhalb eines ehrgeizigen Zeitplans verantwortlich sind. In diesen Größenordnungen ist eine Production Pipeline notwendig, ein System, welches die Arbeit auf verschiedene Abteilungen verteilt.

Dieser Abschnitt beschreibt die Positionen und Abteilungen, wie sie typischerweise in einem Visual Effects- oder einem Animationsstudio zu finden sind, und wie diese untereinander als Teil der Production Pipeline arbeiten.

Planung eines Animationsfilms

In einem Animationsstudio plant das Story Department (Geschichtenabteilung) zusammen mit dem Regisseur und Cutter, wie sich die Geschichte entwickeln soll und wie sie erzählt wird. Diese Vorlage wird in einzelne Einstellungen und Sequenzen aufgeteilt. Die Layoutabteilung erstellt anschließend die Filmeinstellungen mit deren Bildkomposition und Kamerafahrten.

Die Geschichte (Story Department)

Das Story Department ist eigentlich die wichtigste aller Abteilungen. Fesselt die Geschichte nicht, ist es dem Publikum egal, wie großartig die Modellierung, Animation oder Texturierung sind. Eine aufwändige Produktion rettet keine schwache Story.

Der Drehbuchschreiber arbeitet primär auf Papier. Er entwickelt Ideen für die Präsentation von Sequenzen oder Teilen der Geschichte, zeichnet ein Storyboard (kleine Skizzen für jede Einstellung) und präsentiert seine Ideen im so genannten Pitch dem Regisseur. Die Geschichten durchlaufen viele Veränderungen und selbst eine abgenommene Sequenz kann sich über die Zeit wandeln. In der Welt der Animation ist es Tradition, dass Animatoren die einzelnen Erzählstränge basierend auf dem Storyboard ausarbeiten. In manchen Studios besteht der Produzent auf einem Drehbuch, welches vor dem Produktionsbeginn geschrieben und abgenommen wird – genau wie bei einem normalen Spielfilm. Aber selbst wenn ein Drehbuch vorliegt, wird die

Planung und Erzählung der Geschichte vor dem Animieren in einem Storyboard ausgearbeitet.

Das Story Reel oder auch Animatic ist ein Vorschau des gesamten Films, bevor mit der Animation begonnen wird. Zusammen mit der Schnittabteilung erstellt die Geschichtenabteilung einen zeitlichen Ablauf aller Filmsequenzen basierend auf den Storyboard-Bildern. Wird eine Kamerabewegung von einem einzelnen Bild nicht ausreichend beschrieben, animiert die Abteilung die betroffene Sequenz mit einem Compositing-Programm oder einer vereinfachten 3D-Szene. Um einen Eindruck von einem solchen Story Reel zu bekommen, achten Sie bei den DVDs vieler Animationsfilme auf das Bonusmaterial.

Der Regisseur sieht sich viele Varianten des Story Reel an und versucht, daraus eine gut strukturierte Erzählung zu entwickeln. Sequenzen werden gerafft, zusammengefasst oder entfernt, um die Geschichte zu beschleunigen bzw. den Film zu kürzen. Bei großen Produktionen können Millionen von Dollar gespart werden, wenn kleine, digitalisierte Bleistiftzeichnungen statt voll animierte Sequenzen verändert werden.

Über den Verlauf der Filmproduktion ändert und verbessert der Cutter kontinuierlich das Story Reel. Werden Einstellungen animiert, ersetzt er die digitalisierten Standbilder aus dem Storyboard teilweise mit den bewegten Einstellungen oder nimmt manchmal kleine Anpassungen am Timing vor. Am Ende ersetzt das vollständig ausgeleuchtete und gerenderte Material diese Animationstests. Die Tonspur (Soundtrack) des Story Reel setzt sich anfänglich häufig aus Dialogen zusammen, die vom Regisseur, den Animatoren oder der restlichen Crew gesprochen wurden. Nach dem finalen Casting werden diese Aufnahmen mit den Stimmen professioneller Sprecher oder Schauspieler ersetzt.

Nach und nach wird das Reel eine immer weiter komplettierte Vorschau des Films, welche einem realen Testpublikum vorgeführt werden kann. Deren Reaktion auf das Test Screening schlägt sich in Änderungen nieder. Schlussendlich wird aus dem bearbeiteten Reel die finale Schnittfassung (*Final Cut*), welche im Kino läuft.

Layout

Nachdem das Story Department das Storyboard fertig gestellt und zum Reel hinzugefügt hat, sind die Layout Artists für das Positionieren und Bewegen der 3D-Kamera verantwortlich. Layout Artists sind die ersten in der Production Pipeline, die tatsächlich eine 3D-Szene für jede Filmeinstellung anlegen. Storyboard und Reel dienen dabei als Vorlagen. Unter Aufsicht des Regisseurs entstehen dann szenengenaue Einstellungen. Manchmal werden verschiedene Kamerafahrten angefertigt, aus denen der Regisseur die am besten passende Variante auswählt. Nachdem das Modeling Department (Modellierabteilung) die Sets und Charaktere modelliert hat, laden die Layout Artists auch die notwendigen Objekte in die Szene und positionieren sie.

Manchmal müssen die Layout Artists sogar die Figuren grob animieren, sie wenigstens von einer Position in die andere verschieben, wenn diese Bewegung wichtiger Bestandteil der Szene ist. Obwohl die skizzenhafte Animation später detailliert von Charakteranimatoren ersetzt wird, sind Bildkomposition und Kamerabewegungen Teile des fertigen Films. Bisweilen animiert der Layout Artist auch die Tiefenunschärfe der Kamera (DOF) für alle Einstellungen einer Sequenz, um diesen Kameraaspekt konsistent zu halten.

Vorbereitung von Visual Effects Shots

Die Produktion in Visual Effects Studios läuft anders als in Animationshäusern ab. Statt Sequenzen aus dem Nichts zu erstellen, konzentrieren sich diese Studios auf die Integration von Computergrafiken in realen Film.

Daher gibt es in VFX-Studios kein Story Department, die Geschichte entsteht wahrscheinlich lange, bevor das Studio überhaupt mit den Effekten beauftragt wurde. Aber das so genannte Pre-Visualisation Department (Prävisualisierungsabteilung) hilft, die Effekte sowie deren Integration zu planen, und greift den Regisseuren bei der Organisation des Drehs unter die Arme.

Die Kamerafahrten werden nicht vom Layout Department wie bei der Animation üblich entworfen. Stattdessen übernimmt das Match Move Department Winkel und Bewegungen aus den realen Kameraaufnahmen. Am Ende werden die Elemente der Realvorlagen im Rotoscoping Department maskiert und aufbereitet.

Prävisualisierung (Pre-Visualization)

Die Prävisualisierung auch Pre-Visualization, Vorvisualisierung oder Previs genannt, veranschaulicht mit Hilfe einfacher 3D-Grafiken das Zusammenspiel von Film und visuellen Effekten. So können Sequenzen und Kamerabewegungen vor dem Dreh genau geplant werden. Es gibt sogar Spezialfirmen, die Regisseuren den Aufbau komplexer Szenen vorher visualisieren. Einige Regisseure proben sogar den kompletten Spielfilm digital vor dem Dreh durch. Mit Hilfe der Prävisualisierung kann die Regie genaue Kamerawinkel ausarbeiten, den Aufbau von Actionszenen oder Stunts gründlich planen und die Produktion von Spielfilmen schneller und effizienter gestalten.

Am besten erfolgt die Prävisualisierung vor dem Dreh, aber VFX-Studios fertigen auch für gedrehte Background Plates eine Effektvorschau an. Diese Previs hilft, 3D-Elemente und Effekte zu bestimmen, festzulegen, welche Modelle oder Miniaturen angefertigt und welche realen Effekte (etwa Rauch- oder Feuertexturen) aufgenommen werden müssen.

Previsualization Artists müssen schnell und aufgeschlossen sein, denn die ständige Arbeit an der Seite des Regisseurs ist eine Herausforderung. Das kontinuierliche Ändern der Kamera und der Szenenelemente auf Wunsch erfordert Flexibilität.

Match Moving und Virtual Sets

Werden 3D-Kreaturen oder Effekte mit gefilmten Aufnahmen kombiniert, richtet das Match Move Department (Bewegungsanpassungsabteilung) die 3D-Kamera an deren realen Vorlage aus.

Hat der Kameramann in einer realen Live-Action-Sequenz die Kamera bewegt, erzeugt der Match Move Artist diesen Verlauf Bild für Bild in der 3D-Szene. Diese Aufgabe wird 3D-Kamera-Tracking genannt. Spezialisierte Software wie der 3D Equalizer (*www.3dequalizer.com*), integrierte Module einiger 3D-Animationspakete oder selbst entwickelte Software einiger Studios unterstützen diese Arbeit.

Neben der Kameraanpassung übernehmen Match Move Artists auch die Erstellung virtueller Setmodelle, auch Virtual Set Models oder Match Move Geometry genannt. Dies sind genau abgemessene Modelle des Filmsets, das am Ort der Realaufnahmen vorhanden war. Jagt beispielsweise ein 3D-Monster einen echten Schauspieler durch ein reales Haus, würden genaue Reproduktionen von Böden, Wänden und anderen einbezogenen Oberflächen gebaut. Match Move Artists blenden ihre virtuellen Sets über das Filmmaterial, wie in Abbildung 12.1 zu sehen.

So kann auch die Qualität des 3D-Kamera-Tracking überprüft werden. Bleibt nämlich das Drahtgittermodell (Wireframe) während der gesamten Szene am gefilmten Set ausgerichtet, wurde genau gearbeitet.

Abbildung 12.1: Das Match Move Department überprüft die 3D-Kameraausrichtung durch die Überlagerung des virtuellen Set mit dem realen Hintergrund.

Obwohl die virtuellen Setmodelle nicht im finalen Bild zu sehen sind, verwenden andere Abteilungen diese, um Realaufnahmen besser zu integrieren. Zum Beispiel werden Animatoren ihre Charaktere in Relation zum Set bewegen und positionieren. Effect Artists verwenden das virtuelle Modell, um Dynamiksimulationen für Rauch, Feuer, Wasser oder andere Phänomene durch Wände oder Gegenstände zu begrenzen. Lighting Artists richten die Lichtquellen an Fenstern und Lampen des realen Set aus. Sie werden außerdem Schatten- und Reflexion-Passes aus der Vorlage erstellen, damit die Passes im Compositing den Wänden, Türen und dem Gelände der Aufnahme folgen.

Match Move Artists leisten wichtige Grundarbeit für moderne Spezialeffekte. Historisch gesehen wurden visuelle Effekte mittels statischer Kamera gedreht. Zwei Aufnahmen ohne Kamerabewegung konnten so kombiniert werden. In heutigen Spielfilmen kann der Filmemacher die Kamera in Effekteinstellungen so frei wie in jeder anderen Szene bewegen. So werden die Effekte lebendiger in den Film integriert und die kreative Freiheit des Kameramanns bleibt gewahrt.

Match Moving ist häufig eine Einstiegsposition. Haben Sie damit angefangen, Erfahrung innerhalb der Pipeline und mit der Software zu sammeln, können Sie später in den anderen Abteilungen für Modellierung, Animation oder Beleuchtung arbeiten.

Der Leiter der Abteilung ist einer der wenigen Effect Artists, die zu den verschiedenen Filmsets und Drehorten mit der Filmcrew reisen. Vor Ort nimmt er genaue Messungen des realen Set, der Kameraposition, der Entfernungen und des Geländes vor. Für einige Einstellungen platziert der Leiter der Match Move-Abteilung verschiedene Markierungen in der Szene, die in den Aufnahmen sichtbar sind und das 3D-Tracking erleichtern. Die Marker werden später vom Rotoscoping Department aus den Einstellungen entfernt.

Rotoscoping

Bei der Kombination von 3D und gefilmten Aufnahmen erscheint ein Charakter oder eine Kreatur manchmal im Hintergrund, verdeckt von Schauspielern oder realen Objekten. Dies erfordert die Erstellung einer Matte für jedes Frame der Sequenz, welche die exakte Form und Position der realen Person oder des Gegenstands im Vordergrund beschreibt. Das Zeichnen dieser animierten Masken wird Rotoscoping oder kurz Roto genannt.

Sobald der Roto Artist oder Rotoscoper animierte Masken um die Schauspieler erstellt hat, wird es für den Compositor sehr einfach, 3D-Elemente hinter ihnen einzufügen. Rotoskopierte Elemente können auch für andere Effekte Verwendung finden, seien es die Schatten eines 3D-Charakters auf den Schauspielern oder gezieltes Weichzeichnen, Schärfen und Farbkorrigieren von Szenenbereichen.

Es ist sehr schwierig, die Interaktion zwischen 3D-Figuren und menschlichen Schauspielern abzuschätzen, wenn beide Ebenen nicht sauber zusammengefügt werden können. Daher benötigen die Animatoren die rotoskopierten Elemente so schnell wie möglich, am besten schon für die ersten Testrenderings. Die Lighting Artists benötigen ebenfalls eine Vorschau der finalen Einstellung, inklusive der 3D-Elemente hinter den rotoskopierten Filmelementen. Häufig wird eine sehr grobe, schnelle Version des Rotoscoping angefertigt und an die Animatoren sowie Beleuchter verteilt, um die Entwicklung der Szene besser vorhersehen zu können. Für das finale Compositing muss anschließend eine genaue Roto erfolgen.

Rotoscoping ist ein sehr arbeitsintensiver Prozess, da es das bildweise Nachzeichnen der Konturen erfordert. Dabei muss jeder Aspekt der Bewegung und der Bewegungsunschärfe nachempfunden werden. Roto Artist ist ebenfalls ein typischer Einstiegsjob innerhalb eines Studios, danach werden die Leute zum Beispiel zum Texturenmalen oder Compositing befördert. Neben dem Erstellen animierter Masken entfernen Roto Artists auch Kratzer und Schmutz vom digitalisierten Film oder die Tracking-Marker aus der Aufnahme.

Kernabteilungen (Core Departments)

Bisher konzentrierten wir uns auf die Unterschiede von Animations- und Spezialeffektstudios. Ist dieser Einstiegspunkt in die Production Pipeline überwunden, sind viele Kernabteilungen (Core Departments) in jede Grafikpipeline involviert. Dies betrifft das Entwerfen und Erstellen von Modellen, die Animation von Charakteren und Objekten und die Festlegung des Look der gerenderten Bilder.

Art Department

Das Art Department (Gestaltungsabteilung) entwirft die Konzepte und Designs für alle Szenen, Kreaturen, Charaktere und Effekte, die im Studio produziert werden.

Die Arbeiten der Artists des Art Department bestehen aus Konzeptskizzen, welche das mögliche Aussehen von Szenen oder Charakteren beschreiben, kleinen Skulpturen (Maquettes), welche das finale Design der Charaktere zeigen, und farbigen Storyboards, manchmal auch Color Scripts genannt, welche die Farbschemen der gesamten Produktion festlegen.

Die meisten Arbeiten im Art Department stammen von klassisch ausgebildeten Künstlern. Viele arbeiten ohne den Computer, zeichnen also auf Papier oder formen Modelle aus Ton. Andere verwenden digitale Werkzeuge, etwa Malprogramme, um ihre Designs zu illustrieren. Am Ende liegen die meisten Arbeiten aber in digitaler Form vor, entweder durch das Scannen der Bilder oder die Digitalisierung der Maquettes mittels 3D-Scanner. In manchen Fällen werden die Bezeichnungen Concept Artist oder Character Designer für diese Künstler verwendet. Alle entstandenen Werke dieser Abteilung werden vom Regisseur des Films abgenommen, welcher Vorschläge unterbreitet und Änderungen oder neue Fassungen erbittet.

Der Entwurf auf Papier spart gegenüber der 3D-Umsetzung Zeit. Wird im Drehbuch beispielsweise ein Hund benötigt, zeichnet der Concept Artist mehrere Bilder mit möglichen Looks und zeigt sie dem Regisseur. Wünscht der Regisseur Änderungen, können neue Zeichnungen schnell angefertigt werden, manchmal sogar im gemeinsamen Brainstorming. Würde ohne gezeichneten Entwurf direkt in 3D gearbeitet werden, benötigen Modellierung, Texturierung, Rigging und Fellgenerierung Wochen. Alles unnütze Arbeit, wenn ein Redesign gefordert wird.

Eine Schlüsselposition in jedem Film ist der Art Director. Dieser hilft dem Regisseur, den Look und die Stimmung des Films zu finden. Beim Realfilm ist der Art Director in alle Bereiche eingebunden, vom Kostümentwurf über Seteinrichtung bis hin zu Matte Paintings, Make-up und anderen Filmdetails. In einem computeranimierten Film hat der Art Director dieselben Aufgaben, muss aber zusätzlich Modelle, Shader, Texturen und Beleuchtung begutachten.

Nachdem die Farben und das Aussehen jeder Sequenz zu Beginn vom Art Department in Color Script und Concept Art geplant wurden, entwickeln sich die Szenen durch Shading und Ausleuchtung erheblich. Der Art Director bleibt weiter beteiligt und beurteilt die verschiedenen Varianten der Szenengestaltung. Das letzte Wort über die finale Entwicklung einer Einstellung hat allerdings der Regisseur.

Modellierung (Modeling)

Das Modeling Department (Modellierabteilung) beginnt sofort nach der Abnahme des Regisseurs mit der Umsetzung von Charakter- und Setdesigns basierend auf den Entwürfen des Art Department.

In einigen größeren Studios wird die Modellierung in zwei oder mehrere Abteilungen aufgeteilt. Häufig sind dies Artists für organische Modelle (*Organic Modelers*) und eine Abteilung für technische Objekte (*Hard Surface Modelers*). Die Organic Modelers verfügen oft über einen Hintergrund als Bildhauer und erstellen Figuren sowie andere Freiformflächen. Die Hard Surface Modelers kommen meist aus dem Industriedesign oder der Architektur und fertigen Fahrzeuge, Waffen, Requisiten sowie Gebäude an. Andere Produktionsstudios teilen sich in Character Department und Set/Prop Modeler auf. Erstere erstellen Figuren und deren Gesichtsausdrücke (*Facial Expressions*), während das Set/Prop Department von Gebäuden über Requisiten bis hin zu Landschaften mit Bewuchs alle anderen Filmmodelle umsetzt.

Die Modellierabteilung nutzt dabei verschiedene Quellen. In einigen Fällen liegen detaillierte Designstudien aus dem Art Department vor, in anderen werden Referenzbilder gesucht und diese umgesetzt. Manchmal bilden digitale Daten den Ausgangspunkt indem Schauspieler, Maquettes oder andere Vorlagen mittels 3D-Scanner erfasst werden. Diese Daten müssen von Fehlern befreit und unsauber gescannte Bereiche (Löchern im Mesh) müssen ausgefüllt werden. Anschließend werden die Oberfläche und der Detailgrad (*Level of Detail*) für die Produktionsvoraussetzungen angepasst. Jeder dieser Schritte erfordert von Seiten des Modellers eigene Urteilskraft und Kreativität. Sie begleiten das Modell durch verschiedene Revisionen, lassen diese bewerten und reagieren auf die Kommentare des Art Director oder des Regisseurs.

Es gibt zwei übliche Formen, ein Modell für eine Sichtung zu präsentieren. Eine Möglichkeit ist der *Turntable View* (Rundumansicht), eine kurze Animationsschleife, welche die Drehung des Objekts um 360 Grad vor der Kamera zeigt. Die andere Variante ist es, das Modell in die Szene einzufügen und aus den benötigten Kameraeinstellungen zu zeigen.

Ist das Modell freigegeben, wird es dem Rigging und Texture Paint Department übergeben, die es für die Animation und das Rendering vorbereiten. Läuft alles gut, sind nur wenige Änderungen an den Modellen nötig und es bewegt sich relativ reibungslos durch die Production Pipeline. Häufig treten Probleme erst beim Rendern auf, in diesem Fall wird das Lighting Department Korrekturen anfordern.

Da die Modellierung sehr früh in der Produktion stattfindet, ist das Verständnis von Beleuchtung und Rendering eine nützliche Ergänzung des eigenen Fachwissens. In vielen Firmen arbeiten Modeller in späteren Projekten im Rendering oder als Lighter.

Sobald die Modelle abgenommen sind, werden sie ins Shading Department weitergereicht. Die Requisiten erhält auch das Set Decorating Department, während Charaktere ins Rigging Department gelangen.

Setgestaltung (Set Decorating)

In animierten Spielfilmen, aber auch in Spezialeffektsequenzen wird eine komplexe 3D-Welt häufig mit vielen 3D-Modellen bevölkert. Nachdem der Modeller verschiedenste Haushaltsgegenstände, Pflanzen und andere notwendige Objekte erstellt hat, ist es die Aufgabe des Setgestalters (Set Decorator), diese in der Szene zu platzieren.

Setgestalter arbeiten mit den Skizzen und dem Feedback des Art Department, treffen aber auch ihre eigenen ästhetischen Entscheidungen. So entsteht aus einer kleinen Bibliothek von Pflanzen ein verwachsener Dschungel oder aus einer Liste von Haushaltsgegenständen ein unordentlicher Raum, der sich in die Story fügt.

Die Setgestalter achten sehr genau auf die Position der Kamera und deren Bewegung durch den Raum. Sie versuchen, zusätzliche Details in den sichtbaren Bereichen der Einstellung zu platzieren, und sparen im Hintergrund an aufwändigen Objekten. Ist eine Einstellung nur aus einer einzigen Einstellung sichtbar, werden die Modelle nur im Kegel der Kamera platziert. Abbildung 12.2 zeigt dies am Beispiel von Blättern. Aber selbst in solchen Einzeleinstellungen ist es hilfreich, die Vegetation auch etwas außerhalb des Sichtwinkels zu positionieren. So entstehen zusätzliche Schatten von außen und eine Anpassung an ein anderes Kameraseitenverhältnis (Aspect Ration, etwa 16:9) kann ohne Probleme erfolgen.

Abbildung 12.2:
Setgestalter füllen die 3D-Szene mit Modellen, die innerhalb des Kamerawinkels sichtbar sind. In statischen Einstellungen bleiben die anderen Bereiche teilweise sogar leer.

Technical Directors

Viele Abteilungen an unterschiedlichen Punkten der Production Pipeline verwenden die Berufsbezeichnung Technical Director (Technischer Leiter) oder kurz TD. Dieser Titel hat je nach Firma eine andere Bedeutung:

- Der Lighting TD, die häufigste Verwendung des Worts, beleuchtet und rendert die 3D-Szene.

- Der Character TD ist für das Rigging eines Charakters mittels Skelett verantwortlich, aber auch für Kleidung, Haar und Deformatoren.

- Der Shader TD schreibt und ändert Shader, um die Erscheinung des Modells anzupassen und es für die Texture Painters vorzubereiten.

In manchen Produktionshäusern übernehmen die TDs das Modelling in frühen Projektphasen und sind später für Compositing und Effektanimation verantwortlich. Wiederum andere Firmen haben Pipeline TDs, welche die Softwarearchitektur entwickeln, die alle Abteilungen verbindet.

Ein TD ist primär weder eine technische noch eine leitende Position. Die meisten TDs sind Künstler innerhalb der Production Pipeline, deren kreative Arbeit auch Computerfähigkeiten verlangt. Der Job erfordert eine ausgewogene Balance zwischen künstlerischer Sensibilität, Technikverstand, einem guten Auge und dem Talent zum Problemlösen. Fast alle TDs können unter verschiedenen Betriebssystemen arbeiten und sind im Umgang mit Unix-Shell-Kommandos erfahren. Viele beherrschen Skriptsprachen wie MEL, MaxScript, Perl, Tcl oder Python. Diese programmiererfahrenen TDs verwenden die meiste Zeit zwar für die Bearbeitung spezifischer 3D-Figuren oder Einstellungen, sind aber bei Problemen oder Optimierungswünschen mit Skripten und Programmen zur Stelle. Einige TDs sind richtige Programmierer oder Informatiker, die meisten jedoch nicht.

Die Bezeichnung TD erhalten viele Leute in einem Studio. Also seien Sie nicht überrascht, wenn der Begriff mehrfach in unterschiedlichen Definitionen im weiteren Textverlauf auftaucht.

Character Rigging

Ist ein Character modelliert, heißt der Vorgang der ihn in eine animationsfähige Form bringt Character Rigging oder Character Setup. Zentraler Prozess dieser Arbeit ist die Zuweisung eines Skeletts. Ein Animator wählt dessen *Bones* (Knochen) und *Joints* (Gelenke) auf dem Bildschirm aus und bewegt diese in verschiedene Posen. *Slider* (Regler) fassen Dutzende Attribute eines Charakters zusammen und erlauben dessen vereinfachte Steuerung, etwa wie sich das linke obere Augenlid öffnet oder ein Muskel eine zusätzliche Wölbung erfährt. Das gesamte Skelett und seine Regler werden Rig genannt.

Die Artists, die diese Rigs erstellen, werden of Character TDs genannt, hören aber in verschiedenen Firmen auf fantasievollere Namen wie Physiquer, Rigger oder Puppeteer. Eine weitere Aufgabe des Character TD ist es, verschiedene Animationstests anzufertigen und so die Deformation der Figur in diversen Posen zu überprüfen. Korrekturen des Rig basieren meist auf diesen Tests. Entstehen etwa bei der Drehung eines Arms nach oben seltsam deformierte Schultern, muss der TD das Skelett anpassen oder gegebenenfalls die Schultern anders modellieren.

Als Character TD müssen Sie mit dem 3D-Animationspaket sehr vertraut sein. Während der Wechsel der 3D-Software für einen Animator nur ein paar Wochen Zeit in Anspruch nimmt, braucht der Character TD länger, um einen detaillierten Einblick zu gewinnen.

Während der Produktion werden in spezifischen Einstellungen angepasste Lösungen vom Character TD gefordert. Ebenso verlangen Stunts, Gags oder sonstige ungewöhnliche Effekte zusätzliche Deformationskontrollen für den Charakter.

Character Animation

Seit den frühen Tagen der Filmkunst ist die Character Animation Bestandteil des filmischen Repertoires. Deren klassisches Spektrum reicht von handgezeichneten 2D-Animationen bis hin zu Stop-Motion, bei dem Puppen Bild für Bild bewegt werden. In den heutigen Studios werden die aufwändige Planung und das Spiel des Charakters nach denselben Grundprinzipien und ästhetischen Entscheidungen früherer Pioniere weiterentwickelt. Erfolgt der

Einsatz von Motion Capturing, um die realen Bewegungen eines Schauspielers zu digitalisieren, wird ein Großteil der Zeit des Animators für die Säuberung der Daten verwendet. Auch das Ergänzen von nicht digitalisierten Bewegungen, etwa für Augen und Finger, ist eine Hauptaufgabe.

Jedes Jahr sinkt die Zahl der traditionellen Animatoren, die ohne Computer arbeiten. Nichtsdestotrotz ist ein Talent für gezeichnete Animationen ein Vorteil für jeden, der Character Animator werden möchte – denn Prinzipien und Tradition haben Bestand.

Der häufigste Grund für die Kommunikation zwischen Animatoren und Beleuchtungskünstlern sind Lichtquellen, die Fehler in der Animation sichtbar werden lassen. Fliegt ein Fuß beispielsweise in der Luft statt auf dem Boden zu stehen, wurde dieser Fehler nicht in den Testrenderings entdeckt. Schatten und Beleuchtung fördern ihn aber zu Tage. Nun muss entweder der Lighting Artist etwas schummeln oder eine saubere Lösung für das Problem finden, beispielsweise die Figur oder den Boden bewegen. Funktioniert dies nicht, geht die Einstellung zurück ins Animation Department. Es gibt aber auch noch andere Situationen, die ein Zusammenspiel zwischen Licht und Animation erfordern. Beispiele wären ein Character, der das Licht anschaltet; ein an der Kreuzung blinkendes Auto oder die an einer Wand funkelnde Lichtreflexion, verursacht durch einen Spiegel. Dies sind jedoch Ausnahmen, denn meist sind die Animatoren selbst überrascht, wie ihre animierte Einstellung im finalen Licht und Rendering wirkt.

Effekte (Effects)

Die Aufgabe eines Effects TD (auch Effects Animator oder Effects Artist) ist es, Elemente wie fließendes oder spritzendes Wasser, Staub, Lawinen, Tornados, Rauch, Flammen und manchmal Haare oder Stoff zu produzieren. Diese Effektanimationen basieren häufig auf dynamischen Simulationen (*Dynamic Simulation*), mathematisch berechneten Bewegungen, die auf physikalischen Parametern beruhen. Für die Simulationen verwenden Effects TDs kommerzielle Programme wie Maya und Houdini oder spezielle Software, die das Studio entwickeln lässt.

Einige Effects TDs sind schon bei der Vorproduktion des Films dabei, um Effekte und deren Setups zu entwickeln. Sobald die Produktion anläuft, wird das Team aufgestockt, um jede einzelne Einstellung zu bearbeiten.

Die Effekte müssen perfekt in die Animation der Protagonisten integriert werden, daher beginnen die TDs nicht vor der Fertigstellung der Charakteranimation. Soll ein animierter Wal etwa Wasser aus seinem Blasloch spritzen, stellt dessen Bewegung die Grundvoraussetzung für die Dynamiksimulation dar. Ändert sich die Animation jedoch, müsste auch der Effekt neu berechnet werden. Das Timing jedes Effekts, seien es Haare, Kleidung oder ein Vulkanausbruch, hängen von den anderen Aktionen der Szene ab.

Die Effects TDs müssen eng mit dem Lighting Department zusammenarbeiten. Häufig werden Effektelemente wie Rauch speziell ausgeleuchtet oder verwenden spezielle Schattentypen. Der Lighting TD erhält daher Anweisungen, wie er mit den Effekten und deren Ausleuchtung umgehen soll. Das Design von Wasser oder Regen hängt ebenso von der Beleuchtung ab. Die Lighting TDs müssen mittels Kantenlicht oder Reflexionen das Wasser gut herausarbeiten. Hat ein Effects TD Erfahrung mit der Ausleuchtung, kann er Vorschläge unterbreiten, wie ein Effekt am besten zur Geltung kommt.

Die Kunst der Lighting TDs besteht darin, die Szene so auszuleuchten, als ob sich die Effektelemente wirklich in der Szene befänden. Funken, Feuer, Explosionen und Laserstrahlen sind nicht nur reine Bildeffekte, sondern auch indirekt Lichtquellen, die animiert werden müssen.

Shading

Wie in Kapitel 9, „Shader und Rendering-Algorithmen", beschrieben, umfasst das Shading die Entwicklung von Shadern, also Oberflächenbeschreibungen. Diese bestimmen, wie ein Modell auf das Licht reagiert. Sobald das Modeling Department ein Objekt fertig stellt und dies abgenommen wird, fängt für das Shading Department die Arbeit an. Die Zuweisung von Shadern auf Oberflächen nehmen normalerweise die Shading TDs vor.

Für viele gewöhnliche Objekte, wie z.B. Requisiten, reichen oft fertige Shader, die nur stilistisch eingepasst werden. Charaktere und spezifische Oberflächen erhalten eigene, neu entwickelte Shader (*Custom Shader*). So kann die Produktion auf aktuelle Technologien zugreifen und einzigartige Materialeffekte erzielen. Aufgrund der unterschiedlichen Anforderungen besitzen einige Shading TDs fortgeschrittene Programmierkenntnisse, während andere nur bestehende Shading Nodes verknüpfen und abstimmen.

In den meisten Fällen weist ein Shading TD auch den Oberflächen die Texturen zu. In anderen Firmen erstellen diese Leute sogar die Texturen. Spezielle Texture Painter arbeiten nur in großen Studios. Grundlegende Aufgaben, wie einfache Metalltexturen, fallen dennoch oft in den Bereich der Shading TDs.

Texture Painting

Sobald die Shader zugewiesen wurden, erstellen Texture Painter (Texturenmaler) die passenden Maps. Dabei greifen sie für die Texturen auf verschiedenste Werkzeuge und Quellen zurück:

- Das Malen von Maps in einem 2D- oder 3D-Malprogramm
- Die gesamte Map oder Bereiche basieren auf gescannten oder fotografierten Vorlagen.
- Entwicklung der Maps aus Fotos von bemalten Skulpturen aus dem Art Department
- Projektion von Bildern aus dem Filmmaterial auf die 3D-Modelle und deren Weiterbearbeitung
- Mischen von prozeduralen Mustern und Rauschgeneratoren

Diese Techniken können je nach Aufgabe beliebig kombiniert werden. Denn auch beim Einsatz digitalisierter oder prozeduraler Quellen müssen die Bilder meist bemalt oder erweitert werden.

Sind die Maps dem Modell zugewiesen, fertigt der Texture Painter einen Turntable View an, um das Mapping von allen Seiten zu begutachten. Ein Frame aus dem Filmmaterial kann als Hintergrund fungieren – somit wird auch überprüft, wie gut die Integration in die reale Vorlage erfolgt.

Beleuchtung (Lighting)

Der Beleuchter (Lighting Artist, Lighter, Lighting TD oder Animator) denkt innerhalb der Production Pipeline primär über die Ausleuchtung nach. Gleichzeitig vereint er aber alle Elemente der verschiedenen Abteilungen in einer Einstellung. In den meisten Firmen fügt der Lighting TD die aktuellen Animationen, Effekte, Kamerafahrten, Shader und Texturen in einer Szene zum täglichen Rendern zusammen.

Häufig werden diese Ergebnisse am nächsten Morgen in den so genannten Dailies vorgeführt. Dort erhalten die Lighting TDs Rückmeldung über die Beleuchtung der Szenen. Am Ende des Tages liegt eine neue Version mit den Änderungen aus den Dailies vor. Diese Szenen werden anschließend über Nacht berechnet und am nächsten Morgen wieder gezeigt. Bis zur Abnahme des Shot wiederholt sich diese Prozedur.

Auch andere Abteilungen nehmen Änderungen basierend auf den Dailies vor. Spätere Abschnitte der Production Pipeline übernehmen dabei Modifikationen von vielen anderen Leuten. Manchmal scheint es, dass diese Abteilungen mit der Summe aller potenziellen Fehler zu kämpfen haben. Aus diesem Grund haben die meisten Firmen Systeme zur Verwaltung verschiedener Versionen von Assets, also aller Komponenten wie Modelle, Animationen oder Shader etabliert. Verursacht eine neue Version Probleme, haben die TDs Zugriff auf frühere Revisionen. Das Asset Management System verhindert auch, dass sich Szenenänderungen während des Renderns nicht in verschiedenen Bildern niederschlagen.

Selbst die Beleuchtung der Lighting TDs wird zu einem Asset, welches in verschiedenen Entwicklungsstufen gesichert wird. Gruppierte Lichtquellen, die für spezielle Szenen oder Figuren entwickelt wurden, ebenfalls Rigs genannt, können so zwischen den Einstellungen ausgetauscht werden. So wird nicht nur Zeit gespart, sondern auch der Zusammenhang (*Continuity*) zwischen den Einstellungen gewahrt.

Compositing

Nun übernehmen die Compositors die gerenderten Bilder der Lighting TDs. Manchmal wird am Anfang ein Skript ausgeführt, das automatisch die Elemente der Dailies zusammenführt. Zusätzlich sind für das Compositing die Masken des Rotoscoping Department notwendig.

Liegen die 3D-Elemente in verschiedenen Passes und Ebenen vor, etwa Diffus, Glanz und Reflexion, fügt der Compositor diese mit den Realaufnahmen zusammen, um ein komplettes Bild zu formen. Anschließend wird das Bild gefiltert (Image Processing), beispielsweise werden die Kanten des 3D-Modells leicht weichgezeichnet, um sie besser in das Filmmaterial zu integrieren. Farbkorrekturen der Passes und das Hinzufügen des Filmkorns (*Film Grain*) schließen sich an. In VFX-Studios müssen die Compositors auch mit gedrehtem Material arbeiten. So sind vielleicht die Schatten eines 3D-Character einzufügen oder Staubwolken, wo Füße den Boden berühren. Ferner werden störende Elemente aus den Einstellungen entfernt, etwa Autos oder Telefonleitungen aus den Aufnahmen für einen historischen Film.

Einige VFX-Studios bieten Filmemachern ein *Digital Intermediate* (digitale Zwischenversion) an. Dazu wird das Filmmaterial digitalisiert; anschließend werden Retuschen, Farbkorrekturen, Zeitanpassungen und andere 2D-Änderungen vorgenommen und das Ergebnis wird wieder auf Film ausbelichtet. Diese Dienste bieten dem Regisseur Zugang zu den meisten kreativen Möglichkeiten bei der Bearbeitung von Digitalbildern. Das Digital Intermediate beinhaltet aber keine 3D-Elemente, es wird nur Material bearbeitet, das nicht durch die restliche Pipeline gegangen ist.

In den Animationsstudios kann das Compositing ein viel einfacherer Vorgang als in den Effektfirmen sein. Die Arbeit beschränkt sich meist auf das Zusammenführen von Vorder-, Mittel- und Hintergrundebenen sowie das Hinzufügen von Glühen oder Farbkorrekturen. In vielen Studios nehmen daher die Lighting TDs das Compositing vor und es gibt keine eigene Abteilung dafür. Jedoch steigt der visuelle Anspruch und die Komplexität der Animationsfilme von Jahr zu Jahr: Effects Artists kreieren aufwändige Effekte wie Flüssigkeiten, Feuerbälle oder Kraftfelder, die aus mehreren Passes bestehen und etwa den Hintergrund verzerren. Damit verbunden wächst auch die Zahl der Compositing-Aufgaben. Andere Studios wiederum rendern ihre Elemente in vielen Passes und passen die Beleuchtung der Szene erst im Compositing an. Ergebnis ist eine immer ausschweifendere Nachbearbeitung ohne den Einsatz von Realfilm.

Film In/Out

Das Film I/O Department (Input/Output) bzw. die Filmein- und ausgabe, Photoscience oder Scanning and Recording scannt das Filmmaterial in Dateien oder gibt die fertigen Bilder wieder auf Film aus. Da die Produktion und Distribution von Film jedoch immer weniger vom Filmmaterial abhängen, sondern vermehrt digital erfolgen, wird diese Abteilung wohl bald einen neuen Namen brauchen.

Animationsstudios besitzen meiste kein Equipment, um Filmmaterial zu scannen. Dennoch gibt es eine Abteilung, die sich auf die Ausgabe der fertigen Bilder spezialisiert hat, sei dies wiederum Film, digitales Kino oder die verschiedenen Videoformate (DVD, HD-DVD, Blue-ray). Ziel ist es dabei, die bestmögliche Qualität und ein vergleichbares Aussehen aller Formate zu erreichen.

Jene Abteilung stellt sich ferner der Herausforderung, alle Monitore und Displays des gesamten Studios abzugleichen und zu kalibrieren. Ziel ist es, dass alle Bilder so gut wie möglich mit dem Endergebnis vergleichbar sind.

Darstellung der Production Pipeline

Mit der obigen Beschreibung der Abteilungen können Sie sich den Aufbau einer Production Pipeline eines VFX-Studios wie in Abbildung 12.3 vorstellen. Im Allgemeinen wartet jede Abteilung auf das Material des vorangehenden Departments, um mit der eigenen Bearbeitung der Einstellung zu beginnen. Dennoch arbeiten die Departments häufig parallel mit Animatoren, Effects Artists, Lighters und Compositors an verschiedenen Aspekten einer Szene.

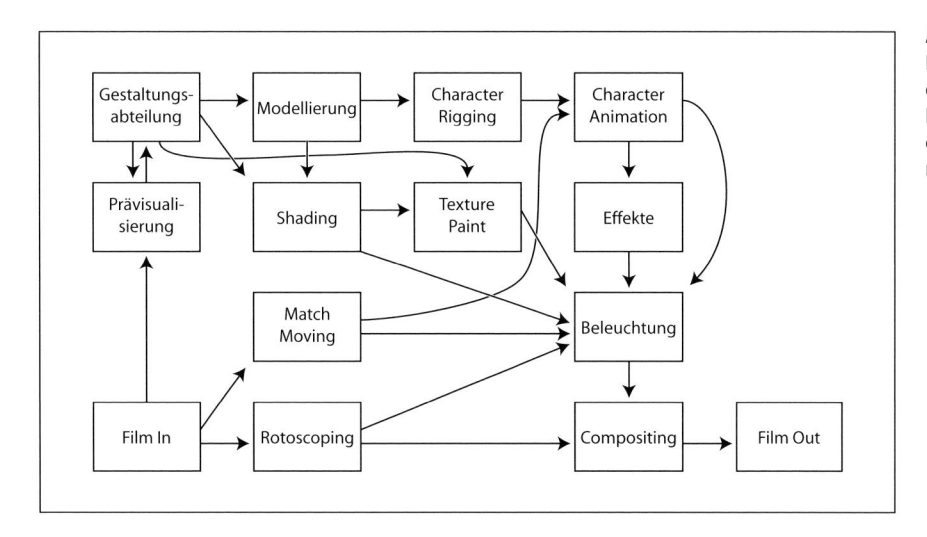

Abbildung 12.3:
Die Production Pipeline des VFX-Studios ist auf die Integration von realen und digitalen Elementen ausgerichtet.

Bei Animationsstudios ist die Pipeline nicht um den Realfilm aufgebaut, sondern um die eigens entwickelte Geschichte, deren visuellen Stil und deren digitale Umsetzung. Eine verallgemeinerte Production Pipeline für Animationsfilme zeigt Abbildung 12.4.

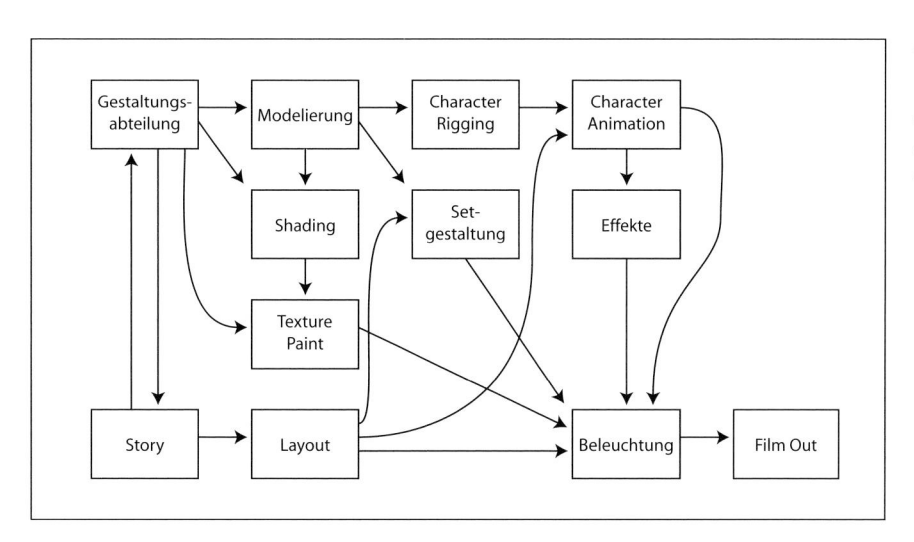

Abbildung 12.4:
Die Production Pipeline in Animationsstudios fokussiert auf eine eigene Geschichte und deren gestalterische Umsetzung.

Der Workflow während einer Produktion ist innerhalb der Pipeline flexibel. Am Anfang arbeitet eine größere Zahl Künstler an den Modellen als gegen Ende, während es sich etwa mit den Beleuchtern genau andersherum verhält. Je nach Bedarf wird die Arbeitskraft umgeschichtet.

Obwohl es die gleichen Jobs in vielen Firmen gibt, ist es sehr unwahrscheinlich, dass zwei Studios genau die gleiche Production Pipeline besitzen. Mit der Spezialisierung gibt es häufig zusätzliche Abteilungen, wie zum Beispiel das Creature Department, das reale Modelle für den Einsatz am Set herstellt. Andere Firmen bieten sowohl Film- und Fernsehschnitt als auch Effekte an. Die Pipeline kann sich jederzeit ändern, genauso wie neue Departments entstehen können. Werden für eine Filmproduktion Kleidungs- und Haarsimulationsspezialisten benötigt, wird eine neue Abteilung eröffnet. Ein weiterer solcher Fall wäre etwa das Rerendering von Stereobildern für stereoskopische 3D-Kinos. Im Gegensatz dazu kann es in vielen kleinen, aber auch einigen großen Studios vorkommen, dass mehrere Aufgaben zu einem Job zusammengefasst werden und so die Effizienz erhöht wird.

Abnahme der Arbeit

Grundlage für jede Computergrafikproduktion ist der Abnahmeprozess (*Approval Process*). Hier entscheidet der Supervisor, der Regisseur oder der Kunde über das Ergebnis jedes Produktionsschritts.

Arbeit mit Kunden

Arbeiten Sie als freier Mitarbeiter (*Freelancer*) oder gründen Sie Ihre eigene Firma, müssen Sie schnell feststellen, dass ein eigenes Geschäft nicht gleichzeitig bedeutet, dass Sie Ihr eigener Chef sind. Denn eigentlich arbeiten Sie bei jedem Projekt für einen anderen Chef. Der Umgang mit den Kunden (*Clients*) ist häufig der Schlüssel zu einem erfolgreichen Geschäft.

Erwartungen setzen

Stellen Sie sich vor, Sie müssen sich in einer Klinik operieren lassen, besitzen aber keinerlei medizinisches Fachwissen. Nun erwarten Sie vom Arzt und dem Personal, dass sie Ihnen genaue Angaben über zusätzliche Kosten, die Dauer, den Ablauf, das Ergebnis und mögliche Nebenwirkungen geben. Sie erhoffen sich dabei präzise Erklärungen in verständlichem Deutsch, obwohl es Experten mit jahrelangen Erfahrungen und Studium sind. Arbeiten Sie also mit Kunden oder Angestellten zusammen, die keine Grafikspezialisten sind, haben Sie die gleiche Aufgabe wie der Arzt – alles so deutlich und ruhig wie möglich zu erklären.

Am Beginn einer Produktion muss definiert sein, was und wann es dem Kunden geliefert wird. Legen Sie einen Kalender an, der die Präsentation und Abnahme jedes Teilprojekts festlegt. Diese Etappen könnten Modellierung, Texturierung, Animation, Effekte, Beleuchtung, Rendering und alle weiteren Hauptaufgaben sein.

Die Planung einer etappenweisen Abnahme erlaubt es, Änderungen basierend auf den Zwischenversionen vorzunehmen. Sie wollen sicherlich nicht bis nach der Fertigstellung des finalen Rendering warten, um dann vom Kunden Änderungswünsche in vorangegangenen Arbeitsabschnitten zu hören.

Stellen Sie sicher, dass der Kunde genau weiß, was er von einem untexturierten bzw. texturierten Modell, Animationstests oder dem finalen Rendering zu erwarten hat. Genauso sollte ihm klar sein, welche Gesichtspunkte eines Arbeitsschritts er gegebenenfalls kommentieren soll. Eine gute Präsentation beginnt mit klaren Aussagen wie „Hieran arbeiten wir gerade…" oder „Diese Sachen können auch noch später geändert werden…". Damit zeigen Sie den Kontext Ihrer Präsentation auf.

Versuchen Sie niemals, vor dem Kunden den Eindruck zu erwecken, dass das gezeigte Rohmaterial schon ausgearbeitet ist. Sind etwa die Texturen auf den Modellen noch nicht fertig gestellt, Sie wollen aber nur die Animation kommentiert wissen, verzichten Sie auf die Materialien. Untexturierte Modelle lenken die Aufmerksamkeit auf die wichtigen Details.

Mit Änderungen umgehen

Wenn Sie Kundenpräsentationen planen, reservieren Sie auch die Zeit, welche für die vorgeschlagenen Änderungen benötigt wird. Kunden nehmen in den seltensten Fällen die erste gezeigte Version ab. Dennoch sollten Sie von Anfang an klarstellen, dass sehr zeitaufwändige Änderungen zusätzliche Kosten verursachen. Die beste Form der Bezahlung ist ein Tages- oder Wochensatz. Ihre Zeit ist kostbar und die Technik verliert an Wert – daher sollten das Angebot und die Gesamtabrechnung der Fairness halber zeitbasiert sein.

Auf Kundenfragen sollten Sie niemals mit „Das ist unmöglich!" antworten. Stattdessen begründen Sie dem Kunden die Extrakosten und die mögliche Produktionsverzögerung. Schlagen Sie ihm eine Alternative vor, die dem Budget und Zeitplan besser gerecht wird. Versuchen Sie, einen Kunden von der Unmöglichkeit zu überzeugen, geraten Sie eventuell in Verlegenheit, wenn Sie spontan eine praktikable Lösung finden oder die Konkurrenz den Zuschlag erhält.

Zeigen Sie verbesserte Versionen eines Bilds am besten im Vergleich mit der alten Variante. Durch den Bildwechsel und dessen „Bewegung" zwischen den Frames werden die Änderungen dem Kunden deutlicher sichtbar, als bei einer Präsentation der Bilder nebeneinander möglich wäre.

Im eigenen Interesse sollte jede Version, die dem Kunden gezeigt wird, mit allen Bildern, 3D-Szenen und Texturen mittels Backup gesichert werden. Denn selbst wenn der Kunde diese nicht mochte, kann er immer noch seine Meinung ändern oder nach etwas Ähnlichem fragen.

Lighters anweisen

Bei großen Projekten mit vielen Lighting Artists ist es nahezu unmöglich, jede Version einer Einstellung dem Regisseur oder Kunden zu zeigen. Die beste Lösung ist daher ein Supervising Lighter oder Lead Lighter, welcher sich mit allen Beleuchtern trifft und deren Shots abnimmt, bevor er sich mit dem Regisseur trifft.

Einige der Einstellungen, die dem Supervising Lighter gezeigt werden, entsprechen jenen, die dem Kunden präsentiert werden. Dies sind etwa bewegte Sequenzen und Vorher-Nachher-Vergleiche, welche die Entwicklung der Shots zeigen. Werden jedoch nur interne Testrenderings in geringerer Auflösung und Qualität gerendert, sollten einige hochaufgelöste Frames berechnet werden, welche das volle Detail von Textur, Licht und Schatten zeigen.

Die meisten Studios verwenden Software, die einzelne oder gruppierte Lichtquellen in getrennten Ebenen rendert. Der Lead Lighter kann sich anschließend jede Lichtquelle getrennt ansehen, sie verschieden kombinieren und so überprüfen, wie sich verschiedene Helligkeiten und Farben auswirken. Mit fortschreitender Softwareentwicklung werden immer mehr Firmen eigene interaktive Beleuchtungswerkzeuge entwickeln, die stärkeres Experimentieren erlauben.

Der Supervising Lighter sollte immer das Gesamtbild und die Quintessenz einer Sequenz im Auge behalten. Der Regisseur verfasst dabei die grundlegenden visuellen Richtlinien, etwa dass sich eine Figur in einer seltsamen, unwirklichen Gegend befindet. Es kann sogar kontinuierliche Änderungen im Licht geben: Wechselt etwa die Stimmung einer Szene, verschiebt sich der Kontrast der Beleuchtung. Die einzelnen Einstellungen müssen immer im Gesamtkontext gesehen werden. Der Lead Lighter sollte daher häufig die Kontinuität zwischen den einzelnen Shots überprüfen.

Befehlskette (Chain of Command)

In einer Filmproduktion überprüft der Supervising Lighter täglich die Arbeiten der einzelnen Beleuchter. Ist eine Einstellung fertig gestellt, wird sie dem Art Director oder dem Regisseur vorgeführt. Gelingt die Abnahme, wird der Shot also als final angesehen, erscheint er in dieser Form auch im fertigen Film.

Bei der Produktion von Werbespots ist die Befehlskette komplexer. Sind der Art Director und der Regisseur zufriedengestellt, gibt es noch andere Leute, die sich Änderungen wünschen können. So untersteht der Regisseur des Spots der Produktionsfirma, welche wiederum von der Werbefirma und deren Kunde angestellt wurde.

Jobsuche als Lighting Artist

Wenn Sie schon in der Filmindustrie arbeiten, haben Sie sicher realisiert, dass Ihre Leistung und Ihr Teamgeist die Grundlage für nachfolgende Jobs sind. Sind Sie noch Student und Sie suchen das erste Mal einen Job, liegt die Priorität auf dem Showreel, welches Ihr Können demonstriert.

Lighting Showreel

Ein Showreel oder Demoreel ist ein kurzes Video, das Ihre besten Arbeiten in Bezug auf die angestrebte Stelle zeigt. Um Ihr Können als Beleuchter zu präsentieren, sollte das Showreel die Integration in gefilmtes Material und vollständig ausgeleuchtete 3D-Szenen beinhalten.

Für die Anpassung und Integration könnte beispielsweise ein 3D-Character oder Fahrzeug in einen gefilmten bzw. fotografierten Hintergrund eingesetzt werden. Beweisen Sie, dass Sie Farben, Licht, Schatten und Reflexionen perfekt angleichen können. Wenn möglich, rendern Sie eine Vielzahl von Beleuchtungsvariationen, etwa organisch texturierte, transluzente oder behaarte Objekte.

Andere Arbeiten auf Ihrem Reel sollten zeigen, dass Sie komplette 3D-Umgebungen beleuchten können, sowohl Innen- als auch Außenaufnahmen. Beziehen Sie Requisiten, Charaktere und die Vegetation mit ein. Achten Sie darauf, wie die Beleuchtung die Stimmung des Betrachters beeinflusst. Einige solcher Beispielwirkungen sind: bedrohlich, fröhlich, traurig, einladend oder gruselig. Die Stimmung der Einstellungen sollte aber nicht nur in Licht und Farben getroffen, sondern auch über den Szeneninhalt vermittelt werden.

Ergänzend zu den Standbildern sind Animationen sehr hilfreich. Dies soll nicht beweisen, dass Sie auch animieren, sondern wie die meisten professionellen Firmen mit Animationen umgehen können. Fehlen Ihnen animierte Charaktere, können Sie die Erscheinung der Szene animieren, etwa verschiedene Wettersituationen oder Tages- und Jahreszeiten. Bewegte Objekte wie Vorhänge, Baumäste oder Türen verändern ebenso die Schatten und Ausleuchtung einer Szenerie. Einige der besten Beispiele geben einzelne Orte ab, deren Wetter, Zeit und Stimmung sich ändern und so die Ausdruckskraft des Lichts untermauern. Sind Sie ferner an einer Stelle als Effects TD interessiert, streuen Sie einige Effektanimationen für Wasser, Feuer oder Rauch ein.

Die Originalität Ihrer Arbeit ist wichtig. Durch Entwickeln von einzigartigen oder persönlichen Shots bleibt das Showreel im Gedächtnis und unterstreicht Ihr künstlerisches Talent. Bei professionellen Produktionen wird der Szeneninhalt vom Kunden oder Regisseur vorgegeben. Nutzen Sie also Ihre Unabhängigkeit als Student oder Hobbygrafiker und stecken Sie viel Herzblut in die Szenen.

Credits (Infotexte)

Dem Showreel sollte ein *Breakdown Sheet* (Szenenliste) beiliegen, eine Liste, die alle Einstellungen und Projekte aufführt. Es sollte deutlich werden, wer der Auftraggeber ist und was Ihre genaue Aufgabe war. Haben Sie eine Sequenz vollkommen allein erstellt, erwähnen Sie dies und zusätzlich, welche Software verwendet wurde.

Die Verwendung von fertigen Modellen oder die Zusammenarbeit in einer Gruppe ist kein negativer Faktor. Haben Sie etwa nur die Ausleuchtung einer Szene vorgenommen, erwähnen Sie genau deren Umfang. Der Grund für Teamarbeit liegt schließlich darin, ein Projekt besser aussehen zu lassen, als Sie es allein hätten bewältigen können. In den meisten Fällen hilft eine Gruppe von Modellier- und Animationsspezialisten, schneller zum Ziel zu kommen und Ihren Schwerpunkt auf die Qualität der Beleuchtung sowie des Rendering zu legen. Arbeiten Sie allerdings an einer Universität oder Schule, können die begrenzte Zeit und verschieden talentierte Studenten zu einem Endergebnis führen, dass ein talentierter Einzelkämpfer übertreffen kann.

Kurze, informative Texteinblendungen vor jeder Einstellung und dem Reel selbst helfen, sachliche Informationen über Ihre Arbeit und die verwendete Software zu kommunizieren.

Beachten Sie, dass wichtige Informationen in Ihrer Tonspur eventuell nicht wahrgenommen werden. Die meisten Firmen sichten die Showreels nur leise oder völlig ohne Ton – der Begleitkommentar geht also verloren.

Der wichtigste Hinweis auf Ihre Arbeit betrifft Sie allein. Stellen Sie sicher, dass Ihr Name und Ihre Kontaktdaten auf jedem Teil der Bewerbung zu finden sind, inklusive Lebenslauf, Reel, Hülle und Datenträger sowie dem Breakdown Sheet. Gibt die Personalabteilung Ihr Showreel etwa an andere relevante Abteilungen weiter, besteht immer die Gefahr, dass Teile Ihrer Bewerbung verloren gehen. Daher macht es sich bezahlt, wenn die Kontaktdaten überall zu finden sind.

Qualität vor Quantität

Primäres Ziel bei einem professionellen Showreel ist die Verwendung professioneller Arbeiten. Wenn Sie zwischen einem 15-sekündigen und einem 2-minütigen Projekt wählen, überlegen Sie wie viel professioneller und aufpolierter der kürzere Clip sein könnte.

Als Student sind Sie natürlich langsamer, da Sie die Software und Techniken noch beherrschen lernen und Ihnen die Produktionserfahrung fehlt. Es sollte dennoch Ihr Ziel sein, professionelle Fähigkeiten und Techniken zu erlernen – das schnellere Umsetzen kommt mit der Zeit.

Die Welt ist schon voll von schlechter Computergrafik. Einem Arbeitgeber ein schlechtes Demoreel mit dem Hinweis zu zeigen, dass es schnell entstanden ist, hilft Ihnen nicht, den Job zu bekommen. Abhängig von Ihrer Erfahrung sind als Student weniger als 2 Minuten ausreichend und die meisten Profis profitieren auch davon, wenn das Reel 2 bis 3 Minuten läuft.

Wenn Sie sich nicht sicher sind, ob eine Einstellung in Ihr Showreel gehört, gilt die erste Schnittgrundregel: „Im Zweifel weglassen."

Starker Anfang

Viele Arbeitsgeber sehen sich nur die ersten 15 oder 20 Sekunden eines Showreel an, wenn es nicht ihren Qualitätsanforderungen genügt. Platzieren Sie also Ihre besten Arbeiten vorn, steigt die Wahrscheinlichkeit, dass das Video bis zum Ende gesichtet wird.

Produzieren Sie eine DVD mit Ihrem Reel, lassen Sie diese sofort starten. Jegliche Menüs, langatmige Titelsequenzen oder andere Verzögerungen sind meist nicht erwünscht. Besteht die Notwendigkeit für ein DVD-Menü, setzen Sie es an das Ende des Showreel statt an den Anfang.

Einige Firmen fordern Reels immer noch auf Videokassetten und nicht auf DVD an. Die ersten 5 bis 10 Sekunden einer VHS-Kassette haben oft eine schlechte Bildqualität, was eine Schwarzsequenz am Anfang erfordert. Auf keinen Fall sollten es mehr als 10 Sekunden sein, ebenso sind Farbbalken oder ausschweifende Titel unerwünscht.

Muss ich mich spezialisieren?

Es gibt viele Leute, die 3D-Animationen und visuelle Effekte im Alleingang erstellen, also die Arbeit aller oben genannten Abteilungen und Jobs übernehmen. Kleine Studios mit wenigen Leuten teilen die Arbeit üblicherweise in Animation sowie Modellieren und Rendern auf.

Generell kann gesagt werden, dass größere Studios stärker strukturiert und in mehr Abteilungen als kleine Firmen aufgeteilt werden müssen. Aber selbst in großen Studios sind Artists mit mehreren Talenten als Langzeitangestellte beliebter, da sie bei Bedarf zwischen den verschiedenen Abteilungen wechseln können.

In einem größeren Studio wählen Sie eine Position innerhalb der Pipeline – oder Sie bekommen diese zugewiesen. Genießen Sie die kreative Freiheit beim Erstellen von vollständigen 3D-Szenen, suchen Sie eher einen abwechslungsreichen Job. Sind Sie also der Spezialisierung gegenüber abgeneigt, arbeiten Sie vielleicht besser in einer kleinen, flexiblen Firma.

Für Sie als 3D-Artist ist es von Vorteil, den gesamten Weg einer Produktion zu kennen. Am besten lernen Sie alle Schritte, indem Sie sich durch ein Projekt arbeiten. Die dabei gewonnene Erfahrung hilft Ihnen bei der Kommunikation mit anderen Abteilungen. Viele 3D-Spezialisten in den großen Studios haben in weniger spezialisierten Jobs gearbeitet und so einen Überblick und Grundverständnis gewonnen.

Der Vorteil der Spezialisierung ist die Gelegenheit, sich einen Schwerpunkt zu setzen und dort handwerkliche Perfektion zu erlangen. Die meisten Character Animators scheinen recht glücklich mit diesem Vollzeitjob zu leben. Sie üben Woche für Woche ihre Animationsfähigkeiten an verschiedenen Shots, ihre Arbeit wird kommentiert, sie lösen Probleme, verfeinern ihre Fertigkeiten und lernen neue Techniken. Für einen Animator scheint es eine Unterbrechung zu sein, wenn sie Zeit mit Modellieren, Beleuchten oder Softwareproblemen verbringen müssen – keine willkommene Abwechslung.

Gibt es für einen Job spezifische Anforderungen, sollten Sie wenigstens eine der Fähigkeiten auf professionellem Niveau beherrschen. Sind Sie vielseitiger – umso besser. Fehlt Ihnen aber die Perfektion in allen Gebieten, können Sie kein eindrucksvolles Showreel für die Bewerbung vorweisen.

Interner Aufstieg

Computergrafikstudios sind stark auf interne Förderung und den damit verbundenen Aufstieg für viele Jobpositionen angewiesen. Wird eine Stelle frei, vergeben die meisten Manager diese bevorzugt innerhalb der Firma. Die zweite Wahl fällt auf freie Mitarbeiter, mit denen schon zusammengearbeitet wurde. Sich durch einen Karton mit Showreels zu kämpfen und versuchen, jemanden Neues einzustellen, ist immer die letzte Wahl, es sei denn, Leute müssen ergänzt werden oder das Studio wächst.

Für eine Produktionsfirma ist das interne Vergeben von Positionen durchaus sinnvoll. Die Artists sind innerhalb der Firma schon bekannt und mit der Pipeline vertraut. Außerdem spornt es neue Mitarbeiter ungemein an, wenn die Möglichkeit besteht, eine kreative Stelle in einem zukünftigen Film zu ergattern. In den meisten Fällen gestatten es die Studios ihren Mitarbeitern, in der Freizeit zu üben oder neue Software zu lernen und so ihre internen Aufstiegschancen zu verbessern.

Das bedeutet, wenn Sie sich auf eine Stelle als Lighting TD bewerben, aber eine Stelle im Rotoscoping oder Match Moving geboten bekommen, ist dieser Einstieg nicht der schlechteste. Das Beschäftigen mit den Arbeiten der Wunschabteilung, das Lernen von Software und das Erwerben eines kompetenten, fachübergreifenden Umgangs helfen oft beim Aufstieg innerhalb der Firma.

Beim firmeninternen Aufstieg spart die Firma zudem meist Geld. Die Verwaltung weiß, wie viel Sie bisher verdient haben. Wenn Sie nun auf eine spezielle Stelle hinarbeiten, geben Sie sich wahrscheinlich mit einer kleineren Gehaltserhöhung zufrieden. Um deutlich mehr Lohn zu bekommen, müssen Artists in vielen Fällen die Firma wechseln.

Internationale Jobsicherheit

Wenn Leute fragen, wie man seinen Job in der internationalen Grafikbranche absichern kann, fällt die Antwort kurz aus: gar nicht. Niemand erhält einen Job, den man nicht verlieren kann. Viele Stellen werden auf Projektbasis vergeben oder es kommt zu Entlassungen bei stagnierenden Umsätzen.

Manche Firmen sind geschickter, was die langfristige Beschäftigung ihrer Angestellten angeht. Studios, die an Langzeitprojekten arbeiten, benötigen ihre Angestellten dauerhaft. Also versucht man, ihnen eine angenehme Arbeitsumgebung zu bieten und sowohl über mehrere Filme mit ihnen zu arbeiten als auch sich einen Talentpool anzulegen. Manche Studios bieten Vorteile wie Aktienoptionen für vier bis fünf Jahre, um ihre Mitarbeiter länger zu binden. Aber selbst wenn Sie einen Job in einem der wenigen Studios erhalten, die als Langzeitarbeitgeber bekannt sind, werden Sie meist mit einem „At-Will Employment"-Vertrag eingestellt. Dieser erlaubt eine sofortige Entlassung ohne jegliche Begründung.

VFX-Studios und Firmen, die an Werbeprojekten arbeiten, erhalten nur bei einem Zuschlag ihre Aufträge. Daher sind sowohl Stress und Überstunden als auch eher ruhigere Zeiten unvermeidbar. Keine Firma kann lange Gehälter zahlen, wenn Aufträge und damit auch die Einnahmen fehlen. Deswegen wird ein Teil der Arbeitskräfte auf Projektbasis engagiert. So besteht natürlich immer die Gefahr, dass es nach einem großen Projekt ohne adäquaten Folgeauftrag zu Entlassungen kommt.

Mehr als die Sicherheit eines Jobs bietet der Karriereausbau. Das Erlernen und Ausbauen von Fähigkeiten, Ihr Showreel, Ihre Webseite und Ihr Netzwerk innerhalb der Branche sind für die Karrieresicherheit ein Muss. Besitzen Sie ein Portfolio, auf das Sie stolz sein können, und werden Sie sowohl von Ihren Supervisors als auch Kollegen geschätzt, ist eine neue Anstellung auch nach dem Ende eines Projekts in Aussicht.

Ein weiterer Faktor der Karrieresicherheit ist Ihr Wohnort. Nehmen Sie einen Job in einer Stadt mit nur ein oder zwei Studios an, bedeutet dessen Verlust auch den Umzug. Befinden Sie sich jedoch in einer Gegend mit einer pulsierenden Infrastruktur, steht es auch besser um Anstellung und Verweilen.

Vorantreiben der Karriere

Ein Job in der Grafikindustrie versetzt jeden Artist in eine „Alice im Wunderland"-Situation: Sie müssen sehr schnell rennen, um am selben Ort zu bleiben. Sie müssen selbst die bewährtesten Methoden überdenken und Zeit ins Ausprobieren investieren, um mit den aktuellen Technologien Schritt zu halten. Allein kontinuierliches Lernen und Wachsen treibt die Karriere voran.

Selbst wenn das Projekt beendet ist, laden Sie Ihre Szenen nochmals und experimentieren Sie ein wenig – egal wie wenig Lust Sie dazu haben. Rendern Sie eine hochaufgelöste Druckvariante für Ihr Portfolio oder variieren Sie den Look, ohne jedoch auf Kundenwünsche eingehen zu müssen.

Erweitern Sie Ihre Fähigkeiten an persönlichen Projekten, egal wie klein oder einfach. Vielleicht finden Sie zwischen zwei Großprojekten dazu Zeit. Oder Sie haben das Glück, dieses Buch als Student zu lesen – also experimentieren Sie mit den hier besprochenen Techniken und Konzepten! Egal, ob Sie Bilder für Geld oder aus Vergnügen erschaffen – hören Sie niemals auf, neue Welten zu erschaffen und neuartige Techniken auszuprobieren.

Stichwortverzeichnis

16-Bit-Farbe 244
2D-Animation 393
2D-Bild 291
3:2-Umrechnung 176
3200K 236
3D-Kamera-Tracking 385
3D-Kino 400
3D-Scanner 390
3D-Verschiebungs-Mapping 293
3D-Zeichenprogramm 327
3D Equalizer 385
3ds max 319
5500K 236
8-Bit-Farbe 244

A

Abnahme 400
Absorption 363
Adaptives Over-Sampling 265
additive Farben 218
Aktionslinie 195
Alien 300
Alpha-Kanal 293, 314, 340, 346
Alpha-Pass 366
Ambient Color 292
Ambient Occlusion 363
Ambient Pass 362
Anamorphe Linse 210
Animation 329
animierte Maske 387
Anisotropische Glanzpunkte 261
Anti-Aliasing 263, 346
Apfel 325, 330
Approval Process 400
Arrangement 189
Art Department 389
Art Director 389
ASA 176
Asset 397
Asset Management System 397
Assoziation 228
Atmosphäre 367
Aufstieg 407
Auge 302, 325
Augenwimpern 293
Augustin-Jean Fresnel 258
Ausgabeformate 243
Ausschluss 363
Außenaufnahme 233
Autolack 291

B

Background Plate 373
Baking 299
Barrel Distortion 181

Baum 293, 301, 310
Beauty-Pass 364
Beförderung 407
Beleuchtung 370
Belichtung 163
Belichtungsmesser 178
Belichtungsreihe 377
Belichtungszeit 169
Berührungen 208
Beschleunigung 269
Betrachtungsabhängiges Shading 255
Bewegungsunschärfe 163, 346
Bewerbung 403
Bild-Speicher 281
Bildinformation 281
Bildkomposition 203
Bildrate 169
Blaurezeptor 241
Blendenflecke 185
Blendenöffnung 164
Blendenzahl 164
Blendfleck 299, 345
Blinn's Law 284
Bokeh 168
Bone 393
Breakdown Sheet 404
Brennweite 166
BSSRDF 262
Bucket 279
Bump-Mapping 295, 334

C

Camera Projection 320
Chain of Command 403
Character Animation Department 393
Character Department 390
Character Designer 389
Character Rigging Department 393
Chromatic Aberration 276
Chromatische Abberation 184
chromatische Aberration 231
CINEMA 4D 319
Cinemascope 209
Client 400
Clipping 245, 354, 377
CLUT 247
Color Balance 233
Color Mapping 288
Color Pass 362
Color Script 389
Compositing 344
Compositing Department 397
Concept Artist 389
Constant-Mapping 291
Continuity 397

Contrast Threshold 243, 265
Cook-Torrance 254
Core Departments 388
Coverage 346
Creature Department 400
Custom Shader 395

D

Dachschindel 308
Darken 361
Datenformat 246
Decal 314
Deep Focus 164
Dekor 314
Depth Fading 369
Depth Map 273, 367
Detail 287
Diagonale Linien 207
Diamant 276
Diffus-Mapping 288
Diffus-Pass 352
Diffuse 254
Diffuse Reflection 252
diffuse Reflexion 252
Digital Intermediate 397
Digital Intermediate Process 238
Digitalkamera 238
Displacement-Mapping 293, 334
DOF 344
Doubled Shadows 361
DPI 308
Dreck 315
Dynamiksimulationen 394

E

Ebene 332, 340
Effects 394
Effekt-Ebene 343
EFIX-Daten 187
Einfärben 232
Entfernung 231
Exklusivität 226
Explosion 372
Extreme Nahaufnahme 190

F

Facial Expression 390
Facing Ratio 260
Farb-Mapping 288, 333
Farb-Pass 352
Farbabgleich 233
Farbbedeutung 228
Farbdruck 219
farbige Schatten-Passes 358
Farbillustration 240

Farbkontrast 225
Farbkorrektur 348
Farbmischung 218
Farbpalette 247
Farbschema 224, 389
Farbschema-Software 227
Farbspektrum 240
Farbtemperatur 235
Farbtemperatur-Tabelle 236
Farbton 220
Faser 299
Filmausbelichtung 398
Filmdreh 377
Filmformate 209
Filmgeschwindigkeit 176
Film Grain 397
Filmkorn 397
Filmkörnung 177
Filmmaterial 238
Filmscanning 398
Filtering 267
Filterung 267
Fisheye 181
Fleck 315
Fog 369
Fokus-Verschiebung 200
Folie 238
Fotografie 378
Fotografien 222
Fotografieren 300
Frame Buffer 281
Freeform Geometry 323
Freelancer 400
Fresnel-Effekt 258
Fresnel-Linse 261
Full Gate 211

G

Gamma-Wert 180
gebürstetes Metall 261
gedoppelte Schatten 361
Gel 238
Gelenk 393
Geometriepunkt 323
Geschwungene Linien 207
Gesichtsausdruck 390
Gewebe 303
GIF 247
Glanz-Mapping 290
Glanz-Pass 353
glänzende Reflexion 252, 272
Glanzpunkt 253, 296
Glanzpunktgröße 254, 256
Glanzpunktrealismus 256
Glas 278
Glasreflexion 258
Globale Beleuchtung 365
Global Illumination 254
Global Illumination-Pass 365
Glossy Reflection 252, 272
Glühbirne 233

Glühen 291, 372
GPU 282
GPU-Beschleunigung 283
Grad Celsius 235
Grafikkarte 282
Grafisches Gewicht 205
Graustufen 232, 243
Graustufenbilder 246

H

Haare 261, 274, 280, 290, 299, 303
Halbbilder rendern 175
Halos 185
handgezeichnete Animation 393
Hard Surface Modeler 390
Hardware-Renderer 307
Hardware-Rendering 282
Hauptlicht 371
Haut 290, 332
HDR-Bilder 376
HDRI 244, 377
heiße Farbe 228
Held Layer 341
Helligkeit 220
Hidden Surface Removal 281
Highlight-Pass 353
Hintergrund 340, 387
Hintergrundbild 320
Histogramm 179
Holz 330
HSV-Modell 220
Hyperfokale Distanz 167

I

Ich-Perspektive 192
Image Plane 373
Image Processing 397
Incandescence 291
Index of Refraction 275
indizierte Farben 247
Informatiker 392
Infotext 404
Interaktive Vorschau 284
IOR 275
ISO 176
Isotropische Glanzpunkte 261

J

Jitter Frames 176
Jobsicherheit 408
Joint 393

K

kachelbar 308
Kalibrierung 398
kalte Farbe 229
Kamerabewegungen 200
Kamerafahrt 200
Kamerakegel 391
Kamerawinkel 195
Kantenglättung 263

Karriere 408
Kelvin 235
Kernabteilungen 388
Kerze 235
Kirchenfenster 292
Kleidung 299, 303
Klonen 302
Knochen 393
Kohlenstoff 235
Komplementärfarbe 218, 226
Komposition 189
kontinuierliches Spektrum 277
Kontrast 225
Kontrastschwelle 265
Kontrastschwellwert 265
Kopf 319, 327
Kopierstempel 302, 309
kühle Farbe 229
Kunde 400

L

Label Map 314
Lambert 262
Layer 340
Layered Texture 314
Layout Department 383
LCD-Monitor 240
Lead Lighter 402
Lens Flare 299, 345
Letterboxing 212
Leuchtstoffröhre 238
Leuchtturm 261
Level of Detail 390
Licht-Pass 370
Lichtanpassung 240
Lichtbrechung 274
Lichtemission 291
Lichtfarbe 235
Lichtmessung 262
Lichtprobe 376
Lichtquelle 396
Lichtquellen-Material 291
Lichtspektrum 240
Lichtstrahl 345
Lichtstreuung 252
Lighten 361
Lighter 396, 402
Lighting Artist 396, 402
Lighting Department 396
Light Probe 299, 376
Light Reflectance Field 262
Lightsource Material 291
Linear abwedeln 350, 354
Linear Dodge 350
Linien 207
Linsenfehler 181
Linsenverzerrung 181
Live-Action Element 373
look space 205
Low Polygon-Modell 297

Luminosity 291
Lupe 275

M

Makro-Linse 166
Makroaufnahme 301
Malen 332
Malprogramm 327
Maquette 389
Marker 388
Maske 342, 387
Maske-Pass 366
Match Move Department 385
Match Move Geometry 385
Matte 342
Matte-Pass 366
Matte Ball 374
matte Kugel 374
Matte Painting 320
Mauer 301, 312, 316
MaxScript 392
Maya 323
MEL 392
Mental Ray 267
Metall 257
Microfacet-Modell 254, 262
Mikropolygon 279
Mischen von Farben 218
Mittlere Einstellung 190
Mittlere Nahaufnahme 190
Modeling Department 390
monochrome Bilder 246
Motion Capturing 394
Multilayer File 369
Multipass Rendering 339
Multiple UV Sets 324

N

Nahaufnahme 190
Nähe 231
Natürliche Kamerabewegung 202
Negativer Raum 204
Neigung 200
nicht-ansichtabhängiges Shading 255
nicht-vormultiplizierter Alpha 347, 348
non-premultiplied Alpha 347
Non-view-dependent Shading 256
Normale 295, 297
Normalen-Mapping 297, 334
Normalen-Pass 372
Normal Mapping 297
nose room 205
NTSC 169
NURBS 321

O

Oberflächennormale 297
Oberflächenwinkel 260
Occlusion-Pass 363
Oct Tree Depth 270
Offset 309, 310

Opacity 346
optische Effekte 345
Organic Modeler 390
Orientierende Einstellung 191
Ornament 304
Over-Sampling 263
Overscanning 214

P

PAL 169
Pan and Scan 213
Panavision 209
Parkett 316
Partikel 345
Pass-Management 369
Passes 351
Perl 392
Phosphor 240
Photoshop 267, 309, 325, 354
physikalische Animation 394
Physiquer 393
Pincushion Distortion 181
Pixar 278
Pole 325
Polynomial Texture Mapping 299
Positiver Raum 204
premultiplied Alpha 347
Preview 284
Primärfarbe 218
Primary Rays 271
Prisma 242
Production Pipeline 382, 398
Progressive Scan 174
Projektion 317
 andere 321
 Kamera 320
 kugelförmig 319
 perspektivisch 320
 planar 317
 zylindrisch 319
Promotion 407
prozedural 328
PTM 299
Puppeteer 393
Python 392

Q

Quantität 405

R

Räumlichkeit 231
Rauschgenerator 329
Raytracing 268
Raytracing-Beschleunigungsstrukturen 269
Raytracing-Reflexion 254, 270
Raytracing Acceleration Structures 269
Reaktions-Einstellung 191
reale Objekte 355
Realfilm 373
Recursion Depth 270, 273

Reel 403
Referenzkugel 374
Reflection Blur 272
Reflection Softness 272
Reflexion 252, 270, 296, 320
Reflexion-Limit 272
Reflexion-Mapping 291, 375
Reflexion-Pass 354
Refraktion 274, 296
Refraktion-Limit 277
Refraktionsindex 275
Regler 393
Rekursionstiefe 270
Relief-Mapping 295
Relighting 372
Rendering 251
Rendering-Algorithmen 251
RenderMan 278, 370
Reverse Angle 196
Reyes-Algorithmen 278
Reyes-Render 294
RGB-Farbe 240
RGB-Modell 218
RIB 280
Rig 397
Rillen 261
Rost 316
Rot 218
Rotoscoping Department 387
Rotrezeptor 241
Rule of Thirds 203
Rundumansicht 291, 390

S

Sample pro Pixel 263
Sampling 222, 240, 263
Scanline-Rendering 281
Schablone 314
Schallplatten 261
Schärfentiefe 163
Schatten 273
Schatten-Pass 357, 363
Schattenfarbe 358
Schattentyp 395
Schattierung 252
Schauspieler 394
Schimmel 316
Schmutz 315
Schnittpunkt 322
Schnittsoftware 348
Schönheit-Pass 364
Schuß/Gegenschuß 194
Schwarz 219
Schwarz-Weiß 232, 247
Schwenk 200
SECAM 169
Seitenverhältnis 209
Sekundärfarbe 218
Selbstleuchten-Mapping 291
Selbstreflexion 354
Self-Illumination 291

Sepia 232
Set/Prop Department 390
Set Decoration Department 391
Shader 253, 395
Shading 295
Shading Department 395
Shading Language 280
Shading Rate 294
Shadow-Pass 357
Shadow Map 273
Sinneszelle 241
Skriptsprache 392
Skulptur 389
SL 280
Soft Shadows 360
Solid Texture 328
Sound Speed 169
Specular-Pass 353
Specular Brightness 260
Specular Color 257
Specular Highlight 254, 255, 290
Specular Mapping 290
Specular Reflection 252
Specular Shading 270
Speicherdateien 243
Speicherverbrauch 344
Spektralverteilung 240
Spezialisierung 406
Spiegel 272
Spiegelkugel 375
spiegelnde Glanzfarbe 257
spiegelnde Glanzpunkte 254, 255
spiegelnde Helligkeit 260
spiegelnde Reflexion 252
spiegelndes Shading 270
Spiegelung 252
statisch 341
Staub 367
Stereobilder 400
Stock Footage 378
Stop-Motion-Trick 393
Storyboard 389
Story Department 382
Story Reel 383
Strahlenverfolgung 268
Streichholz 235
Stufenlinse 261
Subdivision Surfaces 323
Subpixel 265, 267
subtraktive Farben 219
Supervising Lighter 402
Surface Angle 260
Surface Color 253
Surface Normal 295

Symbolik 230
Szenenliste 404

T

Tapete 303
TD 392
Technical Director 392
Technischer Leiter 392
Teleobjektiv-Linse 166
Teppich 316
Tesselierung 294
Textur
   3D 328
   Animation 329
   Auflösung 306
   Baking 331
   Farb- und Helligkeitsunterschiede 310
   fotografisch 300
   gekachelt 308
   gemalt 303, 332
   gescannt 303
   geschichtet 314
   mathematisch 328
   Pole 325
   prozedural 328
   umwandeln 331
Texture Mapping 288
Texturen 287
Texturenmaler 396
Texture Painting Department 396
Tiefe 231
Tiefe-Pass 367
Tiefen-Speicher 281
Tiefennebel 369
Tiefenunschärfe 344, 367
Tiling Map 308
Tonwertkorrektur 180
Trace Depth 273
Tracking-Marker 388
Transparenz 273, 346
Transparenz-Mapping 292
Turntable View 291, 390, 396

U

Über-die-Schulter-Einstellung 194
Überabtastung 263
UFO 300
Umgebung 271
Umgebung-Pass 362
Umgebungsfarbe-Mapping 292
Umgekehrt multiplizieren 354
Under-Sampling 266
unendliche Reflexion 272
Unix 392

Unscharfe Rotationen 173
Unterbewusstsein 230
Unterwasser 276
UV-Koordinaten 321
   explizit 323
   mehrfache 324
UV-Mappingkorrdinaten 317

V

Vegetation 293
Vergrößerungsfaktor 267
Verschiebungs-Mapping 293
Verschiebungseffekt 310
Verschlusswinkel 170
Vertex 322
VFX 384, 394
VHS-Kassette 406
Video-Halbbilder 174
Videoformate 209, 398
Videospiele 298, 323
View-dependent Shading 255
Vignettierung 184
Virtual Set 385
Visuelle Effekte 384
Vogelkot 317
Vordergrund 340
vormultiplizierter Alpha 347, 349
Vorschau 284

W

Wahrnehmung 241
warme Farbe 228
Wasser 315, 355
Wasseroberfläche 296
Wasserreflexion 258
weiche Schatten 360
Weißabgleich 233
Weite Einstellung 190
Weitwinkelaufnahme 301
Wellenlänge 240
Wert 220

Z

Z-Axis Blocking 192
Z-Buffer 281, 367
Z-Depth 367
Zapfen 241
Zeichenprogramm 327
zeitveränderlicher Kontrast 227
Zonen-System 178
Zoom 200
Zwei-Drittel-Regel 167
Zweier-Einstellung 194

THE SIGN OF EXCELLENCE

Die Darstellung der Frau und des weiblichen Körpers hat von je her Künstler unterschiedlichster Stilrichtungen fasziniert. Übertragen auf moderne 3D-Grafiken und Animationen, wie sie aus Kinofilmen, Computerspielen oder der Werbung nicht mehr wegzudenken sind, ergeben sich ganz neue Darstellungsformen, die von der extremen Realistik bis hin zur Verfremdung reichen. Femme digitale präsentiert daher ein breites Spektrum an namhaften 3D-Künstlern, die ihre besten Arbeiten präsentieren und dazu Einblicke in Ihre Arbeitsweise geben.

Arndt von Koenigsmarck
ISBN 978-3-8273-2365-3
49.95 EUR [D]

www.addison-wesley.de

ADDISON-WESLEY [The Sign of Excellence]

THE SIGN OF EXCELLENCE

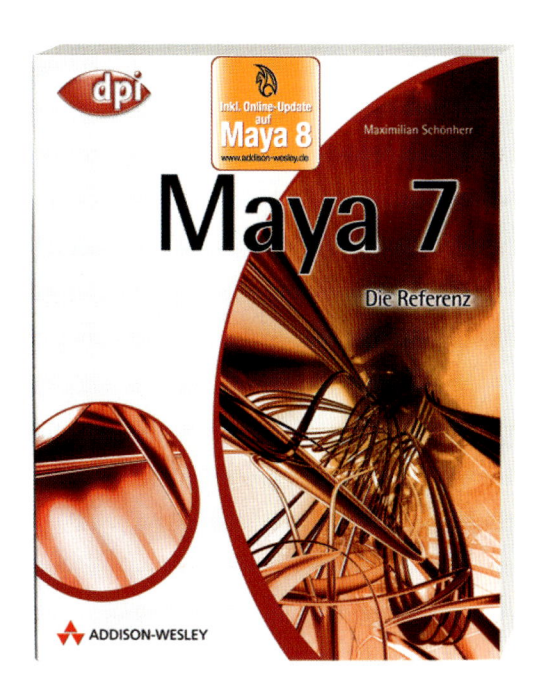

Jetzt mit kostenlosem Online-Update auf Version 8!
Wenn Sie 3D-Animationen mit Maya anfertigen, ist dieses Buch ein Muss. Es schließt als erste deutschsprachige Referenz eine schmerzliche Informationslücke, indem es englische Begriffe und Fachterminologie nicht nur ins Deutsche überträgt, sondern alle Befehle und Tätigkeiten im Praxisbezug erklärt. Zahlreiche Abbildungen vertiefen das Verständnis. Für Anwender der Version 8 stehen alle Neuheiten zusammengefasst zum kostenlosen Download bereit.

Maximilian Schönherr
ISBN 978-3-8273-2487-4
39.95 EUR [D]

www.addison-wesley.de

ADDISON-WESLEY [The Sign of Excellence]

THE SIGN OF EXCELLENCE

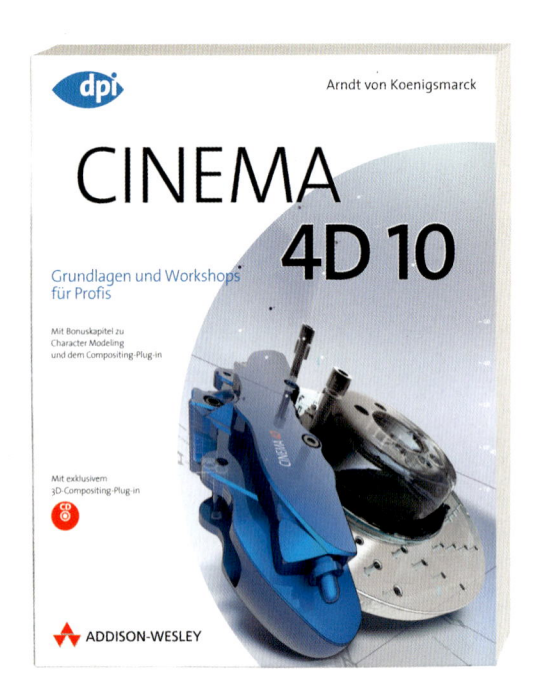

CINEMA 4D hat sich über die Jahre in vielen Bereichen zum Standard für anspruchsvolle 3D-Visualisierung und Animation entwickelt. Die aktuelle Version festigt diese Position durch ein überarbeitetes Interface samt zahlreichen Optimierungen des Workflows.
Umsteiger und Anfänger erhalten einen praxisbezogenen Crashkurs, der sie in kürzester Zeit mit den wichtigsten Funktionen und Arbeitsabläufen vertraut macht. Fortgeschrittene profitieren dagegen in zahlreichen Workshops von wertvollen Tipps zur Optimierung von Arbeitsprozessen.

Arndt von Koenigsmarck
ISBN 978-3-8273-2378-3
39.95 EUR [D]

www.addison-wesley.de

ADDISON-WESLEY
[The Sign of Excellence]